元宇宙 II
元资产与 Web 3.0

从元资产大投资到财富自由 2.0

罗金海

著

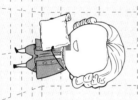

北京大学出版社
PEKING UNIVERSITY PRESS

内 容 提 要

2022年，奇点，宇宙大爆炸（元宇宙）正在成形。

这是一个全新的造物时代：Web3.0构建的经济体系，DID身份的跨平台操作，数字NFT的原子级镜像，以及DeFi的无摩擦元资产再分配，以及数字哲学与原子尽头的再思考。

创世主，就是人类自己。世界巨变，新时代降临。

技术聚合，从物理世界走向数学世界。意识潜移，从原子世界奔赴比特世界。新的人类，即将诞生。新的资产，正在分配。新的哲学，从0开始。

图书在版编目（CIP）数据

元宇宙. Ⅱ：全三册 / 罗金海著. —北京：北京大学出版社，2023.3
ISBN 978-7-301-33677-9

Ⅰ.①元… Ⅱ.①罗… Ⅲ.①信息经济 Ⅳ.①F49

中国国家版本馆CIP数据核字(2023)第002306号

书　　　名	元宇宙Ⅱ：全三册	
	YUAN YU ZHOU Ⅱ：QUAN SAN CE	
著作责任者	罗金海　著	
责 任 编 辑	王继伟　杨　爽　刘　倩	
标 准 书 号	ISBN 978-7-301-33677-9	
出 版 发 行	北京大学出版社	
地　　　址	北京市海淀区成府路205 号　100871	
网　　　址	http://www.pup.cn　　　新浪微博: @北京大学出版社	
电 子 信 箱	pup7@ pup.cn	
电　　　话	邮购部 010-62752015　发行部 010-62750672　编辑部 010-62570390	
印 刷 者	涿州市星河印刷有限公司	
经 销 者	新华书店	
	787毫米×1092毫米　32开本　7.5印张　180千字	
	2023年3月第1版　2023年3月第1次印刷	
印　　　数	1-10000册	
定　　　价	119.00 元	

未经许可，不得以任何方式复制或抄袭本书之部分或全部内容。

版权所有，侵权必究

举报电话: 010-62752024　电子信箱: fd@pup.pku.edu.cn

图书如有印装质量问题，请与出版部联系，电话: 010-62756370

Metaverse
元宇宙

目录
CONTENTS

1 人类元资产 001

1. 克莱因船上的四个囚犯\ 002
2. 个人主权财富\ 007
3. 什么是元资产\ 010
4. 元资产的类别\ 012
5. 一个新首富的传奇\ 014
6. 货币的"魔法时代"\ 017
7. 人类财富分配4.0\ 022
8. 黄金｜法币｜比特币｜元货币\ 027

2 元资产的交易和管理 035

1. 元资产基石：Web 3.0\ 036
2. Key和我的助记词\ 042
3. Token：洞穿原子世界\ 047
4. DeFi：去中心化金融\ 053
5. AMM：自动做市商\ 059
6. 一个公式：$x*y=k$\ 064
7. DAO：分布式治理\ 067

3 元宇宙经济学与 Web 3.0 073

1. 元宇宙爆火的逻辑\ 074
2. 源头：法币之熵\ 078
3. 哈耶克的梦想\ 083
4. 加密朋克的战争\ 086
5. 万亿市场的通证经济\ 091
6. 纳斯达克，再造纳斯达克\ 096
7. 走进Web 3.0时代\ 100
8. 元宇宙经济学\ 104

4 元资产的隐性规律

1. 原理一：算力黑暗森林\ 110
2. 原理二：不可能三角\ 116
3. 原理三：二律背反\ 118
4. 原理四：人即货币\ 122

5 产业元宇宙

1. 元宇宙中的资产和产业\ 127
2. 农业：不能剥夺的劳动权\ 132
3. 文化：内容是第一生产力\ 137
4. 游戏：元宇宙的连接器\ 141
5. 能源：碳中和如何实现\ 144
6. 房地产：数字土地的产权\ 146
7. 体育：在诺坎普球场踢球\ 149
8. 健康：一键体检\ 151
9. 旅游：攀登珠穆朗玛峰\ 154

6 投资元宇宙

1. 元资产的投资和骗局\ 159
2. 元资产的投资方向\ 162
3. 社交：互联网大厂的竞争\ 171
4. 硬件：元宇宙骨骼\ 173
5. 矿机：算力即权力\ 176
6. 链游：探险者乐园\ 181
7. 钱包：元资产入口\ 186
8. 公链：元宇宙之根\ 189
9. NFT：寻找应用场景\ 194
10. 数字人：元宇宙的原住民\ 197
11. VR设备：冰山之上\ 200
12. 交易所：再次中心化\ 203
13. 脑机接口：文明跃迁\ 205
14. 巨头的投资启示\ 209

7 元资产：法律风险

1. 最后一张美元\ 213
2. 元资产与暗宇宙\ 218
3. 法律与风险\ 222
4. 终极资产\ 227

1

人类元资产

Metaverse

1. 克莱因船上的四个囚犯

在沉寂深邃的星空，一艘星际飞船正在向太阳系缓缓进发。

飞船的名字叫"克莱因船卫13"，它是人类恒星级飞船克莱因号的卫星船，主要功能是押解银河系的高级经济犯。

飞船上除了载有一台名叫罗本1985的超级电脑外，还有从丝绸之路"福威恩星球"上刚被释放的四个囚犯，他们因为在银河系边缘联合走私而被FBD（联邦）逮捕入狱，现在，他们已经刑满释放。

"克莱因船卫13"从"福威恩星球"出发，前往囚犯要求释放的落脚之地。太空的旅程漫长又孤寂，他们在太空中整整流浪了7个月，直到第8个月才进入六域文明。接着，他们又耗时6个月穿过史瓦西黑洞，来到银河系的边缘地带第三旋臂太阳系，这是其中一个囚犯指定的三维宇宙坐标。

按理来说，这四个囚犯应该开心才对，他们虽然被关押了40年，但现在已经彻底重获自由，入狱前他们各自都藏好了财产，每一处的财富都足够四人尽情享受一辈子，属于他们的疯狂时刻即将来临，再也没有什么可以阻挡他们的疯狂了。

然而，此刻飞船上的气氛却很凝重。

事情变化让人始料未及。四个人中,三人隐藏的财富要么贬值,要么被毁灭,这一路走来,从一开始的狂喜到后来的黯然,美好梦想一一破碎,现在他们正前往盖娅星球,寻找最后一份财富。

四个人一路长吁短叹,这样的事情怎么会发生在他们身上?那些财富本来都是永恒资产,可才经过短短的40年,要么价值打折,要么彻底归零,真是令人不甘心啊!

第一份财富是囚犯之一哈克南隐藏的"香料",他来自厄拉科斯的沙漠星球,入狱之前他将所有钱财都用来买了"香料"。"香料"是星际旅行必不可少的原料,是让生物获得超能力的资源,还能抑制衰老,曾是整个宇宙最昂贵的资源。然而随着开采技术的进步,现在"香料"已经不怎么值钱,哈克南费尽心思将自己购买的香料从山洞里挖出来后(当地土著也偷走了不少),却没有一个航行家愿意收购,当哈克南给出报价之后,他们像打量小丑一样看着他,觉得哈克南不是骗子,而是个傻子。

第二份财富是囚犯之二白格尔隐藏的"镱星",他在号称永恒的中立星南十字座 M31 主星附近购买了这颗昂贵的银白色行星,这颗行

星上有完整的生态和数千万生命,这颗行星上的人每年从原料镱中提炼出来的量子算力,有10%是要交给他这位所有者的。然而在天蝎座和人马座的战争中,人马座联军在宇宙中修建了一条星际高速路,这直接导致了这颗碍事的星球被炸毁,面对强大的军事力量,号称永恒中立的星球高层没有谁敢说半个不字,白格尔一生的财富在0.001秒内化为灰烬。

行星被毁,价值连城的财富在一瞬间化为灰烬

第三份财富是囚犯之三鲁不逊隐藏的"银河币",这是银河联邦FBD发行并强制使用的法定星际货币,谁敢拒绝使用就是与FBD为敌,一些经济学家鼓吹这将是永不贬值的稳定币,是银河系生态的血液。然而,仅在鲁不逊入狱的第18年,新上台的联邦总统直接以反贪污的名义发行了"新银河币",并以1∶100000的兑换比例将"银河币"回收,现在鲁不逊手里那些可怜巴巴的"银河币"只怕连给"克莱因船卫13"补充能源都不够。

现在只余下第四份财富了,这属于囚犯德不罗意。如果这份财富再失去价值,刚从牢狱里放出来的囚犯们将成为星际间的流浪汉,"克莱因船卫13"肯定会将他们直接扔入太空,四人命运堪忧。

一直以来,除了德不罗意,其他三人都认为第四份财富最不可靠,在"福威恩星球"上服刑这么多年以来,他们还一直在这件事上嘲笑德不罗意:你将所有的财富换成的这一串字符可要收好啊,毕竟每一个符号都是价值万金啊。

德不罗意只是哂笑,他知道很难说服其他人,因此从不与三人争论。他坚信自己的这一部分财富将会升值,那是元宇宙3.0时代最重要的底层网络的限量通证,只要底层网络最终成为无限世界的基础设施,就一定会升值的,因为它的总量不会超过2亿枚。所以,只要牢牢地记住那12个助记词by one has been the silly in swine past tongzhi lachine decade,他拥有的财富就永远属于自己,这是其他三人没办法理解的。只可惜在"福威恩星球"时摔倒过一次后,其中有一个单词他忘记了。现在他只能用双脑钱包的方式去找回他的私钥,进而用私钥换回自己的财富,而脑钱包的另一半他留在了盖娅星球。

十天后,"克莱因船卫13"降临在太阳系的一颗蓝色星球上,和德不罗意离开这座星球的时代相比,它已经不再像原来那么绿意盎然、生机勃勃。战争、瘟疫和人类肆无忌惮的扩张让生态变得很糟糕,四人除了缺乏食物和水之外,还要忍受着糟糕气候的残酷折磨,曾经被德不罗意夸成天堂的星球已经变成了地狱。然而,就在这颗地狱似的星球上,他们惊喜地发现,德不罗意那串字符 0xab5801a7d398351b8be11c439e05c5b3259aec 上的财富价值,足以让他跻身这个世界的顶尖富豪之列,每个字符真的价值万金。

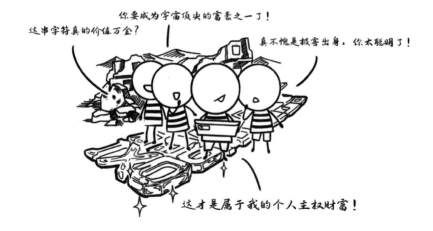

幸福的日子终于来临了。三人长长地舒了一口气,他们再也不用担心自己的余生要去蛮荒星球挖矿维生,其他三人都忘了曾经是怎样嘲讽德不罗意的,现在都赞叹德不罗意不愧是极客出身,聪明绝顶,拥有超越常人的眼光,他们十分庆幸自己能拥有这样的朋友和搭档。

那么,为什么这串字符代表的财富可以价值连城,而其他人小心珍藏的财富却一文不值呢?

德不罗意的回答简单明了：因为，只有这串字符属于个人主权财富，个人主权财富，永远都不会贬值。

2. 个人主权财富

什么是主权？主权是一个国家对其管辖区域所拥有的至高无上、排他性的政治权力，语言文字及文明的独立都是主权的体现，简言之，主权是"自主自决"的最高权威，也是对内依法施政的权力来源，对外保持独立自主的一种力量和意志。

那什么是主权财富呢？主权财富是指一国政府积累的公共财富，它由本国政府控制与支配，其他国家不得干预或者占有。

"个人主权财富"指的是个人积累的私有财富，这些财富完全属于个人，其他个人、组织甚至政府都没有权力也没有能力支配它，财富所有者对自己的财富有绝对控制权和支配权。个人主权财富具备以下五大特征。

（1）自主性：财富由个人意志自主支配，其他人无法强行干预。

（2）私密性：个人资产可以选择公开或者匿名。

（3）安全性：不受其他要素干扰，只需要保证数学上的合法性。

（4）稀缺性：不能任意追加资产数量，有程序或者合约进行限制。

（5）流动性：非常容易兑换并且在相当大范围内快速流通。

根据以上特征，我们再来分析克莱因船上的四个囚犯的财富，对比了解什么属于个人主权财富。

第一个囚犯的财富是香料，它有点像人类世界的石油，只可惜香料因为开采技术的进步失去了稀缺性，同时不便于携带，流动性也比较差，这导致哈克南的财富在40年后快速贬值。

第二个囚犯的财富是镱星，它有点像人类的不动产，同样存在两个问题：第一个问题是镱星不便于交易，第二个问题是它并不安全，人马座联军可以直接没收甚至毁灭白格尔的资产,他的财富完全谈不上个人主权。

第三个囚犯的财富是银河币,有点像布雷顿森林体系构建之后的美元,它的稀缺性没有机制来进行限制,安全性也是一种虚伪的安全性,因为控制者可以随时稀释它。

正因为如此,这三个囚犯的财富都不属于完全意义上的"个人主权财富",所以最终这些财富都不能得到完全的保障。

第四个囚犯的财富虽然表面看起来完全虚拟,只是一串字符,但这串字符可以看成是数字公钥,也就是个人的数字账号,而公钥后面对应的是私钥,那是个人行使财富权利的私密工具。另外,这串字符是无数数字协议和智能合约的结晶,这些数字协议和智能合约无法篡改。数字协议和智能合约代表的是社会关系形成的共识,这些共识对应的是社会的综合生产力和生产资料,所以这串字符并不完全是虚拟的,只要共识还在,那它就是"个人主权财富"。

在这里，我们可以看出第四个囚犯的财富具有以下特征。

（1）自主性：没有人可以动用主体私钥，除了所有者自己。

（2）安全性：数学上合法，没有谁可以轻易毁掉。

（3）稀缺性：它发行的数量会受到限制，不会无限膨胀。

（4）流动性：有支撑它的数字网络协议便于流通。

这就是第四个囚犯的财富看似虚拟，最后却成为四个人的生活保障的原因，因为相对其他三个囚犯的财富来说，它更接近于"个人主权财富"，不容易受到外界干扰。

1789年，《人权宣言》宣告"私有财产神圣不可侵犯"。两百多年后，个人财富仍然没有办法得到有效保障，它可以随时被冻结、没收、贬值。现代货币控制下的"主权财富"体系中，权力随时可以对财富进行干涉。它之所以能够延续至今，一方面是数字经济的相关技术尚不成熟，另一方面则是法定货币依旧发挥着巨大的作用，暂时没有完美替代品。

随着文明的进步，现代社会迫切需要一种真正的"个人主权财富"，而其中基于元宇宙资产形成的加密数字财富，很有可能弥补当下"个人主权财富"的空缺，成为第一个"个人主权财富"的样本，这个样本我们可以将它视为"元资产"。

3. 什么是元资产

什么是元资产？元资产就是属于元宇宙的资产。

它具有"个人主权财富"的特征，是"个人主权财富"的一种表现形式。

元宇宙的资产与现在的数字资产不一样，它涉及区块链技术，区块链在元宇宙中的作用是提供去中心化的结算和价值传递，它从财富体系上保证了用户资产的独立性。因为区块链是一种按时间可追溯的历史数据结构，是一种保证数据不可篡改、不可伪造的分布式账本。

同时，以区块链技术生成的用户个人财富，它是可以自由支配的资产，不会被其他国家、组织、个人所支配。"元资产"是真正属于个人的，在元宇宙中，每个人所拥有的财富都可以真正实现"神圣不可侵犯"。

如果没有区块链，元宇宙就会被认为是一个三维互联网，一个VR大型游戏，但是区块链打通了这个虚拟世界和现实世界的桥梁，保障用户数字资产、数字身份的独立和安全，可以实现元宇宙中的价值交换，并保障系统规则的透明执行，这样的元宇宙就具有契约互联网的意义。

有了区块链技术，元资产才具有"个人主权财富"的性质，这也是元宇宙吸引人的特质之一。所以元资产除了具备"个人主权财富"的自主性、私密性、安全性、稀缺性、流动性等特征之外，还自带元宇宙的一些属性。

相比现实世界的资产，元资产还有以下三个特征。

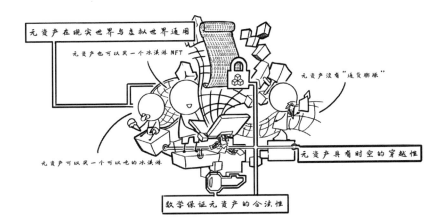

（1）由数学来保证资产的合法性。

元资产优先维护了遵守契约的本质，用数学底层来保证财富的合法性。这是考虑到 Web 1.0 和 Web 2.0 发展过程中带来的中心平台的垄断化弊端，于是从 Web 3.0 角度出发，以反垄断为核心制定的去中心化原则，人性不可信，而数学是值得信任的。元资产可以摆脱第三方控制，成为一种真正独立的资产，拥有者对元资产有绝对的自主权。同样，元资产是个人持有并管理，所以也无须承担因第三方管理不当而造成的资金损失。元资产将给人类一个新的机会，让人类可以自主地掌控自己的财富。

（2）具有时间与空间的穿越性。

在现实世界中，我们所拥有的资产，往往会受到"时间"和"空间"的限制。时间上，主要体现为"通货膨胀"，法定货币的铸币权掌控在中心节点手中，最终导致的后果是你现在拥有的资产，在几十年后，可能会变得完全不值钱。例如，1913 年，100 美元的购买力是 100 美元，而到了 2019 年，100 美元的购买力只剩下 3.87 美元。曾经的一美元可以购买 30 块上好的巧克力，但现在的一美元只能购买 10 卷厕纸，并且价值还在不断下跌。这还是作为世界货币霸主的美元，其他货币通货膨胀的程度更加夸张，委内瑞拉政府在几年之内便制造了高达 1000000% 的通货膨胀，这相当于政府把个人所持有的财富掠夺一空，当然更不必说"津巴布韦币"了。空间上，主要体现为"流通障碍"，在现实世界中，不同法定货币之间无法直接流通使用。你拿着一大堆人民币到了美国超市，根本无法直接购物，必须通过特定的途径，将人民币转换成美元，才可以进行交易。

元资产则不同，它本身是具有时空穿越性的。时间上，它在今天有价值，在明天也会有价值，在十年后同样会有价值。空间上，它在南半球的 A 地有价值，到了北半球的 B 地同样也有价值。

（3）现实世界与虚拟世界通用。

元宇宙是一个"虚实共生"的数字世界，元宇宙的资产也同样需要在现实世界和虚拟世界中通用。你所拥有的元资产，可以购买现实世界的商品，如房子、食物等；同样，你也可以在虚拟世界购买任何数字产品，如 NFT、数字土地。元资产连接着现实世界与虚拟世界，可以在虚实场景兑现它的价值。

可以想象这样一个场景：在未来元宇宙的一天，你起床后用元资产在现实世界购买了一份早餐，接着进入元宇宙，通过使用元资产支付，可以进行线上有氧拳击锻炼。接着你通过元资产在数字世界里购买了香港的一处数字土地，中午来到现实世界的尖沙咀，你就可以直接进入你在元宇宙中购买的物理空间，它已经是你的了。

4. 元资产的类别

元资产现阶段主要有以下几种类型。

稳定资产或者叫稳定币（Stablecoin）：有点类似现实世界的法币，

通常锚定美元或者其他价值稳定的资产，因此为加密货币市场带来了难得的稳定性。全世界任何地方的人都可以持有稳定币，并将其作为一种与法币挂钩的合成资产。随着区块链对稳定资产的需求上升，稳定币旨在保持与它所反映的现实世界资产相同的价格。它们在加密货币世界相当于现金，可以与美元甚至贵金属等政府支持的货币挂钩。如：由 Tether 公司推出的 USDT、USDC（USD Coin）等流行的稳定币都与美元挂钩。

同质化通证（Fungible Token）：有点类似股票、基金等有价证券，它的价值是不稳定的，大部分元宇宙中都有发行自己的通证，如以太坊的 ETH、Decentraland 的 MANA 和 Sandbox 的 SAND。同质化通证是互相可以替代、可接近无限拆分的，即两个人手中的资产没有区别，可以交换。

非同质化通证（Non-Fungible Token，NFT）：有点类似现实世界的不动产、古玩、收藏品等。它是唯一的、不可拆分的，即世界上不会有两个完全相同的 NFT。NFT 的这种唯一所属的特性使其成为在数字世界标记原生数字资产所有权的好方法。NFT 可以代表如画作、音频、视频、游戏中的项目和其他形式的创意作品。收藏者购买 NFT 可以获得作品的所有权证明，而艺术家也可以利用 NFT 创造出独一无二的数字艺术品。

稳定币　　　同质化通证　　　NFT

从元宇宙角度来看,非同质化通证这种元资产最复杂,大致分为以下几大类。

数字人:越来越精致、清晰、三维化的数字形象即将成为主流,人们可以通过一对多(一个人可以幻化成多个数字人)或者多对一(多个人可以培养一个数字人)的方式来与数字人进行映射。随着"数字人"社交活动的展开,必然形成新的数字IP形象,甚至跟其他数字人形成数字伦理关系,数字人在虚拟世界可以拥有自己的生产关系,最后形成它自己的品牌。

原生态数字资产:由算法、代码、合约等数字方式生产出来的元宇宙资产,它们与现实世界没有关系,最典型的是Decentraland、Sandbox等元宇宙平台中的虚拟数字地产,Sandbox上的一块土地,以430万美元的价格售出;2140也推出元宇宙第一大楼"无限∞世界",前期楼高2140层,里面有跟元宇宙相关的去中心化交易所、NFT铸造中心、智能合约审计公司,全球顶尖的科技公司可以在这里租售楼层;还有元宇宙中的游戏资产,它们与游戏是一同产生的,在游戏中拥有自己的应用场景,不需要跟现实世界建立联系。

映射型数字资产:这些资产与现实世界资产相互映射,通过一些中间手段,如合同、条约、说明、白皮书来绑定自己的数字身份,如元宇宙中带有文化艺术属性的内容资产:当下非常火爆的数字藏品,其主要的价值在于审美和收藏,像元宇宙邮票、企业纪念品、名人字画、博物馆珍藏等,现在发行的大部分数字藏品都属于这种类型。

5. 一个新首富的传奇

2021年12月,年仅44岁的赵长鹏的身家高达900亿美元,折合人民币约5733亿元,超过了农夫山泉董事长钟睒睒,成为华人新首富。

赵长鹏是币安的创始人和首席执行官(Chief Executive Officer,

CEO)。币安自2017年成立至今仅5年,现在是全球最大的加密货币交易所。币安号称在全球拥有3000名员工,日交易额达到了760亿美元,估值达3000亿美元。传闻拥有90%币安控股权的赵长鹏,从纸面财富上来看,被认为是华人新首富也不完全是臆造。

《福布斯》杂志曾经对他进行封面报道,其中有一个小标题是这样的:从零到亿万富翁,仅6个月。

当然,任何一个首富都不可能完全是横空出世,而是都有一定的基础。赵长鹏是程序员出身,早年主业是为交易所搭建网络交易系统。2013年,他开始了加密货币的掘金之路,加入了当时的比特币钱包平台blockchain,这个钱包平台打着密码属于个人、平台不会留存用户密码的口号来吸引全球用户,并且取得了不小的成功,但实际上很多用户都在这个平台上丢过币,这也是很多用户不喜欢赵长鹏的原因。2014年,他加入交易所OKCoin担任首席技术官(Chief Technology Officer,CTO),之后因为一系列争议事件离开了OKCoin。2017年,赵长鹏创建了"币安",这一年正处于首次币发行(Initial Coin Offering,ICO)最疯狂的时候,同年9月4日中国人民银行等七部委联合发布了《关于防范代币发行融资风险的公告》(以下简称《公告》),指出代币发行融资本质是一种未经批准的非法融资行为。《公告》使得中国国内三大交易平台OKCoin、火币网、比特币中国遭遇严重冲击,没有办法与拥有海外身份的赵长鹏正面竞争。天时地利造就了当时的币安,从创建币安到赚了125亿人民币,赵长鹏只用了6个月时间。

所以,"从零到亿万富翁,仅6个月"的标题,虽然看起来难以置信,但属实情。

为什么赵长鹏能够迅速积累财富,并成为华人新首富?

6个月诞生一个亿万富翁

从他的人生经历中不难看出,赵长鹏能成功,主要是他摆脱了传统的财富积累模式。

他曾对外表示,加密数字货币占据了他个人财富的99%。

赵长鹏和其他大多数首富不一样,他走的路和传统产业及互联网有点不一样,他的财富已经不是传统的资产,而是一种"元资产"的积累,这是一种全新的财富积累方式。他发行了一套自己的财富标的,很多人信任这套财富标的而购入该资产,所以赵长鹏的身家也就水涨船高了。当然,如果没有人信任这套财富标的,它就没有任何价值。

简单来讲,赵长鹏这个新首富传奇,在于他发行了属于自己的元资产。

在传统的资产财富时代,很难想象一个人能够这么快就完成自己的财富积累。然而这一切,却实实在在地发生在当下,发生在一个"元资产"兴起的时代。

曾经拥有土地的人能成为大地主,后来拥有生产资料(机器)的人更加富有,之后掌控数据的互联网人登顶了财富榜。可以想象,在不久的将来,首富会诞生在区块链世界,财富也会在区块链世界集中。那些拥有未来资产的人,将更有机会创造新首富的传奇。

6. 货币的"魔法时代"

从物物交换,到等价物交换,到发行贵金属货币,再到纸币及电子货币,基于人性本身的一种信任,以及社会契约论的支撑,人类的货币发展历程犹如波澜壮阔的史诗,推动着现实世界的经济轴承正常运转。

我们正处于一个人类历史上从未出现过的时代——货币的"魔法时代"。赵长鹏能够成为新的华人首富,正是这个货币"魔法时代"的体现。在这个"魔法时代",每个人都可以发行自己的数字资产,积累自己的元资产。

关于货币的"魔法时代"的诞生,要追溯到2017年,那是ICO盛行的一年,也是数字资产自我发行的一年。2017年,一年时间,一共出现了430多种数字货币,并募集到了超过46亿美元的资产。

什么是ICO?ICO为何能有这么大的能量?ICO源自股票市场的首次公开发行IPO(首次公开募股,英文全称Initial Public Offering)概念,通过ICO,无论是企业还是个人,都可以去发行属于自己的数字货币。

发行自己的货币在过去是无法想象的,在传统认知中,只有主权国家才拥有发行货币的权力,而在货币的"魔法时代",每个人都可以通过类似以太坊的渠道发行自己的货币。你只需要懂得相关技术,就可以掌控发行货币的"魔法",去实现自己发行货币的梦想,拥有烙着个人印记的货币。

人人都可以发行自己的数字货币

如何发行自己的货币呢？我们以以太坊协议为例进行介绍。在以太坊上有多种发行 Token 的协议，这里我们基于 ERC20 协议发行一款代币。这个智能合约的代码如下。

```
pragma solidity >=0.4.22 <0.6.0;
interface tokenRecipient {
    function receiveApproval(address _from, uint256 _value, address _token, bytes calldata _extraData) external; }
contract TokenERC20 {
    string public name;
    string public symbol;
    uint8 public decimals = 18;
    uint256 public totalSupply;

    mapping (address => uint256) public balanceOf;
    mapping (address => mapping (address => uint256)) public allowance;

    event Transfer(address indexed from, address indexed to, uint256 value);
    event Approval(address indexed _owner, address indexed _spender, uint256 _
```

value);
    event Burn(address indexed from, uint256 value);

    constructor(
        uint256 initialSupply,
        string memory tokenName,
        string memory tokenSymbol
) public {
        totalSupply = initialSupply * 10 ** uint256(decimals);   // Update total supply with the decimal amount balanceOf [msg.sender] = totalSupply; // Give the creator all initial tokens name = tokenName; // Set the name for display purposes symbol = tokenSymbol; // Set the symbol for display purposes }

    function _transfer(address _from, address _to, uint _value) internal {
        require(_to != address(0x0));
        require(balanceOf[_from] >= _value);
        require(balanceOf[_to] + _value >= balanceOf[_to]);
        uint previousBalances = balanceOf[_from] + balanceOf[_to];
        balanceOf[_from] -= _value;
        balanceOf[_to] += _value;
        emit Transfer(_from, _to, _value);
        assert(balanceOf[_from] + balanceOf[_to] = = previousBalances);
    }

    function transfer(address _to, uint256 _value) public returns (bool success) {
        _transfer(msg.sender, _to, _value);
        return true;
    }

    function transferFrom(address _from, address _to, uint256 _value) public returns (bool success) {
        require(_value <= allowance[_from][msg.sender]);   // Check allowance
        allowance[_from][msg.sender] -= _value;
        _transfer(_from, _to, _value);
        return true;
    }

```
function approve(address _spender, uint256 _value) public
    returns (bool success) {
    allowance[msg.sender][_spender] = _value;
    emit Approval(msg.sender, _spender, _value);
    return true;
}

function approveAndCall(address _spender, uint256 _value, bytes memory _extraData)
    public
    returns (bool success) {
    tokenRecipient spender = tokenRecipient(_spender);
    if (approve(_spender, _value)) {
        spender.receiveApproval(msg.sender, _value, address(this), _extraData);
        return true;
    }
}

function burn(uint256 _value) public returns (bool success) {
    require(balanceOf[msg.sender] >= _value); // Check if the sender has enough
    balanceOf[msg.sender] -= _value; // Subtract from the sender
    totalSupply -= _value; // Updates totalSupply emit Burn(msg.sender, _value);
    return true;
}

function burnFrom(address _from, uint256 _value) public returns (bool success) {
    require(balanceOf[_from] >= _value); // Check if the targeted balance is enough
    require(_value <= allowance[_from][msg.sender]); // Check allowance
    balanceOf[_from] -= _value; // Subtract from the targeted balance
    allowance[_from][msg.sender] -= _value; // Subtract from the sender's allowance
    totalSupply -= _value; // Update totalSupply emit Burn(_from, _value);
    return true;
}}
```

这就是"魔法货币"的数字密码，它保证了"魔法货币"具有"元资产"的基本属性。当你完成智能协议的程序部署，花费一定的 Gas

接入以太坊公链，就可以生成一种数字文明的"个人主权财富"。只要你发行的数字货币能够被其他人信任，有足够多的人认可它的价值，它就能像魔法一样源源不断地变现。

这是一种神奇的力量，它是由算法、密码学及编程学合作生成的金融"武器"，当然，任何"魔法"都有正反两面，既可能造福人类，也可能会带来灾厄。2017年掀起的ICO盛潮，最终在喧嚣中草草下场。ICO咨询机构StatisGroup称，2017年近80%的ICO项目都是诈骗，既没有任何实际落地的应用，也没有贡献任何有价值的代码，以至于在数字货币总市值达到5000亿美元时，以太坊创始人V神质问：But have we earned it（我们获得了什么）？多数ICO项目的数字货币，最终都成了"空气币"。

货币"魔法时代"真正的价值，不是集资，而是它颠覆了传统货币的铸造方式。

我们正处在一个货币的"魔法时代"

一种全新的货币体系在技术集成之下诞生了，在这一货币体系下，每个人都可以真正拥有属于自己的主权财富，保证私有财产神圣不可侵犯。

从中心化走向去中心化,从第三方进行信用担保到货币本身的价值担保,剔除人性的不确定性影响,提供一种全新的信任机制,打破了传统的主权信用力量,凭借加密数学的力量,解决财富的确权和交易问题。这是元资产时代货币拥有的真正"魔法",它让每个人能够借助数学,重新掌控自己的财富,并发行自己的财富标的,完成元资产的积累。当然,目前货币魔法时代仍然存在许多问题,但不可否认,它已经带来了许多与过去不一样的东西。仅仅凭借"人人发币"这一口号,便已经足够打动人心。

ICO的野蛮生长已经落幕,货币的"魔法时代"却刚刚开始,人类开始真正认识到什么是"个人主权财富",开始知道如何利用技术手段铸造"元资产"。

7. 人类财富分配4.0

两千多年前,我国西汉著名史学家、文学家司马迁在《史记》中写下这样一句话:天下熙熙,皆为利来;天下攘攘,皆为利往。

这十六个字便已概括人类文明几千年的运行规律,亘古不变,历久弥新。它揭示了人类发展过程的本质:利益。两千多年后,"元资产"和"个人主权财富"能够出现的根本原因仍然是利益这两个字在推动。而提到利益,则不可避免地要提及人类的"财富分配"。

原始社会时期,人类的生产力低下,面对存在的生存威胁,只能选择群居,共同劳动、采集和狩猎,最后的劳动成果由所有人共同分享。所以,生产资料公有制是一种自然选择,此时的财富也必然趋向于平均分配。

但随着时间的推移,人类的生产力提高,各种工具出现,劳动成果有了盈余，分配制度也慢慢从公有制向私有制转移。私有制充分调动了人类发明创造的积极性，并进一步解放了生产力，由此人类慢慢真正步入发展的正轨，财富分配也成为世界运转的隐藏动力。

过去几千年，人类的财富分配可分为以下四个阶段。

财富分配 1.0 是关于"土地"的分配。

财富分配 2.0 是关于"生产资料"的分配。

财富分配 3.0 是关于"数据"的分配。

财富分配 4.0 是关于"元资产"的分配。

（1）财富分配 1.0：土地。

土地作为一种最基本的生产资料，是历史上人类最早输出生产力的方式。在农耕时期，要想获得更多财富，就需要占有更多土地，以及增加对应的劳动力；国家与国家之间的战争，本质上也是为了掠夺土地，通过农耕增加国家财富积累；个人的努力，最终也是为了获得更多土地，来增加自身财富。古时候无论是经商还是为官，最终都会把已有的金钱转化为田产。

谁拥有了土地，谁就拥有了财富

在人类财富分配 1.0 中，土地是最重要的资源，拥有大量土地的人成了地主，而没有土地的人，则成了平民甚至地主的奴隶。其中地主可以获得绝大部分的财富收益,而农民只能分到很少一部分。

中国历来便有"普天之下莫非王土"的说法,在封建时期,也出现了许多关于土地的分配制度的探索,如井田制、授田制、名田制、王田制、屯田制、均田制等。这些制度本质上都是为了解决土地分配不均导致的问题。

(2)财富分配2.0:生产资料。

在人类文明历史上,财富分配1.0其实非常稳定,它在中国持续了两千年之久。如果没有外力出现,这样的财富分配方式可能至今都是财富分配的主流方式。

不过,自18世纪60年代工业革命开始,人类进入了财富分配2.0时代。人类发明了蒸汽机、纺织机、制造车间等,生产力大幅提升。在整个协同发展过程中,这些生产资料所发挥的作用巨大,已经远远超出了"土地"的输出效应。

工业革命带来了全新的财富分配方式

在这一时期,最重要的生产资料是技术和资本,谁拥有了技术或者资本,谁就可以成为企业主,积累更多财富。而没有这些生产资料的人，则需要与企业主签订合同，通过付出自己的劳动来获得属于自己的财富。

（3）财富分配3.0：数据。

时代的齿轮轰轰隆隆转了两百多年，人们步入信息时代。过往的机器，依旧发挥着它的作用，但在信息时代中，数据成为更重要的生产资料，谁掌握了数据，谁才算是真正拥有财富。人们由此进入了财富分配3.0时代。

在欧美国家，大部分白领的生活都离不开三样东西：谷歌的搜索引擎、亚马逊的一日达服务、Facebook的新闻推送。这一切都与"数据"息息相关。拥有越多数据，就越能把控消费者的心理，并通过数据构建起一个人的行为模型，挖掘出数据背后隐藏的巨大价值。

信息时代，数据即财富

你的每一次搜索，你的每一次点击，你每一次上传个人资料，都是在完善服务商的数据库。企业利用这些数据，可以拥有胜似"上帝之眼"的能力：谷歌可以看到人们在搜索什么，亚马逊对人们的购物习惯和爱好了如指掌，Facebook知道人们每天在分享什么。这些企业通过收集数据,了解该怎样改进产品,从而吸引更多用户,产生更多数据,形成一个循环。

在财富分配3.0时代,数据是最为核心的生产资料。数据越多、越全面,看到的内容就越立体,能够增加财富的机会也就越大。

(4)财富分配4.0:元资产。

无论是财富分配2.0还是财富分配3.0,除了生产资料改变之外,它们的底层逻辑其实并没有什么不同,本质上都是一种中心化的财富分配方式。

在人类文明发展进程中,信用几乎覆盖了金融经济发展的全过程。每一次财富分配的变更,都是在使信用的生产成本大幅下降。不过,即便从1.0进化至3.0,财富分配依旧存在着一些问题:信任缺失导致需要第三方信用背书、权力介入导致财富分配不公平、缺少激励机制导致社会参与度不足……财富总量因为人类的生产力越来越强大而不断增加,但整个人类社会始终存在财富分配的正义问题及财富的保障问题。

而Web 3.0能够消除这些障碍,并引出财富分配4.0。财富分配4.0涉及"元资产"的获取、分配及安全保障问题,主要包括以下三项内容。

(1)元资产的获取:与现实世界本质上并无区别,都是人依靠智慧和劳动获得财富。

(2)元资产的分配:分配方式透明且公开,并且按照智能合约进行分配,这与以往的财富分配方式不一样,这种分配方式可以将影响降到最低。

(3)元资产的安全保障:元资产一旦分配到个人账户,权力和中心节点都没有办法再对资产进行干预,这也是财富分配4.0与前面三种财富分配方式不一样的地方。

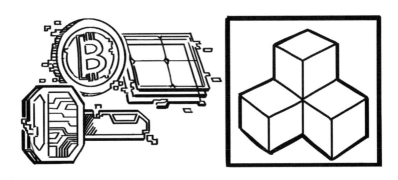

元资产的出现将彻底改变人类的财富分配方式

在元资产的获取、分配及安全保障过程中，通过去中心化的方式，解决信用成本问题；通过点对点的交易，无须第三方信用背书，减少摩擦成本，提升安全保障，更透明地保护个人资产。

同时，未来的元资产不仅仅是实体类资产，还会有权益类资产，各种创意、想法、声誉……都可能是元资产的一部分。这样的元资产，在过去的所有财富分配时代都是无法实现价值确权的。但在4.0时代，这些非实体类资产，也能通过区块链技术，完成确权，获得保障。

与3.0时代完全不同，在4.0时代你的数据将不再掌控在那些大公司手中，如果有人想要使用你的相关数据，必须通过智能合约进行交易，完成元资产的转移后，才可以进行使用。

8. 黄金 | 法币 | 比特币 | 元货币

如果价值无法得以流转，那么经济就会陷入停滞；如果没有合适的交易媒介，社会的无谓消耗就会增大。所以，人类一直在探寻最优的资产媒介，来让价值持续流通。

在人类原始时期，由于生产力低下，生产资料十分简单，如果一个人想要得到另一个人的东西，他会采用"物物交换"的直接贸易方式。打个比方,我养了一只羊,但我想吃苹果;你刚好种了一棵苹果树,我就用一只羊去换你的 100 个苹果。这是人类社会原始时期"以物易物"的体现。

但随着交换规模的扩大,物物交换变得十分麻烦且受限。比如今天你想用羊肉换苹果,但对方不想吃羊肉,而是想吃牛肉,那么交换就无法达成;也可能后来这个人又想要吃羊肉了,回来找你,但你的羊肉早已卖掉了。这是物物交换因需求不匹配,以及时间不匹配而造成的一种结果。为了解决这些问题,"一般等价物"应运而生。

大约在公元前 3000 年,苏美尔人发明了"麦元"制度,即将固定量的大麦谷粒作为通用单位,来衡量和交换其他货物,大麦也成了最早的系统化的资产媒介。当时最普遍的单位是"席拉",约等于一升。但"麦元"有个很大的缺点,即大麦的储存和运送存在局限性,同理还有贝壳、布帛这样的资产媒介,它们都曾是人类历史上的一般等价物,但最后因为商品交换进一步扩大,在流转和使用中存在着很大损耗,也不适合长时间存储,所以退出了历史舞台。

此后,不同地区的人类文明几乎不约而同地选择了同一种资产媒介——黄金和白银。作为贵金属,黄金和白银都具有稀缺性、稳定性和延展性,它们不易腐坏,而且易切割。马克思曾说过一句很著名的话:金银天然不是货币,但货币天然是金银。这也从侧面说明了金银本身是具有作为人类资产媒介的属性的。

黄金和白银是人类历史上重要的资产媒介

另外，作为人类历史上重要的资产媒介，黄金和白银本身都是有使用价值的，而且因为其稀缺性，黄金和白银成了承载信用的物品。不过，黄金和白银也不是完美的，它们的局限性体现在不易携带和不易衡量。每一次黄金交易，都需要花费大量的时间成本在支付环节，这便降低了交易效率。随着商业经济的进一步发展，又出现了一种全新的资产媒介，也是人类历史迄今为止最重要的一种资产媒介：法定货币，或者说法币。

法币的发展可以分为以下几个阶段。

第一个阶段是"铸币阶段"。金属冶炼技术的出现与发展是铸币广泛使用的前提，铸币具有价值稳定、易于分割、便于储存等优点。

第二个阶段是"纸币阶段"。在商业贸易高度发达的宋朝，官方便发行了纸质货币——交子，这也是现代纸币的雏形。同时，像早期的商业票据、银行券等，也都是"纸币阶段"的产物。

第三个阶段是"数字货币阶段"。20世纪后，随着科技发展，货币也不断朝着数字化演化，信用卡、借记卡、记账卡等交易工具出现，货币开始走向无实物的数字化。如今支付宝、微信支付已经成了我们日常生活交易的主要方式。

法币的"进化史"

作为现代国家发行的货币,法币本身没有内在价值,也不代表实质商品或货物,发行者也没有将货币兑现为实物的义务。它只依靠政府的法令使其成为合法的货币。法定货币本质上是一种"信用货币",由主权国家进行信用背书,赋予其流通价值。在这种信用体系中,国家属于债务人,作为债权人的我们被取消了向国家的追索权,但国家以法律和强制力保证其在交换中被接受。

在布雷顿森林体系生效期间,全球的各类货币依托于美国信用;布雷顿森林体系崩溃后,美元与黄金脱钩,货币则完全由各国政府自身的信用承载。

法币有其自身的优点:易识别、持久性、便携性、防盗性等。法币依靠发行者控制发行量来维持价值。事实上,各个国家常常因为各种原因印发超量货币,比如为了短期繁荣、促进经济发展,或者是为了稳定社会、降低失业率,也可能是为了渡过经济危机,减少经济波动。超量印发货币会导致通货膨胀,导致个体拥有的资产缩水。

法币避免不了"通货膨胀"的陷阱,一旦国家没有守住应该遵守的"信用",滥发货币,最终承担后果的还是持有资产的个体。

在人类铸币史上,大多数发行货币的政府,都有很大动机去多发货币,透支货币的信用,导致恶性膨胀,引发经济危机。这主要还是因为在法定货币这一资产媒介体系中,起作用的是一个"中心化"的记账本。

人类需要解决法定货币的缺陷,同时还能保有货币功能的资产媒介,这种资产媒介要能够去除货币发行的中心化问题,创造一个不会无限超发、透明可追溯的货币体系,并且可以在没有第三方机构信用背书的情况下实现价值流通,比特币(bitcoin)应运而生。比特币出现的年份,刚好是全球饱受金融危机折磨的时候,那时很多人对法定货币下的中心化记账体系越来越失望,疑虑也越来越深。

比特币有以下特点。

(1)总量恒定,可以无限被分割——不会因为超发货币而导致个体货币贬值。

(2)点对点分散交易——去中心化,无须第三方信用背书。

(3)透明可追溯——公平公开。

(4)无法篡改和复制——不会有假币问题。

（5）匿名交易——最大限度保护隐私。

它与法定货币不同，不依靠特定货币机构发行，而是依据特定算法，通过计算产生。比特币系统基于 P2P（peer-to-peer lending，个人对个人）通信网络、非对称性加密算法、分布式数据库及以巨大算力作为运转成本的工作量证明共识机制，可以在全球任意时间、地点进行安全可靠的、点对点的、极低成本的即时传输。

比特币的设计特点解决了传统货币存在的许多问题，但比特币不是完美的，它解决了法定货币存在的问题的同时，自身也存在着许多缺陷，如市场容量小、流动性不足、容易被操控、交易费用高、处理能力弱、波动性大等缺点，都极大地限制了比特币作为资产媒介的普及和流动。

当下比特币更像一种实验货币，它是数字化货币的雏形，但绝不是终点。不过，比特币的出现及其背后的区块链技术的发展，必然会推动资产媒介的变革。

那么,人类能找到一种完美的货币,来解决传统货币存在的缺陷吗?元资产的出现给了我们希望。在未来的元宇宙中,基于元资产可能会出现一种全新的交易媒介:元货币。

什么是元货币?可以这么理解,元货币是在比特币基础上进行优化的加密货币,它保留了比特币的去中心化的优点,同时也弥补了比特币难以流通的缺陷。元货币并不是单一的一个币种,它是由一个又一个不同的垂直性货币合约组合构成的统称,这些元货币集合起来会成为统一的金融基石,分散开来又各具功能,同时这些元货币彼此之间可以在同一时间完成市场兑换。

元货币的底层逻辑依旧是区块链技术,并通过智能合约及 DAPP (Decentralized Application,去中心化应用)等方式,来保障元货币能够完成它的合约功能及交易使命。

元货币拥有货币的基本职能:

(1)交易媒介——它是一种商品交易的中间媒介;

(2)价值度量——有自己的价值单位,具有货币的可分割性;

（3）价值储藏——能把价值换成元货币进行储存，可随时随地进行使用。

同时，元货币也有一些传统货币所没有的特点：

（1）去中心化——基于区块链技术实现的去中心化；

（2）智能合约——基于数字协议开发出来的智能合约；

（3）多元货币——并非某一固定货币，而是多种货币的集合；

（4）具备功能——除了具有货币基本职能，还带有功能属性；

（5）锚定主体——货币锚定的是发行者主体，不一定是国家；

（6）独立自由——一旦发行，没有谁可以将其冻结；

（7）无界限流通——可以在全世界范围无界限流通。

元货币或许是人类社会资产媒介发展的更高形态。元货币的出现大概率将让货币重新回归它应有的本质，让人们重拾对资产媒介的信心。

2

元资产的交易和管理

Metaverse

1. 元资产基石：Web 3.0

没有 Web 3.0 就没有元宇宙，没有元宇宙也就谈不上元资产。

2022 年我们提出的"元资产"的概念并非只是一时兴起，而是技术发展到今天的一种自然呈现。

Web 3.0 与过去的互联网有很大不同。我们可以把互联网分为三个时期：Web 1.0、Web 2.0、Web 3.0。

Web 1.0 时期：1989 年—2004 年。

Web 2.0 时期：2005 年—至今。

Web 3.0 时期：未来。

Web 1.0 属于互联网最早的时期，用户只能被动地浏览文本、图片及简单的视频内容，用户是内容的消费者，互联网平台是提供者。在这一时期，各类门户网站发挥着主导作用，谷歌、百度、搜狐、Netscape 凭借浏览器和搜索引擎称霸互联网。简单来说，Web 1.0 时期的互联网是"传统报纸杂志电子化"的阶段，它是静态的，用户访问网站浏览数字内容，虽然有评论这样的互动性内容，还有论坛这样的由用户生产内容的形态，但总体来说仍是以读为主，参与内容创造的数据相对较少。

在 Web 2.0 时期，用户创造内容成为互联网的主流，互联网公司更多的是提供产品和技术服务，对于内容的介入逐渐减少，特别是移动互联网出现之后，很多的互联网平台，如 YouTube、Facebook、Twitter、微信、微博，自身并不制作内容，完全由用户在平台上创作和传播自己的内容（包括文字、图片、视频等），并与其他用户交流互动。

无论是 Web 1.0，还是 Web 2.0 都有一个共同的问题，就是用户创作的数据被平台占有，平台本质上只是渠道，却拥有用户创作内容的所有权,而内容的实际创作者无法直接享受内容创作带来的权益,也无法拥有自己的数据。所以,这两个时期的互联网用户对自己的数字身份缺乏自主权,用户注册的平台账号都归平台所有,而不是个人所有,用户仅有账号的"使用权";用户对自己的个人数据缺乏自主权,为了获取平台提供的服务,个人必须让渡数据主权,个人创作了内容,却无法获得相应的权益……

为了解决 Web 1.0 和 Web 2.0 存在的种种问题,Web 3.0 被提出。

如果说 Web 1.0 是只能读信息,Web 2.0 是可读取、书写信息,那么 Web 3.0 就是可读、写,也可拥有信息。

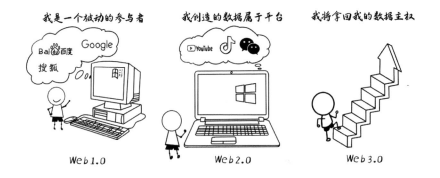

Web 3.0 的核心在于数据主权,让用户从平台手中拿回本应属于自己的权利。可以说,Web 3.0 不仅是一场技术变革,同时也是一场商业模式和用户模式的革新。在 Web 3.0 中,数据归用户所有,每个人都能掌握自己的数字身份、数字资产和数据,进而掌握自己的命运。将数据的所有权归还给用户、允许用户自主控制数据,并且在保障安全性的前提下实现数据的互操作性,是 Web 3.0 的重要特点。

我们从以下三点来谈 Web 3.0 的核心价值。

第一点是基于用户数字身份出现的"互操作性"。所谓"互操作性"是指在不同网络、平台和应用中,个人数字身份都能操作自如,无视壁垒。在 Web 1.0 和 Web 2.0 时期,用户在各个互联网平台上注册自己的数字身份,一旦销户则失去一切。不同互联网平台会建立不同账户体系,各账户体系规则不尽相同,相互独立形成"孤岛","孤岛"之间甚至出现互相排斥的情况。虽然后来大的互联网公司,如腾讯、Twitter 等,推出了用户开放式授权体系,让用户省去了很多麻烦,但最终的结果造成了进一步垄断。最近联邦化身份管理模式进一步发展,给予用户一定的身份自主体验感,但没有从根本上解决互联网平台身份管理模式的弊端,用户的数字身份时刻处于危机之中,Twitter 一年要删除无数用户,就连美国前总统特朗普的账号也没有逃过劫难。在 Web 3.0 时期就完全不一样,用户的数字身份完全独立于中心平台,不那么容易被删除,而且用户的数字身份是超越各大平台的存在,这就会保证每个人的数字身份在各平台上的"互操作性"。

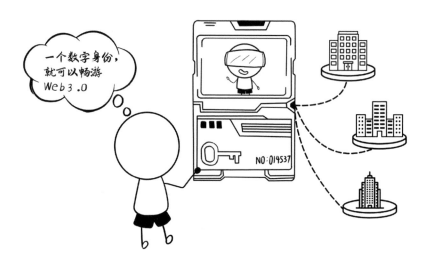

第二点是基于用户数据主权出现"私权开放"。在 Web 2.0 时期,

大型互联网平台完全垄断了用户数据，并且基于对大数据形成垄断的商业模式，因为了解用户习惯，利用大数据"杀熟"，推广时几乎又没有边际成本，滥用人性弱点，反复激发、引导、诱导用户过度消费。这种商业模式在 Web 2.0 时期被证明是非常成功的，所以平台进一步蚕食用户的隐私数据。这些隐私数据在中心化平台一旦泄露，将对用户隐私造成极大损害，如 Facebook 就发生过类似案例。与之相比，Web 3.0 时期的用户数据完全属于个人，个人可以开放并量化自己的数据权限给到平台，这就是 Web 3.0 时期的"私权开放"。用户的数据主权将进一步被强化并且出现多元化利用的可能。

第三点是基于透明共识出现的"主动选择"。在 Web 2.0 时期，很多时候用户接收的信息是一种被动选择，因为用户没有参与到平台的架构之中，没有形成用户的算法共识，用户无法参与到分布式自治

中来，更没有让用户一起获得收益。既然你选择了这样的平台，那么你只是平台规则下的蝼蚁，是平台用来获取利益的工具。Web 3.0 时期的核心价值是"透明、去中心化、自主化"，如果没有特别的要求，规则是透明公开的，用户是集体参与的，价值是共同创造的，信息是主动选择的。

基于以上核心价值，可以理解 Web 3.0 是以用户为中心，强调用户拥有自主权的新时期，这主要体现在以下三方面。

一是用户自主管理身份（Self-Sovereign Identity，SSI），也就是利用好你的私钥，在某一公链上一旦用户生成了自己的数字身份，那么就可以在该公链任何平台上通过公私钥的签名与验签机制识别数字身份。Web 3.0 时期，最终一定会利用分布式账本技术构建一个分布式公钥基础设施（Distributed Public Key Infrastructure，DPKI）和一种全新的可信分布式数字身份管理系统，这些基础设施会成为各种应用最基础的互认协议。分布式账本是一个严防篡改的可信计算范式，在这一可信的计算范式上,发证方、持证方和验证方之间可以端到端地传递信任。

二是用户拥有真正的数据自主权。Web 3.0 不仅赋予用户自主管理身份的权利,还打破了中心化模式下平台对数据的天然垄断。分布式账本技术可以提供一种全新的自主可控数据隐私保护方案,它是基于第三方的数据存储平台,用户数据经密码算法保护后在分布式账本上存储,它与互联网平台无关,完全是独立的。个人数据信息与谁共享、作何种用途均由用户决定,只有经用户签名授权的个人数据才能被合法使用,通过数据的全生命周期确权,数据主体的知情同意权、访问权、拒绝权、可携权、删除权(被遗忘权)、更正权、持续控制权能够得到更有效的保障。

三是用户拥有真正的算法自治权。Web 3.0 时期的平台级应用更多的是由各种智能合约组成。所谓智能合约,是分布式账本上可以被调用的、功能完善、灵活可控的程序,具有透明可信、自动执行、强制履约的优点。这些智能合约能够成长并被多方调用就是因为其获得了用户信任,当它被部署到分布式账本时,程序的代码就是公开透明的。智能合约无法被篡改,会按照预先定义的逻辑去执行,契约的执行情况将被记录下来,全程监测,算法可审计,可为用户质询和申诉提供有力证据。智能合约不依赖特定中心,任何用户均可发起和部署,天然的开放性和开源性极大地增强了终端用户对算法的掌控能力。

以上这些核心价值观能够解释,为什么元资产的基石是 Web 3.0。因为 Web 3.0 的存在,我们才能够保障"个人主权财富"的安全性、可支配性、私密性、自主性、流动性。有人把 Web 3.0 称为"价值互联网",它本质上是在传递价值,创造财富,而且这些价值和财富经由区块链技术,个人可以牢牢掌控。

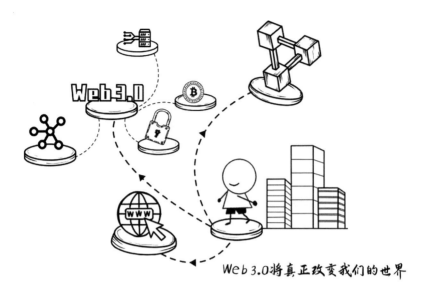

Web 3.0将真正改变我们的世界

无论愿不愿意承认，Web 3.0都正在改变我们所处的这个世界。它希望能够推翻过往中心化的互联网，重拾万维网的梦想和初心，创建一个带着理想主义色彩的去中心化世界。而在这个世界里，有两样东西非常重要：身份和财富。所以，我们谈元资产，最终还是要落脚于Web 3.0。我们谈元宇宙，也无法绕开Web 3.0。

2.Key和我的助记词

密钥（Key），尤其是私钥（Private Key）在密码货币的世界里是最敏感、最重要的东西。

在现实世界中，实物财产的所有权通常体现在拥有写有你名字的契据或收据，但是在Web 3.0的密码学货币世界中，掌握了私钥就等于拥有了个人的数字资产。

在 Web3.0 的世界，私钥连接着财富

在现实世界，交易通常都需要签名授权。在 Web 3.0 时期，所有交易的授权都必须使用私钥完成。签过名的交易表示私钥持有人许可了他人对自己所持有资产的权限。虽然任何人都能生成与你的数字资产相关的交易，但是只有持有对应私钥的人才能签署该交易。

要理解 Web 3.0 时期的个人主权资产，首先要理解区块链技术中三个比较重要的概念：钱包、公钥、私钥。

区块链世界的钱包与现实里的钱包不同，区块链钱包并非用来装钱的包，而是用来管理密钥的工具。公钥和私钥则是通过非对称加密算法得到的一对密钥，前者可以向外界公开，后者只能自己保留，密钥本身具有唯一性。

打个比方，钱包就好比我们拥有的房子，这个房子里面有我们的资产和物品。公钥则是房子的公开地址，其他人可以通过这个地址给我们寄送东西（转账），但无法进房子拿走我们的资产。私钥则是房子的钥匙，拥有私钥也就代表拥有房子内资产的使用权。

以比特币为例。比特币的私钥是一串随机生成的数字，随机数的范围为 $1\sim2^{256}$。在比特币中，通过使用操作系统提供的随机数生成器产生 256 位的私钥，也就是 64 位的十六进制数。可以把私钥看成是我们个人的账户 + 密码。

私钥的生成方式是随机的，所以最终的私钥都是非常无序且复杂的，可能是如下的样子：

d13adldkigngadoo002dd20190deflb100djcd1a22dcdl00a2cdaf36d1fng71（这是一串随便打出的字符）。

比特币的私钥非常复杂，几乎不可能记住

所以，正常来讲，我们不可能像记住我们的 QQ 密码一样，来记住我们所拥有的私钥，但为了保证元资产的安全性，又不得不这么做。所以，为了让私钥变得更加容易记忆，便出现了助记词。

助记词是明文私钥的另一种表现形式,最早是由 BIP39 协议提出的,其目的是帮助用户记忆复杂的私钥(64 位的哈希值)。助记词一般由 12、15、18、21 个单词构成。这些单词都取自一个固定词库,其生成顺序也遵照一定算法,所以用户没必要担心随便输入 12 个单词就会生成一个助记词。

私钥和助记词具有唯一性,因此一旦同时丢失了私钥和助记词,就没有任何办法可以挽救。并且,如果别人拿到了我们的私钥或助记词,我们的资产也就没有了保障。为了规避这种风险,出现了多重签名。

多重签名,就是多个用户对同一个消息进行数字签名,可以简单理解为一个数字资产的多个签名。打个比方,你有 100 个比特币,但这个账户下面一共有 3 个人共同管理这笔财产,如果你想使用这笔钱,则至少需要两个人的签名才可以。一个公司或者组织持有大量的数字资产时,可以采用多重签名的方式来保障自己的资产安全。

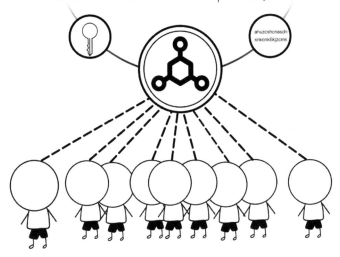

多重签名能够更好地保障元资产安全

使用多重签名的优势如下。

（1）保障交易的可靠性；

（2）防止密码被盗取和黑客攻击；

（3）保障资金安全。

多重签名的存在至少可以解决两个问题：一是当你忘记了自己的私钥和助记词时，多重签名可以让你依靠另外的签名来取出你拥有的数字资产；二是如果你个人的私钥被他人盗取，多重签名的存在可以确保别人无法直接盗走你的数字资产，因为没有其他人的签名是无法取出资产的。

多重签名也可以根据个人情况灵活应用。例如，一个人持有多个密钥时，可以把密钥分别存储在不同地方，也可以将一个密钥分成几部分分开保存。

比特币亿万富翁 Winklevoss 兄弟称，他们把存储着价值 13 亿美元的比特币的密钥用信封分成几个部分，每部分都存在美国不同银行的保险库里，以此来保证自己的资产安全。

另外，多重签名也适用于公司管理。通过多人保存不同的密钥，可以确保没有任何一个人可以独占资金或资产。

多重签名的最终目的只有一个：保障你的元资产安全。

私钥和助记词的唯一性还存在另一个问题——很难牢牢地记住助记词或者私钥。所以很多人将助记词或者私钥以物理钱包或冷钱包的方式存储，但这样存在丢失的风险，而"脑钱包"的出现使大脑可以"记住"私钥。

脑钱包是一种账户私钥管理工具。它通过构思提供一个任意字串（命名为脑口令），经过对其进行 SHA256 算法的哈希值计算（或者其他算法），将得到的结果作为私钥。简单来说，就是用你想的任何东西来生成其对应的可控制的元资产地址。

脑钱包是一种加密思想的转换,更安全的是"双脑钱包",即你可以用"自己喜欢的一句诗"+"我最喜欢的一个公式"混合生成一个元资产地址,这样的脑钱包地址基本上不可能被破解,对于个人来说又易于记忆,可以很好地解决私钥的记忆与安全问题。

无论是私钥、助记词还是多重签名、双脑钱包,它们最终都是为了保障个人的财富安全,保护好个人的数字资产。在 Web 3.0 时期,私钥就是一个人的生命。你所积累的所有财富,都凝聚在由 256 位随机数构成的私钥上。保护好你的私钥,是你在 Web 3.0 时期必须遵守的第一原则。

3.Token:洞穿原子世界

了解了 Web 3.0 时期的数字身份体系后,我们再来了解 Web 3.0 时期的数字资产。

Web 3.0 时期的数字资产(元资产)与现实资产进行类比,可以简单分为以下三种。

第一种是稳定币,相当于现实世界的法币,是价值之锚。

第二种是 Token,类似现实世界的证券类资产,价格会有浮动。

第三种是 NFT，也就是现实世界的自然万物，独特而稀缺。

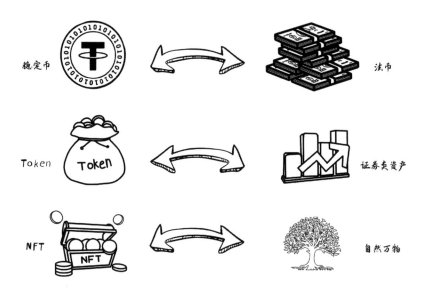

第二种 Token 和第一种稳定币本质上非常类似，都属于同质化通证。稳定币和 Token 是一种特定性质的同质化通证，NFT 则属于非同质化通证。从字面意思理解，同质化通证和非同质化通证最大的区别就在于是否独一无二以及能否被分割。前者是互相可以替代，可接近无限拆分的，即两个人手中的通证没有区别，可以交换；而后者，也就是非同质化代币则是唯一的、不可拆分的，即世界上不会有两个完全相同的 NFT。

在 Web 3.0 时期谈到的 Token，实际上是一个 Token 合约，一个 Token 合约就是一个包含了对账户地址及其余额的映射的智能合约（Smart Contract）。账户余额是由合约创建者定义的值：一个 Token 合约余额可以表示物理对象，也可以是货币价值，或者是持有人的名誉。余额的单位通常被称为 Token。当 Token 从一个账户被转移到另一个账户时，Token 合约会更新两个账户的余额。

Web 3.0 或者说区块链的 Token 被广泛认识，其实要归功于以太坊及其建立的 ERC20 标准。基于这个标准，每个人都可以在以太坊上发行自定义的 Token，也就是一个标准化的合约，你可以在上面自定义名字、标志、数量、小数位等。

这个 Token 可以代表任何权益和价值。过去已经有不少人通过 Token 来作为代币权益证明进行 ICO。其中小数位意味着一个 Token 的可切分性，通常可以选择 0 个小数位（即完全不可切分）到 18 个小数位（几乎是连续的），如果需要，可以有更多的小数位。

Token 应该有三大要素：数字权益证明、加密性、可流通性。

第一，Token 必须是以数字形式存在的权益凭证，它代表的是一种权力，一种固有和内在的价值。

第二，Token 的真实性、防篡改性、保护隐私等能力，由密码学予以保障。每一个通证，都是由密码学保护的一份权力。这种保护几乎是无坚不摧的，比任何法律和权威提供的保护都更坚固可靠。

第三，Token 必须能够自由流通，从而随时随地进行验证。它可以是局部流通，也可以是全局流通，可流通性越强，Token 的资产属性也就越强。

以上三点性质决定了 Token 具有物权和证券的综合属性，更优秀的是它在诞生的那一天起，从技术上就解决了自由流通的难题。这颠覆了华尔街主导了上百年的金融玩法，普通人不需要高盛这样的投资银行，自己就可以发行"股票"，只要你有能力说服其他人，你就可以在这个新世界成为金融大亨。

每一个人都可以用自己的信用背书去发行 Token 来募集生产资料，实现自己的想法。个人创造出来的所有价值，基于人与人、人和机器、机器和机器之间形成的共识，都会通过算法予以确认。

Token穿透传统金融权力

在传统世界也有许多类似区块链 Token 的通证存在,比如各种游戏币,各类积分卡、会员卡等,它们都是某种原始的通证,也同样是一种权益证明。不过,这些通证与 Web 3.0 的 Token 最大的区别在于它并没有接入区块链技术,而是运行在一个中心化的系统中,所以它的流通是受到限制的。举个例子,你在肯德基获得的一张积分卡,它本身属于通证,也是一种权益证明,但它只能让你在肯德基使用,你不可能拿着一张肯德基的积分卡在麦当劳买汉堡。所以,这些 Token 只能是普通 Token,它们部分存在使用价值,但因为缺少技术加持,设计逻辑也没有摆脱中心化的束缚,所以不具备流通性、恒久性、稀缺性等特征,你也无法通过持有这类 Token 获得更多额外的权益。

但在 Web 3.0 中则不一样,Web 3.0 的 Token 是一种价值型 Token,这种 Token 真正拥有在数字世界创造价值的力量。在 Web 3.0 中,个人所持有的 Token 是可以自由流通的,且具有高流动性,可快速交易、快速流转,同时能做到安全可靠。以现有的例子,ETH 和 TOFZ 本身是可以自由流转交易的,各类的 NFT 虚拟资产,也可以进行交易,而且是去信任化的,不需要第三方中介。区块链技术的存在,为 Token

提供了坚实的信任基础,它所达到的可信度是过去任何传统中心化基础设施都提供不了的。

除了可以跨平台流通外,Web 3.0 时期的 Token 还可以在现实世界和虚拟世界中相互流转,实现原子与比特的双重"穿越"。你所持有的 Token 既可以在数字世界获得相关权益,也可以兑换成现实世界的实际物品。另外,当未来出现虚拟人和数字人,如果它们的劳动也有价值标的,那么也一定是通过 Token 来衡量的。

Token 不仅仅是一串字符组成的合约,也是 Web 3.0 时期中最有力量的工具,它将现代金融彻底地平民化和公正化。区块链技术带来"天赋币权",如果再进一步来表述,在未来的元宇宙世界,不仅仅是人类,每一个碳基生物和机器人都是平等的,每一种生命形态都可以发行自己的 Token,以证明自己存在的意义,不需要被任何人类社会组织机构剥削和胁迫而使用法币,所有的价值,应该都是基于人和人、人和机器、机器和机器之间形成的共识,通过算法予以确认。

Token可以实现真正意义上的金融平等与公平

Token 的出现有不同寻常的意义,它是后来 DeFi\DAO 这些金融创新的基石,人类最终也会在 Web 3.0 时期重构一遍金融体系,Token 作为区块链上的一个价值凭证,拥有区块链底层的保证和特性,使它可以在全球范围内无障碍、低成本、快捷且实时地进行传输。它可以代表任何有价值的东西。同时,通证也可以作为社区共同成长的权益凭证,极大地调动参与者的积极性和创造性。

总之,作为一种加密数字权益证明,Token 已经洞穿了原子世界,为我们打开了一扇新的大门。

4.DeFi:去中心化金融

DeFi 是区块链技术下的一个金融创新,甚至可能是一场没有终点的颠覆性革命。

DeFi(Decentralized Finance,去中心化金融)是与 CeFi(Centralized Finance,中心化金融)相对的概念。DeFi 指的是在可编程的公有区块链网络上搭建,以 Token 价值锚定、借贷、互换等类金融活动为功能目标,由系列智能合约和应用程序共同构成的区块链应用项目。

DeFi 通过智能合约代替金融契约,提供一系列去中心化的金融应用。每个人都可以不经中介的手,通过 DeFi 实现数字资产的相关金融操作,运用 DeFi 对数字资产进行资本、风险和时间维度上的重新配置。通过将金融契约程序化,在区块链上重构一套安全透明的自动化金融系统。

DeFi 强调摆脱金融中介的控制、干预和信用依赖,消除用户审查和差别待遇,利用区块链技术固定智能合约内容、交易过程记录和加密资产状态,彻底实现金融的智能化,让金融活动参与人能按照智能合约既定的金融逻辑直接完成交易。

DeFi让去信任化成为可能

为什么要有 DeFi？因为当人们创造了基本的 Token 后，为了让 Token 能够有流通和交易的价值，人们寄希望于把金融交易也去中心化，由此便出现了 DeFi。

与传统的中心化金融相比，DeFi 有如下优点。

第一，相比传统金融，DeFi 更高效，手续费低。在传统金融中，跨国汇款需要在各国银行间流转，往往几个工作日才能完成，并且需要支付大量的手续费，提供各种汇款证明。而在 DeFi 中，若要将加密货币转移到全球任何一个账户，仅仅需要点击几下，花费 15 秒到 5 分钟的时间，手续费相比传统金融也要少很多。

第二，DeFi 的可获取性和可访问性更高。任何人都可以使用 DeFi 协议，只要拥有能够接入互联网的手机，就可以进行访问，不受地理位置、经济水平、信任限制，足不出户就可以完成一笔交易。

第三，DeFi 协议公开透明。建立在公链上的 DeFi 协议大多是开源的，所有交易公开可见，智能合约代码可以在公链上进行分析。而传统的中心化金融体系中，权力和资金集中在传统金融机构手中，其信用背书建立在第三方上，我们只能出于对其的信任而去交易，但就像隔着箱子看东西，内部具体的金钱流转过程我们一无所知。

第四，DeFi 可组合性强。DeFi 被比作乐高积木，具有很强的互操作性。它的共享结算层允许这些协议和应用程序相互连接，任意两个或多个部分都可以被整合、分解或重构，以创建出全新的东西。任何被创建的东西都可以被个人或其他智能合约使用。

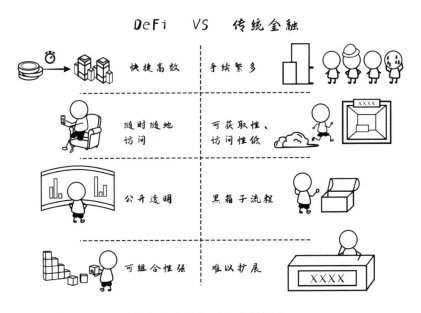

总结以上，DeFi 的内核涉及如下几个关键字。

（1）去中介，不再需要庞大的金融中介群体，节省了金融摩擦费用。

（2）智能化，所有的操作都是智能化的，节省了中间的时间成本。

（3）合约化，中间流程由合约来主导，透明公开，不再有法律纠纷。

（4）可组合，互操作性很强，便于不同协议之间进行组合。

传统金融体系目前存在许多问题,比如信息不完全、不对称情况严重,流程不透明导致了低效率和高风险;金融风险的负外部性较大,危机传染性强,如果市场崩溃,会造成很大影响和损失。金融行业的规模效应明显,容易产生垄断和不正当竞争行为,导致金融资产价格扭曲和服务劣质化,但过度竞争也可能导致金融体系不稳定。

传统金融体系不可能在 Web 3.0 中得以延续,它本身的理念逻辑就与 Web 3.0 格格不入。从某种意义上说,去中心化金融体系会推动 Web 3.0 的发展,而 Web 3.0 同样也会倒逼出一个全新的金融体系。

DeFi 的分布式金融是如何实现的呢?举个简单的例子。

小明现在拥有 10 个 BTC(比特币),但他追求的女神小红认为 BTC 没有前途,只有 ETH(比太币)才是未来的货币之王。小明决定把 BTC 暂时换成 ETH,以讨得女神欢心,所以他进行了以下操作。

(1)小明直接跟别人进行 OTC 交易,但第一次交易被人骗了 1 个 BTC 后,才知道传统金融不靠谱,身家一下子损失了 10%。

(2)小明决定靠自己。他找了一条跨链,这条跨链的名字叫作"舔狗链"(无意冒犯),"舔狗链"上的 Token 叫作"舔狗币"。

(3)小明把自己的 BTC 按照合约锁定在一个特定地址,"舔狗链"上就会生成一个代表这个 BTC 的通证。

(4)接着小明在"舔狗链"上用智能合约抵押这个通证,并生成了相应的"舔狗币"。

(5)拿到"舔狗币"后,小明立刻用这些"舔狗币"购买了一定数量的 ETH 通证。

(6)获得 ETH 通证后,他把通证所对应的抵押物 ETH 释放出来。

整个过程全部都是由智能合约来完成,没有中心化的机构介入,也不需要信用背书。

当然,小明做这件事情,完全是为了博女神欢心,他想着把小红追到手后,就把BTC换回来。可是大家都知道,BTC的价格变动幅度较大,如果某一天BTC价格暴跌了怎么办?小明是不是反倒赚了?

不是。DeFi不会允许这样的事情发生,智能合约已经规定抵押物不得少于150%的贷款,一旦BTC价格下跌,那么小明就必须补仓补到150%,否则BTC就会进入清算的智能合约,这时小明的BTC就会被低价售出,会被其他人买走。

以上这个DeFi流程有没有漏洞呢?这需要时间来检验,也与各个智能合约的严谨性及跨链的技术安全性息息相关。

这样的DeFi案例还有很多,保险、借贷、抵押……这些传统的金融业务都可以通过不同的智能合约组合来完成,也就是说传统的金融体系将会在 DeFi 上重做一遍。

2020 年,DeFi 迎来了它的大爆发阶段,它在以太坊上出现了许多"杀手级应用"——Compound、Maker、Aave、Synthetix、Curve Finance 等头部应用都迎来了大量的用户增长。不过,这种大爆发同样也带来了一些问题——网络拥堵、手续费高涨、抵押规模和用户规模扩大受限……但这是技术层面可以解决的问题,DeFi 已经打下了很牢固的价值基石,它可能会在某一个时间节点爆发出巨大的价值能量。

与传统的中心化金融相比,DeFi 是激进的、自由的、有理想的,它所提出的许多理念,在当下的传统中心化金融体系看来都有些"大逆不道"。尽管目前的 DeFi 还存在许多风险问题,但不可否认,要构建完整的 Web 3.0 生态,分布式金融一定会发展壮大。

5.AMM：自动做市商

DeFi 是 Web 3.0 生态里非常核心的一部分，而证明 DeFi 有价值的是 DEX（去中心化交易所）的崛起，因为在区块链技术的发展中，交易所是核心模块，而这个模块原来一直是 CEX(中心化交易所)在主导。

去中心化交易所能够崛起的一个核心原因是引入了自动做市商（AMM）模式。AMM 又称自动化做市商，它是去中心化交易所最为关键的技术之一，已被证明是最具影响力的 DeFi 创新之一，能够为一系列不同代币创建和运行可公开获取的链上流动性。

在现实世界里，证券交易所是金融体系中核心的一环，它促进了全球的资产流动，是财富创造的第一推动力。目前，美国股市一般成交量是每天 1300 亿~3000 亿美元。美国纽约、英国伦敦、中国香港之所以成为全球最让人羡慕的城市，核心原因就在于这些城市是全球金融中心，而它们之所以成为全球金融中心，是因为这些城市拥有美交所（全称为美国证券交易所）、伦交所（全称为伦敦证券交易所）、香港联交所（全称为香港联合交易所有限公司）这样的交易中心。这些证券交易所有一个共同特点，它们完全是由国家在主导，是权力的高度中心化，而这些交易所里的所有资产，背后也是由不同国家的法币在支撑。

在 Web 3.0 或者说区块链的世界，也存在同样的金融交易中心，也就是（CEX），就市场份额而言，FTX 在今年 5 月超越 Coinbase，成为第二大中心化加密货币交易所。截至目前，币安市场份额占比 64.1%，其次是 FTX（10.8%）和 Coinbase（9.6%）。在 Coinbase 之后分别是 Kraken（3.7%）、Bitfinex（2.6%）和 LMAX Digital（2.6%）。在 Web 3.0 的世界，不应该是去中心化的吗？这些中心化的交易所，不就是对 Web 3.0 价值观的赤裸裸的挑战？这些交易所一旦出现"跑路"

情况，很多用户是不是要蒙受损失？一直在说 Web 3.0 世界个人可以控制自己的财富，而 CEX 这么强大不是一种反讽吗？

CEX 的缺陷很明显，由于用户在交易时需要将加密资产存储在交易所，而中心化交易所的钱包是集成式的，用户无法控制，私钥其实掌握在交易所手中。Token 能否被提现，能否在区块链中继续转移，完全依赖中心化交易所的信用。你所拥有的财富，只不过是一串数字，如果中心化交易所作恶，你的资产随时可能会清零。而且由于资产是第三方集中式托管，所以很容易招致第三方黑客攻击，导致资产拥有者损失惨重。正因如此，中心化交易所在过去常常被人诟病，也出现了许多暴雷事件。

AMM 与 DEX 的出现，是 DeFi 生态中的大事件，也是 Web 3.0 世界走向成熟的标志之一。AMM 使用算法"机器人"在 DeFi 等电子市场中模拟价格行为。AMM 不需要用户去挂单，而是直接根据算法计算出两个或者多个资产之间相互交易的汇率,实现不用挂单等待的"即时交易"。但是这样的"交易池",需要做市商预先存放一定数量的资产作为底仓,才能够有更好的流动性,以及更小的交易滑点。虽然存在不同的去中心化交易所设计,但基于 AMM 的 DEX 始终实现了最大的流动性及最高的日均交易量。

最初始的 DEX 形态是"订单簿"。要深入理解 DEX,需要先了解一个概念:做市商。

做市商也叫"流动性提供者",负责为交易所提供流动性,同时进行价格操作的实体,可获得 DEX 上交易的手续费,其交易活动为其他交易方创造流动性。

那应该如何理解"订单簿"模式?我们以生活中的例子来举例说明。

小明所住地方的菜市场是基于订单簿来运行的,小明种了五斤青菜,然后拿到菜市场来卖,但是今天很晚了,已经没有人买菜了,这个时候做市商就以一斤 0.8 元的价格买下了这些青菜。第二天小红到菜市场买菜,看到做市商有1元一斤的青菜,觉得合适就买了下来。

这种情况下,做市商需要提供两个订单来匹配真实交易者的需求,一个买,一个卖。

这种模式存在很大的问题:效率低下,流动性很差。如果延伸到区块链世界,关于加密货币的交易匹配,因为价格波动,会有更大的交易延迟。同时,由于订单簿的配对还是由中心服务器生成,所以还是存在着中心化的一些风险。

为了解决这些问题,AMM出现了。AMM实际上是为过去的DEX提供一种"流动性",让DEX能够真正地运转起来。

还是以菜市场为例,来看看AMM是如何运行的。

小明觉得基于订单簿的菜市场太落后了,便搬了家,找到了一个基于AMM的菜市场。这天小明还是种了五斤青菜,然后拿到菜市场,这时候他发现菜市场多了一个大台子,左边放着一堆青菜,右边则是一堆钱,中间还有一个自动机器人。机器人告诉他,把五斤青菜放在左边,就可以直接从右边拿走五块钱。小明心满意足地拿了钱离开。

第二天，小军到了菜市场，只需要把钱放在右边，机器人就会告诉他可以从左边拿多少青菜。

AMM 作为一种去中心化交易平台协议，是通过数学公式对资产进行定价。资产定价通过定价算法完成，不再使用传统交易平台常用的订单簿。在 AMM 机制中，交易者与智能合约进行交互，为自己"创建"市场。简单来说，可以把 AMM 当成是一个机器人，能够对买卖双方的资产进行报价，完成交易。

自动做市商制度打破了传统的交易制度模式，不需要订单簿，也不需要做市商报价或者系统撮合，而是利用储备池中的流动性来完成资产的交易兑换。最重要的是，AMM 的交易价格也不是由做市商的报价或交易者的订单确定，而是由资产池中两种资产数量的比值确定，因此它是一种流动性驱动的交易制度。

AMM 的出现优化了传统做市商的操作流程，让去中心化金融成为可能。它保障了人们在交易过程中的资产安全，同时创造了新的流动性来源。它避免了传统 CEX 的"暗箱"操作行为，一切透明，让个人能够真正控制自己的资产。当然，AMM 并不是万能的，它还需要解决一些问题，如无偿损失的风险、低资本效率、多代币敞口风险。

虽然尚在起步阶段，但是 AMM 为 Web 3.0 和元资产带来的创新仍然值得歌颂，随着设计的完善和功能的扩展，它会成为去中心化金融的一块基石。

6. 一个公式：$x*y=k$

目前 AMM 有各种模型，其价格计算共识也不同。每个 AMM 都有自己独特的定价算法，以各种方式从不同的来源利用流动性。

当下应用比较多的是恒定乘积做市商，其中以 Uniswap 最为流行。Uniswap 是基于智能合约的 DEX，它使用的是一个简单但有效的函数公式：$x*y=k$。

其中，x、y 分别代表的是两种等值代币的数量，k 则代表它们相乘后的总价值。

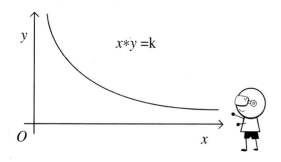

在这个函数公式中，k 为常数，常数的值是恒定不变的。所以两种代币的相对价格是通过池中两种代币的数量比来决定的。在总价值不变的情况下，x、y 的值为反比。换句话说，每次交易完，因为代币数量会发生变化，导致它们的相对价格也会发生变化。

比如说，在该流动性池中，有 ETH 和 DMT 两种代币，它们对应的初始数量分别是 $x=100$ 和 $y=1$。这时我们可以认为 DMT 相对 ETH 的价格为 1y=100x。此时我们如果要通过该交易池交易 20 个 x，不考虑手续费问题的情况下（只按照 y 相对 x 的价格比例）我们能够换回来的 y 的数量应是 0.2 个。但实际上，在 Uniswap 中我们最终能拿到的 y 的数量是 0.167 个，我们来看看为什么。

先设 x 为 ETH 代币数量，y 为 DMT 代币数量。

我们知道总价值 k=100×1=100 且恒定不变，发起交易后 x=100+20，而 y 交易出去的数量是 (100+20)×(1−y)=100，计算得到 $y \approx 0.167$。

当获得 0.167 个 y 后，此次交易的平均交易价格为 1y=20/0.167x ≈ 119.76，这比交易开始时的价格高出了 19%。同时，在交易结束时，x 的数量上升到 120 个，交易池中 y 相对于 x 的价格变为了 120/(1−0.167) ≈ 144.06。

如果这样解释还是难以理解，那我们再举个通俗点的例子，我们这次依旧以菜市场为例。

事实上，AMM 就像一个大型的菜市场，只不过它是自动的，而且不讲价。在 AMM 菜市场中，k 是约定好的常数，x 是青菜的重量，y 是钱的数量。假设规定 k 为 10000，最初青菜的重量 x 是 100 斤，钱的数量 y 是 100 元。这个时候小明拿着 10 斤青菜来到菜市场，询问道："我能拿多少钱？"机器人回答："9.09 元。"小明很开心，因为在其他菜市场，10 斤青菜只能换 7 块钱。他立马跑回家，又拿了 10 斤青菜过来，说再换 10 斤。机器人回答："好，现在给你 7.58 元。"小明觉得还可以，又回家拿了 10 斤青菜，现在机器人说："给你 6.41 元。"小明生气了，觉得被骗了，就再也不来这里了。

我们可以将数据套回到 $x*y=k$ 的公式,来看看价格是怎么发生变化的。

小明第一次卖菜:

$(100+10) \times (100-y)=10000$,$y \approx 9.09$

此时整个菜市场中的青菜数量增加至 110,钱只剩下 90.91;

小明第二次卖菜:

$(110+10) \times (90.91-y)=10000$,$y \approx 7.58$

此时青菜数量增加至 120,钱只剩下 83.33;

小明第三次卖菜:

$(120+10) \times (83.33-y)=10000$,$y=6.41$

此时青菜数量增加至 130,钱只剩下 76.92。

你发现了吗?相同数量的菜卖得越多,赚的钱却越少。之所以出现这种情况,是因为这个菜市场使用的 $x*y=k$ 函数公式存在一个缺点——滑点。所谓滑点,通常是指预设成交价位与真实成交价位的偏差,也就是说当 x 买入得越多,x 就越便宜;反之 x 被买走得越多,x 就越贵。

因为 k 是恒定不变的。

正是因为滑点的存在，所以出现了"套利者"。当小明第三次卖青菜时，此时 AMM 菜市场中一共有 130 斤青菜，以及 76.92 元。这时小红就可以以一个比较低的价格买到 10 斤青菜，计算公式为：

$(130-10) \times (76.92+y) = 10000$，$y \approx 6.41$

也就是说这时 10 斤青菜的平均价格是 6.41 元，相较于 AMM 市场外的 7 元，是有利可图的。

在某种程度上我们可以认为套利者的存在让整个交易市场重新平衡，也让交易价格趋于合理。

从这个函数也可以看出，当交易市场的 x 和 y 越大时，滑点相对较小，交易者的体验也就越好。换句话说，一个交易池越大，它的滑点就越低，用户的交易体验就越好。

当然，上面所举的例子只是一个最简单、最基础的情况，在真实的交易中，x 与 y 的数量变动频繁得多，自动做市商也会复杂许多。并且，如果代币数量基数庞大，价值浮动相对很小，市场价也就相对稳定。

但无论交易量是多还是少，它的内核都要遵循 $x \times y = k$ 这一公式。

Uniswap 只有几百行代码，却能通过这样简单的公式和智能合约实现一个真正意义上的 DEX，这在传统的金融世界是无法想象的，而在 Web 3.0 世界却正在发生。

7.DAO：分布式治理

在元宇宙中，数字身份和经济体系让我们能够完成对元资产的自主掌控。无论是个人私钥、Token，还是 DeFi，都是在尽可能地消除金融中间人的影响，尽可能实现去中心化。但人与人之间还是存在社会关系的，还是需要重新组织的，那么在元宇宙时代该如何进行组织化？

DAO 给出了答案。

DAO（分布式自治组织）的管理和运营规则将以智能合约的形式编码在区块链上，从而在没有集中控制或第三方干预的情况下自主运行。在这种设计下，程序都是透明的，且不受中心机构的影响，通过智能化管理手段和通证经济激励，实现自运转、自治理、自演化，进而实现组织的最大效能和价值流转的组织形态。由于它的组织规则由分布式的程序执行，能使参与者的利益一致，共同实现组织目标。

元宇宙的DAO，就像是大航海时代快速发展的现代公司制，是生产环境的变革催生出的新的组织方式。

如何理解DAO，我们先举一个反面例子。

在美国科幻小说大师雷·布拉德伯里最经典代表作之一《451华氏度》（451华氏度即233摄氏度，即令纸张燃烧的温度）中，作者虚构了一个压制思想和自由的未来世界。在那里，消防员的工作不是灭火，而是焚书破坏文明。故事的男主人公是以烧书为乐的消防员，每天都在焚烧书籍，看到火光、闻到煤油味的瞬间，他会感受到快乐与荣耀，继而流露出不被察觉的得意的笑。

故事的结局当然是男主在女主的感召下明白了书籍对人类的意义，继而开始了反抗：每个人用自己的脑子记住自己要保护的书或者内容片段，每个人都成了行走的《圣经》，行走的《诗经》，行走的《社会契约论》……

然而，这里存在一个问题，那就是如果一个人消失，就是部分经典和文明的消失，再也找不回来，这是一个中心化的例子。

2006年，美国作家奥里·布莱福曼所著书籍《海星和蜘蛛》中提到了这一概念，他在书中把中心化组织比喻为蜘蛛，把分布式组织比喻为海星，对两者的区别做出了详细解释。

蜘蛛是中心化（细胞）组织，如果把它的头切掉就无法生存了；海星则是由彼此对等（无中心）的一堆细胞组成的，海星撕下的每只触手都可成长为完整的海星。

海星和蜘蛛分别代表现实世界中去中心化和中心化两种组织。

海星型组织在遇到挫折和冲突被分解时，其组织将变成更小的去中心化组织，继续发挥作用；而蜘蛛型组织在首脑被割掉之后，将无法继续运作。

相比之下，海星型去中心化组织将拥有更强大的生命力。

DAO 并不是在元宇宙爆火后才出现的新概念，早在 1997 年，德国计算机科学教授 Werner Dilger 在《根据免疫系统原理的智能家居去中心化自组织》一文中便提及 DAO 的概念，将它定义为一种自我维持的、有自主性的系统。但 Werner 的"DAO"在研究脉络上不同于上述的网络组织，而是从属于自组织系统在控制论与数据科学中的应用，如处理中心化控制难以解决的问题。

2013 年，区块链的技术为 DAO 提供了新的可能：Daniel Larimer 在区块链与加密货币的语境下提出"DAC"概念——去中心化自组织企业。2014 年，Larimer 补充完善了 DAC 的构想，之后以太坊创始人 Vitalik 在 *DAOs, DACs, DAs and More: An Incomplete Terminology Guide* 一文中进一步阐述了关于 DAO 的设想。

在 2015 年，以太坊区块链上出现了名为"DAO"的智能合约，在这一阶段，DAO 的概念融合了互联网的网络集群与代码实现的自我维持系统这两个脉络，为 2016 年具有里程碑意义的 The DAO 出现奠定了理论基础。

如果说 NFT 是对财产的未来进行的一种押注，DeFi 是对金融的未来进行的一种押注，那么 DAO 则是对人类利用新的金融权力来重新组织未来社会。

人类过去几千年的历史，关于组织的概念一直以来都是以严格的所有权结构为中心，为整个组织做决策往往都是一个人或者少数人的责任。无论是过去的社会治理，还是当下的互联网公司模式，都是如此。传统的组织治理方式是自上而下，决策权集中在少部分人手中。

而 DAO 的出现，因为有了财富权力的去中心化，这让组织的核心规则和治理方式发生了改变，个体的一切行为都在区块链上运行，不需要法律实体,越来越多的社会关系由智能合约处理,基于"去信任化",人们不必担心DAO中存在着中心化的自私自利的决策者。在DAO中,所有决策都是所有组织成员一起决定。

DAO有以下特点。

(1)代码即法律:DAO组织规则由程序自主运行,组织规则最终的保障是代码。

(2)无身份边界:DAO的参与者也是DAO的所有者,参与者可以获得利益,同时也进行决策执行。

(3)信息透明:DAO的代码开源,所有人都可以获得组织的全部信息。

(4)自由开放:一人可以加入多个DAO,且可以随时退出,更容易达成共识。

(5)去中心化决策:DAO属于一种社区自治,决策由集体做出,而非某一个人或者少部分人决定。

目前的 DAO 主要通过"链上 + 链下"结合进行治理。链上治理通过智能合约实现去中心化的决策执行,参与者的投票结果将直接影响智能合约。链下治理则通过社交网络、投票系统和多重签名钱包实现弱约束性的组织治理。在未来的元宇宙时代,当人类的所有数据上链后,将实现真正的 DAO 链上自治。

虽然 DAO 在当下还不完美,比如存在漏洞问题,2016 年著名的 The DAO 项目尚未落地,就是因为代码存在漏洞被黑客入侵,最终导致了以太坊的硬分叉。但这些问题大多属于技术层面,因为技术不够成熟,所以没能达到 DAO 想要的预期。但可以预见,当技术不断发展,DAO 会成为人类未来的组织形式,推动人类生产力进一步发展。

3

元宇宙经济学与 Web 3.0

Metaverse

1. 元宇宙爆火的逻辑

全世界都在为元宇宙而疯狂,互联网巨头对其趋之若鹜,区块链企业摩拳擦掌,小微企业跃跃欲试寻找入局机会,无数互联网人也翘首盼望。为什么元宇宙能够短时间内在全世界掀起惊涛骇浪,让无数人为之向往和疯狂,受到如此多的追捧?

为什么元宇宙一经提出就吸引了无数资本,并且还能迅速带动一系列新概念的发展?

很多人无法理解,元宇宙目前还没能实现真正意义上的落地,它只是一个新兴的概念,为何就已经能够有如此强大的生命力和吸金能力?

很多人都在试图解析元宇宙爆火背后的逻辑,希望能够找到其中规律,实现对元宇宙的掌控。

元宇宙爆火,背后是历史和现实的双重原因。但如果要对真正的底层逻辑进行梳理,是因为它给了人类两个梦想。

一个梦想非常宏大和遥远,它是一个终极目标,元宇宙能够为人类描绘出一个曾经梦寐以求的美丽新世界:在一个真正的元宇宙世界中,所有人都将完成数字化的构建,最终上传自己的意识,成为真正的数字人。肉体不再有存在的必要,每个人都可以在元宇宙中实现哲学上的永生。

虽然这只是一种模糊的理想,但这样的理想从底层逻辑上对人类是有吸引力的,几乎没有人不愿意生活在一个永久可续的数字时空,但这个终极目标太过于遥远,因此,尽管从宏大叙事上有足够的吸引力和冲击力,但对于微观个体来说不够动人。

元宇宙为人类构建了一个美好的数字世界

另一个梦想近在咫尺,随时都可能发生,它是一个激励目标,元宇宙的数字身份和经济体系让无数人看到了自己的财富在未来世界已经触手可及。

这个梦想的内在核心是"数字身份 + 经济体系"。目前多数厂家提及的 VR、AR 相关硬件的元宇宙,其实只是元宇宙的外壳。元宇宙的核心是每个人都可以拥有一个独特的数字身份。数字身份与现实世界中的身份不同,不是由某个权力机构赋予的,而是通过个人在元宇宙的种种行为确认赋权,是一个真实存在且影响未来的数字 ID,利用数字身份可以在元宇宙中积累经验、财富和人际关系。

与数字身份紧密相连的是元宇宙的经济体系。元宇宙通过区块链,重构了一套与现实世界完全不同的经济体系,具体呈现在 Token、各类 DeFi 应用和 NFT 上。元宇宙的经济体系是"去中心化"的,这保证了每个人都可以创造和真正掌控自己的财富。

元宇宙给了人类近在咫尺的财富梦想。

元宇宙世界将颠覆传统现实世界的经济模式,构建全新的分布式经济体系,也将充分保证元宇宙中个人资产的归属和价值可以得到无边界的广泛确认,消除垄断和壁垒。同时,用户个体将成为元宇宙的主人,他们不再只是内容的创作者,也将真正成为财富的创造者和收益者。

以现实世界为例,目前被称为承载着元宇宙核心精神的以太坊,已经初具元宇宙经济体系的雏形。它提供了信任和协作机制,通过智能合约的方式,从经济学的角度解决了财富的所有权识别和交易问题,做到了"去中心化""透明""开放"。因为存在着对元宇宙/区块链的经济体系的共识,ETH 也从最初的 2.83 美元发展到最高的 5000

美元。

元宇宙的概念被提出后，因为本身的经济体系的革新，带来了极其强大的财富效应。如果说现在的互联网是一种"存量经济"，那么元宇宙带来的会是一种"增量经济"。为了逃离内卷，众人纷纷扑向元宇宙也就理所当然。

经济体系所带来的财富效应，比起元宇宙所构想的宏大理想，更让人心动。

元宇宙，没有尽头的"无限经济"

无论是 Token，DeFi 还是 NFT，这些东西都是财富的象征，而且与原子世界完全不同，它构建了一套全新的经济体系，这套全新的经济体系让很多人透过元宇宙，看到了自己掌控主权财富的那一面。同时，元宇宙的财富效应是没有尽头的，就像我们在前文中所提到的，它是一种"无限经济"，所有人都可以参与进来，创造更多属于自己的财富。

元宇宙背后隐藏的经济体系是让许多人兴奋的真正原因，它将颠覆过往的经济秩序，带来全新的财富，而这件事情现在正在发生。

2. 源头：法币之熵

元宇宙爆火的逻辑，是让人们看到了"个人主权财富"是可以实现的；而它的源头，则是因为"法币之熵"已经让人失去了对传统法币的信任。

货币的出现，是人类从原始状态走向文明状态的标志之一。在货币尚未产生前，物物交换是一种原始且低效的交易方式；货币产生后，人们可以从任何人手里购买商品，只要他们愿意与你进行交易。

货币的出现标志着人类走向文明

一般来说，货币可以分为实物货币和形式货币。

实物货币：贝壳、金银等贵金属货币自身含有公认的价值量。它的价值包括自身商品价值和作为货币的契约价值，具有担保物和货币契约的双重身份。也就是说它本身是值钱的，可以作为担保部分抵偿不再以物换物的情况下的交易风险。

形式货币：纸币和电子货币（包括我们谈的数字货币）的商品价值接近于0。各个国家的货币都是由政府信用背书通过不同形式的担保发行（美元有美国国债担保支撑），依赖国家政府的信用力和强制力保证货币价值。也就是说虽然形式货币本身没有价值，但是由主权国家担保。因此,从古至今货币的政治意义是为政权服务,受制于权力,是主权信用。

形式货币一般都是法币,美元、欧元、日元等都是法币的代表。法币本身也经历了一段令人唏嘘的变化史,它并非从一开始就是一种信用货币,最初它也十分"克制",在"金本位"的束缚下,它的"熵增"可控。

古典金本位下,法币之熵得以被控制

金本位制是一套体系,在该体系下,所有国家都将其货币的价值与一定黄金数量挂钩,或者是将本国的货币与另一国家一定黄金数量的货币挂钩。

由于发行的纸币必须能够兑换成黄金,所以对流通的纸币量有严格的限制——必须在央行黄金储备量的一定倍数范围内。大多数国家都对黄金与发行纸币/货币比例设有法定最低值,或是其他类似限制。

国际收支差异也以黄金结算。拥有国际收支顺差的国家将增持黄金,而逆差国家则减持黄金。国内货币能够以固定的价格自由兑换成黄金,黄金输入输出不受限制。

因为各币种的价值都以一定黄金数量来确定,所以参与这一体系的各币种间的汇率也是确定的。

在古典金本位体系下,各国央行有如下两项最重要的货币政策职能。

(1)确保纸币能够以固定价格兑换成黄金,并维护汇率。

(2)加快国际收支失衡调整,但事实上这一项往往无法实现。

国际金本位制度大约形成于1880年末,到1914年第一次世界大战爆发时结束。19世纪初,拿破仑战争造成的动荡平息后,货币不是硬币(金、银或铜币),是以硬币为基础发行的银行纸币。但是,一开始只有英国和英国部分殖民地采用金本位制,1854年,葡萄牙也加入了该体系。其他国家通常采用银本位制,有些国家还采用双金属货币制。

1871年,德意志帝国刚统一,受益于1870年普法战争结束后法国的赔款,德意志帝国开始采取措施,使其在实质上也采用了金本位制。

到1900年,除中国和部分中美国家外,所有国家都加入了金本位制。这一格局一直延续到第一次世界大战时才被打破。两次世界大战之间,人们曾不时尝试回归纯粹的金本位制,但都未能成功延续太长时间。

在第二次世界大战后,金本位制度再次卷土重来。布雷顿森林体系的建立,让美元与黄金挂钩,而其他国家的货币,则与美元对齐。不过,1971年美国总统尼克松宣布终止美元和黄金兑换后,金本位制度被抛弃,布雷顿森林体系也随之瓦解,不兑现的信用货币制度开始独占货币历史舞台。所谓信用货币制度,是指国家法律规定的由中央银行发行的不兑现信用货币为一国唯一合法通货的货币制度。

正因为如此,法币进入了混沌无序的时代,没有谁能够阻挡"法币之熵"的到来。

金本位制度崩溃后，法币之熵真正降临

熵是孤立系统无知的度量，是能量耗散均分到最大自由度的趋势，如果没有"麦克斯韦妖"的存在，孤立系统总会趋向于混乱、无序和低维化，现在的货币体系就是这个样子。

举个例子：你摔了一跤，一阵风把你手中的5000美元纸币吹到了大街上，钱被很多人捡走了，无论你想什么办法，基本没有可能把这些钱找回来，因为这5000美元的能量分散到N多人手里，若想逆变化回来，几乎不可能，这就是熵增原理。现在全世界的法币系统基本上都在做这件事情，几乎所有央行都在印制法币，没有哪个国家愿意在这方面收手，比如美国的M2（反映货币供应量的重要指标）总值从2000年的4万美元到2022年的22万亿美元。

中国的M2总值从2000年的13万亿人民币到2022年260万亿人民币。

印钞机发动得越快，钱就会被吹散得越快

法币之熵，是指从长期来看，由于政府超发货币，法币的购买力会不断趋于下降。历史上，各国所发行的货币，都不约而同地在不同程度上出现通货膨胀。大规模的通货膨胀（即物价普遍提高）实际上就是法币严重贬值。

法币的发行量超出实际需求量，通货膨胀就会产生。对于政府来说，却很难遏制超量发行钞票。

罗斯巴德认为，货币供给增加会使其价格下跌，而这样的改变不会为社会带来好处，通货膨胀是牺牲一群人的利益来造福另一群人。

米尔顿·弗里德曼则表示，货币是一种社会性的手段，普遍地影响着广泛分工、生产与消费互相分离的每一个社会。通货膨胀是货币体系发生故障的征兆。

法币熵增越来越快，100年间，美元已经贬值超过90%

发行者没有将货币兑现为实物的义务，只能依靠政府的法令使其成为合法的货币。法定货币的价值来自拥有者相信货币将来能维持其购买力，但货币本身并无内在价值。

"印钞机"是没有任何底线的，它会源源不断地印出钞票，尽管这样做会导致人们手中的钱越来越不值钱。但没有哪一个政府会停止这么做，因为它们已经没有办法控制自己，货币滥发已经成了一种"财政鸦片"。

法币之熵，只会愈演愈烈。

3. 哈耶克的梦想

究竟有没有一种办法可以解决法币之熵？人类社会有没有可能彻底终止通货膨胀的问题？

长期以来，从经济学家到普通民众，都有一个共同的认知：货币的发行权及货币机制应由政府垄断。人们在争论通货膨胀相关问题时，始终围绕着政府如何才能更高效地承担发行货币和调整货币政策的职能。

英国著名经济学家、政治哲学家哈耶克认为，通货膨胀是政府垄断货币的必然结果。要解决通货膨胀，就必须破除政府对货币的垄断，也就是实现"货币的非国家化"。

在《货币的非国家化》一书中，哈耶克给出了应对通货膨胀的措施：废除中央银行制度，允许私人银行发行货币并自由竞争。哈耶克认为，在这个竞争过程中，人们将会发现最好的货币。

允许私人发行货币并自由竞争，破除通货膨胀的魔咒，这是哈耶克的梦想。随着加密货币的诞生，哈耶克的这个梦想似乎正在逐步成为现实。

私人银行发行货币，是指由私人银行发行与法币相对应的货币。事实上，在加密货币产生之前，像黄金、白银等传统货币在历史上就曾由私有组织发行和流通。政府垄断货币发行的历史其实并不长，最早的中央银行英格兰银行在1694年才成立，最初的任务只是充当英格兰政府的银行。

哈耶克为什么提倡废除中央银行制度？中央银行通常是负责国家或地区货币政策的主体机构，比如美国联邦储备委员会、英格兰银行等。它们虽然存在一定程度的自主性，但都难以彻底避免政府对货币政策的介入。

私人银行发行货币所形成的竞争性货币的优势不仅在于它们可以废除政府膨胀货币供应量的权力，也在于它们将有助于防范过去我们所看到的周期性通货膨胀。

哈耶克认为，健全的货币不是设计出来的，而是市场竞争的产物，政府不能插手货币事务，包括不能采取任何的货币政策。货币与其他商品并无不同，通过私人发行者之间的竞争来供应要好于政府的垄断。

假如政府控制货币是不可避免的，哈耶克认为，金本位制度好于任何其他制度；但他坚持认为，人们最终会发现，即使是黄金也不如竞争性货币那么可靠，后者的价值会被维持在稳定的水平上，因为竞争性货币的发行者有强烈的动机限制其数量，否则就会遭受严重损失。

英国经济学家格雷欣发现，两种实际价值不同而名义价值相同的货币同时流通时，实际价值较高的货币（即良币）必然会退出流通，而实际价值较低的货币（即劣币）则充斥市场。人们将格雷欣发现的这一现象称为格雷欣法则，也就是我们所熟悉的劣币驱逐良币规律。

那么，允许私人银行发行货币，是否会造成劣币驱逐良币？

严肃而谨慎的哈耶克认为"只有当良币和劣币须以强制规定的比率兑换时，格雷欣法则才会发挥作用"。换句话说，在没有政府垄断的情况下，优胜劣汰的法则也适用于货币。

"货币非国家化"的思想基础，既包含斯密"看不见的手"的隐喻，也是哈耶克"自发秩序"思想的具体阐释。他把竞争视为发现的过程，也就是持续不断地发现经济世界中那些"事实"的迭代过程，而货币发行者自利的行为（为自己的利益而稳定货币价值）更有利于大众。

不过，将货币非国家化，实行货币自由竞争，也将可能遇到以下挑战：

（1）缺少信用背书，竞争性货币持有者的权益难以保证；

（2）若有骗局出现，法律该如何介入是个问题；

（3）与金融相关的信息过于庞杂，自由市场完全信息的假设可能并不成立；

（4）需要统一渠道，交易成本过高；

（5）理想虽然好，但技术上无法实现……

在加密货币没有出现之前，这些挑战真实存在，特别是第5点，一直是奥派经济学者的心头之痛。但在加密货币出现后，这些挑战似乎都能够被"数学"解决，依托智能合约的方式，这些挑战仿佛在瞬间就迎刃而解。

我们无法确认，中本聪（比特币的开发者兼创始人）提出比特币时,是否看过哈耶克的著作《货币的非国家化》。但我们大概能够知道,中本聪和哈耶克应该是有思想上的共鸣的,在打包第一份开源代码时,中本聪就在"创世区块"上说了一句话:这是英国财政大臣达林考虑第二次出售缓解银行危机的时刻(这句话是《泰晤士报》当天的头版文章标题)。

中本聪这句话是对旧有的脆弱银行系统的冷嘲,也是对过往的千疮百孔的货币体系的愤怒。

所以,从本质上来说,中本聪,或者说其创立的加密货币,将哈耶克的货币思想变成了现实。

4. 加密朋克的战争

2009年1月3日,一个加密信徒从下午一直忙到黄昏,在赫尔辛基的一个小型服务器上创建、编译、打包了第一份开源代码。尽管这份代码非常简陋,然而它还是正常进行了SHA256运算、RIPEMD-160运算,写入了版本类型、Base58编码。18点15分,第一个区块(Block)被创建,这天被称为"创世日",而这个#0000号区块被称为"创世区块",这是比特币真正在世界上出现的日子,也是区块链真正诞生的一天。

这个加密信徒,就是隐藏在面具之下的"中本聪"。

比特币的出现,标志着加密货币真正向法币宣战。

比特币出现的重要原因,无疑是2008年爆发的金融危机,美国无限印钞,让那些技术极客们无法忍受这种权力对货币的绝对掌控,个体没有一个自由的栖息地,更无法实现对自身财富的掌控。比特币可以说是时代发展的必然产物,但所有的技术都不是横空出世,在最终爆发之前,必然会有一段相对漫长的发展期。

　　实际上，比特币涉及的区块链技术，其实在更早时期就已经出现，但所有的技术是如何汇聚到一起，并最终创造出比特币的？神秘的中本聪，又为何能够被称为数字时代的圣尼奥、从矩阵里走来并带来赛博朋克空间的创世者、互联网高速信息流通下公民隐私的救世主？

　　加密货币，绝不仅仅是一篇《比特币白皮书：一种点对点的电子现金系统》文章所介绍的这么简单。加密货币和法币与权力的对抗，背后其实是一场硝烟弥漫的"加密朋克的战争"。对区块链历史有了解的人，应该会知道中本聪是一个组织——加密朋克的早期成员。

　　这个组织依靠代码进行交流，组建时在无人监管之地，自由地表达着心中的声音，宣泄着对现实世界的不满。他们中的很多人，后来在互联网的发展中都有举足轻重的影响力，比如万维网发明者蒂姆·伯纳斯·李（Tim-Berners-Lee），PGP技术开发者菲尔·齐默曼（Phil Zimmerman），维基解密创始人朱利安·阿桑奇（Julian Assange），智能合约的发明人尼克·萨博（Nick Szabo）……

　　朋克代表自由和抵抗，加密则是一种技术，两者结合之后，便开始铺就一条通往自由之路——通过技术来捍卫人们的隐私，保护个人信息。

　　加密朋克的成立是在1992年，但区块链的一些技术源头，可以追溯到更早。

早在 1976 年，密码技术专家惠特菲尔德·迪菲（Whitfield Diffie）和马丁·赫尔曼（Martin Edward Hellman）提出了全新的非对称加密技术，并出版了科普图书《密码学的新方向》，这项技术正是当今互联网安全的基石。

1991 年诞生的加密小程序 PGP（Pretty Good Privacy，优良保密协议）是加密技术发展史上的重要节点。这款完全免费的小程序大大拓展了加密技术的大众普及度。

接着便是最为重要的节点，1992 年，埃里克·休斯（Eric Hughes）、蒂姆·梅（Tim May）、约翰·吉尔摩尔（John Gilmore）组织了一场影响区块链历史的加密朋克组织聚会，讨论了一系列程序和密码问题，也由此真正打开了加密货币的大门，"加密朋克"这一组织名称也被正式提出。之后他们建立了一个加密邮件列表，继而能够对接旧金山湾区以外的其他"加密朋克"组织。只用了很短的时间，他们的邮件列表便迅速流行起来，订阅用户量也不断扩大，人们一起交流想法、讨论发展，每天都有大量提议产生并进行密码测试。

关于"加密朋克"组织的创建场景，《失控》一书中有大段的描述：

黄发披肩的会议主持人埃里克·休斯试图平息嘈杂的、固执己见的声音，他抓起笔在白板上潦草地写下了会议日程。他所写的与蒂姆·梅的数字签名遥相呼应：信誉、PGP 加密、匿名邮件中继服务器的更新，还有迪菲·海尔曼关于密钥交换的论文……黑客的头脑、程序员那种要把事情干得最漂亮、找到最短路径的冲动，冲击着论文的学院做派……在这样一个从根本上讲一切皆可知的大环境下，密码反叛者们渴求的是真正的匿名……

> 我们可以用技术来捍卫个体的隐私。
> 名为"加密朋克"。

1993 年，埃里克·休斯出版了《加密朋克宣言》（也称《密码克宣言》），其中已经提到了匿名交易、匿名通信、密码签名和电子现金，"加密朋克"正式登上网络世界的舞台，为大众所知。

20 世纪 90 年代末，大卫·乔姆（David Chaum）发明了 Ecash 电子现金系统。他是密码学领域的泰斗级人物，也是加密朋克成员之一。

1997 年 3 月，加密朋克邮件小组的成员收到了一封 "Hash Cash（哈希现金）邮资计划正式实施" 的公告信。发件人是同为加密朋克组织成员、时年 26 岁的密码学家亚当·拜克（Adam Back）。后来大家都尊称他为"哈希之父"，哈希算法对比特币具有重要意义，它代表的是技术的积累和传承。

1998 年，戴伟提出了分布式的匿名现金系统——B-Money。

1999 年，点对点技术（peer-to-peer，PGP）成熟并大范围流行。

六年之后，PGP 的另一发明者哈尔·芬尼（Hal Finney）设计出了"复用工作量证明"（RPOW），这是一种对分布式现金达成共识的机制，为人熟知的比特币 PoW 机制也源于此。

之后就是很多人熟知的故事了，2008 年，中本聪横空出世，发表文章《比特币白皮书：一种点对点的电子现金系统》，产生划时代影响。中本聪作为加密朋克的早期成员，是最终技术的集大成者。实际上，以前加密朋克成员的努力，很大程度上影响到了中本聪。PGP、哈希算法、B-Money、RPOW，这些相关技术实际上都有意无意地参与了比特币的创造之中。

中本聪提出比特币的背后，离不开加密朋克们的努力

尽管加密朋克在千禧年前后便宣布了解散，但他们的精神被流传下来。创始人之一的约翰·吉尔摩尔，在公开的邮件中说：这个组织已经衰落很久，但不知道为什么还有超过500人在接收邮件。加密朋克对自由和隐私的极高追求被传承下来，如今借着加密货币的力量，仍然在影响着其他人。

加密朋克的成员信奉这样的法则：代码即法律；个体更需要隐私保护；没有隐私，就没有自由……

那一群密码极客所做的一切，总结起来只有一件事：使用强加密算法来保护个人信息和隐私免受攻击。他们在《加密朋克宣言》中是这么写的：不能指望政府、企业等大型组织出于良心，来保护个人的隐私权，我们要自己动手开发软件来保护隐私。

之所以这些人会发动这样的"加密朋克战争"，是因为在技术高速发展下，个人的隐私和通信安全无法得到保障：大企业利用用户在互联网上的行为来形成用户画像，以便更精准地推送广告和推销自己的商品；美国政府掌握着用于解密加密数据的密钥，只要美国联邦调查局（Federal Bureau of Investigation，FBI）需要，就可以随时阅读用户的邮件或者收听用户的语言通话内容。对于这些密码极客来说,这样的场景无疑是一场关于个人隐私的巨大灾难。他们反对大型中心组织对信息的垄断和干涉,所以出现了维基解密这样用来专门公开匿名来源或网上泄露的秘密文件的平台。同时,他们也反对无限滥发的中心化货币,因为中心化货币无法让个人财富得到保障,于是出现了哈希现金及后续的各类加密货币。

反对大公司垄断、反对权力带来的监控、反对中心化货币,这是"加密朋克战争"的一条主线,也是加密朋克组织与原子权力世界冲突的矛盾所在。而加密朋克也确实一直走在与这些大型中心组织的对抗道路上,著名的挑战 Clipper 芯片事件,让所有人看到了加密朋克的力量,让这种反抗精神最终延伸至法律上。

尽管属于加密朋克的时代已然落幕,但"加密朋克战争"却没有完结。

从比特币到以太坊,从中本聪到 Vitalik Buterin,它们仍扛着加密学的大旗,吹着号角,引领无数人奔赴"战场"。

5. 万亿市场的通证经济

从比特币到以太坊,是区块链 1.0 到区块链 2.0 的过渡,区块链技术从诞生到今天,可以被划分为三个阶段。

区块链 1.0 时代:加密货币,特别是比特币诞生。区块链 1.0 时代解决了隐私、安全方面存在的一些问题,这一时代区块链技术没有任何应用功能,就是发行加密货币,建立新的支付网络,这时的区块链的目标很单一,就是竞争成为未来的互联网货币。

区块链 2.0 时代:区块链实现了智能合约,最重要的推动就是以太坊的出现。智能合约是 20 世纪 90 年代由尼克·萨博提出的理念,本质上是一个由计算机自动执行的程序,设计目标是最小限度地依赖第三方中介，减少恶意破坏和意外状况的发生，降低欺诈损失，减少仲裁执法成本和交易成本。区块链 2.0 时代诞生了无数智能合约、计算、存储、资产交易等解决方案。区块链 2.0 通过智能合约概念对传统的货币和支付进行了彻底改进，标志是通证的出现。通证经济带来了传统商业模式和生产关系的变革，推动数字世界走向实体经济，开始在各行各业落地应用。

区块链 3.0 时代：区块链技术与互联网技术融合，全面进入元宇宙时代，互联网平台最有价值的两个核心分别是数字身份和网络支付，如果最终与区块链技术结合，就可以完成从互联网到区块链世界的连接，走向区块链 3.0 时代。

区块链 2.0 时代创造出一个与传统经济完全不同的体系——通证经济。

我们在前文已经提到"Token"本身的价值和意义所在，Token 是通证经济的载体，也是实现通证经济的必要因素。而以通证为核心的通证经济，将重启曾经的开源之路，让世界的经济重新焕发生机，为实体经济赋能，与数字经济一同构建一个全新的经济市场。

要弄清楚什么是通证经济，首先需要明白在人类社会运行规则中，什么是价值，什么有价值，以及谁来定义价值和决定价值。

在传统的法币经济体系中，法定货币就是价值，但它本身没有内在价值，而是由权力信用机构进行背书赋予其使用价值。政府对价值进行定义，并且决定货币能够兑现多少价值。政府的信用就是货币的价值载体。美元的价值是建立在美国的信用之上，世界其他国家的法币，又是建立在美元储备和美债基础之上，层层依赖，构建起世界的经济体系，即一个信用建立在另一个信用之上。

但到了加密世界，虽然价值的基础"信任"没有改变，但不再是依靠中心化来实现，而是利用一种新的价值共识来完成——通证的真实价值来源于"公开、透明、可信的信息"。

加密货币的价值和信任，源自技术的加持和共识的诞生

以比特币为例，比特币网络是全球范围的对等网络，这是公开；比特币所有的交易信息对每一个访问者来说是完全不设障碍的，这是透明；比特币基于密码学和分布式的技术确保信息的真实可靠，这是可信。

另外，通证还有传统法币没有的特点：门槛低，人人都可以创建；操作灵活，可以进行聚合、拆分、派生；可合约化，通证可升级成为合约。同时，作为一种可流通的加密数字资产凭证，通证还具有很强的价值表达能力和灵活的组合构造能力。

而基于通证建立起来的通证经济，将颠覆人与人之间的协作模式，并重新构造整个世界的运转逻辑，降低价值分配成本，提高资源配置效率。

如何理解通证经济？在通证经济下，所有有价值的东西都可以通证化，包括但不限于门票、积分、合同、资质等，通证经济将让每个个体、组织能够基于自己的劳动力、生产力发行通证，形成自金融范式。基于通证的大规模群体协作，可以让每个创造价值的角色能够公平地分享价值,充分调动参与者的积极性,形成自组织状态。

通证经济解决了传统经济中存在的如下问题。

(1)信用体系薄弱。

(2)交易撮合效率低。

(3)激励机制缺失。

通俗来看,通证经济就是把通证充分用起来的经济。它是伴随区块链而生的一种新经济模式,其本质是全新的激励机制,进而重新分配生产关系。通证经济的及时激励机制,可以让人们为了某一个特定目标,在短时间内组织大规模的协同活动,并且这种协作的边界是模糊的,随时可以加入也可以随时退出。完成创作劳动后,基于智能合约可以立即获得激励和提成,个体不再是组织的一个无关紧要的成员,而是变成了利益共享的股东,成为利益共同体的一部分。

在传统世界,多数人无法得到一家公司的股权或核心利益,往往只是用劳动换取报酬,更无法参与公司治理,无法根据自身的诉求来决定公司运转的方向。但在通证经济下,通证赋予了个体参与项目治理的权利,以及享受项目发展红利的权利。个体不再是单一的参与者,在创造内容的同时也可以收获数据产生的价值,还可以掌握社区治理的话语权。用户集体诉求将成为社区治理的重要依据。

目前有一些 DAO 的项目已经形成了这样一种生态,个体的所有行为都可以用通证进行奖励,形成了良好的激励机制,从而可以构造一个开放共享的生态。通证经济还可以让曾经一些无法直接用价值表现的东西通证化,实现价值的可视化,用通证把不同价值描绘出来,更容易进行价值流通。

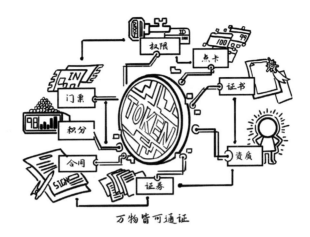

万物皆可通证

通证经济是一条非常重要的经济发展路径，通过既有资产上链和数字化原生资产上链，可以促使元宇宙的经济形态演变为高度发达的通证经济。

一旦通证经济真正落地，很多行业、很多场景都可以进行大幅度的改造。它会颠覆传统的价值分配方式，重构社会生产关系，让价值得到更大的释放，对数字世界的社会治理起到至关重要的作用。

保守来讲，这可能会是一个万亿市场。

通证经济至少是一个万亿市场

6. 纳斯达克，再造纳斯达克

通证经济是一个万亿市场，这并非夸张，甚至是一种保守推测。

2021年4月14日发生了一件大事：Coinbase 成功在美国的纳斯达克上市。Coinbase 是美国的一家加密货币交易所，与其他三大数字货币交易所不同，它非常低调务实，一直试图给加密货币世界找到一个合法通道。在纳斯达克上市后，它创造了惊人的奇迹：首日开盘价为381美元，对比纳斯达克给出的参考价250美元上涨了52.4%，半小时内涨幅达72%，最高总市值为1120亿美元。

Coinbase上市让它走向了合法合规

有人说 Coinbase 的上市是加密公司合法化的加速器，也是数字资产进入主流资本配置的分水岭，这种说法最核心的要点在于：Coinbase 登陆纳斯达克使纳斯达克再造了另一个"纳斯达克"。为什么这么说？因为 Coinbase 是美国第一家持正规牌照的加密货币交易所，换句话说，它是美国政府认可的数字资产交易的合法平台。这意味着，当全世界物理资产向数字资产转变时，如果能在 Coinbase 上交易自己的数字资产（Token 或者其他智能合约），那它在向全世界证明，自己的资产标的在传统世界也是合法的。在数字资产世界，Coinbase 自己就是一家"纳斯达克"公司，那些在它平台上交易的加密货币（数字资产），就像现在纳斯达克上市的一家家公司。

Coinbase 为什么能得到这么多人的追捧？原因在于在当下开始爆发的元宇宙世界进化过程中，物理资产的数字化已经不可阻挡。这种数字化主要包含三个方面：第一是物理世界的数字存储，元宇宙世界每一家公司的物理资产，最终都会镜像到数字世界；第二是全球流通的数字合约，元宇宙中会有更多公司以不同形式参与制造数字合约，将企业价值碎片化，然后在全球范围内流通，在金融层面放大自己的价值；第三是优质企业的价值交换，一家优秀企业完成数字化后，它的生态将更容易延伸到上下游企业，形成更强的稳定性和拓展性。

在元宇宙世界，资产数字化是必然的。Coinbase 在纳斯达克上市，背后有更深层次的原因，它是传统世界权力的另一种干预手段，是法定货币（美元）对加密货币的一种控制方式。

加密货币本身的革命性，在过去几年对美元这样的世界性货币造成了巨大的冲击。从 2009 年开始，美国对加密货币便视若仇雠。但无论美国如何反击，加密货币的"势力"在不断壮大是既定事实。当发现无法直接将其消灭后，美国决定采取另外的办法对其进行控制，而 Coinbase 刚好成为一个工具，用来连接两个不同的世界。

但这个工具为什么是 Coinbase 而不是其他交易所？因为与其他数字货币交易所相比，Coinbase 有无法匹及的优势：合规。Coinbase 从它诞生的那一天起，每一步都走得十分谨慎，虽然因此放弃了不少收益，但最终在这个荆棘丛生、陷阱遍地的新世界里做到了洁身自好。它从 2013 年就开始在美国申请汇款执照，2014 年在欧洲获得了电子货币许可证，2015 年在纽约获得了用于数字资产活动的营业执照 BitLicense，并在美国金融犯罪执法局（FinCEN）注册了 MSB 牌照，也开始向其他监管机构申请额外的许可证。

当其他数字货币交易所每走一步都如履薄冰、胆战心惊时，Coinbase 已经完成了从"灰色地带"到"阳光地带"的跨越，成为传统世界与数字世界的连接通道，成就了千亿美元市值的传奇。

Coinbase真正成为"光明世界"的一员

Coinbase 上市纳斯达克背后，其实隐藏着更大的战略，即美元在数字世界的布局。

21 世纪的现代金融体系，操纵权一直在美国手中。自 1944 年布雷顿森林体系建立，这一局面就没有改变过，经历两次世界大战之后，以美元为中心的金融体系一步步成形。美国借助强大的综合国力，对传统金融世界进行最顶层、最有远见的设计。美国通过对三大金融模块（货币体系：美元、支付体系：SWIFT、资本体系：华尔街）的控制，一直主宰着世界的经济命脉。

不过,以比特币为首的加密货币对现实世界金融体系发起的冲击,让作为"全球权力中心"的美国有些无所适从,美国自然不愿意放弃自己的"既得利益",更不舍得抛弃掌控七十多年的全球金融体系。所以,如何建立数字资产的"新布雷顿森林体系",显得非常重要。

与传统金融体系不一样,数字世界的"货币体系"自带支付系统,这样就不需要额外的"支付体系",掌控"货币体系+资本体系"就已经足够。

美国在2018年就已经完成数字世界的"货币体系"的布局,它通过掌控稳定币的"发行机制",间接将现代美元与数字美元挂钩。2018年9月,美国政府批准了两种稳定币Gemini Dollar和Paxos Standard,每1个代币兑换1美元。与比特币完全不一样,稳定币是以传统美元为本币体系,这种货币的发行绳子牵在美国联邦储备系统手里。以"稳定币"为前锋的策略又准又狠——无须任何举动,只需建立规则,无数优秀的商业公司就会鞍前马后地为数字美元背书。这是权力和数学的完美联合,是美元霸权的数字延伸。

这个时候,法币美元相当于布雷顿森林体系的黄金;美国国家实力也就是"权力",是中间连接件;"数字美元"是外在的表现形式。

继续往下发展,权力将直接映射数字美元,稳定币信仰一旦建立,可能没有多少人在意稳定币背后的"法币美元的储备",市场上开始直接使用"数字美元"。这个时候"数字美元"将完成真正的大一统。其他没有被政府认可的稳定币,最后都会成为"炮灰"。

而在资本体系方面,美国通过 Coinbase 在数字世界完成布局。Coinbase 登陆纳斯达克,既非巧合,也非偶然,而是数字资产世界成长壮大后,传统金融设计者介入的必然结果。

目前 Coinbase 平台上支持近 50 种数字资产,大部分都是加密世界最优良的币种,全世界加密资产的托管体系里,Coinbase 占到了 10% 左右。

当 Coinbase 真正得到美国传统金融机构的认可,那么未来在 Coinbase "上市"的资产,就可以光明正大地在全世界流通。如果美国再通过金融法律体系的"长臂管制",保证 Coinbase 的正统地位,那么最终那些优秀的资产必然会选择在 Coinbase 这个平台"上市"。这时,Coinbase 就是纳斯达克,与真正的纳斯达克没有任何区别,美国可以利用它在加密货币世界再造一个"华尔街",创建一个没有任何边界的"金融帝国"。

而 Coinbase 仅仅是通证经济中的一家优秀公司,也只是区块链 2.0 时代的一个优秀标的,当未来的通证经济真正开始在全球得到更多认可时,那就是一个万亿市场,当然,这种情况更多的是在 Web 3.0 时代实现。

7. 走进 Web 3.0 时代

法币之熵让人类心生厌倦,哈耶克的梦想点燃了革命者的希望,加密开拓者掀起一场波澜壮阔的战争。尽管区块链和互联网处在不同的时空,但最终会在 Web 3.0 时代完成交集,与之并行的元宇宙的宏大叙事和主权财富给了人们无穷遐想,我们得以站在历史的转折点上。

但 Web 3.0 充满喧哗与骚动,多数人慕名而来只是因为金钱与欲望的驱使,而非对技术与真理的朝圣。

Web 3.0 的本质,是利用区块链技术,通过智能合约的方式,让用户曾经让渡的数据主权重新回归。撕开 Web 3.0 的外衣,其内核依然是区块链,一切个体的行为数据都可以被金融化,交易、做市、购买 NFT、交互、捐款、发言、跑步、学习……依托于区块链,你的一切行为都可以被标记、被追踪,然后被金融化。

区块链是 Web 3.0 的基础设施,所有构成 Web 3.0 的关键要素——智能合约、Token 等都在区块链上,无法通过其他技术或者工具进行替代。Web 3.0 中的区块链技术,为用户提供了强有力的、可验证的保障。通过授权用户在低壁垒的市场中自主行动,可以建立良好的审查制度,让垄断无所遁形。

除了区块链技术外,Web 3.0 本身也是互联网的一种进化。

互联网的发展同样有一条完整的进化路径,最早的互联网时代

（Web 1.0）提升了全球信息传输的效率，极大地降低了信息获取的门槛；之后随着智能手机的出现，Web 2.0 拉开帷幕，移动互联网不再是一个简单的技术词汇，而是彻底融入人类生活之中；引入去中心化的概念及区块链技术后，Web 3.0 复刻了 Web 1.0 去中心化的基础架构，并希望能够对 Web 2.0 进行改造，让用户真正拥有并掌控自己的数据。

尽管区块链技术与互联网技术并不是在同一条时间线上齐头并进，但最终它们完成了技术上的合并，从而有了"元宇宙"这一划时代的概念。区块链技术与互联网技术的碰撞，为人类构建了一个新的乌托邦。

所以，元宇宙这一概念在 2021 年火爆全球绝不是偶然。区块链技术的成熟，各类软硬件技术的集合，为人类绘制出一幅新蓝图。但需要注意的是，元宇宙并不等同于 Web 3.0，虽然两者在概念上有很多相似的地方，但不能混为一谈。

目前来看，元宇宙是一个承载想象与创造的载体，它需要由一系列复杂的底层技术来进行支撑；而 Web 3.0 则是更加民主化的互联网，没有任何一个中心机构可以控制人们的数据和信息，更不会有巨头公司能够掌控 Web 3.0 的所有权来形成垄断。

元宇宙 ≠ Web 3.0，但两者在某种程度上有很多融合之处，一方面，Web 3.0 为元宇宙的构建提供了一套完整的基础设施系统，通过具体的技术形态，帮助元宇宙解决了许多数字化时代难以解决的问题；另一方面，元宇宙也让 Web 3.0 从理论和底层协议上升至世界创造的高度，完成了一个大世界的构建，让 Web 3.0 中的所有技术创新能够在实际中应用并呈现在每个人面前。

是元宇宙引领 Web 3.0，还是 Web 3.0 带动元宇宙？关于这个问题的争论从未停歇，人们对于世界未来发展方向的看法也不尽相同。可以将不同的观点大致分为如下两个派别。

一派是以互联网为主导,坚信未来人类会进入"元宇宙时代"的"维新派"。

所谓"元宇宙时代",是以"互联网技术"为主导,并引入部分区块链技术,即在 Web 2.0 的基础上,加入通证式的金融机制,并在交互上完成创新,从而构建成一个高维版本的互联网世界。"维新派"相信,在元宇宙时代中,人们可以借助 AR/VR 设备在虚拟世界中遨游,在金融经济上可以借助区块链的技术,完成去中心化的构建。但本质上它其实仍然是以中心化为主导,但因为经济体系的改变,各种经济组织会迸发出更多活力。可以将元宇宙时代理解为一个将 Web 2.0 三维化并进行金融系统改造的世界。

一派是以区块链为主导,坚信未来人类会进入"Web 3.0 时代"的"革命派"。

所谓"Web 3.0 时代",是以"区块链技术"为主导,并对过去的互联网应用进行改造,坚持区块链技术至上。"革命派"认为通过区块链的技术,可以彻底颠覆 Web 2.0 的基础架构,构建出一个以区块链为基石的数字世界。在这一过程中,区块链技术将对 Web 2.0 进行改造，并对 Web 2.0 进行连接，让 Web 2.0 的内容能够以 Web 3.0 的形式呈现，完成新场景的适应。"加密经济""数字身份""稀缺比特""跨链传输"都是新时代的核心与方向。借助区块链技术，Web 3.0 除了经济体系外，社会形态、组织制度、身份体系等都与 Web 2.0 时代完全不同，它将实现完全的去中心化。

哪一个方向会成为未来的主流？我们无法直接定论，需要交给历史来观察。

作为个体，当我们站在时代的分岔口时，或许对人类社会未来的走向并不能做出完全准确的判断，更不能左右时代朝着哪一边倾斜。但作为参与者，我们有机会见证一个全新世界的诞生。

8. 元宇宙经济学

元宇宙经济学，建立在 Web 3.0 技术的基础之上。

Web 3.0 技术有哪些？从基础层来看是区块链；从协议层来看有 Storj、IPFS、Arweave、Ceramic；而从应用层看，则包括公链、DEX、NFT、GameFi、DAO 这些具体应用相关的技术。这些技术都旨在为一个核心理念而服务：去中心化。

元宇宙经济学的目标，就是实现元宇宙去中心化模式下的高效运作。如果说前元宇宙时代的经济学，研究的是中心化系统下财富如何生产、分配和消费，以达到在资源相对稀缺的前提下的有效配置，那么元宇宙经济学，研究的则是在去中心化系统下，如何实现元宇宙世界的高效运转。

在元宇宙宏大的经济体系中，无数极富创造力的个体联合成千千万万个自组织，形成大小规模不一的社群。这些个体和社群，是元宇宙经济体系中一个个彼此联结而又独立的节点。这些节点之间的互动，共同塑造了庞大的元宇宙经济体系。

宇宙浩瀚无穷，牛顿的三大定律却足以解释其运转规则。元宇宙的经济体系同样庞大，但本质上也可以归纳出以下三大定律。

第一定律：私钥不可侵犯定律

私钥不可侵犯定律，是元宇宙的第一定律，也是最基本的定律。

在现实世界中，私有财产神圣不可侵犯，对应在元宇宙中，则是私钥神圣不可侵犯。私钥即一切，掌握了私钥，也就掌握了一个人在元宇宙的所有资产。私钥一旦被盗或者丢失，对于私钥所有者来说将是灾难性的。

维护元宇宙社会秩序的稳定，需要保障私钥的不可侵犯。在现实世界中，丢了身份证，还可以通过政府相关机构重新找回或补办；但在元宇宙中，私钥一旦丢失，要找回的可能性近乎为0，这意味着私钥的所有者将失去原有身份。而私钥一旦被盗，不仅意味着某一个节点的消失，更意味着所有节点都有可能成为被盗的对象，进而危及元宇宙经济体系本身的安全。

因此，如何保护好私钥，不仅是每一个私钥持有者需要思考的，也是元宇宙经济体系在形成之初就必须认真应对的问题。Web 3.0 的相关技术，如多重签名、冷储存等，都是应对方式之一。

每一个元宇宙的个体都需要保护好自己的私钥

第二定律：去中心化有限定律

一般来说，人们支持去中心化的原因主要有以下几点。

（1）让数字资产所有权回归用户本身：在 Web 2.0 中，中心化平台掌控着用户数据，用户并不拥有对自身所产生的数据的所有权，去中心化后将有望解决这一问题。

（2）抵抗攻击的能力更强：去中心化系统没有敏感薄弱的"中心弱点"，相比中心化系统，攻击和操纵去中心化系统的成本要高很多。

（3）抵制中心化权力的控制：在去中心化系统中，一切运作公开透明，人们之间可以自由联合，不易被中心化系统的权力和资本操控。

去中心化是元宇宙的核心理念，没有去中心化，就没有真正的元宇宙。但这并不意味着元宇宙的一切都是去中心化的，因为还需要兼顾效率问题。完全的去中心化，也将带来效率低下的问题。这也是区块链的"不可能三角"问题所在。

举个例子，比特币采用 PoW 共识机制，每秒处理 7 笔交易，每笔交易确认的时间近 1 小时；与比特币相比，去中心化程度相对低一些的以太坊每秒可处理 20 笔交易，每笔交易确认的时间为 4~8 分钟；而完全的中心化平台，如支付宝，其高峰时期每秒会处理几十万笔交易。

针对上述问题，就需要提到元宇宙经济学第二定律：去中心化有限定律。这条定律是指：元宇宙是去中心化的，但并非一切领域都是完全的去中心化。为了保证效率，某些领域的去中心化程度应该是有限的。

也就是说，在保证去中心化这一核心理念不变的前提下，为了维持元宇宙经济体系的高效运转，需要对去中心化程度进行相应的限定。

去中心化是核心理念，但不意味着要处处去中心化

第三定律：信仰决定价格定律

元宇宙经济学的第三定律，是信仰决定价格。

元宇宙世界的信仰是什么？是去中心化，去中心化是元宇宙的核心理念。在元宇宙中，信仰决定元资产的最终价格，因为高度自治的运作模式，解构了现实世界的权力；去中心化的经济体系，消除了资本操控的可能性；唯有人们对去中心化的信仰，才能决定数字货币的价格。

元资产的价格，由人们对去中心化理念的信仰决定。这种信仰不是迷信，也不是盲信，而是基于以往对中心化经济体系的深刻反思。从法币诞生那一刻起，人们就饱尝中心化经济体系的苦果。区块链在全球金融危机之际出现，也是因为人们渴望摆脱法币之熵，摆脱无止境的通货膨胀。

更进一步地讲，与其说人们是信仰去中心化，倒不如说人们是相信和期待去中心化的 Web 3.0 和元宇宙，可以给人们带来一个告别法币之熵的未来。

权力与资产不再决定价格，信仰是价格的第一推动力

4

元资产的隐性规律

Metaverse

1. 原理一：算力黑暗森林

宇宙就是一座黑暗森林，每个文明都是带枪的猎人，像幽灵般潜行于林间，轻轻拨开挡路的树枝，竭力不让脚步发出一点儿声音，连呼吸都小心翼翼；他必须小心，因为林中到处都有与他一样潜行的猎人。如果他发现了别的生命，能做的事只有一件：开枪消灭之。在这片森林中，他人就是地狱，就是永恒的威胁，任何暴露自己存在的生命都将很快被消灭。

——《三体》中的"黑暗森林"理论

在元资产世界里，同类算法的货币，也存在一个"黑暗森林"理论：同种算法的资产都是带枪的猎人，在同一算法森林中，它币即地狱，任何暴露自己的元资产都可能遭受攻击。

元资产的世界，是一个"黑暗森林"

2018年3月，比特大陆发布ASIC矿机X3，主要是针对日本本土加密货币门罗币（XMR）及依赖CryptoNight算法的加密货币。作为暗黑币的代表，门罗币一直认为自己是"原教旨主义者"，极度强调隐私与去中心化的理念，它曾是公认隐私性最高的加密货币之一。门罗币开发者一直认为自己才是"中本聪"精神的传承者，手机可以挖门罗币是所有"教徒"引以为傲之处，他们希望通过算法对抗ASIC算力入侵,因为一旦 ASIC 算力进入门罗币社区,那么大部分人将失去"挖币"的能力。

2018 年 4 月 6 日,如临大敌的门罗世界修改核心算法对 ASIC 算力进行抵制,并宣称未来一年两次算法升级,淘汰旧算法,形成软分叉(Soft Fork)。但此次分叉付出的代价极其惨重,一向团结的门罗社区一分为四。就如地球人面对三体入侵的时候一样,门罗社区分化为"降临派"和"拯救派",有些用户认为 ASIC 算力是来拯救门罗币的,而非入侵者,ASIC 矿机虽然导致算力中心化,但算力也是门罗币安全的保障。

后来发生的事情似乎验证了"降临派"的看法,5 月中旬,分叉后的门罗币屡被攻击,原因比较简单:哈希值低的数字货币本身就有潜在的风险,PoW 机制都有 51% 被攻击的可能性,交易所易受双花攻击,韩国的交易所甚至下架了门罗币的交易。

不仅仅只有门罗币面临算力打击,以太坊曾通过修改算法提案,同样也是为了应对 ASIC 算力的入侵。即使强大如以太坊,面对"算力即权力"的事实,也是战战兢兢,如履薄冰。

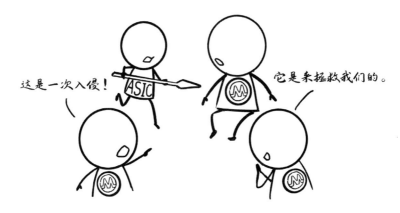

门罗币和以太坊修改算法事件,还称不上完整意义上的"黑暗森

林"法则,它倒像是面临来自更高算法文明的"降维打击"。

如果要回顾第一次加密货币的"黑暗森林"之争,则必须回溯到 2013 年。当很多人还在试图了解什么是比特币时,一种来自欧美的"狗币(dogecoin)"肆无忌惮地抢占了币圈头条。那时还没有马斯克的介入,但当年的狗币社区已经非常疯狂,绝不亚于后来的 EOS,很多人因为没有赶上比特币这辆战车,倾家荡产买了狗币。

狗币的算法选择的是与莱特币一样的 Scrypt 算法。也就是说,狗币和莱特币算法相同,属于维度相同的文明。狗币在短短两个月内,算力从零增长到 5 万 MH/S(Scrypt 算法单位),不要小瞧了这些算力,在那个时候,仅次于"比特币"的"莱特币"算力积累了两年,也不过 8 万 MH/S。

在狗币崛起的那段时间,莱特币的算力直线下降到 7 万 MH/S。当时由于狗币的传播非常到位,算力收益一度是莱特币的 2 倍,算力纷纷投奔了狗币社区。当时有大 V 惊呼:莱特币遭受了"黑暗森林"的攻击,狗币当时成了"黑暗森林"的赢家。

这是一次黑暗森林式的攻击

也许有人会说：没关系，算力不算什么，我要的只是币价，森林与我无关。是的，黑暗森林与个人无关，但与整个货币或者说元资产有关，算力是元资产的根本，没有算力支持的元资产，就失去了数学上的合法性，资产价格就会下跌，所有 PoW 算法币有一个基本规律，元资产价格与算力成正比。没有算力，你的资产就毫无意义。

第一次意义上的"黑暗森林"之争，并没有造成文明的毁灭。为什么会这样？因为它与"经济人理性"相悖，大部分矿工并非信仰坚守者，而是理性的经济人。他们并不会为了维护一个社区币而浪费自己的算力，他们通常会遵循如下"经济人理性"原则。

（1）不会轻易拿出自己的算力来攻击它币，那相当于损失了本币收益。

（2）即使攻击成功受益的本币世界，也没有人为付出的算力买单，让他人坐收渔翁之利。

（3）如果加入新币矿池后挖矿收益高于本币收益，则选择新币矿池。

如果我不去挖新币，也可能有别人会去挖新币，所以我应该第一时间去挖新币。这里是利益和"猜疑链"的结合。

我们以 SHA256 算法为例，当年有一个山寨币叫磁浮石 UNO，一天有将近 7 倍的涨跌，作为一个理性的矿工，面对采用比特币 SHA256 算法的山寨币，是攻击它还是投机挖矿？

如果你动用几台矿机秒杀了该山寨币，结果是你当时损失了算力，但潜在收益是整个比特币世界稳定，所有比特币矿工受益。

如果你动用几台矿机秒挖山寨币，结果是你自己有百倍的可能会获得利益收入，而损失当前部分比特币收入。

很显然，大多数的矿工会选择后者，毕竟没有人会跟钱过不去。

一个理性的矿工，不会跟钱过不去

在加密货币的发展初期，"黑暗森林"理论并不是完全行得通，但在元资产时代，这将是一个隐藏的必然规律。会不会有算力为维护一个社区币而去攻击其他元资产？这是有可能的。如果本币资产算力极度中心化，当新币与本币存在竞争，威胁本币利益时，本币的"超级算力"拥有51%的压倒性算力，本币社会很可能就是那个开枪的猎人。

算力中心化是"黑暗森林"攻击的前提，如果一个币种算力分散，那么社区里很难找到带枪的猎手，因为大部分节点都是"乌合之众"，没有人会愿意为社区牺牲自己的利益。不过一旦币种与算力中心利益一致，新币对本币造成威胁，那么带枪猎手就会形成。

以BCH为例，2017年8月1日，比特币硬分叉诞生了BCH，即比特现金。比特现金能诞生是因为背后有强大的算力中心：比特大陆。它分叉了比特币社区共识，分流了比特币算力，但同时也聚合了一个共识社区。在BCH与BTC对决过程中，BCH一度达到比特币1/3的价格，算力峰值一度超过BTC。从"黑暗森林"角度来看，就算是比特币这样的超级文明，都有可能遭受其他文明的反噬。这仅仅是加密货币第

10个年头,想象一下50年后,在加密货币黑暗森林里,谁能是安全的呢?

像BCH这样的元资产,虽然比特大陆希望更多人参与进来,以增强社区生态,得到更多忠实用户的认可,但事实上算力一直是"中心化"的,也就是说BCH(本币)和比特大陆(算力)的这种互利模式,很可能会产生"超级猎手",一旦有新币对BCH造成威胁,那么算力极有可能成为"猎人"。不过,现在看来,尽管有各种传闻说到算力世界的"超级文明"在攻陷DASH算力,51%强叉BTG,但并没有充分证据说明"猎手"在森林中会猎杀低级文明。而且可以感知到,其实算力中心一直在约束自己的行为。

不过,如果未来全世界开启加密货币自由竞争,千千万万加密货币构架各自生态之时,"黑暗森林"将全面启动,以下四点会构成战争的基础要义。

(1)同一算法的加密货币处于"黑暗森林"。

(2)森林中拥有强大的中心化算力。

(3)算力和本币之间有着强大的利益捆绑。

(4)新币种与目标币种存在竞争,目标币种威胁本币利益。

发起"黑暗森林"攻击时,攻击者需要具备以下条件。

(1)具有足够覆盖目标算法的51%算力。

(2)有能实现算法攻击的技术能力。

(3)拥有隐藏自己身份的公共矿池。

以上虽然谈的是主流的加密货币,但事实上每一种加密货币就是一种元资产,加密货币的"黑暗森林"也就是元资产的"黑暗森林",当然还有一种可能是,未来元资产更多的是PoS机制而非PoW机制,但是PoW机制的元资产不会轻易消失。金融最让人担心的就是安全,传统金融"经济人理性"眯着眼伺机而动,一旦发现元资产世界的弱点就会立即举起枪:它币即地狱,发现即毁灭。

2. 原理二:不可能三角

在经济学领域,存在着一个"不可能三角"理论,即一个国家不可能同时实现资本的流动自由、货币政策的独立性和汇率的稳定性。换句话说,一个国家只能拥有其中两项,而不能同时拥有三项。

在元资产中,也同样存在着一个"不可能三角"。

元资产的不可能三角由三个要素构成:自由流动、汇率稳定、私钥控制。

任何元资产,都无法同时具备这三个特性,只能符合其中两个。

要解释这个问题,我们首先需要对这三个要素进行定义。

(1)自由流动。

自由流动指的是元资产的流动性。流动性是元资产的一个重要指标,一旦元资产失去了自由流动的能力,那么这个元资产就会失去它的估值。无法自由流动的元资产只能是收藏品,而不具备任何交易价值。

(2)汇率稳定。

汇率稳定指的是元资产的价格是稳定的。一般来说,元资产的价格在不同阶段会有不同程度的波动,对于很大一部分成熟的优质元资产持有者来说,他们更希望自己所持有的元资产在汇率上是稳定的,能够在市场出现波动时有更强的抵御风险的能力。

(3)私钥控制。

私钥控制代表的是中心化的掌控能力。越是能够通过私钥完全掌控的元资产,其中心化的程度越高,个体就更能掌控元资产的归属。

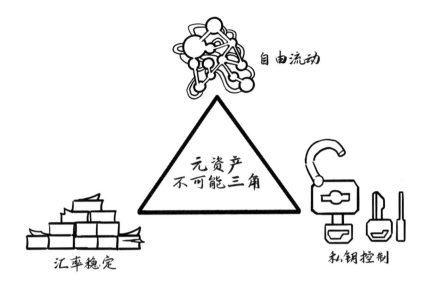

因为元资产存在着不可能三角的限制,所以其一般呈现以下三种状态。

(1)保证自由流动和私钥控制,但牺牲汇率稳定。

当元资产注重其流动性和中心化程度时,则必须接受价格易波动的事实。

我们可以举个例子,如果你发行了一种元资产,它可以在各个交易所中自由流动,甚至可以通过交易兑换成现金。如果少数发行者可以依靠私钥来掌控这种元资产,同时又按照市场法则运行,而不是去控盘的话,那这种元资产价格将极其不稳定。

(2)保证自由流动和汇率稳定,但牺牲私钥控制。

当元资产注重自由流动和汇率稳定时,那么它就需要牺牲发行者的私钥控制权。这样的元资产是非常理想化的,它需要有极大量的用户加入,最终成为大家选择的稳定资产标的,才能够通过市场实现"汇率稳定",同时仍然保有"流动性",可以在市场上自由流通和交易。

但这类元资产需要高度分散,分散个体在元资产的控制权中很难拥有自主权。

（3）保证汇率稳定和私钥控制,但牺牲自由流动。

当元资产注重汇率稳定和私钥控制时,那么它就需要牺牲流动性。目前我们能看到的大多数"数字藏品"都是这种情况。数字藏品的价格非常稳定,同时因为上传在区块链,所以个人也可以对其进行完全掌控。但这类元资产基本上只能充当收藏品,无法进一步在市场上进行流通。

3. 原理三：二律背反

哲学家康德提出了二律背反的哲学概念,指对同一个对象或问题所形成的两种理论或学说,虽然各自成立却相互矛盾的现象。康德提出4组表现出二律背反的命题,它们分别关乎时间与空间、基本粒子、自由意志和宇宙的成因。

在元宇宙中,当然也存在二律背反的现象。主要包括以下命题。

（1）有限性与无限性。

正题：元资产在元宇宙中是有限的

元宇宙出自人类之手,它在时间上的开端始于运作的那一刻,原点空间的边界也定格在第一个元人进入元宇宙后的那一瞥。它整体受限于每个时间段的人类陷入的技术瓶颈和资源困境。经济产物通常具有稀缺性的特征,元资产也不例外。有限的算力只能创造出有限的元资产。并且元资产市场已经涌入大量的资本力量,但我们无法得知这些企业的真实意图是为了开拓赛道还是一时的疯狂。

反题：元资产在元宇宙中是无限的

元宇宙是无限游戏,它的规则在不断进化,空间在不断拓展,没有结局,无限延续。人类的想象力是无穷尽的,创新能力在去中心化和个人主权社会中被无限放大。在确权机制和激励机制的催动下，以 DAO 为单位的合作精神将破除曾经垄断的中央，共同创造共利共享的社区体系。即使一个或一片网络节点关闭，区块链技术可以确保只要还存在一个节点，元宇宙的火种就会传承下去。人类需求的膨胀，对实用的超越，甚至 AI 的进步，都是元资产无限性的体现。

（2）可分与不可分。

正题：元资产是无限可分的

以比特为单位的同质化通证（Token）的元资产理论上可以被无限切割，直到小数点后无数位。它们可以等价交换，例如，当法币、黄金等物理资产融入元宇宙中时，将打破现实中被纸币所限制的固定币值，资产活动也会产生新的变化。以极低的成本和高速的通信，同步交易和价值的分配。

反题：元资产不是无限可分的

非同质化通证（NFT）的元资产，作为独一无二、不可分割的资产和权益，各自独立为完美的整体。在合约构成的元宇宙规则之下，资产的分割线一定会确立。

例如，限量的数字藏品克莱因船系列，每个都是完备的整体，只能用作展示、转移和交易，不可分割。

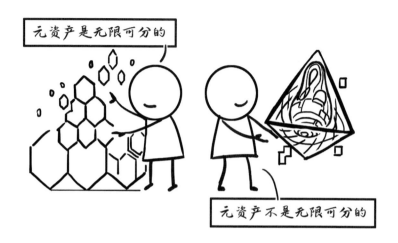

（3）价值。

正题：元资产存在恒定的价值

互联网信息的伟大体现在通过 TCP/IP 协议实现了流转趋向零边际成本，让信息的生态衍生更多样；而元资产的特殊性在于，可以在不被销毁的前提下永恒存在于元宇宙中，让多元化变成常态。元资产中就算数据发生意外，在区块链的分布式账本上也可以随时恢复。未来元资产可能与去中心化身份（DID）相结合，实现身份和隐私价值永远归属个人。最后，因为元宇宙具有互操作性特征，元资产可以在多个平台间流转。流动性是价值的源头。

反题：元资产不存在恒定的价值

人性最原始的利益趋向说明：人们希望积累自己的元资产，价格越高越好，但同时，不动的元资产只是一串数据，它没有内在价值；当出现信仰或安全危机时，元资产和相关物品的价值会出现严重波动。

例如，市值曾高达 410 亿美元的 LUNA 币在 2022 年出现跳水式暴跌，直接导致加密领域最大的风险投资公司、对冲基金之一的 Three Arrows Capital 走向破产。

流动性越低，元资产价格越高。

没有流动性的资产都是虚值，元资产以流动性为王。

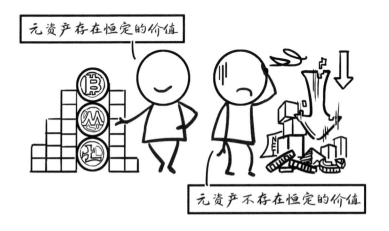

（4）第一因。

正题：元资产的价值有第一因

2008 年全球金融危机还未恢复，中本聪带着比特币横空出世，从此加密货币开启了一个与传统金融平行的时代。现实世界的货币是无中生有的，增发无上限，经济能正常运转全靠人民信用和国家负债。加密朋克的成员不甘于现状，从密码学、数学、计算机技术中不断学习，最终出现了划时代的技术——区块链。在区块链世界中，资产有了价值锚定，"个人主权财富"也从理论化为实体。加密先驱们让元资产具有了最初的价值，并正在加速发展……

反题：元资产的价值没有第一因

元资产也是无数偶然的集合。AI、数字孪生、隐私计算、云计算、区块链等技术的深化应用,为元资产的发展提供了必要的技术基础;元资产将成为容纳这一切的应用场景。加之新冠肺炎疫情的出现,隔绝了传统企业线下办公的可能,逼迫企业转向数字化、在线化,进一步促进了价值互联的元资产时代的发展。

不只这些外因,元资产的诞生还源于人们对创造的永恒冲动;元资产从设计到实现的过程可以满足人们膨胀的内心需求,比如很多人想要财产主权,他们在现实中无法得到满足,就可以通过 NFT 赋予真正的主权属性。

最后一点,元宇宙之所以在这两年如此火爆,离不开资本的推动。虚拟偶像、智能制造、沉浸式游戏等元宇宙相关产品的探索,让资本看到了现实叠加虚拟所带来的无限商业潜能。

事实上,二律背反的自然矛盾存在于所有宏观现象中,人的参与让现象有了各自的立场,无关对错。但在元宇宙的数字进化过程中,人的理性会不断放大;在真正的元人诞生的那一刻,二律背反的问题或许会迎刃而解。

4. 原理四:人即货币

在元资产的世界,人类是一种极其特殊的资产。

人一生的所有的数据都将映射到链上,虚拟世界和现实世界将没有任何界限。你出生的那一刻,系统为你标识了一个"1",而在你死亡那一刻,系统又自动将你归"0"。当一切都变得数据化,货币自动为人计算价值,人也可以作为衡量价值的一种标的物。

人类在碳基文明向硅基文明的变迁过程中,终将经历一个痛苦的变化过程,经历一个看破谎言、戳穿虚伪、碾平组织结构的巨大的历史进程。而在"人即货币"这个过程中,Token不仅仅是一个数字化的货币,更是铲平人类社会结构的最有效率的工具。

人会成为元资产之一

基于此,人类之间的协作将达到前所未有的深度和广度。这种深度建立在忠于数学的基础之上,超脱人本身的信任,而这种信任逐渐会被同化为一种信仰。广度则指任何人都可以参与进来,甚至包括星际文明,猜疑链被化解。一切数据透明共享,且不可篡改,个体和组织都脱离了各种中心化机构的约束,自由迁徙,自主匹配,自由生产。人与人、人与物之间的关系变得更为紧密。

"人即货币"有如下三大基本定律。

第一定律：每个人都有发行货币的自由

就像每个人都拥有劳动的自由一样，任何人到了 18 岁，都有发行自己货币（元资产）的权利，每一个人都可以用自己的信用做背书发行货币 Token，来募集生产资料，实现自己的想法。

第二定律：个人价值 = 个人币值

人最重要的信息都在区块链上得到体现，币值直接对应着个人价值，币值随市场行情波动，个人行为直接影响币值行情，要了解一个人当前的社会价值，看他的币值就够了。未来经济基本单位不再是"公司"，而是"个人"。交易所不再只是公司的交易，也有人这种元资产的交易所。

第三定律：人币同在

人即货币，货币即人，两者不可分离，互为镜像，一个是现实世界行走的碳基生命，一个是在区块链上奔波的硅基灵魂。人死币没，币殁人亡。人即货币可能是元宇宙的基石，这样的社会将最大限度促使人类达成协作，通过自律来换取更大的自由和信用，让自发行的货币更有价值。

你的一生，其实就是数字货币化的一生，你一生的价值都凝结在属于自己的 Token 上。从出生到死亡，你一生的轨迹都被记录在区块链上，你所有的信息都一目了然。实体的你与元宇宙的你，互相映射。

5

产业元宇宙

Metaverse

1. 元宇宙中的资产和产业

元资产的出现让人兴奋，但元资产并不会凭空产生。它在初期可能会因为泡沫的存在而呈现"空心状"，但最终一定需要通过相关产业完成对接，才能体现它的实际价值。Web 3.0 目前更多是作为底层技术和协议进行基石支撑，最终的产业落地需要依靠"元宇宙"来实现。所以，有了元宇宙产业，才有元资产。

尽管现实世界与元宇宙在形态上有很大的不同，但在资产与产业的连接上遵循相同的规律——实体产业可以获得现实世界的资产，元宇宙产业可以获得元资产。

在现实世界中，产业与资产是连接在一起的，这种连接可以分为"直接连接"和"间接连接"。所谓直接连接，指产业和资产有很强的相关性，比如银行金融等产业，它们本身与资产是紧密相连的，可以直接通过产业获得资本和财富，也可以通过资产来迅速反哺产业发展。而间接连接则是指产业和资产的相关性弱一些，如现实中农业这样的产业，就属于一种弱连接，在产业与资产完成连接之前，往往需要经历一系列的流程和漫长的等待。

在元宇宙中，产业与资产同样是连接在一起的，且产业与资产的连接更多是一种硬连接。因为元资产的特性，以及智能合约与通证经济的作用，清除了产业与资产之间许多非必要的障碍，让产业与资产能够以比较快的速度完成点对点的连接。

无论是现实世界的产业还是元宇宙的产业，它的最终目的都是能够做大"资产"这一个蛋糕，并且让个人能够从产业发展中获得更大的回报，分得更多的"小蛋糕"。不过，因为所处载体的变化，元宇宙产业和实体产业也存在很多不同点。

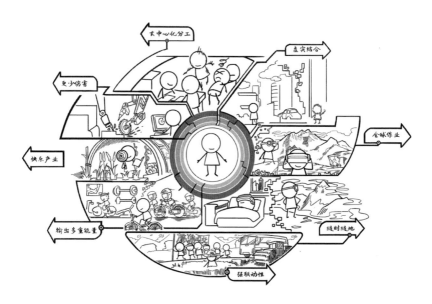

(1) 元宇宙产业虚实结合。

实体产业是根植于现实世界的产业，而元宇宙产业则可以做到虚实结合，既可以在原子世界中完成资产转换，又能够在比特世界里进行价值创造。线上+线下，虚拟+现实，是元宇宙产业不同于实体产业的一大特点。

(2) 元宇宙产业会避免对人产生伤害。

实体产业偏重以人为主，在推进产业发展时，常常会出现对人的伤害性意外事件，比如建筑业，在高空作业时，工人有较大的作业风险，也有可能因高温天气而受到伤害。相比之下，未来的元宇宙产业会以"人工智能"为主力，人将退居幕后，成为指挥者而非实际工作者，这会减免对人的伤害。

(3) 元宇宙产业以快乐为主。

在现实世界中，人投身于某一个产业，更多是生存必要。元宇宙产业则不同，它更多会以兴趣为主导，每个人都可以在产业中进行自由选择,也能够在各个产业中收获快乐。比如一个种植果蔬的农民,每天的工作不再是简单的下地劳作,而是成为一个农业全生态工作者,除了对农作物进行持续跟踪外,甚至还可以进行新物种的栽培实验。另外,未来的元宇宙产业可能更多是通过游戏的形式进行呈现,它的趣味性会更强,人们将实现在游玩中工作,在工作中游玩。

(4)元宇宙产业可以全球化作业。

现实世界的实体产业受到空间限制,人也被束缚在某一个固定的空间。而元宇宙产业则可以实现全球化作业,它将打破空间界限,让不同空间的人与产业能够完成连接。在未来的元宇宙产业中,会有这样的场景:你身处中国深圳的一个办公楼内,戴上相应的硬件设备后,你来到了瑞士的阿尔卑斯山区的葡萄种植区,对葡萄的种植情况进行检查和验收……

(5)随时随地进入元宇宙产业。

元宇宙产业可以让你随时随地进行工作。无论你是在私人专车上还是在搭乘地铁,无论你是刚刚起床还是在睡前,都可以进入元宇宙产业。以旅游业为例,目前大多数博物馆和旅游场所都不是24小时营业,而到了元宇宙阶段,你随时都可以通过硬件设备一键登录,来到"布达拉宫"欣赏中华民族古建筑,然后迅速前往"珠穆朗玛峰"一览众山小。

(6)元宇宙产业实行去中心化分工。

现实世界的实体产业实行的是公司制,每个人都有明确的分工,并且存在着不同层级的中心节点。而元宇宙产业将实行DAO分布式治理,这意味着产业实行的是一种去中心化分工机制,每一个都是分布式节点。当产业其中的一个节点暂时无法运行时,并不会影响到整体的工作,无法运行的节点会迅速由其他节点进行补充。

（7）元宇宙产业可以在多重世界输出能量。

在现实世界的实体产业中，每一个动作只能对世界输出一份能量；而在元宇宙中，将有多个多重世界存在，个人可以通过多个化身，如同多设备登录一样，用一个动作在多重世界中完成能量输出。比如简单的一个踩单车动作，既可以是在健身中完成一次打卡训练，也可以同时完成一次在元宇宙中举行的自行车竞赛。

（8）元宇宙产业有更强的联动性。

在现实世界中，产业与产业的连接比较弱。相比之下，元宇宙中的产业会有更强的联动性，如农业与旅游业的联动——果蔬园的种植可以让消费者进行观光，变相成为旅游业的一部分；如健康与体育的连接——就像前面提到的在健身打卡的同时完成一次相关的体育竞赛；如文化与游戏的连接——一部科幻小说可以立即成为科幻游戏的原型……这种连接相比实体产业更加迅速，并且可以减少争议和摩擦。

工业革命前夕，人们无法想象机器会给人类社会带来多大的变革。实际上，机器带来的不仅仅是生产效率的提升，更是人类社会运行规则的变化；互联网时代来临前夕，人们很难理解几台计算机相连能迸发出多大的火花，最终，互联网及移动互联网彻底改变了人们的生活方式，也让人类朝着数字化前进了一大步。而元宇宙带来的改变可能要远大于工业革命和信息革命给人类带来的变化。过去存在于想象中的场景，将在元宇宙中一一实现。

一个不可阻挡的趋势是，元宇宙会通过各种技术的集合，对各个产业进行革新。一方面，原先在现实世界的迭代，会映射到元宇宙中，寻找新的解决方案，找到最优解完成问题破局，计算成本将替代物理成本，同时可以激活实体经济，创造更多可能，创新潜力；另一方面，各个产业之间也会彼此相连,打破孤岛效应。原本割裂的各个环节在元宇宙的调配下会实现信息的无缝流通和协同优化。

曾经的"互联网+"催生了许多行业的变化,如今元宇宙也会重新定义各个产业。尽管目前还没有"元宇宙+"这样的概念,但元宇宙本身与各行各业息息相关,作为技术的结晶体,它的出现会改变各个产业的固有模式。换句话说,元宇宙本身便自带"+"的特点,任何产业与元宇宙结合后,都会实现范式转移。

如果说"互联网+"属于产业升级,那么"元宇宙+"就是一种产业重塑。它会改变原本的产业形态,利用技术力量赋予产业全新的变化。元宇宙与各行各业的结合,会让曾经的不可能转变为可能:

元宇宙+农业,会改变以往的作业方式,让农业从事者实现"一键收成";

元宇宙+文化,会让内容成为真正的核心,让内容创作者能够掌控自己的财富;

元宇宙+游戏,会让虚拟世界变得更加真实,缩小虚拟世界与现实世界的边界;

元宇宙+文旅,会让旅游成为触手可及的存在,每个人都可以攀登珠穆朗玛峰;

元宇宙+教育,会改变传统的教育方式,打造真正的数字孪生课堂,让生活与学习平行;

元宇宙+购物,让人们可以利用虚拟的数字身份,在更具沉浸感的世界里完成购物和消费……

元宇宙＋将推动产业革命，化腐朽为神奇

元宇宙本身的特点决定了它无所不能，它自身所包含的各项技术，都会给传统的各行各业带来无限可能。它的持续性、实时性、兼容性、经济属性、可连接性、可创造性等都能够为人们带来一种"没有什么做不到"的可能。

2. 农业：不能剥夺的劳动权

如何让元宇宙这一全新的人类未来社会形态，与农业完成连接？

原始的农耕主要依靠人力和畜力，通过水利建设、深耕、施肥、选种等技术实现农业增产。

人类发明蒸汽机和电力设备之后，人均耕作面积急速增长，机器开始成为耕作的主要力量。

计算机问世后，我们不再需要"看天吃饭"，人们可以根据农作物不同的生长习性、不同生长阶段所需的营养物质进行精准控制，对农作物有更高的掌控能力，农作物产量也越来越多，同时从耕种到售卖也形成了一条完整的链条。不过，农业生产的部分精细环节还是需要人工操作，受时间和空间的限制较大，农耕作业暂时无法实现真正的最优化。

传统农业社会,农民"面朝黄土背朝天",早出晚归是常态。

科技进步为农业带来了巨大的变化

工业革命和科技发展后,机器下地,一个农民就可以掌控一片农田的生产。

元宇宙出现,与农业结合后,将使人类迈入一个全新的数据智能时代。以下可能是一个住在城市里的"农民"的一天。

某城市某小区,玛丽(人工智能)温柔地将我唤醒,时候不早,该起床了。

妻子已经准备好了早餐,我笑话她连人工智能的活儿都要抢。

戴上AR眼镜后,电子报纸已经在我手边,边读报纸边享用妻子做的小米粥,一天的开始就是这么惬意。

小儿子睡眼惺忪地吃完早餐,回到自己房间去"补课"。今天是星期天,本来应该好好休息的,但我还是戴上了元宇宙设备,进入元宇宙中。其实说实在的,不是我多么勤快,而是元宇宙的世界真的太好玩了。忘了说,我是一个农民,一个生活在城市里的农民。

戴上装备后,我来到了自己的农田。一天就可以成熟的油菜花铺成一片金色的海浪,和84天后成熟的西瓜地横纵相接,真美啊。西瓜地中有施肥机器人正在忙碌,田地两侧设置了各种指标的IoT监测传感器可以实时捕捉农作物的状态、空气湿度等数据,花十五分钟,我快速检查完昨日收集的农田的运维信息、环境数据等,准备去和客户谈这批油菜花的物流。

这片土地当然是真实存在的,它就在我的老家,尽管我已经很多年没有回去了,但每当我工作时,都像回到了自己的童年,在田野里奔跑,在田埂上闻着花香,甚至还可以看到邻居在收割庄稼,跟真实世界没什么两样。

检查好农田后,我与一个客户签订了新的期货合同,商务的事情交给智能合约就行了,不再需要我操心。今天好像还有个最新的农业科技发布会,之后还有人要来参观我的农田,昨天新闻报道说这一片区域已经被评选为"年度十佳农业基地"了。

遥控一片绿色庄园,完全不需要亲自去控制生产,一切劳作都可以由现场的机器人来完成,没有传统农民的辛苦,只有田园生活的惬意。当然,如果你想减肥的话,也可以戴上VR干点活。

作为农业从事者,农业元宇宙带来的改变是:借助设备和人工智能,可以助力农业生产,简化复杂操作,实现远程农业生产控制。当农业操作过于复杂,或者需要对无人农场进行远程操作、紧急操作时,可以通过元宇宙在仿真环境中模拟操作。元宇宙能够提前对农业进行布置和预测,以求得最优解。先在仿真环境中发现问题,然后可以找到真正解决真实世界问题的办法。这在虚拟植物、模拟害虫、农场养殖方面都很有意义。

虚拟植物:借助VR技术,可以在虚拟环境中反映植物的整个生长过程,在极短的时间里收集大量的植物生长数据,改变过去农业难以量化的特点。

模拟害虫:通过AR技术,模拟不同类型的病虫害,让农业从事者更快地找到病虫害问题的解决方法。

农场养殖:即通过以前的真实信息在一个模拟环境中,实现对动物从器官、组织、系统到整体的精确模拟，通过操作者的调控，"虚拟动物"将能模仿真实动物做出各种反应，这对模拟动物生存环境、动物营养需要研究、动物品种选育等具有重大意义。

农业是关于土地和时间的产业，元宇宙时代的农业，将以更短的周期去验证和调整农业领域的创新，农业元宇宙的相关技术，可以缩短农业生产的周期和成本，不再需要耗费大量的人力物力，节省土地和时间，获得更多产量。

除此之外，区块链技术的可追溯性、防篡改性可以记录并呈现农产品从生产到交易的全过程，映射真实世界的每一个农产品生产环节，并溯源产品。利用区块链技术的去中心化特点可以构建起农村分布式交易金融体系，使得买卖双方直接点对点进行交易，使交易和结算同时进行，还可以利用其防篡改的特点，保障金融数据的安全性和有效性。

元宇宙可以完成对农产品的溯源，使消费者对农产品的种植、生产、加工、流通等各个环节有更深入的认知。

对于消费者而言，农业元宇宙也能带来一种亲临现场的体验感。未来消费者通过终端（如手机）就能看到产品产地的所有情况，根据个人需要购买相关农产品，从种植到运送全程可控。在元宇宙中，消费者还可以看到农场的业态展现，从开垦到播种再到收获，一览无余，甚至可以亲自体验，在虚拟农场中操控无人设备，以体验耕作乐趣，这甚至可以作为休闲农业的娱乐项目。

因为信息透明，消费者和生产者之间的沟通效率也能呈几何级的提升，降低消费者获取农产品质量信息的成本，提升体验感，解决食品安全和供需矛盾等痛点。

总的来说，农业元宇宙的出现将会带来以下变化。

（1）远程操控，虚实结合。人机交互式农场管理，可以衍生出农业虚拟管家,结合 AI 对农业数据进行准确分析并预警,终端可实现全场景操控。

(2)一物一标识。农产品全流程品控溯源,全部信息皆可查看,保障农业金融数据安全有效。

(3)缩短农业创新周期和成本。收集植物生长数据,用大数据监控实体生命成长周期,减少农业消耗。

(4)消除消费者与生产者之间的信息差。消费者可体验农业生产全过程,观看产品实地实况及农场业态,购物后可一站式追踪产品采摘到物流送货全过程;打造元宇宙农场休闲项目,深度体验从开垦到收获的乐趣。

元宇宙农业会带来全方面的生态变化

现在已有企业实现了部分元宇宙农业的愿景,如通过对果园、果树进行三维建模,构建出了整个果园的高精度三维模型,然后在虚拟世界中设定好采摘机器人的运动规划方案,再映射到现实中的机器人大脑中,使机器人能自动完成采摘工作,降低果园管理成本。

美国农机巨头 John Deree 跟微软合作的农业元宇宙,利用一些高精度的农作物图像去做训练,建模能够精确到每一株农作物,实现单株作物的无人化控制管理,基因栽培、虫害治疗等都可以在虚拟环境中操作。借助机器人、无人机,可以远程完成农作物的生产加工。所有农作物信息被放在微软 Azure 的云端，信息采集量越大，对于当地提高作物产量就越有帮助。

农业元宇宙并不是一件遥远的事情，当下它正在发生。农业元宇宙将彻底改变人类过去的耕作方式，完成真正意义上的农业革命——一场自上而下的数字农业变革。

那个时候的农民，最害怕的就是——你剥夺了我快乐的劳动权。

3. 文化：内容是第一生产力

元宇宙这一概念，源自 1992 年尼尔·斯蒂芬森出版的科幻小说《雪崩》。

如果从这一角度出发，元宇宙的起源是科幻；再进一步说，元宇宙的起点是文化。

实际上，如果我们再往前回溯，可以发现元宇宙这一概念很早就已经出现了雏形。它在不同的阶段表现为不同的呈现方式，比如戏剧、小说、电影等，这些本质上就是那个时代的"元宇宙"。无论是戏剧、小说还是电影，其实都是文化的载体，是文化的一种呈现形式。

因此，我们在某种程度上，可以把文化视为元宇宙的"根"：文化既是元宇宙的起点，也是构建元宇宙丰富生态的重要组成部分，同时，以 Web 3.0 技术为基础的元宇宙也会重塑文化产业，即让内容成为真正的核心，成为第一生产力，也让内容创造者能够真正掌控自己的财富。

首先，元宇宙将重新定义文化产业，人类的文化生活和文化交往将被重新审视，文化产业将掀起新一轮的变革狂潮。元宇宙中，智能化、交互化、沉浸式已经成为文化的主要特征，真实世界与虚拟世界的界限变得越来越模糊，两者相互依存，带来更多潜在的文化价值。

比如在影视产业方面，元宇宙将会让曾经的个体从被动地参与变为多元主动式参与。个体在体验文化内容的同时，也可以创造内容。通过 UGC（用户原创内容）的方式，让个体参与文化内容创作。借由元宇宙的虚拟现实技术，可以让部分文化内容片段突破物理时空的限制。在宣发时，可以通过元宇宙实现线上与线下的协同宣发……

元宇宙的一切，都根植于人们的想象与创造

2017 年，《黑镜：潘达斯奈基》借助人机交互技术，让观众决定剧情走向。这部交互剧集包括上百个剧情选项，最终报告显示，约 94% 的观众会主动为主角做决定。这种交互式的设计，其实本身也是文化元宇宙的一种体现，通过内容的互动，鼓励观众参与剧情，提升观影沉浸式体验，提高平台订阅率。

当然，元宇宙对文化产业的塑造还不止于此。元宇宙还可以通过数字技术创造文化场景，目前许多城市所涉及的城市数字孪生，就是一种具体的体现。元宇宙的文化场景基于三维空间设计，从宏大的活动场景，到玩家参与的交互细节均有呈现。元宇宙将真实场景数字化，为虚拟场景赋予真实感，重新阐述数字空间的创造力与文化意义。

2020年，游戏《堡垒之夜》曾举办元宇宙虚拟演唱会，主办方搭建了一个数字游乐场和由乐器组成的空间，玩家通过虚拟身份参与其中。随着演出曲目的改变，场景的视觉效果也会改变。这场演唱会大概持续了15分钟，吸引了超过2770万名观众，创造了游戏史上音乐现场同时在线观看人数的最高纪录，是一种全新的文化体验。

虚拟演唱会带来一种全新的文化体验

在元宇宙重塑文化产业的过程中，内容会成为真正的核心，成为元宇宙的第一生产力。通往元宇宙的路径可能千万条，但吸引人们进入元宇宙的意愿和冲动首先来自内容。无论是文化产业的哪一个分支，内容都会是核心。也许是一个故事，也许是一个场景，只要是优质内容，都有可能成为元宇宙的生产力。

元宇宙将坚持内容至上。元宇宙是一个充满想象力的世界，内容是元宇宙最重要的数据和资产。在元宇宙中，一切都可以内容化，程序、设定、游戏、商业、工农业、社会治理、城市规划甚至是军事和政治……谁拥有优质内容，谁就能引导元宇宙中文化的发展方向。

我们常常能够听到这样的感慨：有做出一个好项目的技术，却缺少赋予项目灵魂的内容。因为没有内容的支撑，即便元宇宙的外壳再怎么华丽，它仍然是没有生命力的。这也是微软要收购暴雪的一个重要原因。

微软收购暴雪，被视为向元宇宙进发的重要一步。暴雪过去在"内容"上有很大的优势，塑造了多个享誉全球的 IP，如"魔兽""暗黑破坏神"等，在文化层面有很大的竞争力。微软通过收购暴雪，节省了 IP 的培育时间，对于建造微软元宇宙来说，在初始时便已经拥有很大的文化和内容优势。

文化产业本身就拥有丰富的 IP 资源，产业空间大、消费弹性大、产业链条长、对相关产业带动性强、运营模式成熟，有直接参与构建元宇宙的天然优势。文化与元宇宙结合，将对未来文化产业的格局和未来发展带来深远影响。

最后，可能也是最重要的一点：元宇宙将让内容创造者能够真正掌控自己的财富。在 Web 2.0 时代，内容创造者在社交网络上发表作品，为平台赚钱，而平台向内容创造者的粉丝出售广告。内容创造者自己的利润和潜在收入往往被平台吞噬。但在 Web 3.0 中，内容创造者将不用将其内容的所有权交给平台，当他们出售内容时，收益将直接转给自己，甚至可以自动收到该作品后续每一次交易的版税。

例如，ERC-721 标准可以让许多具有文化特性的虚拟物品变成独一无二、不可替代的数字资产,如一件文物、一首歌曲、一个视频,只要有人认可,它就可以转为 NFT 作品,面向全球市场进行交易,实现数字资产的创作、确权、交易、流通和收藏。

不难发现,文化能够填补元宇宙核心的内容空白,元宇宙也会极大拓展文化产业的想象边界。

4. 游戏:元宇宙的连接器

提到元宇宙,大多数人的反应是:这不就是虚拟世界的"游戏"?《头号玩家》这一影视作品更是加强了这种印象。

也许这种说法并不完全准确,但实际上映射了游戏对于元宇宙的意义:人们以"游戏"作为开端,连接未来世界元宇宙。目前来看,游戏是最接近元宇宙的应用场景入口,也是元宇宙最好的呈现方式。

游戏交互灵活、信息丰富,为元宇宙提供了创作平台、交互内容和社交场景。电子游戏包括用户创作主导、IP 联动增强、社交场景化,如果是以元宇宙的视角进行剖析,游戏为虚拟世界提供了丰富的 IP 内涵,也改变着人们对虚拟世界的观念。可以说,游戏中包含了元宇宙的大部分要素,把它称为"元宇宙的连接器"并不夸张。

早在 1981 年，当第一个开放世界游戏《创世纪 1：黑暗初代》诞生时，便已经有了元宇宙的影子。游戏从单纯的竞技和博弈开始向虚拟世界的沉浸转变，而后来出现的沙盒游戏更是侧重于让玩家亲手打造世界。

目前来看，有不少游戏都与元宇宙概念相关。

《第二人生》是第一个现象级的虚拟世界，拥有强大的世界编辑功能和发达的虚拟经济系统。开发团队称它不是一个游戏，没有可以制造的冲突，没有人为设定的目标，人们可以在其中社交、购物、建造、经商。它很早就提供了构建元宇宙的一个基础设想。

《Roblox》作为"元宇宙第一股"，是全球 UGC 平台的先驱，玩家在《Roblox》上具有极高的自由度。玩家可以发挥想象力自主创作游戏，并在自己创作的游戏中设计商业模式。同时，《Roblox》具备全面且与现实经济互通的经济系统，虚拟资产和虚拟身份可以在游戏内容间互通。在《Roblox》中，已经可以看到元宇宙的雏形。

《我的世界》则是一款开放式沙盒游戏，已经在教育、医学、建筑、影视等多个领域联结现实世界与元宇宙：在教育上，国内外已有不少教育机构运用《我的世界》进行授课；在医学上，有医学机构通过引入《我的世界》治疗自闭症儿童；在建筑方面，则有政府机构在《我的世界》上进行城市规划；在影视方面，有三体迷直接使用《我的世界》打造动画版《我的三体》，豆瓣评分高达 9.6 分。

《模拟飞行》是一款基于数字孪生的游戏，能够真实还原世界各地的现实场景。在《模拟飞行》中，有 2 万多个城市，15 亿座建筑，1 亿 1 千 7 百万个湖泊，2 万亿棵树。游戏场景细致入微，为了达到可以对每一个模型进行选定且实现逼真的效果，微软对真实场景进行了高质量的扫描，数据总量高达 250 万 GB。

这些与元宇宙相关的游戏，本质上都有一个重要的特点：打破线上与线下的边界，完成了现实世界与虚拟世界的连接。比如在《我的世界》中，中国传媒大学动画与数字艺术学院的毕业生便根据校园风景的实拍搭建了建筑，还原校园内外的场景，上演一出别开生面的"云毕业"。

未来的元宇宙，"云毕业"将成为常态

游戏是目前科技巨头们占领元宇宙市场的一大利器。国内如腾讯、网易、字节跳动这样的互联网"大厂"，都在游戏领域进行了相关的元宇宙布局，如字节跳动已经投资中国版 Roblox 上线了元宇宙游戏《重启世界》。

上述提到的游戏，多数仍然是以互联网为基底完成，但也有另外的游戏种类异军突起，成为元宇宙游戏产业的"香饽饽"，它们被称为"链游"，比如《加密猫》、*Axie Infinity*，它们在经济体系上更接近于未来元宇宙的形态。

从最初的开放世界游戏，到沙盒游戏，到 Roblox 模式游戏，再到链游，游戏与元宇宙之间的连接就像是扯不断的藕丝，让人们在虚拟世界探索过程中逐渐理解这样一个面向未来的概念。

游戏当然不是元宇宙,但它可以成为元宇宙的连接器。一个更具沉浸感、更酷炫的大型多人在线游戏不等于元宇宙,但通过游戏的联结,人与人、虚拟与现实之间的关系可以更加紧密。最终,虚实共生将成为元宇宙的外在形态。

5. 能源:碳中和如何实现

工业革命来临后,人类在创造现代文明的同时,也引起了全球气候危机,如产生大量温室气体,使得全球气温在近年来不断上升,若不立即采取减碳行动,地球气候在不久的将来很可能会不适宜人类居住。

为了在地球这个家园继续居住下去,低碳甚至是零碳是人类必须去面对解决的问题。碳中和,就是人类为应对全球气候危机提出的一个目标。

元宇宙的到来,可能会让能源供应更为紧张,也对能否实现碳中和提出了挑战。元宇宙的世界,需要庞大的算力和电力作为支撑,而这两者都与能源息息相关。

研究表明,仅训练一个 AI 模型就可以产生 626000 磅的二氧化碳,这是一辆汽车在其使用寿命期间排放的二氧化碳总量的五倍多。VR 所必需的云游戏也可能会在 2030 年之前增加碳排放量,而且,它会增加对高分辨率图像的需求,这只会增加对能源的需求。

元宇宙的能源要求将远远大于现实世界

英特尔的一位副总裁曾表示,达到沉浸式计算所要求的算力是如今所有算力的1000倍。然而真相是，目前来看，如今的能源体系甚至无法支撑10倍的算力。随着元宇宙世界不断发展，所产生的数据会呈指数级增长，数据中心数量和规模将大幅增长，给碳排放带来巨大的挑战。

如果真正进入元宇宙的世界，我们应该怎么解决算力消耗带来的碳排放问题？

碳达峰和碳中和是人类的共识。要实现碳中和，就需要将社会发展中排放的温室气体通过各种手段降为0，以此实现"碳排放≤碳吸收"的目标。

传统能源不足以支撑元宇宙世界，这是个必然的事实。所以，元宇宙所需要的能源，不能是我们现在大规模使用的传统能源，而是新技术下产生的清洁能源和零碳能源。

因此，碳中和可能是元宇宙最大的制约因素，同时也是最关键的支撑条件。元宇宙的发展一方面可能会给人类世界带来更多的能源消耗，但在技术进步的同时，也可以助力碳中和的实现。

以元宇宙本身的数字孪生技术为例，它可以在虚拟空间中完成对智慧能源系统的映射。数字孪生能够实时更新与动态演化，进而实现对智慧能源系统的真实映射。比如在云端利用数字孪生开展强化学习训练，获得综合能源系统最优调度运行策略，进而下载部署于实际系统中，持续改善综合能源开发和利用成效。

元宇宙中的人工智能技术，也可以根据企业当前的工作过程、减排方法和需求，预测未来的碳排放量，帮助企业更加准确地确定、调整和实现碳排放目标。根据波士顿咨询公司的分析，使用人工智能可以帮助减少26亿~53亿吨的二氧化碳，占减排总量的5%~10%。

目前国内已有多家公司基于数字孪生、虚拟现实、人工智能等技术研发数字化能源管理产品。

元宇宙中的人工智能将帮助人类更好实现碳中和

除此之外,在元宇宙中,数字经济会占经济发展更多的比重,与传统经济相比,数字经济的碳排放要低得多。

实际上,元宇宙与碳中和是相辅相成的。元宇宙的发展,会推动碳中和的实现。更高效能源的供给,才能让元宇宙的落地成为可能。

6. 房地产:数字土地的产权

在现实世界中,土地长期被视为最重要的生产要素,它既是人类赖以生存和发展的物质基础,也是社会生产的劳动资料。

现实世界的房地产,是指土地和建筑组成的财产。这是一个长期且蓬勃的市场,因为它是稀缺的,同时会因为地理位置而有不同的价值。

元宇宙概念爆火后,各个产业都与元宇宙进行连接,房地产也不例外。元宇宙中的地产与现实世界非常相似,它可以供用户创建、投资、拥有、租赁、出售或购买,可以容纳一个企业,也可以建立一个社交空间去举办各种活动。地理位置和配套措施会影响元宇宙中地产的价格。

当然,对于元宇宙地产这个概念,更多人喜欢用"数字土地"来对其进行定义。关于数字土地，目前较大的布局者有 Decentraland、The Sandbox、Cryptovoxels、Somnium Space。

以 Decentraland 为例，它是一个基于以太坊区块链建立的虚拟世界，为用户创建一个链上的虚拟世界。用户可以自主进行创建和体验，并从内容和应用程序中获得收益。在虚拟现实情景中购买土地，并开展建设，是该平台的主要功能之一。

Decentraland 中的地块由不可替代的 NFT 代币 LAND 表示，这些代币跟踪以太坊区块链上的所有权。用户能够在 Decentraland 中使用 LAND 来构建三维空间和应用程序，LAND 建立在以太坊 ERC-721 标准之上，成为可以与其他用户进行交易的数字资产。土地是其最重要的价值载体，所有土地及土地上的建筑物都由所有者永远持有，土地的价值会随人口、流量的涌入和商业密度的增加而升值。

此前位于加勒比海岛的国家巴巴多斯宣布，计划在 Decentraland 上开设一个数字大使馆，这也意味着巴巴多斯成为世界上第一个承认"数字主权土地"的国家。

有人认为，Decentraland 的数字土地具有与现实世界完全相同的商业意义，即都位于一个人流量大的时尚街区。Decentraland 曾在平台上举办了虚拟音乐节，吸引了 50000 名游客访问。

元宇宙的房地产市场繁荣并不奇怪，从租金到土地开发，数字土地已经催生出一个完整的生态系统。尽管目前那些虚拟现实网站仍然需要一段时间才能作为真正的元宇宙去运作，但数字土地已经成为一种实际的资产，可以像真实土地一样发挥作用。

那么,数字土地的价值究竟如何呈现?换句话说,我们如何通过数字土地来获利?

在现实世界中,当人们拥有一所房子时,便拥有了一个居住场所,它能够保护持有者免受恶劣天气的影响,能在工作之余有一个栖身之地,充当自己和自己家庭的一个庇护所。当然,除了最基础的居住功能外,它还能衍生出其他价值,比如投资、教育等。

在元宇宙中,数字土地同样需要有实用性,才能体现它的价值。作为元宇宙中的一种虚拟资产,它的价值可能来源于:

在数字土地上举办活动,如音乐会等,并收取租金;

接受客户投放的商业广告,获得收入;

全球顶尖企业的集聚地,比如2140元宇宙的无限大楼;

由知名设计师设计的艺术品,具有极高的收藏和交易价值……

在元宇宙中,数字土地存在的价值,在于土地所有者有权对土地进行构建和部署,并为元宇宙的其他人提供服务。访问数字土地的人越多,其价值也会随之攀升。与过去玩家在游戏中所拥有的资产不同,元宇宙的数字土地从"使用权"转向了"所有权",所有数据都存储在区块链上,当你持有数字土地时,没有人能剥夺它创造的价值。数字土地的产权,真正归你所有。

在现实世界中,房地产是由钢筋混凝土组成的实际建筑;在元宇宙世界里,数字土地是 0 和 1 的代码构建的虚拟空间。未来,如果一个数字土地能够带来巨大的流量,并获得共识,那么它的价值甚至可能超过现实世界超级城市的地价。

元宇宙的数字土地可以有无限可能,它甚至可以将现实世界的城市迁移到数字空间中,繁衍出"数字北京""数字上海""数字深圳"这样的存在。它可以破除现实世界中空间不足的难题,每个人都可以开发自己的数字空间,建造自己的王国,你创造的建筑可以是经典复古的东方凉亭,也可以是充满科幻感的霓虹城市。

当然,现当下的数字土地仍然存在许多泡沫,它的投资价值取决于公众是否会大批量访问这些地方,以及是否有为所有者创造收益的能力。不过,现在许多相应的配套措施并没有实际落地,它目前仍然是一种实验活动,只有大部分内容达成普遍共识,数字土地的价值才可能真正诞生。

7.体育:在诺坎普球场踢球

过去,人们观看体育比赛有两种方式:一种是亲临现场,感受体育带来的魅力;另一种是通过电视和互联网平台等渠道,获得观赛体验。

前者对于地理空间的要求较高,比如身处深圳,很少有人能够去巴塞罗那观看巴萨的一场欧冠决赛;后者的观赛体验感较弱,隔着屏幕观赛,既没有氛围,又很难感受到体育带来的即时冲击感。

元宇宙的出现,将改变这种现状。元宇宙构建的数字世界,会将现实世界的方方面面连接起来,改变人们真实的生活。

随着技术的发展，体育产业将迎来元宇宙直播时代。通过 VR、AR 设备的加持，元宇宙将为观众带来更极致的沉浸式观赛体验。3D 沉浸式体验比在电视上看赛事更令人难忘。观众能够沉浸在赛事现场，与其他人一起欢呼，甚至可以与运动员零距离互动；可以自由切换镜头，将整个赛场一览无余……

2021 年 10 月 8 日，UFC 宣布与游戏制作引擎 Unity 达成合作，双方将在体育实时 3D 分发和观看平台 Unity Metacast 用 VR 技术拍摄参赛选手，观众可以看到擂台内和选手比赛的所有角度。Unity 体育与直播娱乐总经理彼得·摩尔这样评价："体育体验不再是单纯给予 2D 内容，未来的发展一定是可以同身临其境地让人得到更加真实的体验。"

除此之外，在元宇宙中，现实世界的物理空间将通过数字技术进行再现，它可以把一个真实的体育馆迁移到元宇宙中，虚拟出一个同等大小的数字空间，让所有人都能进入其中。在元宇宙中，通过穿戴设备，你可以随时瞬移至任何一个体育场内，在数字体育馆中运动，感知与真实空间一致的沉浸式体验。现实中你身处深圳，但进入元宇宙后，可以直接踏上诺坎普球场，和其他朋友一起，与巴萨的球星们来一场足球友谊赛！

在元宇宙中，你可以随时来一场足球比赛！

对于运动员而言，元宇宙也会提供很多便利。元宇宙中不仅能够模拟训练场地、训练器材和陪练，还能捕捉到运动员的真实运动数据，及时对过去的比赛数据进行分析，进而为运动员制订有针对性的训练计划。比如篮球比赛，运动员可以通过模拟和对手的比赛进行训练，了解对手的比赛方式，并通过数据分析，找到最佳的进球办法。

体育品牌也可以利用元宇宙进行更好的营销，并且许多品牌已经在这样做，例如，Vans 打造了 Vans World，Gucci 打造了 Gucci Garden。Vans 和 Gucci 通过空间场景设计虚拟物品，让用户能够获得沉浸式的互动。品牌能够通过空间场景或者活动环节的设置，在无形中进行品牌营销。

运动品牌也可以利用元宇宙中的球场空间，让所有希望参加发布会的用户能够"亲身参与"，拉近与用户的距离。Nike 官方宣布，联合游戏平台 Roblox 推出了名为"Nike Land"的数字空间，面向所有 Roblox 用户免费开放。Nike 成为首批进入元宇宙的运动品牌之一。

当然，元宇宙另一个关于体育产业的是数字藏品 NFT。足球俱乐部曼联已经开始与 Tezos 合作，创建和营销数字球迷周边，球迷可以将这些周边作为 NFT 购买、收集，未来甚至可以在元宇宙中佩戴。NBA 也发售过自身的数字藏品——NBA Top Shot，每张数字视频交易卡都展示了 NBA 历史上的重要时刻，能以 NFT 的形式收集和交易，总销售额已经超过一千六百万美元。

从体育场景的沉浸式体验，到运动员训练模式的优化，再到体育品牌营销方式的转变，这些都是元宇宙重塑体育产业的表现。更重要的是，在元宇宙中，人们可能会见证传统体育产业被颠覆，更多超越现实人类极限的体育模式被开发出来。

8. 健康：一键体检

有人说，互联网，特别是移动互联网出现后，人的四肢被封印，只留下手指的关节活动,以及眼睛长期接受磨损。

互联网时期,很多人不再注意自己的健康,而是将精力全部投入虚拟空间。

有人担心,未来的元宇宙,可能会变本加厉地影响我们身体的健康状态。

实际上,这种担心是多余的。元宇宙并不是取代我们的身体,而是取代过去局限于地理位置的保健和医疗场景,它可以将我们从遥远路程和排队时间等成本中解放出来,让人们获得个性化的诊断和治疗方案。

当下,在现实世界中,如果我们想看病的话,会受到诸多限制,如烦琐的流程:预检、挂号、签到、看病、缴费、检查、取报告、复诊、缴费、取药……让人跑东跑西、上楼下楼,甚至网上预约要以月计的。

一个病人经历了这么烦琐的看病过程,却还是可能发生误诊或无法确诊等情况。

互联网时代给了我们更多的选择,但并没有完全解决场景桎梏带来的问题。

元宇宙会带来不一样的改变,通过人工智能、传感、5G 等技术,能够改变场景对人的限制,让人们在家中就可以实现与医院场景的连接,达成看病的目的。

我们可以想象一下元宇宙里的场景。

当一个病人想要看病,设备会先全方位扫描病人的身体,人工智能会询问病人的感受,读取并分析扫描得到的数据信息,在线提交给专业医师诊断,最后合成一份完整的病历,传输给就近的药房,病人就可以直接或者托人去取药。

想象一下,医生会以一种全息投影的形式出现在你的客厅里,你在家中就可以与世界上最好的医生进行交流，尽管他们可能在世界的另一头。

在元宇宙中，你可以一键完成体检

不只人类医生，人工智能超级医生也可以运用强大的云计算，采集病人体征数据，几秒内就可以给出体检报告，里面包括诊断和治疗建议，以及个性化的疾病管理措施。

美国健康数据分析平台 Evidation Health 可以通过可穿戴设备量化和分析用户的生活行为，识别和部署最有效的患者管理策略；每年收录 1 万亿数据点的现实生活数据，为医学研究提供真实的临床数据。

在临床手术应用上，美国 Vicarious Surgical 的手术机器人是融合了类人机械臂与虚拟现实技术的微创手术机器系统。

不仅仅是身体健康，在心理健康层面，元宇宙也可以带来突破性的改变。

世界卫生组织（WHO）预测，到 2030 年，精神障碍将成为全球疾病负担的首要原因。

比起治疗资源相对匮乏的现实世界，元宇宙会为治疗心理疾病提供更多有利条件。

元宇宙中的虚拟现实环境可以激发人的渴望和生理反应,并影响人的情感状态、注意力、认知和大脑活动。虚拟现实环境的沉浸感和隐蔽性使其可以提供比传统临床环境更好的治疗体验,可以减少人工治疗中光线、环境带来的干扰,通过更逼真的场景使患者更容易专注于治疗场景。同时,虚拟现实环境也可以为患者提供安全的模拟环境,更易于患者展示自身真正的心理状态。

除此之外,元宇宙中的心理健康治疗也更灵活、更便捷,不受空间和时间的限制,让多场景的切换和定制化成为可能。虚拟现实技术带来的远程治疗可能性和自动化趋势也可以弥补心理健康治疗资源匮乏的问题。

XR 医疗解决方案供应商 XRHealth 的技术已在澳洲被用于治疗自闭症的焦虑和压力到注意力、记忆力、协调性和挫折耐受性。患者通过 VR 头显与治疗师会面,系统跟踪双方的表现并形成进度报告以提供有效的建议。

总的来说,在元宇宙中,人们的健康问题更容易被发现和解决;与现实世界相比,元宇宙可以帮助医护人员与患者建立实时互动,通过 AR 和远程操作技术协助医疗操作,让人们更快速地康复,更好地走出心理阴影,摆脱过往难以解决的顽疾。

从云端协作和训练到 AR 手术规划,元宇宙在医疗行业的应用已经初见成效。

9. 旅游:攀登珠穆朗玛峰

距今为止,成功登顶珠穆朗玛峰的人数仅有 7000 余人,占全球总人口的 0.0001%。

一个普通人,一生几乎不可能真正攀登上珠穆朗玛峰,对于旅游爱好者而言，这无疑是人生一大遗憾。

但在元宇宙下，这种遗憾将被填补。

关于旅游与元宇宙的结合，目前存在着两种不同的声音。

一部分人认为，元宇宙的出现会冲击实体旅游业，虚拟世界可能会替代实景旅游，降低旅游支付度；另外一些人则认为，旅游是元宇宙非常好的一个技术应用场景，将推动景区数字化和沉浸化的发展，将给旅游行业带来更大的发展空间和生命力。

实际上，元宇宙与旅游产业并非处于不可调和的对立面，它们可以相互依存，彼此融合。

元宇宙与旅游产业的结合，可能会碰撞出以下火花。

（1）在现实世界进行虚拟世界的模拟，将元宇宙场景复刻到现实世界，赋予现实旅游业更多内容内涵。

（2）在元宇宙中打造数字空间版本的现实场景，让所有人足不出户就可以体验世界大好河山。

就前者而言，现实旅游场所可以借助元宇宙的技术，进行AR数字技术改造，为景区添加视觉内容，增强视觉效果，并在传统的现实旅游场景中添加更多的游戏性和探索性。比如，福建泉州真武庙对文物、景点信息进行扫描加工处理，使游客可通过佩戴设备获得全新沉浸式体验；广西德天跨国瀑布景区打造亚洲首个沉浸式跨国夜宴"奇妙·夜德天"，游客可以在互动中体验一场穿越千年的爱恋；自然历史博物馆也可以通过AR应用改变化石展览的形式，借助应用程序让动物"复活"。

除此之外，一些在元宇宙世界出现的场景，也可以复刻到现实世界，打造全新的沉浸式景区。比如"赛博天空2077"元宇宙正在筹建线下实体的"姑苏喵喵城"苏州项目和"八臂哪吒城"北京项目，其目的是将游戏的场景在现实中复现,线上线下游戏数据保持同步,在很大程度上保证元宇宙世界带来的深度沉浸式体验,让元宇宙场景能够回归真实世界。

于后者而言,则可以利用元宇宙技术将现实中的旅游场景复刻到元宇宙中,形成一个数字化的旅游世界,每个人在家中就可以领略世界各地的旅游风光。例如,曲江文旅旗下大唐不夜城打造的全球首个以唐朝历史文化为背景的元宇宙项目"大唐·开元",按照真实比例搭建长安城数字建筑沙盘,打造一个有百万居民的古代长安城,让大唐盛世在元宇宙里再次呈现,在现实中游客无论身处何处,都可以进入"大唐不夜城"游览娱乐。

通过元宇宙,只要你戴上 VR 设备,就可以与他人结伴一起登上珠穆朗玛峰的峰顶,体验一览众山小;你还可以在一天内进行多个场景的参观,比如你可以和蝙蝠侠一起攀爬东方明珠,可以在迪士尼童话世界里举办生日宴会,可以到拉斯维加斯发泄压力……所有的一切,都能轻而易举地做到,同时体验感与真实世界没有什么不同。

在元宇宙中一天可以参观多个场景

文旅产业是最早使用 VR、AR 技术的领域,在很多景区,云旅游、云观展已经相当普及,这些成果都已经很接近元宇宙的场景应用。

目前已经有许多企业在元宇宙旅游这方面有所布局,如张家界成立元宇宙研究中心;迪士尼公布了其宏大的"元宇宙"战略,探索如何在迪士尼乐园游乐项目组合中解锁"元宇宙"技术,打造全新乐园……

除了实际旅游场景外,旅游产业与元宇宙的结合,在数字藏品方面也有很大的、可以深挖的价值。大部分旅游场景都有悠久的文化历史,一些博物馆更是,本身就具有浓重的文化感,可以与数字藏品完成连接,实现价值变现。在这方面,博物馆有着天然优势,文物本身就具有成为数字藏品的先天条件。

湖北省博物馆将镇馆之宝"越王勾践剑"制成数字文物,限量 1 万份对外发售,引来 60 万人在线抢购,短短 3 秒即告售罄;泰山景区推出的首期四款数字藏品,每个售价 25 元,分别限量发售 8000 份,上线即全部售完;西安曲江大明宫国家遗址公园推出的"〇宇宙·千宫系列"数字藏品在淘宝阿里拍卖平台发售,3 万份藏品 9 分钟全部售罄,总营收超过 60 万元……

元宇宙与旅游产业的结合也许远不止于此,当元宇宙的技术要素趋于成熟时,旅游产业的竞争可能会回归于内容与艺术层面,想象力会在其中发挥更大的作用。

6

投资元宇宙

Metaverse

1. 元资产的投资和骗局

2021年3月，Roblox在纽交所上市，被称为"元宇宙第一股"，市值一度高达770亿美元。Roblox的上市，正式开启了全世界"元宇宙概念股"的爆火之路。2021年8月29日，字节跳动宣布收购VR公司Pico，概念热度从一级市场蔓延至二级市场，这是中国元宇宙概念热潮的第一轮起点。两个月后，Facebook宣布改名为"Meta"，再度引发市场与公众热议，掀起一阵新的股市波澜，被视作元宇宙第二轮热潮的起点。

从元宇宙概念提出的2021年初到年末，中国A股市场中元宇宙概念成为涨幅最靠前的版块之一，达到22.42%。不少企业在蹭上元宇宙热点后不到一周时间，即实现了股价翻倍。元宇宙概念就像是一只横冲直撞的野兽，它可以摧毁价值信念，股票一旦能够与元宇宙完成连接，就意味着股价飙涨。所以巨头涌入、资本围猎、股民热衷，各行各业几乎都在元宇宙的概念中狂欢。

元宇宙目前依然处于早期阶段，真正落地仍然需要很长时间。大多数"元宇宙概念股"不过是披着元宇宙的外壳，这些"伪元宇宙"在意的是短期的套利炒作，并没有真正与元宇宙相关的项目落地。当下无论是硬件方面（如AR、VR等），还是底层的软体基石区块链和Web 3.0，都还处在发展初期，所以，股市中大多数高喊元宇宙的概念股，基本都是资本骗局。它们想做的不是元宇宙，而是借着元宇宙的噱头，打着元宇宙的名号，招摇撞骗"割韭菜"。

对于投资者而言，想获取真正的元资产还需要一段时间，但投资是需要提前布局的，现在从股票市场里寻找相关企业间接获得未来的元资产，这也是一种没有办法的办法。但由于太多投资者对元资产、元宇宙、Web 3.0、区块链完全不了解，同时又害怕追赶不上元资产时代的发展速度，内心浮躁胡乱下注，导致骗局横生。元资产投资要注意以下"九条纪律"，找到真正的利益风口，避免陷入概念骗局。

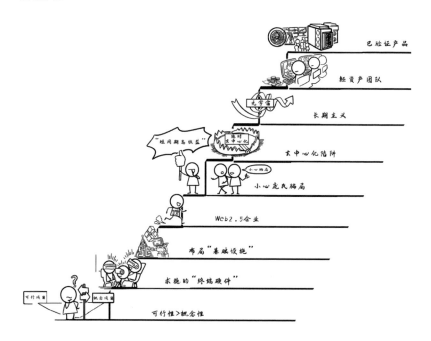

（1）可行性＞概念性。

目前来看，多数元资产项目仍然停留在"概念"阶段，不太具备落地的可能性，即可行性较低。而元资产的投资注重的又是项目的可行性，如果一个项目只有寥寥几张白皮书，以及一堆空洞概念，那么这个项目一定会有较大的风险。如果选择元资产投资，谨记可行性＞概念性。

（2）求稳的"终端硬件"。

在元宇宙中，场景内容的最终呈现，必然无法脱离底层技术的支撑。靠近下游的终端硬件，往往能够掌控通往元宇宙的"钥匙"。当下要投资元宇宙，终端硬件是个不错的选择。元宇宙的沉浸式体验要求其必须提供三维的信息呈现与交互方案，现在的终端硬件是可以直接变现的，有现金流收回。

（3）布局"基础设施"。

元资产时代才刚刚来临，场景需要等待，布局基础设施是当前的重点，也只有基础设施完善了，才可能真正建成一个理想的数字世界。元资产的基础设施包括公链、钱包、5G、云计算、数字孪生、人工智能等技术。这些技术是元宇宙的核心，可以抓准"基础设施"进行投资。

（4）Web 2.5 企业。

所谓 Web 2.5，是一个中心化加去中心化叠加的过程，或者说是互联网跟区块链两者共同作用的一种形态，最典型的如 opensea，它是一个标准化 Web 2.5 的产品，它有中心化，也有去中心化，有互联网的前端和区块链的后端。其他许多项目，如链游等也是如此，它们并不是纯粹的 Web 3.0 项目，而是游走在 Web 2.0 和 Web 3.0 之间。在真正走向 Web 3.0 的过程中，Web 2.5 可能在较长的时间内会占据主流，以便世界向 Web 3.0 过渡。相比于 Web 3.0，Web 2.5 有相对更成熟的商业模式，也更有可能生存下来。

（5）小心庞氏骗局。

不少项目通过与元资产概念进行捆绑，并宣传可以"躺着赚钱"、投资周期短、回本周期快、收益高……这些声称能够躺着赚钱的项目，都是随时会卷铺盖走人的庞氏骗局。这些项目多数宣称可以进行虚拟货币的价值兑换，但实际上多数人都会被高价套牢，损失钱和时间，又舍不得抽身脱离。

（6）去中心化陷阱。

就目前的技术而言，完全的去中心化是不现实的。目前的元宇宙，更多是把中心化和去中心化结合起来。越是标榜完全的去中心化的元宇宙项目，越可能是中心化的。在选择项目投资时，也应该对这样的项目保持谨慎。

（7）长期主义。

元宇宙所需要的各类技术，都还需要一段时间的积累和沉淀，这也意味着元宇宙不是一个短期就能够看到成效的新事物，它必然需要通过时间和资本来完成进化，逐渐成为我们理想中的世界。所以，在投资时，应该关注行业发展愿景，不要被概念所迷惑。

（8）轻资产团队。

元宇宙是一个需要长期耕耘的大方向，在进行投资时，可以关注一些有远景规划的轻资产类型的团队。不轻易扩张、需要清晰的长远规划是这类轻资产团队的特征。在某种程度上，轻资产团队也会更注重技术的研发以及实际应用的落地。

（9）已验证产品。

相比于只有概念的项目，已经被验证的产品更值得投资。已验证产品指的是在元资产中已经有比较成熟的场景应用，并且被大众所认可的产品，比如钱包。投资已验证产品能够极大地减少投资风险，一般来说这类产品都有比较稳定的项目收益，如交易所和矿机，也是得到了商业验证的项目。

2. 元资产的投资方向

元宇宙是一片陌生的数字原野，在这个世界里，既有0和1帝国里生长出来的青年天才，也有自带BUG天生噬血的金融俊杰，但更多的还是那些闻风而来的庞氏骗子。

元宇宙背后牵引着一个全新的世界，但里面鱼龙混杂；它的发展趋势被很多精英看好,吸引了大量资本的注意,这些资本在元宇宙的各个方向进行投资布局。关于元宇宙的投资可能会存在较大的风险,但作为时代的风口和方向,它又充满了机遇。乱花迷眼,当具体项目难辨真假时,选择合适的赛道非常重要。如果要对元宇宙进行投资,可以重点关注以下几个投资方向。

5G

5G作为一种新型移动通信网络,能够有效解决人与人的通信问题,提升个人在元宇宙的体验。无论是VR还是AR等设备,要实现身临其境的沉浸式体验,都需要通过5G来提供稳定的信息传输速率。

云计算

算力是构建元宇宙最重要的基础设施。在元宇宙中,算力即权力,所有一切都离不开算力的支撑。云计算在近些年来快速发展。云计算是一种提供资源的网络,使用者可以随时按需获取云上的资源,按使用量付费即可。它具有降低设备门槛触达大量玩家、算力分配灵活、运算存储显示分离等特点。

边缘计算

未来元宇宙必然是一个数据量极大、需要计算庞大数据且即时反馈的场景,需要通过边缘计算低延时、高效率、安全等特性来进行保障,它能够与云计算形成互补,将空间距离或网络距离上与用户临近的独立且分散的资源统一起来,为应用提供计算、存储和网络服务。

数字孪生

现阶段下,数字孪生是最接近元宇宙的技术模型,也是元宇宙初级阶段的一种具体呈现。数字孪生将物理世界与数字世界完成映射相连,形成交互闭环。它会根据现实世界的物理设计模型及传感器反馈的数据进行高度契合的动态仿真,实现可视化感知交互和运行。

人工智能

人工智能能够大幅提升元宇宙的运算性能,在内容生产、内容呈现、内容审查方面都会有很大的建树。为了在元宇宙中实现最大限度的自由,人工智能技术将从传统的决策树和状态机向更高级的深度学习、强化学习发展。

硬件设备

元宇宙搭建的基础是硬件设备,用户通过硬件设备感知元宇宙世界。AR、VR、MR 及可穿戴设备都是元宇宙产业链中的硬件设备,目前 AR 及 VR 头显是市场化和普及程度最高的硬件,已经突破了工程化的瓶颈,进入了大规模普及阶段。IDC 数据显示,全球 VR 设备出货量正在提速,预计 2021—2025 年全球 VR 头显出货量将保持 41% 的年复合增速,2025 年预计将达到 2860 万台。

公链

公链是 Web 3.0 基础中的基础，底层公链就像互联网时期的 TCP/IP 协议一样，当前的互联网公司需要依靠 TCP/IP 协议才能完成运行，而未来元宇宙时代的社交网络和信息搜索都将基于区块链的公链而运转。公链是整个元宇宙的基石。目前虽然以太坊一家独大，但公链的战国烽烟犹在，谁都有可能成为未来的元宇宙基石。BSC、Solana、Avalanche 和 Terra 等激烈角逐公链亚军名号，谁能投中未来的公链项目，谁将是人生大赢家。

跨链技术

目前来看，区块链世界的多链并存格局还会持续很长时间，而元宇宙中用户在不同区块链生态中有各自的交互需求，如果链与链之间形成孤岛效应，那么会导致交互不便，这一情况下跨链技术就显得格外重要。目前主要的跨链技术包括公证人机制、侧链或中继、哈希时间锁定、分布式私钥控制等。跨链的目的是允许加密资产跨越不同的区块链使用和保存，让不同的公链之间能够互相联通，如在 ETH 上的资产通过跨链技术可以转移到 BSC 上使用。就像一百年前，各国用户不能透过 A 银行的凭证，去使用 B 银行上的存款或信用额，但自从有了 VISA、银联、SWIFT 等各种跨银行及国家的金融系统后，不同银行之间的资金能够有效互通。若未来的公链有许多条，那么"跨链"就非常重要，这个领域也值得注意。

钱包

作为管理私钥的工具,钱包是进入元宇宙的重要入口和基础设施。在元宇宙中,用户通过私钥掌控自己的数字身份。如何保障钱包运作的高效和安全,对于元宇宙的建设可谓至关重要。当前,根据区块链数据的维护方式,钱包可分为全节点、SPV 轻钱包、中心化钱包等。从 2020 年 DeFi 的爆发开始,到 NFT、DAO 等应用爆发,将资产放在钱包里是一个非常大的刚需。资产在交易所里,能做的几乎只是单纯的交易。而放在钱包里,能做的事情更多。MetaMask 是市场上最受欢迎的加密钱包之一,它现在是元宇宙世界最重要的入口。也就是只要你参与元宇宙的项目,首先就需要绑定钱包插件,而钱包就成了你的身份。

DID 身份

在 Web 1.0 和 Web 2.0 时代,面对不同平台,用户只能注册一个又一个的账号,同时自身的数据掌控在平台手中。而在 Web 3.0 的元宇宙中,我们将掌控自己的数据,这一切需要从拥有自己的身份开始。

在元宇宙中，去中心化身份 DID 是非常重要的一环，它与元宇宙的核心理念一致，能够让用户拥有并控制自己的数字身份。DID 包括身份信息和隐私数据，平台只有在经过个人授权的情况下才能够使用。在元宇宙的发展过程中，一个可以兼容和集成绝大多数 DID 标准的身份聚合项目能给用户带来很大便利，譬如跨平台、跨生态连接身份信息，管理和聚合不同区块链上的身份信息，也为最终的统一 DID 系统构建一套基础和标准。

链游

从广义上来讲，只要是在游戏中使用了区块链相关的技术，就可以把它归类为区块链游戏。从狭义上来讲，区块链游戏可以称为全链游戏，即游戏过程中所有的逻辑交互全部上链，每一次数据交互都要受到智能合约的约束，真正实现游戏资产安全、交易透明、数据公开，可信度更高。传统的 Free-to-Play 游戏模式存在诸多问题：①游戏平台巨头垄断发行渠道和收益；②用户没有对虚拟资产的所有权，无法通过参与游戏创造价值、共享收益；③游戏中的数值不透明，规则可随意更改；④游戏中心依赖于开发者和平台，是一种自上而下的游戏模式。链游以 Play-to-Earn 的模式吸引玩家，玩家真正拥有游戏内的资产，并可以合法地、受保护地自由交易，玩家既是游戏的参与者也是拥有者。作为具备去中心化金融属性的区块链游戏，链游也在一定程度上解决了 NFT 价值无具体应用场景的问题，可以有效拓展元宇宙的应用生态。

矿机（算力）

在元宇宙中，算力为王，谁的算力高，谁的话语权也将越高。当然，前提是不影响元宇宙的去中心化。矿机的性能决定算力的高低，因此可以说，谁能生产出更高性能的矿机，谁就将在元宇宙的生态位中占据优势，也就能获得更高的收益。矿机投资是最赚钱的行业，但要注意法律方面的风险。

DEX

作为去中心化交易所，DEX 是对 CEX（中心化交易所）的技术变革，也是对元宇宙去中心化理念的响应。相比 CEX，DEX 的资产由用户自己管理，交易所无法控制，即使是交易所遭受攻击，用户资产也不会受到影响，这使得 DEX 的安全性大大提高。同时，DEX 还具有匿名性、手续费较低等特点。Uniswap V3、PancakeSwap 和 Sushiswap 等，都是 DEX 的代表。

CEX

中心化交易所可以简单理解成私人机构或公司开设一个提供买卖加密货币的平台，用户注册后，经过身份认证程序（KYC）并通过审核才能进行挂单交易。除此之外，用户需要将加密货币资产转入平台，由平台暂时保管。CEX 最大的特色是使用界面和体验较佳，交易量与流通性大，挂单即时成功撮合概率较大；最大的问题是由于中心化导致安全性不足，易发生用户信息泄露、资金不安全等问题。

智能合约团队

元宇宙的核心是去中心化，它需要通过智能合约进行互操作、无缝集成和自动化。智能合约具有去中心化、透明、不可侵犯、自动化、不可篡改等特点，可以大大减少中间环节，提高效率并降低成本。可编程的智能合约可以创建去中心化的应用，为元宇宙的发展奠定基础，并将元宇宙交付到用户手中。

智能合约是元宇宙中无可取代的工具

DeFi

DeFi 是加密金融体系的一种模式,由智能合约和区块链预言机推动。在元宇宙中,作为一种新型的去中心化的金融体系,DeFi 有很大可能取代流程不透明的传统金融系统。相比传统金融系统,DeFi 为用户提供了对各种金融工具的无许可和无地理位置限制的访问,而无须将资产控制权交给经纪人或银行等中介机构。

NFT

NFT 作为一种非同质化通证,它对于元宇宙的重要意义在于能够提供数字所有权的确认。NFT 可以让创作者用一种全新手段来证明自己创作的作品的价值,同时因为基于安全、去中心化、公开透明的区块链技术,NFT 锚定了独一无二的稀缺价值。自 NFT 的概念出现后,相关的NFT产品都有爆发式的增长,诞生了不少经典NFT,比如加密猫、loot、无聊猿等。随着元宇宙的发展,个人也同样拥有打造 IP 的机会,通过 NFT 进行确权,让个人数据价值回归自身。

DAO

去中心化自治组织是一种与现代公司制完全不同的治理制度，它通过分散治理和所有权，让所有参与者都能够一同决定项目走向，并且共享利益。它让个体真正拥有了"所有权"，同时能够释放个体创造力。在元宇宙时代，DAO 是一种新型组织范式，也是核心组成要素。

分布式存储

元宇宙将致力于数据的"去中心化"，摆脱平台对数据的控制，这便要求数据不能存储在中心化的服务器中。分布式存储是元宇宙的重要基础设施之一，具有安全性高、隐私保护等优势，也能够满足元宇宙时代海量的数据存储要求。

隐私计算

尽管元宇宙一直在强调数据的去中心化，但数据是世界运转的原动力，元宇宙时代同样有对数据的使用和分析需求。不过，在 Web 2.0 中，中心化平台可以通过用户的数据来获取利益，但在 Web 3.0 的元宇宙中，需要兼顾数据安全和个人隐私，则必须做到在用户的数据和隐私得到保障的前提下完成需求，隐私计算便显得很有意义。安全多方计算是隐私计算的一种解决方案，可以使互不信任的参与方之间在保护隐私的情况下实现协同计算。

中间件堆栈

在 Web 2.0 过渡到 Web 3.0 过程中，如何让早已适应 Web 2.0 的用户能够自然地融入 Web 3.0 中，减少操作复杂性，提升用户体验非常重要。习惯了 Web 2.0 中心化平台操作的用户，对于平台已经有一种使用黏性。这并非一件坏事，中间件项目可以充当桥梁，通过在 Web 2.0

平台上开发工具，让用户提前适应 Web 3.0 的操作，降低元宇宙项目的门槛。

目前来看，元宇宙的基础设施依然重要，同时衍生出来的全新的应用也有很大的发展空间。不过，整个元宇宙的投资市场仍然较为复杂，其中也掺杂着不少骗局。投资者一定要对项目有充分的了解，同时要进行相关知识的学习，这是一个多学科交叉的领域，也是一个前沿理论和技术结合的领域，需要对新知识有很强的兴趣，才能对项目进行有效了解。所以，在投资层面上，依然需要谨慎对待。

3. 社交：互联网大厂的竞争

社交是元宇宙中的一个核心要素，也是人类数字化生存的一个起点。在元宇宙中，人们将通过一个个独一无二的数字身份，在高沉浸感中形成一个个稳定的社区，开启一次全新的社交革命。同时，社交也被认为是"短期内构建元宇宙的最佳入口"。

传统社交主要以面对面交流为主，受限于时间与空间。互联网出现后带来了全新的社交体验，打破了时空限制，但也失去了原本的空间感与沉浸感。元宇宙时期的社交，在突破时间与空间限制的同时，对现实社交场景进行了复制和延展，使用户重新获得沉浸感。

元宇宙爆火后，科技巨头也纷纷下场，在"社交"领域进行布局。

Facebook 在改名为 Meta 后，推出了面向 18 岁以上用户的开放社交平台 Horizon World。用户可以在其中参与游戏、发表原创内容及广场闲聊等，这也是 Meta 公司首次推出的元宇宙产品。Meta 的前身是知名的社交媒体，步入元宇宙时代后重新踏入社交领域并不意外。

2021 年底，百度推出了元宇宙 App "希壤"，并在其中举办了 2021 年百度 AI 开发者大会。在希壤中穿梭时，用户可以通过拍照、捏脸和一句话描述来创建自己的虚拟形象，并通过耳机、麦克风实现语音互动，在路上碰到陌生人，点击对方头像，就会弹出对方姓名、加好友等按钮。根据百度介绍，这是一个"跨越虚拟与现实、永续存在、多人互动"的虚拟世界。

元宇宙社交将突破时空限制，带来更加多元的沉浸式体验

腾讯于2022年2月上线新产品"3D超级QQ秀"，为用户提供换装、动作捕捉及乐园世界等功能。用户可以在其中以虚拟形象探寻并建立独特的个人家园，进行线上的虚拟社交。

字节跳动则推出了全新的元宇宙社交产品"派对岛"。"派对岛"是一个实景化的实时线上活动社区，用户在这里可以随时以自己的虚拟形象和朋友一起闲逛，还可以实时聊天、共同参与线上活动，进行社交，结识朋友。

360上线的"N世界"是新一代的兴趣元宇宙，由一个个"兴趣世界"组成，每个人都可以创建属于自己的世界。用户可以在自己的世界中打造兴趣话题、进行语音互动、拥有身份牌和私人专属领地等。作为一款主打兴趣元宇宙的社交平台，它的玩法与国外的语音聊天产品"discord"类似。

与传统社交平台相比，目前的元宇宙社交平台新增了虚拟形象、在线空间，用户可以通过捏脸、设计穿搭来打造自己的虚拟 3D 形象进行社交互动。

目前来看，在"社交元宇宙"领域，互联网大厂们已经开启了激烈的"圈地战争"。

在元宇宙社交方面，互联网大厂本身有较大的先天优势：它们本身有体系完善的社群基础。

互联网大厂在传统的互联网平台中已经积累了属于自身的黏性用户，这些用户群体可以直接平移至新的元宇宙社交平台。同时，通过社交元宇宙，再一次扩张自身的社交领地，将更多用户吸纳进自己的元宇宙体系中，可以为后续打造的元宇宙项目完成用户的积累。

尽管目前互联网大厂纷纷入局"社交元宇宙"，积极探索未来新的社交模式，但目前市场上出现的元宇宙社交产品，大部分都较为粗糙，仍处于实验性的测试阶段，距离真正的社交元宇宙还有很长一段距离。

在未来真正的元宇宙社交中，将可能借用全息虚拟影像技术搭建出一个虚拟现实平台，用户与用户之间的互动，也将从简单的语音、文字、图片、视频延伸到突破时空限制的全方位活动，同时身临其境的沉浸式体验将极大地提升用户的使用体验，增加用户黏性。真正的元宇宙社交也将打破线上与线下的界限，实现社交下现实与虚拟的双重融合。

4. 硬件：元宇宙骨骼

在科幻作品中，我们经常能够看到这样一幕：主角通过各种设备连接进入虚拟世界，开启一段传奇之旅。比如，在《雪崩》中，主人公 Hiro 戴上耳机和头显设备就能进入"超元域"中，化身为拯救世界的超级英雄；在《黑客帝国》中，尼奥等人是通过脑机接口式的装备进入虚拟世界（矩阵），展开了一场探寻人类命运的旅程；在《头号玩家》中，韦德·沃兹通过佩戴 VR 设备进入"绿洲"世界，寻找隐藏在关卡中的三把钥匙……

可以看到，几乎所有关于虚拟世界描写的科幻作品，都提及了一个重要的概念：硬件设备。

我们不去细究它们之间的区别，但可以肯定，元宇宙的最终呈现，以及用户最终能够体验元宇宙的所有内容，都离不开具体的硬件设备。

打个比方，硬件设备就像是元宇宙的骨骼，为整个元宇宙的行为做支撑，也用来支撑其他系统的存在。没有硬件设备，元宇宙就像一个瘫痪的人，无法独立运行。

元宇宙的硬件当下主要集中体现为 XR 设备。XR 指所有可以实现真实与虚拟相结合的设备，包括 VR、AR、MR。三者虽然可以归类为 XR 设备，但具体有较大的差别。VR 设备主要为用户呈现 100% 的虚拟场景，可以让佩戴者获得较为逼真的沉浸感；AR 则是在现实场景中叠加虚拟对象，用户可分辨出真实场景与虚拟场景；MR 则是在 AR 基础上实现虚拟对象与现实世界的实时交互。

XR设备将通过虚拟现实和视觉技术,将虚拟世界和现实世界融合,提供一个真正的元宇宙,让个体在元宇宙中获得深层次的沉浸感和满足感。

目前来看,VR设备作为初级元宇宙核心硬件载体,面向初级全虚拟场景,无须和现实场景融合,光学系统、运算复杂度相对其他两种设备也更低,所以在硬件端率先落地。

VR产业在过去十年经历了数次阶梯式的发展,自2019年下半年以来,随着VR内容生态的完善及技术的持续迭代,以Facebook为代表的Oculus产品广受用户好评,科技巨头纷纷布局VR,行业进入高速发展期。2020年,Facebook发布了Quest 2,在短短6个月内出货量便达到了500万台,超出此前各代之和。根据VR陀螺统计,2022年仅上半年全球VR头显的出货量就有约684万台,其中Quest 2上半年累计销量约为590万台。

相比于AR和MR,VR设备有经济性、舒适性、沉浸性、互通性等特点,其硬件形态也从目前的PC机、一体机逐步往纯头显(无手柄)及云VR方向演进。同时,VR的持续火热也能推动AR和MR的发展,同时为各种应用积累基础技术。

除XR设备外,元宇宙硬件的另一个方向则是脑机接口,通过在人的体内植入或头部外接的形式,直接采集脑电波或电信号,再经过计算、编译等步骤完成交互。米哈游资助瑞金医院研究脑机接口技术的开发和临床应用,马斯克也在这方面进行探索,但就目前来看,脑机接口仍然处于一个实验状态,还没有真正成功的商业落地案例,参考性较小。

从技术储备角度上看,XR设备还是目前最有希望实现元宇宙发展需求的交互设备,也是未来元宇宙基础建设的重点。脑机接口是未来的一个大方向，但想要真正落地还需要很长一段时间。

5. 矿机：算力即权力

比特币的区块链网络每十分钟产生一个区块，区块的内容就是之前区块的内容加上过去十分钟区块链网络全部的交易记录。这个过程就是"打包"。

矿机，即挖取加密货币所用的计算机，通过大量的计算来解决特定的数学问题，争夺区块链的记账或"打包"权，通过全网的"共识"后，若成功打包则得到相应的奖励。

比特币采用的共识机制是工作量证明（PoW），即确认获得记账权的"矿工"的计算过程、计算结果正确与否以确权。

当然，挖矿不局限于比特币，其他加密货币也可以通过挖矿获得。同时不同币种有不同的挖矿算法。

简单来讲，矿机就是挖比特币等加密货币所用到的设备。

这类矿机都是由专业的挖矿晶元组成，采取烧显卡的方式来工作，耗电量非常大。而决定能否挖到比特币等加密货币的因素，是矿机本身的算力，算力越高，挖到加密货币的可能性就越大。

在矿机的发展过程中，大概经历了以下三个阶段。

CPU 矿机—显卡 GPU 矿机—ASIC 芯片矿机

CPU 矿机一般指最早利用个人计算机的 CPU 来提供算力的矿机。CPU 矿机容易组装、成本低，但本身算力过低，在挖矿过程中毫无竞争优势。在全网算力极高的情况下，想要通过 CPU 矿机挖矿获得比特币的概率是非常小的。

显卡 GPU 矿机的特点是一个主板可以插多个 GPU 同时提供算力，它的优点是可以集中提供大算力，但缺点则是显卡的价格过于昂贵。

ASIC 芯片矿机是专业的挖矿工具，它比 CPU 和 GPU 有更专业、更高效的运算，同时大批量的定制也让 ASIC 相对于显卡，能够以非常低廉的成本产出。在同等算力下，虽然 GPU 芯片的使用数量少于 ASIC 芯片，但 ASIC 芯片的灵活运用和非常有竞争力的价格，是显卡矿机无法比拟的。

CPU矿机　　　显卡GPU矿机　　　ASIC芯片矿机

挖矿本质上是一场"算力战争"，谁拥有更多的算力，谁就能获得更多的回报。

元宇宙是一个算力即权力的世界。

在元宇宙中，算力就如同我们当下所处世界的水、电、油、气等基础设施。

谁拥有了算力，谁就拥有了财富。谁拥有了控制算力的权限，谁就拥有了控制世界的权力。

当我们进入元宇宙中，算力将是一切构成的基石，无论是智能合约的处理，还是虚拟世界中每一处场景的搭建，都离不开算力的支撑。

矿机打响的算力战争，实际上是元宇宙中算力对抗的一次预演。

人类未来最大的矛盾，也会转变为日益增长的数据处理需求与有限算力之间的矛盾。

2018 年 11 月 16 日凌晨，一场区块链领域的算力大战正式打响，对战双方分别是以吴忌寒为代表的 BCH ABC 阵营和以澳本聪为代表的 BCH SV 阵营。

这场引人关注的算力大战，源于参战双方对于比特币现金（BCH）如何发展的分歧。吴忌寒一派认为，在区块大小维持在 32MB 的情况下，应该让 BCH 的发展朝基础公链的方向走，以使 BCH 能够拓展出更多的应用场景。

澳本聪一派则希望 BCH 的发展仍遵循中本聪的白皮书所述，对操作码严格限制，专注转账交易本身，并希望将区块最终扩容为 128MB。

基于以上不同的发展思路，参战两派开发出了互相不兼容的共识协议，从而导致了 BCH 硬分叉，进而开启了这场空前的"算力大战"。吴忌寒通过整合其手上的 BTC 矿池的算力，最终赢得了这场算力大战，从而影响了 BCH 发展的未来。

这场算力大战让人们认识到，尽管以比特币为代表的加密货币以去中心化为设计理念，但算力占据着极其重要的地位。从理论上看，一旦某个节点掌握了全网 51% 及以上的算力，就相当于获得了绝对的优势，进而也就拥有了篡改区块链数据的权力。这就是所谓的"51% 算力攻击"。

51% 算力攻击的基础，在于比特币采用的是 PoW 共识机制，通过最长链共识来解决如何记账的问题，即可以使用算力优势，生成一条更长的链来获得记账权。

我们加起来掌握了51%的算力，随时都可以发动攻击！

在上面提到的算力大战中，吴忌寒就是通过整合其手上BTC矿池中的所有算力资源，才获得了压倒性的优势。

加密货币体系，实质上是一个去中心化的记账系统，这个系统基于密码学原理运作。加密货币通过求解相应算法产生新币，矿机则是专门运算这类算法的机器。矿机的算力越强，矿工获取的收益就越多。

那么，算力具体是指什么？以比特币为例，算力（也称哈希率）是比特币网络处理能力的度量单位，即计算机（CPU）计算哈希函数输出的速度。每秒做一次计算机随机的哈希碰撞，就叫作Hash/s单位，简写成H/s，H/s是最小的单位。当网络达到1H/s的哈希率时，意味着可以每秒进行1次计算。

常见算力单位如下。

KH/s：1KH/s=1000H/s 每秒1000次哈希；

MH/s：1MH/s=1000KH/s 每秒1000000次哈希；

GH/s：1GH/s=1000MH/s 每秒1000000000次哈希……

为什么会出现矿池呢？挖矿通常分为两种模式：一种是单个矿工模式，另一种是矿池模式。在挖矿的初期阶段，大多是个人模式，但随着全网算力不断呈指数级增长，挖矿难度也不断增加，矿池因此应运而生。

矿池，是由矿工在网络上共享其数据处理能力的资源池。简单来说，矿池就是将分散在世界各地的矿工的算力合并运作，矿池就是矿工算力的集合地。

算力即权力，是加密货币世界真实的写照。但如果这种权力过大而遭到滥用，那么也将同现实社会中权力被滥用一样，面临反噬。

自比特币诞生至今，曾出现过超级矿池全网算力占比逼近51%的情况。2014年1月9日，Ghash.io比特币全网算力占比攀升至42%，引起比特币社区强烈关注。迫于舆论压力，Ghash.io主动发布并执行了降低算力的措施，让其算力占比在24小时内降至38%以下。

后来，Ghash.io在比特币网络的算力占比再次触及51%，并迅速引起比特币价格的大幅下跌。最终在外来矿工干涉及其合作方俄罗斯矿业公司Bitfury主动撤出部分算力之下，Ghash.io的算力占比才得以逐渐下降至31%左右。

Ghash.io、Bitfury和矿工们的选择，既是基于"去中心化"的理想主义信念，也是基于实际的理性考虑，因为一旦让某个矿池拥有51%的算力，那么比特币作为加密货币的信用将受到严重危胁。这意味着整个比特币区块链数据都有可能遭到篡改，而这将威胁整个社区所有人的利益。

算力即权力，这是加密货币世界的法则。

但权力不可滥用，是加密货币世界的另一条重要法则。

6. 链游：探险者乐园

元宇宙涌现了无数创新型的应用，这些应用除了极具想象力外，还能在一定程度上让人们看到财富的曙光，这在过去是难以想象的。元宇宙提出了一个很有趣的概念：X to Earn，意思是在元宇宙时代，你做任何事情都有可能创造财富。其中，"游戏"这一个"X"非常引人注目。

游戏由于其沉浸式的情景体验、交互性强等特点，天然具有吸引力。而当游戏与元宇宙结合，形成"边玩边赚 Play-to-Earn（P2E）"模式时，便吸引了无数人涌入其中。

在传统网络游戏中，开发者是"上帝"，拥有和掌控游戏的一切，包括游戏内的虚拟资产，比如游戏皮肤、角色、武器等。个体作为游戏的参与者，只拥有游戏账号的使用权，账号的实际归属权仍然是游戏公司。用户是消费者，而不是所有者。

你在游戏内购买的任何道具，都是以一种"租赁"的形式存在，区别只在于租赁的时限，有些是限时的，有些是永久的。这些道具被锁定在游戏中，其所有权在发行商手中，你拥有的所有道具，发行商都有可能随时更改它们的属性、用途、供应和价格。

在传统游戏中，我们付出的时间和金钱，就像流水一样，一去不复返。如果某一天我们决定不再玩这个游戏，我们所有的付出都没有办法退回。现实中的游戏更像是一种即时的消费品，无法创造其他价值。同时，当游戏公司决定关停游戏服务器或者对游戏内的虚拟资产进行回收时，玩家只能被迫接受。

而在元宇宙时代，这一模式将被彻底颠覆。链游的出现，打破了这种"游戏价值不可控制"的惯例。

链游,即区块链游戏。链游行业,即 GameFi,结合了游戏和去中心化金融。在链游中,游戏中的所有操作都是在链上完成,通过智能合约的规则约束,可以实现个人游戏虚拟资产的私有化、透明化、安全化,个人可以随时查询自己的链上信息。

与传统游戏不同,链游可以让个人在游戏内的付出具有更高的价值,这里说的付出包括时间和金钱。玩家在链游中找到属于自己的虚拟世界后,每个人都可以进行变现,获得行为激励。在链游中,游戏资产属于玩家自己,道具、武器、角色、皮肤等数据都可以上链,这些虚拟资产将会成为数据,存储在不可篡改、去中心化的区块链网络中。

真正机制完善的链游,能够摆脱中心化的掌控。玩家不再需要因为游戏内数值的变化而担惊受怕,也不用时刻关注游戏运营平台的运营情况。即便运营平台倒闭,游戏内的资产也不会受到影响,不同于传统游戏一旦发出关停公告,你所付出的一切就再也无法找回。

在保留游戏本身"游戏性"的基础上,链游添加了更加独特的金融属性。链游打出的"边玩边赚"宣传口号,让玩家不仅可以享受游戏本身带来的乐趣，还可以在交易市场上出售获得的 Token、道具等 NFT 来赚取收益。因此，链游在一定程度上也解决了大部分 NFT 无场景、价值无法映射的痛点。

链游的出现，无疑是区块链世界的一次淘金热。链游也像是一个被新发现的大型矿场，有无数探险者涌入其中。

2022 年 2 月 16 日，Invest Game 发布《2021 年全球游戏投资报告》，报告显示，2021 年链游总投资数量高达 135 笔，同比增长 1130%，总投资规模高达 31 亿美元，同比增长 6810%。

而根据 DappRadar 的报告，在 2022 年前三个月，风投和投资者已经向区块链游戏及其基础设施投入了至少 25 亿美元。

资本的热捧，也催生了链游产业的蓬勃发展。目前市场上的链游不计其数，类型也五花八门。养成类、角色扮演类、模拟经营类、沙盒类、放置类、策略类、竞技类……传统游戏有的类型，链游一般都能进行一一对应、创新。

提到链游，就不得不提由越南团队 Sky Mavis 开发的 Axie Infinity。

Axie Infinity 是一款基于以太坊区块链上的去中心化回合制策略游戏，其设计思路借鉴宝可梦和 CryptoKitties（加密猫），不过在玩法的丰富度上做了很大的改进。游戏的所有环节，都围绕着不同 Axies 的战斗、繁殖和交易而进行。玩家通过 PVP（玩家对战玩家）、PVE（玩家对战环境）及完成日常任务来获得 SLP 通证，用以喂养新的 Axie。由于 NFT 资产的特性，每一只 Axie 都是独一无二的。也正是通过这类 NFT 宠物，Axie Infinity 构建了一套相对完善的闭环经济系统。

　　因为"边玩边赚"模式的存在，Axie Infinity 甚至为发展中国家的许多人提供了相当体面的月收入。在《边玩边赚——菲律宾的 NFT 游戏》这部 YouTube 上的爆款纪录片中便有提到，因为疫情肆虐，菲律宾失业率一度高达 25.8%。有人发现了 Axie Infinity 这款游戏后，许多人都加入其中，每天在游戏里赚取维持家庭开支的费用。甚至还有人辞掉自己的工作，把时间全部投入在链游中。根据相关数据统计，因为 Axie Infinity 的出现，像菲律宾这样的国家，部分人的收入甚至要高于疫情蔓延前的水平。

　　Axie Infinity 在 2021 年 8 月的总交易金额为 8.6 亿美元，总营收为 3.6 亿美元，单日最高收入超过 1100 万美元，三个月来的收入增长超过 200 倍，月收入甚至超过了国内大火的游戏《王者荣耀》。

　　除了 Axie Infinity，还有诸如 Decentraland、The Sandbox 这样的共享虚拟世界平台，允许开发者在平台上创作内容，开发应用。在 Decentraland 上，用户可以购买土地。此外，所有的 NFT 都可以自由交易并归买家所有。

　　作为一个完全去中心化的虚拟世界，Decentraland 使用 DAO 来管理世界。社区会就政策修订提出建议并组织投票，如未来土地拍卖、非强制性土地交易合约白名单等。投票是在由 Aragon 支持的 DAO 治理门户上进行的。 MANA 则是 Decentraland 中的通证，可以用来购买 Decentraland 上的土地、服务和虚拟产品，同时也用来鼓励内容生产。

目前，许多大公司都与 Decentraland 有合作关系。2022 年 1 月，电子巨头三星就在 Decentraland 上开设了第一家虚拟旗舰概念店 Samsung 837X。而早在 2021 年 11 月 23 日，加拿大区块链投资公司 Tokens.com 宣布其子公司元宇宙集团（Metaverse Group）买下位于 Decentraland 时尚街区的虚拟土地，成为当时最大规模的元宇宙土地交易案。

虽然受到资本热捧，但与传统游戏相比，链游也有一定的准入门槛。所有链游都不是免费的，首先你需要拥有一个钱包，然后花费一定数量的加密货币购买道具，才有资格成功加入游戏，并通过游玩获得收益，这也是目前链游没有办法大规模推广的原因之一。以 Axie Infinity 为例，游戏表面上是免费的，但要真正进行游戏，你需要拥有三只小宠物。如果要购买三只小宠物，则需要花费一定数量的 ETH，这对于普通人来说是一笔不小的开支。

尽管存在一定门槛，但链游的出现的确改变了传统游戏的游玩机制，也带来了更多的可能性。它让个人能够在游戏中获得自己的财富。其去中心化的特性也改变了过往游戏公司对数据的垄断。可以说，链游是目前可以轻松体验元宇宙给世界带来变化的一个产业。

不过，链游市场在当下仍然鱼龙混杂。它的金融属性是吸引人进入的一个重要原因，但同时也成了不少人布置骗局的一个噱头。同时，与传统游戏相比，目前的大多数链游的游戏性都较弱，有些甚至游戏性为零，这也是链游目前仍然没能被传统游戏玩家普遍接受的原因之一。

但相比于传统游戏，链游显然更加符合元宇宙的特性，因为它本身是搭建在区块链的架构之上，有非常强烈的去中心化色彩。可以预见，未来的游戏会更多向"GameFi"靠拢。但如何保证可玩性、金融性、合规性的统一，是链游行业和所有链游从业者需要思考的问题。

7. 钱包：元资产入口

上一节我们提到，进入链游首先需要拥有一个钱包。而进入元宇宙，同样也需要钱包。

在元宇宙和 Web 3.0 世界里，如何管理和使用我们的数字资产，以及如何进行正常的数字资产活动，是必须面对的问题。我们在前面提到了 DID 去中心化身份，但目前来看要真正实现统一的 DID 还有很长一段时间，在此之前，加密钱包是一个好的选择。

加密钱包是构建 Web 3.0 价值互联网的起点，是区块链基础设施的重要入口，是当下参与数字资产相关活动的通道。今天，人们通过加密钱包可体验数字资产管理、NFT 交易、DApp、社交等诸多功能。加密钱包已经开始扮演它作为元宇宙入口的角色。

那么，什么是"加密钱包"？

"加密钱包"是一个中间工具，是通向DApp的数字应用或硬件，用于储存和读取你数字身份独有的地址，即私钥，以及关联和控制链上的数字资产。

需要注意的一点是，与我们日常生活中的钱包不同，加密钱包在技术上并不存储加密货币，它只是存储加密账户中的密钥。加密货币存储在区块链上，只能使用私钥访问。它允许使用者与区块链上的货币余额进行交互，同时也允许其他人查看任何给定地址的余额。

目前来看，你想要使用自己的数字资产，必须通过加密钱包才能完成。换句话说，只有通过加密钱包，你才能够被"放行"进入元宇宙。它像是元宇宙的"护照"，能够解决当前 Web 3.0 的身份验证问题。

按照去中心化程度的高低，加密钱包可以分为全节点钱包、轻钱包，以及中心化钱包。

全节点钱包就是将区块链上的所有数据同步到钱包，比如 Bitcoin Core、Geth、Parity 等。因为全节点钱包需要同步所有区块数据，所以可以实现完全的去中心化。但问题是这样会占用很大的存储空间。

轻钱包是指依赖区块链网络中的其他全节点的钱包。轻钱包会运行一个全节点，同步所有数据，然后根据不同的钱包地址将数据进行划分，按需下发，这样用户便可以既快又方便地使用钱包。常见的手机钱包和网页钱包就是轻钱包。

与去中心化钱包的数据都是链上数据不同，中心化钱包的数据依赖钱包服务商自己的账本。比如说，用户在交易所的钱包就是中心化钱包，用户往交易所指定的某个地址转账，然后交易所在自己的账本上记录充值记录，此后用户每一次充值转账，交易所就直接在他的账本上进行加或减。这整个过程，并没有发生在区块链上。

未来，作为元宇宙入口的钱包，大概率是热钱包。所谓热钱包，即联网钱包，它可能是软件或插件，它会托管你的私钥。当你需要交易时，用自己创建的账号和密码登录软件，提取私钥后完成交易。在你创建钱包时，软件会提供多个助记词，需要你记录下来，当你忘记密码想要恢复时会用到。它的优点是方便快捷，操作简单；缺点是有泄露的风险，以及需要及时取消钱包授权。

热钱包的安全依赖其运行的环境。热钱包可分为电脑钱包和手机钱包，它们都依赖各自操作系统的安全。除此之外，浏览器的安全也至关重要。所以，要保障热钱包的安全，需要保证热钱包运行环境的安全，如果要保护好自己的资产，则必须在热钱包运行过程中防止木马、病毒、黑客入侵和钓鱼邮件等。

由 ConsenSys 开发的 MetaMask，是当前最受欢迎的以太坊开源热钱包之一，拥有 3000 万月活用户。MetaMask 能够帮助投资者轻松简便地管理自己的以太坊资产。ConsenSys 在 2016 年就推出了 MetaMask，在以太坊发展的初期早早占领市场。

使用 MetaMask 无须下载客户端，只需要将其添加至浏览器扩展程序即可。它具有购买、存储、发送和交换通证的功能。MetaMask 兼具测试以太坊智能合约功能，支持最全的 DApp，能够与硬件钱包 Ledger 和 Trezor 兼容，还能一键发币，这些优势使得这款轻量级的以太坊钱包一经推出便受到以太坊社区的欢迎。

作为去中心化钱包，MetaMask 是一款真正属于用户自身的钱包。当人们使用 Coinbase、Binance 等中心化加密货币交易所时，资金安全是由这些中心化交易所来维护，用户不需要自行管理钥匙，不需要学习或了解复杂的钱包。换句话说就是，用户资金实际上是被交易所控制。这样就会出现一个问题：所有资金都存放在交易所这样一个集中的地方，很容易成为黑客攻击的目标，比如曾经知名的 MT.Gox，就在 2014 年因为遭到黑客攻击而下线，最终申请破产保护。

使用 MetaMask 这样的去中心化钱包，用户的资金不再委托给第三方，用户是自己资金的保管人，也就是说，用户将对自己的财产拥有 100% 的控制权。这在一定程度上，避免了托管风险。当然，使用难度和操作门槛相比之下也会更高一些。

加密钱包虽然是元宇宙的入口，但它本身存在着一些难点：一是安全性，即如何保证钱包入口不会被黑客或企业盗用；二是用户体验，即如何设计出一个受众广、操作便捷的钱包入口；三是跨平台需求，即如何在多个平台和它们流通的不同的数字货币中互相交易；四是跨设备需求，即如何保证其在不同媒介中都能使用。

如何解决以上难点，将决定未来加密钱包能否成为元宇宙最稳定的入口。

8. 公链：元宇宙之根

如果说区块链是 Web 3.0 的基石，那么区块链世界的地基则是"公链"。

换言之，公链是区块链最基础、最底层的网络。公链之于区块链，就像 TCP/IP 协议之于互联网，操作系统之于计算机，是不可分割的彼此。TCP/IP 协议作为一种底层技术协议，承载了整个互联网的基础架构，其操作系统使整个计算机的运行运算成为可能。区块链的公链也一样，作为一种新的底层协议来构建整个区块链的底层基础设施，承载区块链网络的一切。

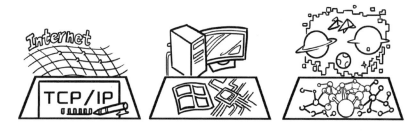

公链是元宇宙的根，没有公链一切都是海市蜃楼

在 Web 3.0 基础上建立的元宇宙，公链是它的"根"。

它是元宇宙的万世之基，让技术结晶共同凝练升华。

它是元宇宙的大地之母，让数字文明自由开花结果。

它是元宇宙的霍格沃兹，让全球公民原创述写历史。

如果没能发展好公链，那么元宇宙之上的所有应用场景都不过是海市蜃楼。

那公链是什么？

公链是一条所有人都可以随时参与，访问与编写的权限对所有人开放（开源），完全去中心化的区块链。它是公开透明的，全世界任何个体或团队都可以在公链上读取、发送交易，且交易能够获得该区块链的有效性确认。

实际上，区块链本身可以分为三类：公链、联盟链、私有链。与后两者相比，公链实现的难度最高，但同时也最符合区块链的理念。联盟链和私有链是相对封闭或有许可接入的半去中心化链，而公链则是完全的去中心化、无许可，可以把它看成是一个可以接入万事万物的庞大价值经济体。

公链有如下 4 个很重要的特点。

（1）完全去中心化：所有人可参与公链，任何人都可以部署智能合约和发起交易，且没有中心节点。

（2）无准入机制：公链有无数个节点，任何人都可以作为节点加入或退出。

（3）数据公开真实有效：公链的交易数据对全网公开，具有真实性和有效性。

（4）有明确的激励机制：公链通过激励机制在互为陌生的网络环境中建立共识。

一般来说，公链有两个机制，一个是共识机制，一个是激励机制。

共识机制：共识机制就像是区块链世界中的法律，能够约束去中心化网络中的每一个计算机节点，维护数据的安全和系统的公平性；使互不相干的节点也能够互相验证，并确认网络中的数据，无须产生信任、达成一致。比如一群人要决定去哪个地方旅游，如果对目的地没有异议，那么共识就达成了。

激励机制：激励机制是指通过一套理性化的奖励制度来鼓励更多参与者加入，以维护日渐增长的新数据。当数据被添加到链中时，添加者，或者说矿工，会获得一定的奖励。

公链共识机制种类繁多，主流的有以下几种。

工作量证明（PoW）：为了达成最新区块的共识，每个参与者都必须解决一个复杂的、资源密集型的密码学问题，解决问题的过程通常需要十分钟，由第一个解密的矿工在链上记账。它确保了所有节点同步，规避了拜占庭将军问题。工作量占比越高，越可能获得记账权。

权益证明（PoS）：参与者质押货币在智能合约中，以获取记账权。质押"币龄"越高，质押财富越多，越可能获得记账权。若参与者有恶意行为，其质押的货币将被没收。

委托权益证明（DPoS）：DPoS 是将 PoS 共识算法中的记账者转换

为指定节点数组成的小圈子,而不是所有人都可以参与记账,只有这个圈子中的代表节点能获得记账权。

公链作为一种完全分布式的区块链,有很多优点:首先,它是去中心化的点对点网络交易,可以解决中心化平台的垄断问题,让交易自动化和公开透明;其次,它通过共识协议保持分布式账本之间的实时同步,所有链上的痕迹都不可抹去、篡改;除此之外,它也为账本的稳定性提供了一定程度的保证,透明公开、访问门槛低、用户参与度高、易于应用推广且便于产生网络效应,这些都属于公链的优势。

但公链不是完美的,它也存在缺陷:一是需要大量的能量和算力来维护大规模的分布式账本,效率极低且浪费资源;二是开放性,即交易几乎没有隐私,只支持运维的安全,而这两者都是用户选择公链的重要考量;除此之外,公链的运行极其依赖内建的激励机制,也存在决策困难、技术更新困难等弊端,同时公链上的交易费用也越来越高。

比特币是区块链上的第一代公链。不过比特币在设计之初定义为支付工具,只能进行价值传输。尽管安全性极高,但由于中本聪大幅删减了许多脚本指令,所以其脚本语言是图灵不完备的,无法执行循环语句,可拓展性极差,许多高级应用无法建立在比特币脚本上。

以太坊是区块链上的第二代公链,是一个具备图灵完备脚本的公共区块链平台,被称为"世界计算机"。除进行价值传递外,开发者还能够在以太坊上创建任意的智能合约。不过,以太坊也存在着速度慢、开发难度高、GAS(在以太坊执行特定操作所需计算量)费用高等缺点,仍然无法实现真正的大规模商用。

目前区块链 3.0 正在如火如荼地进行中,除了老牌的比特币和以太坊公链外,还出现了 Polkadot、Cosmos、Terra 等革新类型的公链,如今像 Solana、Avanlanche、Polygon 这样的公链也成了聚光灯下的新宠,这些公链都在探索一条全新的元宇宙公链之路。

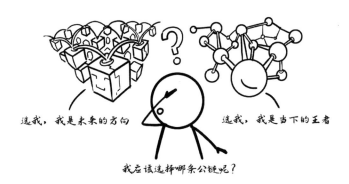

需要注意的是，公链实际上不仅仅是一个技术平台，更应该是一种经济权利。每一个人不仅可以随时加入和退出某一条特定的公链，同样还拥有创建公链的权利和自由。区块链的本质是开放且自由的，所以一开始的公链也一定是百花齐放，这更有利于建立起一个拥有无限生命力、机制完善、自由且繁荣的公链共同体。

根据相关数据统计，当前已经有超过 100 条公链被收录，较 2021 年初增长了近 10 倍。同时，公链也慢慢呈现多元化的发展趋势，从 2021 年初以太坊的"一家独大"，慢慢转变为各大公链的差异化竞争。以太坊的公链市场份额正逐步被其他公链蚕食，其主导地位正在下降。从整个行业的健康发展和竞争下的持续创新来看，这是一个积极的信号。

公链将在未来元宇宙时代扮演重要角色，它将承载着全球新一代的国际贸易规则、产业链协同规则、货币金融规则等，在此基础上搭建起一个完整的元宇宙世界。如果能够在公链层面做到领先，也就意味着未来将在全球产业、经济、金融等领域占据主导地位。所以，公链产业非常重要，也有很大的前景。

总的来看，公链是一条值得追逐和竞争的赛道，各大公链派系也都在积极吸引开发者、资金和用户。目前来看，仍然没有出现称得上庞大而完美的公链。公链百花齐放的生态，加上链上的各种应用，未来的"公链战争"可能还会持续很长一段时间，元宇宙的世界，是"多链世界的诞生"，还是"一家独大走天下"，仍然是一个未知数。但可以肯定的是，公链越蓬勃发展，越能自下而上地推动元宇宙的进步。

9.NFT：寻找应用场景

在"万物皆可元宇宙"的趋势下，另一个趋势是"万物皆可NFT"。

在元宇宙迅速破圈的同时，NFT也同样在各行各业大放异彩。

NFT，一种非同质化代币，也是一种非同质化资产，不可分割且独一无二。它可以映射现实世界的物理资产，也可以是元宇宙世界的原生数字资产，依靠ERC-721等公链协议来确保唯一性。它可以把任意的数据内容通过链接进行链上映射，使NFT成为数据内容的资产性实体，从而实现数据内容的价值流转。通过映射数字资产，使游戏装备、装饰，以及土地产权等都有了可交易的实体。

NFT可以自由交易买卖，包括但不限于游戏资产、数字藏品、图片、音乐、视频、3D模型等。

目前来看，NFT主要在以下场景有较多的应用。

数字藏品

数字藏品是一种在区块链中注册的独特数字证书的NFT，用来记录数字资产（艺术品、收藏品等）的所有权。

由于NFT是独一无二的，所以数字藏品作为最终呈现，能够确保它的真实性与稀缺性，体现它的价值。

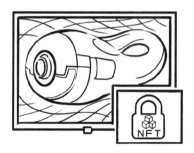

游戏资产

游戏资产可能包括游戏中的角色、道具、服装、特殊技能等。现在主流游戏市场普遍拒绝 NFT，要让游戏资产真正 NFT 化，首先要解决如何获取游戏厂商和玩家信任的问题。

实体资产

实体资产可以用 NFT 来进行交易和确权，作为数字资产证明，省去了中心化的步骤和风险。

NFT一来降低了运输成本、维护成本等，二来破除了地域性的限制，三来交易数据更加透明。

NFT也存在脆弱性。只有被区块链所有用户和智能合约认可，数字文件标识符储存到区块链时，数字资产才变成了真正的NFT，即"铸币"。但昂贵的上链费用劝退了许多NFT创作者：在区块链上铸造NFT会消耗大量的能量，矿工收取的"GAS"费用可能在NFT出售价格的3%~15%。安全性和成本节约的抉择是NFT所必须面临的问题。

可以说，NFT的出现改变了虚拟创作的商业模式，虚拟商品从服务变成交易实体。在传统模式下，像游戏装备和游戏皮肤，其本质是一种服务而非资产，它们既不限量，生产成本也趋于零。运营者通常将游戏物品作为服务内容而非资产销售给用户，创作平台也是如此，用户使用他人的作品时需要支付指定的费用。NFT的存在改变了传统虚拟商品交易模式，用户创作者可以直接生产虚拟商品，交易虚拟商品。NFT可以脱离游戏平台，用户之间也可以自由交易相关的NFT资产。

决定NFT价值的几大要素：①互操作性，即在不同元宇宙中运行的可能性，互操作性越强，流通能力越强，价值越高；②稀缺性，由创作者限制生产发行的数量决定，一般来说，越稀缺价值越高；③所有权历史,即追踪历代持有者的身份,比如名人,名人效应在目前的NFT市场有很大的价值驱动力;④艺术性,具有真正艺术价值的NFT能得到更多人的认可……

在元宇宙的概念还没有真正被提出时,NFT其实已经在加密圈子里尽人皆知了。

2017年,加密朋克上线,通过改造ERC20代币合约发行代币,开创性地将图像作为加密资产带入了加密货币领域。

同年11月,加密猫上线,其最初发行了50000个智能合约生成的加密猫NFT,每个NFT都有不同的属性。上线至今,市场上已经有超过200万只加密猫NFT,持有人数超过12万。在最火爆时,加密猫甚至造成了以太坊拥堵。

2021年3月,美国数字艺术家Beeple的NFT作品 *Everydays：The First 5000 Days* 在英国佳士得拍卖行以6934.8万美元(约4.49亿元人民币)的高价成交,创下了数字艺术品交易的新纪录。

尽管NFT市场目前仍然处在以概念炒作为主的阶段,为此也受到了不少诟病,但不可否认的是,NFT作为最新一代所有权数字化的标志,将对元宇宙的交易产生难以预估的长远影响。

10. 数字人：元宇宙的原住民

未来的元宇宙,将会诞生一个全新的物种：数字虚拟人。

它们将是元宇宙的重要参与者,也会是元宇宙的原住民。

什么是数字虚拟人?

它是结合CG技术、面部捕捉技术、深度学习等,人造或"原生"的数字化仿真的虚拟人物。

数字虚拟人具有三个特征：一是拥有人的外观，具有特定的相貌、性别和性格等人物特征；二是拥有人的行为，具有用语言、面部表情和肢体动作表达的能力；三是拥有人的"思想"，具有识别外界环境并能与人交流互动的能力。

数字虚拟人创造的价值主要是打破物理的空间限制，提供了更多沉浸感、参与感和互动感。数字虚拟人具备存在于非物理空间、数字技术合成和高度拟人化等特征。

从广义上说，数字虚拟人既可以是你的化身，也可以是原生的数字化生命。

对于前者而言，是基于现实人原型创造的数字虚拟人，也可以称为是真人驱动型虚拟人，是以真人为基本核心形成的一个虚拟化身。

对于后者而言，则是不属于现实世界，而是通过技术塑造出来的全新的数字角色。这类数字虚拟人，也可以称为人工智能驱动型虚拟人，拥有定制化虚拟外表的人工智能，通过深度学习技术驱动其语音、面部表情和肢体动作等不断进化。

对于个体的化身,数字虚拟人可以分为以下几个类别。

第一是真实的人在虚拟世界的复刻。通过3D建模、动作捕捉、渲染等技术,在虚拟世界中制作一个和自己完全一致的虚拟人。

第二是真实的人在虚拟世界中塑造与自身相似的卡通形象。在Meta的Horizon World中,人们可以创建一个虚拟化身代表自己,去参加各类活动。

第三是重构一个与真实的自己完全不同的虚拟形象。Unreal Engine平台发布一款全新工具"元人类生成器",能够帮助我们轻松创建和定制逼真的虚拟人。

在未来的元宇宙中,我们每个人都可以拥有一个或者多个不同的虚拟人,运用这样的化身去社交、购物、娱乐、学习。同时,这些代表我们自身的虚拟人也会自进化,它们以数据为食,在与真实世界的不断互动中模糊两个世界的边界。

对于真正的元宇宙原住民,也可以分为以下两类。

第一类是IP类的数字虚拟人,它们能够自我创造价值,输出内容,并且构建出一个独一无二的IP,它们通常会成为虚拟偶像的存在。相比于现实世界的明星，虚拟偶像在未来更有竞争力，原因在于一方面其输出内容可控，无须承担过多风险，偶像人设不会轻易崩塌；另一方面数字虚拟人可以全天无间歇进行工作，其学习能力和进化能力也非现实人类可及。

2021年10月31日，一个IP名为"柳夜熙"的抖音账号发布了一条视频，主角柳夜熙以虚拟人物的形式登场，和一众真人演绎了一个"捉妖"的故事；超写实数字人"AYAYI"凭借符合年轻人审美的外貌以及潮流品牌主理人的身份设定被众多人所追捧，火遍全球。

第二类则是非IP类的数字虚拟人，它们更多是为了替代和协助人类完成部分工作，主要应用方向是虚拟客服、虚拟助理、虚拟直播等，是服务型数字虚拟人。

2021年，万科总部最佳新人奖颁给了数字人崔筱盼——万科首位数字化员工，主要工作是发票与款项回收事项的提醒，业务证照的上传和管理，以及提示员工进行社保公积金信息维护等。在深度神经网络技术渲染的虚拟人物形象辅助下，崔筱盼催办的预付应收逾期单据核销率达到91.44%。

从长远角度来看，数字虚拟人是元宇宙的重要基础设施，将随元宇宙的开拓不断发展，它既能够降低服务成本，提高服务和生产效率，同时更能成为独立的IP内容输出，创造更多价值。整体来说，数字虚拟人赛道的成长空间值得期待。

11.VR设备：冰山之上

海明威曾提出过这样一个观点：冰山在海里移动很是庄严，这是因为它只有八分之一露出水面。

这一观点被称为"冰山原则"。海明威用此来比喻作家有八分之七的思想和情感蕴含在形象的背后，见诸笔端的只是八分之一的冰尖。

"冰山原则"适用于写作领域,同样也适用于我们所讲的"元宇宙"。

VR设备是元宇宙露出的"冰尖"

实际上,元宇宙就像一座冰山,它涉及的技术面非常广,同时又是各类学科的交叉互动,很多东西都隐藏于冰山之下,常人往往难以直接感知。只有一小部分是"冰尖",露出水面,能被我们直接看到,而这其中,VR设备是最显眼的。

往往人们谈到元宇宙,便会自动将它和VR联系在一起。真正的元宇宙的一大要素是达成与现实世界无异的高度沉浸感,而这必须要有VR设备的支撑。VR可以满足元宇宙对于沉浸式、社交性、内容丰富性的关键要求,是元宇宙发展的重要载体和业务形态。

VR是以计算机技术为核心,结合传感技术等,生成与现实在视觉、听觉、触觉等感知高度近似的三维数字化环境,人们通过相关设备与数字化环境进行交互,能够产生身临其境的体验。

VR 的发展最早可以追溯至 1962 年，Morton Heilig（莫顿·海利格）研发出了虚拟现实原型机。

之后的几十年间，VR 便与游戏结合，并创造了一系列产品。

2016 年是 VR 的爆发年，这是在元宇宙概念还没有被提出时，VR 设备自己创造的一股东风。当时整个 VR 行业处于井喷状态，但由于技术不成熟和成本压力，在后续的两年时间内又进入低谷期。

到了 2021 年，元宇宙的出现让 VR 又一次成了时代的宠儿。

对于 VR 而言，其涉及的技术领域非常多，门槛较高，包括软件、光学、传感、感知科学、计算机视觉、计算机图形学、显示等众多领域，同时还要实现极低的延迟。所以在 VR 设备领域，多数是实力强硬的科技巨头在进行赛道争夺。

比如，Meta 在 VR 领域不断投入，扎克伯格认为当 VR 的活跃用户达到 1000 万时，VR 生态将迎来爆发奇点，其在 2020 年便推出了 Oculus Quest 2 产品，截至 2021 年底，其总销售量超过了 1000 万台，是目前最受欢迎的头戴式 VR 设备；苹果收购了 NextVR，以增强苹果在娱乐和体育领域的 VR 实力；Google 在 VR 方面的布局重点在软件和服务上，如 YouTube VR；字节跳动则收购了中国 VR 设备公司 PICO，在 VR 行业开始发力……

目前常见的 VR 设备由头戴式显示设备和手柄组成。其中，头戴式显示设备集成了显示、计算、传感器等设备，通过将人的视觉、听觉封闭，并在左右眼屏幕分别显示左右眼的图像，引导用户产生一种身在虚拟环境中的立体感；而手柄则负责辅助追踪使用者手的位置、提供交互使用的按键，以及简单的触觉震动反馈。

相比于五年前，现在的 VR 设备已经十分成熟。一些 3A 级别的游戏也已经开始应用 VR 设备，比如《半条命：Alyx》，这属于是 VR 与内容的深度结合。

当下的 VR 设备还需要解决许多现实问题，比如 VR 行业的"不可能三角"。

沉浸感（渲染、高清、交互）、舒适度（轻薄、续航、无线）、性价比（材料），这三者目前来看就处在一个"不可能三角"中。尽管目前 VR 设备在硬件端已经实现快速迭代，但总体普及率依旧很低，只有解决不可能三角，才能让更多人通过 VR 设备了解并进入元宇宙。

12. 交易所：再次中心化

区块链，或者说加密货币的提出和推进，本质上是一次轰轰烈烈的去中心化运动。

而货币本身是有流通需求和交易需求的，这便产生了新的行业：交易所。

交易所，作为货币交易、价格发现、提供流动性的角色，是货币交易所需要的金融中介。

与买卖股票的证券交易所类似，区块链交易所是数字货币买卖交易的平台。

交易所涵盖了开户、充值、自动转账、交易、提现整个交易流程。

与证券交易所不同，区块链交易所一般有以下特点。

（1）交易时间 7*24 小时全年无休市。

（2）开户流程简单。

（3）交易需要一定的交易手续费。

（4）没有涨跌停限制。

（5）随时可以提币提现，资金流动性高。

交易所为货币买卖双方提供了一个基于网络的中心化网关，进行资金管理。交易所盈利主要由交易手续费、项目上币费两大块组成。

当前排名靠前的交易所如下。

（1）币安：用户覆盖全球180多个国家和地区，140万单/秒的核心内存撮合技术，是全球加密货币交易速度最快的平台之一，也是全球加密货币交易量最大的平台之一。

（2）OKEx：全球著名的数字资产国际站之一，主要面向全球用户提供比特币、莱特币、以太币等数字资产的现货和衍生品交易服务。

（3）火币：为超过130个国家和地区百万级用户提供优质服务，在新加坡、韩国、日本等多个国家和地区均有独立的交易业务和运营中心。在技术平台、产品支线、安全风控体系、运营及客户服务体系等方面均处于领先地位。

（4）Bitfinex：全世界最大、最高级的比特币国际站之一，支持以太坊、比特币、莱特币、以太经典等虚拟币的交易。

（5）Coinbase Pro：为用户提供安全的平台，方便用户进行各种数字资产投资。Coinbase Pro平台界面简洁易用，包括实时订单查询、图表工具、交易历史记录和简单的订单流程。

目前来看，这些大型交易所的工作完成得很好。它们有不低的交易量、良好的用户界面、种类繁多的加密货币，初学者能够轻松入门，交易非常方便和简单。

交易所的技术门槛低，支持法币兑换，中心平台掌控用户的资金和交易，能够实现快速成交，这种良好的交易体验容易得到用户认可。

不过，有一点不可忽视：加密货币本身是去中心化的，但这些加密货币的交易所却并非如此。

当区块链发起一次去中心化运动时，支撑加密货币交易的交易所，却再次进行"中心化"。当我们把原本属于自己的数字资产打入交易所地址的那一刻起，交易所便成了我们数字资产的托管人，实际资产的控制权也就在交易所手中。换句话说，你必须把你的身份和资金全部交给中心化交易所，这与区块链的初心是相悖的。

中心化交易所常出现卷款跑路的事件

所以，交易所常常会发生平台跑路、内幕交易、黑客攻击等侵害用户利益的事件，这些事件会直接导致大量资金损失。

为了满足全球对加密货币快速交易的需求，中心化交易所不得不将绝大多数交易"下链"，这样便导致了交易记录的透明度比较低，如果交易所要"作恶"，篡改交易记录的成本是很低的。

以太坊创始人 Vitalik Buterin 曾这样评价中心化交易所：

"我绝对希望中心化交易所在地狱里燃烧。"

也正是因为中心化交易所存在这些问题，去中心化交易所（DEX）出现了。

在去中心化交易所中，用户的资金无须委托给第三方，通过分布式节点交易，公开透明，借助智能合约解决信任问题。

目前来看，去中心化交易所也存在着一些问题：流动性低、交易处理速度慢、上手门槛较高。中心化交易所仍然占据着优势，但未来去中心化交易所一定会成为主流。

13. 脑机接口：文明跃迁

在过往的科幻类型作品中，我们常常可以看到一个令人兴奋的概念：脑机接口。

比如，《X战警》中博士通过脑机接口实现意念控物；《黑客帝国》中锡安人通过脑机接口进入矩阵之中，迅速学习各类知识和技能；《阿凡达》中通过将意识注入远端的生物体，可实现用意念控制阿凡达，让主角在另一个世界获得自由……

在关于元宇宙的构想中，人类最终会真正进入数字世界。

在这一过程中，脑机接口将扮演非常关键的角色。

借助完整的脑机接口技术，人类或许可以脱离肉身的束缚，以纯意识的形态真正进入元宇宙，成为真正的数字人类。

被称为"脑机接口之父"的米格尔·尼科莱利斯教授在《脑机穿越》中提到，在脑机接口的帮助下，思想或许能转化为有形的动作、印象或情感，人可以用思想操控电脑、驾驶汽车、与他人进行交流，可以完美的转化为纳米工具的精细化操作，或者是应用了尖端科技的机器人的复杂动作。不用动手输入一个字，也不用动口说一个词，就可以与人进行交流，即使足不出户，也能体验到触摸遥远星球表面的感觉。

这与我们所说的元宇宙，几乎是完美契合的。

这将是人类历史上一次伟大的文明跃迁，是从物理人到数字人的真正进化。

当然，这需要一定的时间，但脑机接口并非那般遥不可及。

脑机接口是由美国加州大学洛杉矶分校的雅克·维达尔于1973年提出的。

它通过建立大脑信号和计算机的交互接口，进而实现人脑与外部环境互动的技术，融合了神经科学、计算机科学、芯片技术等。一个完整的脑机接口包括信号采集、信息解码处理、信号输出/执行、反馈四个步骤。脑机接口可以通过电、磁、光、声进行信号采集与反馈，而脑电技术是目前主流探索方向。

　　脑机接口目前主要分为侵入式和非侵入式。侵入式技术目前在植入过程中不会产生疼痛，但可能会引发排斥反应、伤口感染等问题，导致信号质量衰退或消失，引发脑部混乱，导致脑部受损，有一定的风险性。非侵入式提供了临床风险与临床收益之间的最佳平衡，但与大脑植入微电极阵列相比处理的信息量明显较小，这就要求改进信号监测和分析设备及算法，并开发出更多的深度结合的应用场景。整体来看，非侵入式脑机接口（无创脑机接口）比侵入式脑机接口拥有更广阔的市场前景，也更容易找到商业落地的切入点。

　　脑机接口目前在多个领域都有巨大的发展前景，比如医疗领域，利用脑机接口可以帮助患者操控生理活动、改变体内环境，为多种疾病的治疗提供新手段，在神经康复训练、辅助运动、监测神经系统等方面有很大作为。同时，在非医疗领域也有它的应用场景，如智能家居方面，可以利用脑机接口技术替代语言助手，实现用意念控制智能设备；脑控驾车可以利用脑机接口技术，提高驾驶安全性能；游戏上可以利用脑机接口获得全新的操作体验……

　　当前脑机接口技术的应用成为科技巨头争夺的焦点，比如 Meta、Neuralink 都在着手进行脑机接口的研发及产业布局，米哈游也资助瑞金医院研究脑机接口技术的开发和临床应用。许多国家如美国、日本、中国，都开始把脑科学作为科技发展的重要战略，未来脑机接口技术会以更快的速度发展。

　　尽管脑机接口仍然存在一些技术难题和伦理上的问题，但毋庸置疑，脑机接口将是元宇宙下一代人机交互的方向，也会成为未来元宇宙的真正入口。

　　人类文明的进化史，从农耕文明到电气时代，到信息时代，再到未来的元宇宙，表面上是生产力的变革，实际上更重要的是"信息交互层次"的跃进。

人类"信息交互层次"的跃进

智人进化的背后，自然语言的诞生功不可没。语言以声速传播交互，内容更多，频率更高，速度更快，传递的信息更精准。

农业社会替代采集狩猎的部落文明后，因为人口的增加和住所的固定，语言的量级更上一层，化解了生存的被动性，解放的生产力促成文字和国家的开创，带来了语言的时间和空间的升维。

近代的科技革命，科学语言的应用，特别是数学语言，突破了自然语言的限制，碰撞、迸发出抽象维度的火花，使想象力可以转变为现实。

未来的元宇宙，脑机接口技术会让人类进入一种全新的交流环境，信息的交互不再需要依靠语言而存在，过往我们在科幻作品中的想象也将变成现实……

14. 巨头的投资启示

在 2021 年—2022 年，元宇宙成了炙手可热的一个新概念。

当 Roblox 在招股书中提及了"元宇宙"的概念并在短时间内市值飙升到 400 亿美元后，那些巨头们也纷纷下场，进军元宇宙。

回顾这段元宇宙的爆发期，最重要的一件事情莫过于 Facebook 改名为 Meta。尽管大多数人认为扎克伯格只是为了巩固他的数字帝国，而不是真的为了建造一个人们理想中的元宇宙，但这件事情仍然很有启发性。

对于一个万亿美元市值的企业，对于一个拥有三十亿用户的巨头，这绝不是一件贸然决定的事情。越是激进地布局元宇宙，越体现出它的焦虑和担心。

这也许能够给我们一些启示：传统的互联网产业、移动互联网产业发展到现在已经没有红利，元宇宙目前看来则是一片非常广阔的蓝海，具有很大的投资空间，尽管它本身也有强烈的未知性和不稳定性，可能伴随着极高的风险。

与其说巨头们纷纷进入元宇宙，倒不如说是巨头们因为焦虑而必须对元宇宙进行提前布局。

科技巨头捷足先登，积极布局元宇宙，小企业也在奋力追赶

这些科技巨头对于元宇宙的投资，实际上是一种对经济增长的渴望，一种不能"安于现状"的警惕感。

这些科技巨头知道科技的力量带来的改变有多大，一旦没有跟上时代的步伐，就可能被时代抛弃。这其实已经有许多前车之鉴，比如曾经的诺基亚，没能跟上移动互联网的潮流，最终被微软收购。

元宇宙跟曾经的 PC 互联网、移动互联网一样，都会引领一个全新的时代。

它会诞生一个万亿美元的市场，也会创造无数多的机会。

在这个疯狂的时代，一夜之间就可能创造无数个亿万富翁。

尽管元宇宙当下仍处在初级阶段，也是一个鱼龙混杂的市场，但科技巨头们纷纷进军元宇宙，足以证明元宇宙本身有巨大的潜能。

目前来看，在元宇宙投资中，硬件方面和操作系统方面仍然是科技巨头占据较大优势，无论是计算方面，还是 VR、AR 设备方面，都有很强大的技术积累。

而一些新兴产业，或者说一些与传统技术力量不是强挂钩的产业，将百花齐放,有更多的投资空间和投资可能。

比如内容与场景方面,是一片崭新的地盘,几乎所有企业都会涌进来占据这片市场。

同时,由于其更多涉及的是想象力和创造力,即便是小型企业也可能最终成长为内容方面的超级独角兽。

当普通人纷纷指责元宇宙是一个新骗局时,科技巨头们已经捷足先登,积极布局元宇宙。

科技巨头做的每一个决策,背后都有上百人在做战略,各方争论之后,才做出最终的决定。

如果说我们能够从这些科技巨头对元宇宙的投资中得到哪些启示,那么应该是:

与其抗拒元宇宙,不如欣然拥抱它。

7

元资产：法律风险

Metaverse

1. 最后一张美元

元资产的出现让人们看到了未来财富的无限可能，原教旨主义者希望构建一个更加公平和去中心化的经济环境，新兴探险家们则寄希望于借助元资产来实现即将到来的财富自由，心怀理想者想要通过元资产来缩小贫富差距，自由主义者梦想着它能够打破法币之熵的魔咒……

元资产本身的特点，决定了它承载着不同人的期望与梦想。

元资产自身的经济学特征是什么呢？

（1）交易的透明化。

（2）资产发行的去中心化。

（3）遵循元资产经济学三大定律。

（4）时间与空间的穿透性极强。

（5）开放权限的自我设定。

以上元资产自身的经济学特征，使得它在法律上更容易从社会学上分辨出谁是谁非、谁黑谁白，仅仅从法律层面来讲，它能更容易地保护守法者的权益。

不过，如果回看当下对于元资产的观点，似乎仍然存在着很多误解，这又形成了一个新的悖论：元资产的经济学特征让它能够更好地保护好守法者的权益，但大多数人对元资产一直持一种抵触的心态，认为元资产本身会损害自身的利益。

这一不符合逻辑的抵触，有它存在的"历史背景"。对于元资产本身的发展，我们需要从以下几个阶段来理解。

（1）物理世界→数字模拟。

从物理世界向数字模拟过渡，正是我们现在身处的历史阶段。在这一阶段中，大多数人的资产还是诞生于物理世界，并在物理世界中保存，然后经过技术处理映射到数字模拟世界。一个明显的例子就是我们银行卡账号上的数字，这些数字符号是物理世界资产的另一种表现形式。人们更信任物理世界的"真实资产"，而元资产与传统的物理世界展现的规则和玩法完全不同甚至相反，这个时候人们自然会对真正的元资产，如比特币、以太坊表现出强烈的不信任感。

（2）物理世界+数字身份。

物理世界与数字身份融合，这个时候人类的物理身份与数字身份（元ID）是一一映射的函数关系，个人资产最终会将物理属性和数字属性融合，最简单的类似现在的KYC（Know Your Custome，了解你的客户）认证，这个时候你的元资产将会变得完全透明化，一方面由于元资产借助数字身份与物理世界完成连接，另一方面是元资产的祛魅和本身的成熟，使得人们不再对元资产表示怀疑。

（3）数字身份＞物理身份。

当数字世界或者元宇宙成为人类生存的新常态时，此时人类更多的是人工智能化，甚至出现意识上传的技术，这个时候人类的数字身份将成为主体，也就是数字身份＞物理身份。此时的元资产基本都是从数字世界产生，只有极为少数的场合，如缺乏电磁信号的深山老林和原始部落，才会将数字世界的元资产反向输送到物理世界。这个时候的元资产将成为像当前现实物理世界的法币一样不可或缺的价值存在。

人类社会现在还处于物理世界→数字模拟阶段，更多的是怀疑元资产本身的法律风险，很难完全理解元资产的透明化、去中心化、市场竞争、权限设定、极易流通等优点。我们可以通过《最后一张美元》的故事来理解元资产为什么在法律上更容易得到认可。

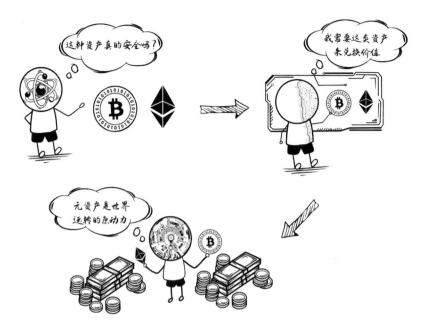

2140年3月,警察何意接到线报,她要找的犯罪嫌疑人出现了。

这个嫌疑人的身上,很可能藏着最后一张美元。

三个月前,加利福尼亚州突然出现了数年未出现的美元纸币交易,一部分犯罪分子通过线下人与人之间的直接沟通,达成了不为人知的交易。

这简直无法无天,全世界没有任何一个国家的法律能允许这种地下交易发生,所有的资产交易必须透明可查询,这种地下的灰色纸币交易,是要予以处罚的,谁知道他们做了什么见不得人的事情?

有些人也真是奇怪,怎么会相信一张废纸呢?

何意又看了一眼手中被压得扁扁的"美元"样本,样本上面印有一个昂撒种族的人像,以及一个"100"的数字,当然还有一些奇怪的字符,为什么这样一张纸会有这样的魔力?实在是让人无法理解。

没有时间去想这些了,何意来到了华尔街783号,这是线人给的地址。

这就是教科书中经常出现的华尔街吗?街边一片萧条,行人也寥寥无几。

这里曾经是世界上无可取代的金融圣地,无数精英在这里聚集。100年前,还发生过"反对华尔街"运动呢。但随着法币的落寞和元资产的崛起,曾经的辉煌早已一去不复返。

过去这里有多风光,现在就有多萧条。

就算是何意这样的警察,如果不是因为任务在身,也绝不会踏入华尔街一步。这里就是黑暗、贫穷、罪恶的代名词。

她终于来到了华尔街783号,见到了那个希望用美元进行交易的暗世界的犯罪嫌疑人,他身着黑衣,戴着一顶老式的黑色帽子。

"明明我们可以选择智能合约的,为什么非得用这种古老的方式进行交易?"何意的意思是,他们不必这么麻烦。

"那是光明世界的东西,我们的世界遵循'一手交钱一手交货'原则。"

"这不过是'暗世界'一些见不得人的买卖借口罢了。"何意冷笑着说。

身着黑衣的老人没有与何意争辩:"我要的东西呢?"

他拿出最后一张绿色的美钞,一张曾经让全人类都希望获得的标的,一张已经被光明世界抛弃的法币,一张只能在暗世界流通的纸。

这就是最后一张美元了,将它回收之后,就再也不用为这种事烦心了。

"你要的东西,就在这里。"何意从口袋里拿出一副冰冷的手铐。

最后一张美元的故事到这里就结束了。那个被何意定义为"暗世

界"的黑衣老人并没有反抗,他似乎一直在等待着这个结果,并轻轻地唱起了来自"暗世界"的一首歌:

暗世界,一个隐藏的美丽天堂。

没有中心呵,我们就是自己的国王。

圣殿在崩塌,国王被驱逐。

光明和黑暗,一直在反复颠倒。

焚烧吧,最后的法币。

……

焚烧的并不仅仅是一张纸,而是背后长达几百年的法币金融秩序,最后那一张美元在火光中化为灰烬,法币掌控金融的时代最终落幕。

烧毁最后一张美元,法币掌控的时代随之落幕

一百年后,元资产时代会觉得法币就是灰色货币,线下交易简直不可思议。为什么?因为这种交易极其不透明,根本无从追溯,很容易成为未来滋生罪恶的温床。而元资产由于其透明性等特征,反而是最安全和最合法的。

可今天呢,我们却觉得元资产是灰色的,因为它触及了我们法律的底线。

很多人认为元资产存在很大的风险,但其实最大的风险是认知的风险。

元资产面临的最大的法律认知障碍,主要源于人类对于技术的无知。

由于元资产的底层技术来源于区块链,而区块链又与比特币绑定在一起,人们对于比特币的误解转移到了区块链上,又将这种误解搬到了整个元资产上。

但,究竟什么是光明?什么是黑暗?细细思考,未来的元资产是否更值得法律信任?

2. 元资产与暗宇宙

从2140年回头来看元资产,会觉得元资产比法币更透明。

仅仅从法律层面来讲,元资产理所当然是未来人类的更优选择。

从《最后一张美元》的故事里,我们知道元资产是光明世界的最佳代言人,但现在一谈到元资产,为什么又总会与暗世界联系起来呢?它似乎带着一种天然的灰色,让人敬而远之。这其实与元资产最初的"根"比特币有一些关系。

当说到最初的元资产"比特币"时,早期的比特币爱好者一定会想到"丝绸之路",谈到"丝绸之路",就要谈到"暗网"。

那什么是暗网?

网络数字世界可分为三层:普通网络、深网和暗网。

第一层就是我们平时使用的表层网络,最大的特点就是通过搜索引擎能抓取并轻松访问。它只占到整个网络的4%~20%。此类网络基本都是开放的,不需要其他额外的工具或特殊的算法。

第二层是互联网另一个层次"深网"。普通搜索引擎无法抓取这类网站,要想接近这个世界,需用使用特定工具或者一定的步骤。例如,2140App 有深网内容,如果你执行普通操作,只能搜索到一个简单的网页,如果你想看到一些特别的内容,需要登录进入并输入密码,这些内容就是所谓的深网内容,是普通搜索引擎无法检索到的。现在网络上各大平台孤岛基本上都可以视为"深网"内容,在这个 Web 2.0 时代,深网内容越来越丰富。

第三层是"暗网",暗网是深网的一个分支,也可以视为深网的一部分,确切的技术名字叫"隐藏的服务器"。深网无法被普通搜索引擎找到,而深网中的"暗网",即使你知道网站地址,使用普通浏览器也无法浏览。

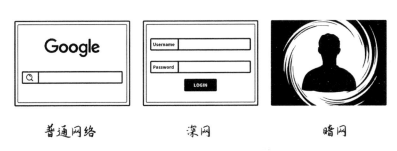

普通网络　　　　深网　　　　暗网

暗网的世界没有警察、没有规则、没有边界,这是暗网的三大法则。暗网的存在饱受争议,有的人认为这里是真正的自由圣地,也有人认为它是数字世界的阿鼻地狱。一旦踏入这个地界,你的相貌、身份、地位全部坍缩成一个词——匿名者,就像 V 字仇杀队里戴上面具的复仇者。美剧《纸牌屋》里曾经提到:96% 的互联网数据无法通过标准搜索引擎访问,但那上面有一切合法或不合法的东西,在搜索引擎之外,有一个互联网的"暗黑世界"存在。

构成暗黑世界的两大基石,一个是 Tor 浏览器,另一个就是比特币。以 Tor 为代表的暗网无法追踪 IP,通过 Tor 浏览器进入网站,就好比一个人戴着面具走进一个空间,没人知道你是谁,在密码学层面上,现在的算力是无法破译 Tor 网络的。这个免费、开源的程序可以给网络流量进行三重加密,并将用户流量在世界各地的计算机终端里跳跃传递,这样就很难追踪它的来源。

而比特币在支付时的全球化、去中心化和匿名性等优势,成了黑客勒索赎金的最佳方式。从某种意义上讲,比特币是另一个黑暗网络。比特币和 Tor 都是加密世界的宠儿。

比特币出现的同一年,暗网上出现了一个叫作"丝绸之路"的网站,这个网站背后贩卖的却是灰色商品。有了比特币后,"丝绸之路"成为暗网的主要市场,因为它采用了不受监管和无国界的支付系统。

作为公认的第一元资产比特币,它的创始人中本聪来自加密朋克,与中本聪初期关系密切的有维基解密创始人阿桑奇,"丝绸之路"与阿桑奇的关系又暧昧不明,直至今天,暗网世界与比特币仍然纠缠不清,这自然会影响到人们对元资产的看法,同样也会让法律界对元资产持谨慎态度。

比特币从诞生之初便与暗网纠缠不清

元资产离不开"区块链",在区块链开始被大众熟知时,人们常常将其与"比特币"进行绑定。比特币作为一种加密货币,本意是为了创造一种全新的支付体系,实际上在很多时候却沦为灰色地带交易的筹码。区块链是自由主义者的技术试验田,比特币也成了无政府主义者的金融支付手段。

因此,元资产确实存在着"灰色基因",正因为这种"灰色基因"的存在,它会比互联网世界更早的存在于另一个灰色世界,所以,元宇宙世界也可能会分为"光明宇宙"和"黑暗宇宙(暗宇宙)",也就有了"光明资产"和"黑暗资产"。上面谈到的都是"光明资产",但"黑暗资产"会与各种匿名技术相结合,在这个"暗宇宙"里超越法律和道德的限制畅行无阻。匿名化使得访问者在上面不会留下任何痕迹,这个世界运行的货币是暗黑币,它是利用混币技术合成的绝对匿名钱包,与比特币的可溯源完全相反。"暗宇宙"里面运行的货币也是一种元资产,现在的门罗币就是标准的例子。

元宇宙,当下被众人簇拥,如众星捧月般受人仰望。

它连接着无数个产业,为人类绘制了一个无比美好的愿景。

在虚拟和现实之间,搭建了一条桥梁,能够创造无数的元资产。

这是元宇宙"光明"的一面,但任何事物都有两面性,光明宇宙的主链全球贯通,千枝百蔓,统治着整个合法世界。但在光明主链之外,还有着许许多多的暗链,每一条链都被算法层层加密,任何暗黑行为都会被裹上一层不透光的黑布,匿名,谁也难以知晓,这就是"暗宇宙",也是法律要特别关心的地方。

除了光明世界，元宇宙还藏有另一个"暗宇宙"

3. 法律与风险

元资产本身自带的"灰色基因"，决定了它在某些方面会与当前的法律有所冲突，甚至是背道而驰，自然而然会衍生出许多风险。

尽管元资产有着让人难以拒绝的优点，但在物理世界向数字世界过渡的过程中，需要关注这些可能存在的法律与风险，才能让元资产未来在"光明世界"中服务于人类，减少大众对它的误解，让更多人接受它。

目前来看，元资产可能还存在着以下法律与风险问题。

（1）与现代国家主权的冲突。

元资产强调的去中心化等区块链特征，与当前现代国家主权在底层逻辑上存在着天然的冲突。以加密货币为例，国家本身对货币具有主权要求，而加密货币却很难被承认是真正意义上的货币，它不由国家发行，也就不具有法偿性和强制性两种属性。另外，加密货币本身在某种程度上是对主权货币的挑战，这种挑战可能会引来现代国家主权对其的警惕甚至是抵制，直接爆发矛盾。

元资产的本质是摆脱第三方，摆脱中心节点，实现真正的去中心化，而当下世界的权力构成是中心化的，这很容易产生对立和冲突。所以，元资产是否应该纳入国家监管体系中，以及如何纳入国家监管体系都是一个巨大的难题。目前来看，不同国家对于元资产有着不同的监管态度，如欧盟的强化监管、美国的中性监管等。

（2）不可撤销/不可篡改的法律障碍。

元资产基于区块链完成交易数据上链及利用智能合约实现去中心化，一旦相关的交易完成，程序就会触发缔约并进入后继履约状态，无法修改与撤销。关于元资产的交易结果不可逆，这造成了很大的局限性。

在现行法律中，这种不可撤销和不可篡改存在着一定的法律障碍。《中国人民共和国民法典》第485条明确指出承诺可以撤回，而对相关合同缔约条款中也明确只要交易双方协商一致，就可以进行合同修改及变更，甚至是终止履约。而元资产的交易在这方面为了解决信任和安全问题，抛弃了这种自由。

（3）元资产属性不明。

元资产的财产属性和权利界定是重要问题，但目前来看仍然不太明晰。截至目前，元资产交易机制等方面，在立法层面尚无清晰规则。如在我国现行法律体系中，元资产的法律地位仍然面临着很大的不确定性，它在何种程度上构成法律意义上的财产、构成何种财产、是否会触碰到法律红线,仍不明确。

正因如此,当前的元资产市场仍处于混沌状态。以 NFT 为例,在 2021 年,NFT 引爆了整个国际艺术市场,各类天价艺术作品层出不穷,引发广泛关注。正因如此,行业内出现了一些假借数字文创,行炒作、诈骗等不规范行为。NFT 本身的无准入门槛、无实名、公链系统缺乏风险管控机制的特性,使其不可避免地成为炒作对象,存在一定的金融风险。如何对 NFT 的资产属性进行确认和如何保护 NFT 产权,目前仍是一大难题。

(4)匿名性的隐患。

在元资产的特性中,私密性是一大重点,而与其绑定的便是它的匿名性特性。在交易过程中,这种匿名性往往会模糊交易的法律边界,使得要对非法交易的个体进行追溯变得极其困难(尽管并非完全无法追溯)。以加密货币为例,由于匿名化方式,它成了新型的洗钱工具,在黑暗世界里化身为炙手可热的"香饽饽",在某种程度上也加剧了人们对于加密货币的抵触,加大了它本身的法律风险。

由于去中心化和匿名性的特性,当前的元资产常被广泛应用于犯

罪活动中,除洗钱犯罪外,还有恐怖主义融资犯罪、相关的诈骗传销犯罪等。

除了此类明确的犯罪行为外,匿名性也与各国在民事诉讼中普遍确立的被告人明确性的要求冲突。

匿名性带来的隐患,也成了当前元资产必须面对的法律风险难题。

(5)与监管体系的不融合。

如果元资产要保证自身的特性,就可能无法与出台的监管体系相融合。

国际权威反洗钱组织FATF对虚拟资产提出的"旅行规则",是一项重要的反洗钱措施。所谓的"旅行规则",是指所有虚拟资产转移的发起人和受益人必须交换识别信息,参与转移的发起人和受益人必须能够保证他们发送给另一方的信息的准确性。

在2021年的审查后,FATF把《FATF四十条建议》中的旅行规则的使用扩展到了一系列新的加密货币产品和服务中,如钱包、NFT、DeFi。

但实际上这一建议的实际落实情况并不理想,有相当大的实现阻力。当前的加密市场已经划分为"白市"(合规)和"灰市"(不那么合规),实施该监管可能会让"灰市"生态更加活跃。

究其原因,是因为"旅行规则"这样的监管体系,从某种意义上说是对元资产的"拨乱反正"。如果元资产要保证自己的特性,那么必然无法与其完成融合,结果就是元资产本身可能因为这种"不兼容"而产生相应的法律风险,并被现实世界抵触。

(6)管辖权的确定困境。

因为元资产本身具有穿越时间和空间的特性,所以它有着天然的跨境属性。从法律角度上讲,这一特性与属地管辖的地理依赖相违背。

一旦元资产发生诉讼案件,会导致识别被告的过程复杂化,从而为各司法管辖区确定和实施跨境案件的管辖权带来困难。

如何在元资产的涉外性、法律的滞后性和差异性之间找到一个平衡点,解决这一现实存在的法律难题,是未来相关从业者需要考虑的。

(7)私钥带来的执行困境。

元资产的自主性和安全性由私钥来保障,但私钥有时也会造成司法的执行困境。

如果因为元资产而发生相关的债务追责问题,可能会导致相关债务执行非常困难。元资产的支付需要所有者的私钥验证才能完成交易,而私钥一般由个人自己保管,因为多重签名技术的存在,也可能可以由其他人进行资产转移。

这就会导致一些意想不到的情况:当私钥被债务人保管时,必须有私钥持有者的配合,相关元资产才能被执行,而无法通过其他方式来完成执行;即便债务人被抓捕,其依然有办法通过其他方式去转移元资产。

比如 PlusToken 的负责人因涉嫌传销而被抓获后,通过其钱包 App 的闪兑功能转移了价值约 1.5 亿元人民币的加密货币。

另一个类似的例子是"十亿美元的庞氏骗局"Finiko,在鞑靼斯坦的最高法院确认了针对项目创始人的国际逮捕令后,约有价值 4800 万美元的比特币不断从 Finiko 钱包中被取出。

元资产面临的法律与风险问题,并非是一个无解的死局。技术的革新需要监管一同进步,以及法律法规的及时跟进,才能真正为元资产祛魅,让每一个人都能真正了解元资产,让元资产真正发挥它的优点,成为未来每一个人的"个人主权财富"。

当这些存在的法律与风险问题被一一解决,那么元资产将真正从灰色地带走向白色区域,从游走于法律边缘到成为法律监管的一部分,实现它的期望与梦想。

未来,拥抱合规是元资产的必然方向,如何辅以合适的监管,制定更加适合元资产的监管条例将是关键。

4. 终极资产

在原子世界,人类社会历经无数风雨后,基本上可以将黄金认定为终极资产。

为什么会这样?化学世界的元素周期表中有一百一十八种元素,可人类文明却在不同时间和不同地点如此一致地全部选择了黄金作为货币资产。

从元素周期表开始分析,首先要排除气体和液体,如氧、氦、氟和汞(水银)、溴。没有人愿意带着一瓶气体去跟人交易,或者用吸管带着汞到处游荡,更大的问题是那个时候还找不到密封的容器。

再次排除碱土金属,它们有太强的化学反应性能,如你将镁和钡放在口袋里说不定什么时候就爆炸了。致癌的放射性元素,如铀和钚,以及仅在实验室中存在的人工合成元素,如"镱"和"镎",更让人敬而远之。

这样就只剩下 49 个过渡金属和过渡后金属,这些元素大多数易被腐蚀(铜)、难以熔炼(钛),太过敏感(铝),或存量太多也易于生锈(铁)。最后就只剩下 8 个候选的贵金属:铂、钯、铑、铱、锇、钌、银和金。这些元素作为货币都是有吸引力的,但除了金和银,其他的金属数量都太稀少了。

金的优势在于它的化学惰性。与白银不同,黄金不会变色。它对空气和水无反应。加上它的硬度适中,很适合成为完美的货币。所以黄金成了打败元素周期表上所有元素,最终被人类选定的唯一可流通货币。

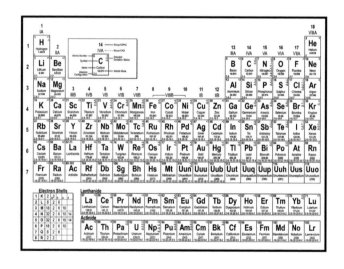

安全、稳定、保值、易于流通、全世界承认，没有哪种资产能像黄金这样让人放心。虽然人类也将房产、股票、石油、贝壳、郁金香当作资产，但直到今天，一旦世界上出现危机，大多数人还是会将目光转向黄金。

除非有一天魔法时代来临，真的有炼金士可以轻易做到点石成金，造成分子层面的完全失控，才可以摧毁黄金作为终极资产的选择。

那么在数字世界呢，这里存在无数元ID，元货币，还有元资产，数字世界没有元素周期表，它的终极资产又是什么？

是比特币？以太坊？币安币？还是USDT（泰达币），ADA（艾达币），或者是门罗币？还是马斯克自己发布的数字货币、某个宗教发行的一种元资产？

哪一种元资产更可能成为终极资产呢？可以从元资产的共识算法进行比较，哪一种共识算法可能会得到更多人的认可，它就更有可能成为未来元宇宙的终极资产。

哪一种元资产会成为未来元宇宙的终极资产？

先看一下比特币的共识算法:总量2100万个,比特币约每10分钟产生一个区块,而每产生一个新区块,就会铸造新的比特币出来,即俗称的区块奖励比特币,每产出21万个区块,就会调整一次货币奖励数量。由上述规则可算出每次减半需要的时间:(210000 * 10) / (24*60*365) = 2100000 / 525600 ≈ 3.995 ≈ 4。大约每四年,比特币就会发生减半,将当前的区块奖励减少50%。直到2140年,到那时区块奖励接近1聪(satoshi),或者最小的比特币单位0.00000001个BTC。可见比特币从本质上来讲是一种通胀资产,但它的通胀率越来越低。

以太坊的共识算法则复杂很多,现在它的总量产出取决于EIP-1559燃烧协议,但EIP-1559本质上是关于以太坊网络交易定价机制的解决方案,它包括每区块网络费用的固定部分base fee(也就是基础费用,会被销毁,矿工收不到这笔费用),同时还有动态的可伸缩的区块大小设计,以应对瞬时的网络拥堵。它有一个公式,会根据上一个区块所用的GAS和目标GAS用来调整基础费用的上升或下降。当区块高于目标GAS价格,基础费用上升;当区块低于目标GAS价格,基础费用下降。因为EIP-1559协议的启用,以太坊的产出总量变得诡异莫测,它不再只是一个通胀资产。

Cardano (ADA)采用的是股权证明模型,对银行、会计和供应链优化这些真正需要快速和安全交易的行业来说,Cardano是一个不错的选择。Cardono采用的是独特的Ouroboros算法,并宣称是第一个经过"同行评审"并"可证明安全"的股权证明共识算法。ADA的总量45亿,区块奖励将以每3.5分钟发放一次,发放频率如下:第一阶段每个区块产生2000个ADA,共计3744961区块;第二阶段每个区块产生1000个ADA,共计3744961区块;第三阶段每个区块产生500个

ADA，共计 3744961 区块。

以上三种元资产是数字世界最优秀的资产，它们都有可能在元宇宙世界竞争中成为终极资产之一。上面列举的是三种元资产的共识算法，这些共识算法当然不是决定谁是"终极元资产"的唯一判断，但也是元资产能够形成完整且强大生态的重要因素。

也有人会发问，既然原子世界的终极资产是黄金，那如果以 NFT 的方式将黄金与数字世界进行锚定，创造一种元资产，如果它的基础设定、共识算法、程序架构也非常优秀，有没有可能将原子世界和数字世界的两种终极资产统一起来，创造一种真正的"终极资产"？

这种想法非常好，但这种基于原子世界的承诺，将价值镜像到比特世界的过程，本质上是一种数学映射，原子世界是定义域，比特世界是值域，原子世界是自变量，比特世界是因变量，那么这个世界的关系函数，到底该如何建立，是否有一个统一的标准，值得思考。

因为人类自己局限在这个关系函数里，我们自己就是这个函数的自变量之一，甚至会很大程度上影响这个映射，也就是说，我们被天然锁死在原子世界的"歌德尔不完备"定理中，所以，数字藏品的确是一个伟大的创造，因为人类试图将自己从原子世界里解放出来。

基于以上两点，最好的元资产应该就是天然数字化的，它与原子世界没有交集，也就是说元宇宙这个由人类创造出来的世界，原住民天生属于数字生命，不过人类这个创世主必然不甘心于这种命运，仍然想统治这个世界，这可能是元宇宙最后要解决的终极难题。

回到此书的开头，"克莱因船卫 13"卫星船上四个囚犯的财富，为什么只有德不罗意的财产具有价值？因为只有他的资产是真正的元资产，而第一份财富哈克南的"香料"，第二份财富白格尔的"镱星"，第三份财富鲁不逊的"银河币"，都是原子世界的产物，很难在星际间获得认可并流通。

有些东西是无法阻挡的,就像 Web 3.0 必然会到来。

有些理念是不可抗拒的,就像元宇宙最终必会建成。

未来的元资产,终会充斥着整个世界。

元宇宙 II
元人与理想国
从一个元人的迷思到数字乌托邦

罗金海

著

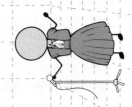

北京大学出版社
PEKING UNIVERSITY PRESS

图书在版编目（CIP）数据

元宇宙.Ⅱ：全三册/罗金海著.—北京：北京大学出版社，2023.3
ISBN 978-7-301-33677-9

Ⅰ.①元… Ⅱ.①罗… Ⅲ.①信息经济 Ⅳ.①F49

中国国家版本馆CIP数据核字(2023)第002306号

书　　　名	元宇宙Ⅱ：全三册 YUAN YU ZHOU Ⅱ：QUAN SAN CE
著作责任者	罗金海　著
责 任 编 辑	王继伟　杨　爽　刘　倩
标 准 书 号	ISBN 978-7-301-33677-9
出 版 发 行	北京大学出版社
地　　　址	北京市海淀区成府路205号　100871
网　　　址	http://www.pup.cn　新浪微博：@北京大学出版社
电 子 信 箱	pup7@pup.cn
电　　　话	邮购部 010-62752015　发行部 010-62750672　编辑部 010-62570390
印 刷 者	涿州市星河印刷有限公司
经 销 者	新华书店
	787毫米×1092毫米　32开本　5.25印张　126千字 2023年3月第1版　2023年3月第1次印刷
印　　　数	1—10000册
定　　　价	119.00元

未经许可，不得以任何方式复制或抄袭本书之部分或全部内容。
版权所有，侵权必究
举报电话：010-62752024　电子信箱：fd@pup.pku.edu.cn
图书如有印装质量问题，请与出版部联系，电话：010-62756370

Metaverse
元宇宙

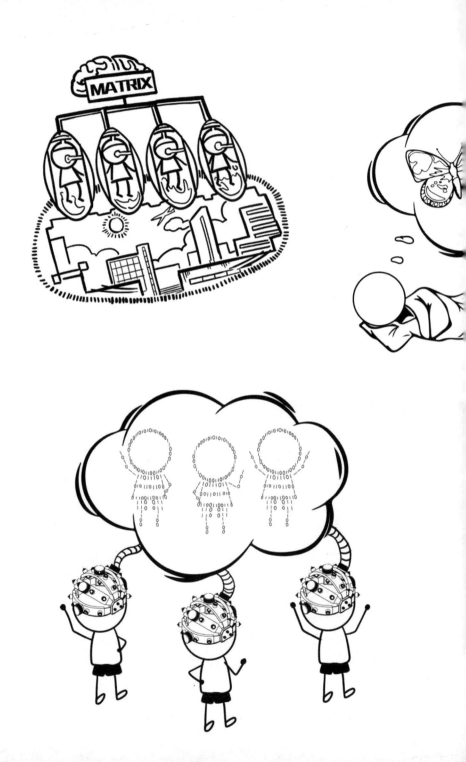

目 录
CONTENTS

1 一个元人的迷思
001

1. 卢浮宫的焚毁 002
2. 消失的BAYC#3738 004
3. 一个元人的迷思 008
4. 什么是ERC-721 014
5. 身处元宇宙 018

2 数字乌托邦
023

1. 互联网→元宇宙 024
2. 无限游戏 027
3. 技术的共谋 030
4. 意识的引擎 034
5. 区块链：最后一块拼图 038
6. 数字乌托邦 042

3 无解的原子人
046

1. 原子的反思 047
2. 原子的局限 050
3. 从二八定律到一九定律 054
4. 人性、理性、神性 058
5. 人性真的无解吗？ 063

4 元人的觉醒
068

1. 什么是元ID 069
2. 什么是数字人 074
3. 比特世界的NFT 080
4. 人类新物种：元人 084
5. 800亿元人 091
6. 元宇宙的博弈 095
7. 进击的元人 100

5 DAO 与生产关系
105

1. 文明人队列　106
2. 共享世界的通证模型　108
3. DAO：元宇宙的生产关系　111
4. 合约与代码　115
5. 数学与高维治理　117

6 元宇宙进化
121

1. 数字孪生　122
2. 数字原生　124
3. 虚实共生　126
4. 意识永生　128

7 元宇宙三大定律
132

1. 非定域实在性　133
2. 多世界诠释　137
3. 虚实二象性　140

8 新哲学与理想国
145

1. 一个死亡文明　146
2. 意识可以进化吗？　147
3. 个人即神：宇宙孤独者　151
4. 散与聚：从人脑到众脑　153
5. 理想国与新哲学　155

1

一个元人的迷思

Metaverse

1. 卢浮宫的焚毁

公元 2140 年 3 月 10 日，法国塞纳河畔。

远远望去，巴黎的夜晚将数字卢浮宫渲染成一幅美丽的画。尽管今日数字卢浮宫闭馆，但仍有不少游客驻足在广场。没有喧嚣，没有干扰，一片安静宁谧之景。

我坐在卢浮宫不远处的一间咖啡厅内。从这里望去，即便不能直接欣赏到卢浮宫的艺术珍宝，也能感受到那宏伟建筑的壮观。作为"多元宇宙"的四大博物馆之首，它称得上是艺术的顶峰。

那些数字艺术收藏品在我脑海里反复浮现。恍惚之间，一声凄厉的尖叫声刺进我的大脑。咖啡厅内外的静谧瞬间被打破。

透过咖啡厅的窗户，我可以清晰地看到，火红的烟雾直冲云霄，烟尘迅速在卢浮宫周围蔓延开来。

从卢浮宫窗户处不断蹿出来的橙红色火舌，在金字塔中乱舞。

橘黄色的灯光，与火红的火焰融为一体，呈现出诡异的凄美感。

一开始我还以为这是一场设计好的演出，但我看见聚集在卢浮宫附近的人越来越多，他们脸色苍白，目瞪口呆，悲痛欲绝，流着眼泪在祈祷着什么。

这时候我才意识到事情的严重性：卢浮宫真的失火了！

远处来了不少消防车辆，消防员从车上跳下，拿着他们的武器——喷射的消防水管，在火灾现场奋力抢救。

火势越来越大，围观的群众被迫撤离广场。

喷射水管宛如水蛇在火中翻腾，但最终无能为力。

在烈火之中，卢浮宫开始坍塌，馆内不断有滚滚黑烟冒出。

尽管悲伤又无助，但所有人不得不承认一个事实：

这座博物馆，彻底离我们而去了。

这是全人类的巨大损失。在这座博物馆里，藏着无数无价的艺术品：象征爱与美的《断臂的维纳斯》，头与手臂都已丢失的《胜利女神像》，有着永恒微笑的《蒙娜丽莎》……虽然我不知道这些画源自哪里，但我们都知道它们珍贵无比。除了这些，还有 CryptoPunks（加密朋克）、CryptoKitties（加密猫）、*Everydays：The First 5 000 Days*、*The Merge*、*Fidenza*……当然，里面也有我向卢浮宫捐赠的"无聊猿"。

大火熄灭后，卢浮宫的搜寻行动也很快开始。

所有人都只有一个信念：尽可能地拯救卢浮宫的文物，完成转移。

我要求参与其中，希望能找到我捐赠的那个"无聊猿"。

我跟随消防员一同进入，卢浮宫馆内已是满目疮痍。

四周到处是燃烧的木材、飞溅的火星、呛人的烟雾。

实际上，这座卢浮宫仅仅剩下一个躯壳罢了。

无论我再怎么努力，消失的"无聊猿"并没有如愿出现在我眼前。

是的，大多数艺术品，都伴随着这场大火，一同焚毁在灰烬中。

2. 消失的 BAYC#3738

我向卢浮宫捐赠的数字艺术品，是编号为 3738 的无聊猿，它的全称是 BAYC#3738。

它可是一件"老古董"了。借着这个机会，我想讲一讲它的历史，其实我也只是从传说中了解到它的，而现在，重新讲解这些传说，也许是缅怀它的最好方式。

无聊猿游艇俱乐部（Bored Ape Yacht Club，简称 BAYC）的创意来源，是一个关于财富自由的故事。

在遥远的未来，一群靠加密货币实现财富自由的猿猴聚在一起，它们这时候已经无矿可挖，百无聊赖地待在沼泽地的木房子里。房子内部装饰得像一间地下酒吧，屋顶挂着各种形状的彩灯和一长串国旗，酒瓶在地面和吧台上横七竖八地摆放，被掐弯的烟蒂也没人收拾，十分邋遢。

它们大都面无表情，戴着各式的帽子和墨镜，外套五颜六色，有的叼着雪茄，有的咬着比萨，还有的双眼能放射出两道光束。猿猴们的娱乐活动就是在俱乐部的浴室墙壁上任意涂鸦。它们成立的俱乐部，叫作"无聊猿游艇俱乐部"。

上古历 2021 年 4 月 22 日，有 30 只"无聊猿"最先被铸造出来。

上古历 2021 年 4 月 23 日，剩下的 9 970 只数字猿猴的所有权以单价 0.08 以太币（约合 1 449 元人民币）出售。花费了大概一周的时间，10 000 只无聊猿全部售出。

BAYC 中每只猿都有着不同的稀有度，具体取决于猿的穿着、表情、行为、背景等。170 个稀有度不同的属性，通过编程的方式，随机组合生成了 10 000 只独一无二的猿猴。

在无聊猿刚刚发布之时，并没有掀起太多波澜。从售罄时间和售卖价格来看，BAYC 似乎并没有太大的影响力。直到发布一周后，一位知名 NFT（Non-Fungible Token，非同质化通证）收藏家 Pranksy 关注到了 BAYC，并且宣布已经购买了 250 多只无聊猿，才彻底引爆了 BAYC 的生态链条，无聊猿的销量暴涨。

此后，BAYC 的创始团队 Yuga Labs 开始扩大 BAYC 的生态版图，着手创建一个真正的俱乐部，并期望让持有 BAYC 的人获得更多有价值、有趣的东西。

在首批 10 000 只无聊猿售罄之后，Yuga Labs 觉得如果只有一个 BAYC 系列，未免太过单调。于是他们很快就推出了全新的 10 000 只无聊猿的伴生宠物——BAKC，即无聊猿犬舍俱乐部（Bored Ape Kennel Club）。每一位已经持有 BAYC 的成员，都可以免费随机领取一个 BAKC，只需要支付一定的 GAS 费用（个人为完成区块链上的交易而支付的费用）。

BAKC 和 BAYC 具有唯一对应的关系。

除了 BAKC 之外，创始团队很快又推出衍生品 MAYC，即变异猿游艇俱乐部（Mutant Ape Yacht Club）。它属于 BAYC 的"基因突变版"，一共发行 20 000 只，其中 10 000 只直接空投给原来 BAYC 的持有者，他们可以获得一个随机等级的突变血清小瓶：M1、M2、M3。如果将 M1 或 M2 突变血清给予猿类，就可以创造出一种新的突变猿，该突变猿与其原始形态有一些共同特征；M3 突变血清则可以创造出一种全新的变异猿，更加稀有。除了空投外，剩下的 10 000 只 MAYC 面向公众出售。

在后续的时间里，BAYC 依旧在继续扩充自己的"猿生态"。创始团队不仅推出了自己的原生代币 ApeCoin，还有可供交易的虚拟土地 Otherside。

这一系列操作，让 BAYC 不再局限于一个简单的社交头像，而是朝着一个不断壮大的生态系统进化。仅仅发售一年，BAYC 便从原先的 0.08ETH（Ethereum，以太币）一度高涨至 147ETH，价格近乎涨了 1 800 倍。与此同时，它还赢得了与曾经市场份额第一的加密朋克的王者之争，通过收购加密朋克的 IP，BAYC 已经处于"独孤求败"的状态了。

BAYC 能够受到追捧，是多种因素共同作用的结果，但其中最重要的，是它让持有者能够真正享有 BAYC 带来的收益，具体如下。

（1）BAYC 持有者拥有其猿猴的商业使用权，持有者可以制作 BAYC 相关的印刷品、T 恤、滑板等，并获得收益。

（2）BAYC 发布了自己的商品，专供 BAYC 所有者使用。

（3）BAYC 的所有成员对于项目的资金去向都有发言权，社区向各种慈善机构捐赠了数百万美元。

（4）Yuga Labs 发布了更多的成员专属活动，包括寻宝游戏、

BAYC 项目叙事更新及其他相关的活动等。

无聊猿"出圈"的速度极快，环球音乐集团成立了由四只无聊猿组成的超级乐团 KINGSHIP，并聘请艺术家和画师，将无聊猿的二维形象转化为三维，让它们能够在虚拟现场和真实现场进行表演；世界知名拍卖行苏富比和佳士得都对其进行了艺术拍卖，前者以 2 620 万美元的价格拍出了 101 只 BAYC 和 101 只 BAKC，后者则拍出了总价

值约 280 万美元的 NFT。

所以，一只 BAYC 能够进入数字卢浮宫，并不是什么稀奇的事情，毕竟曾经梵·高、莫奈等顶级艺术家的作品也都是在这两家拍卖行上亮相的。给数字卢浮宫捐赠的 BAYC#3738，是当初 10 000 只无聊猿中的一员。

每一只 BAYC 都有属于它自己的故事，BAYC#3738 也是如此。在我从卖家手中买过 BAYC#3738 时，他告诉我 BAYC#3738 也曾经有过一段有趣的经历：在 BAYC 大火时，不少传说中的人物也纷纷入局，如 NBA（National Basketball Association，美国职业篮球联赛）球星斯蒂芬·库里和沙奎尔·奥尼尔、足球明星内马尔·达·席尔瓦·桑托斯·儒尼奥尔、流行歌手贾斯汀·比伯……

而 BAYC#3738 曾经的持有者是周杰伦。上古历 2022 年 4 月 1 日，周杰伦在社交媒体上发文，称其无聊猿 BAYC#3738 被盗。一个月后，丢失的 BAYC#3738 才终于物归原主。经历过这次风波，BAYC#3738 的价值超过 300 万元。

我有些感慨，丢失的 BAYC#3738 还能重新找回，但被焚毁而消失的 BAYC#3738，将和数字卢浮宫一起，永远无法重现。

在被焚毁的数字卢浮宫中，还珍藏有无数个像 BAYC#3738 一样的"文物"。一场大火，就这样烧毁了无数无价的藏品。

3. 一个元人的迷思

实际上，我对 BAYC 的了解，也只有这些。

这些历史，是我从出售者口中得知的，至于他说的是真是假，我并没有深究。

我此时还沉浸在数字卢浮宫被焚毁和 BAYC#3738 消失的悲痛之中。

漫步在香榭丽舍大道上,漫天烟尘让空气也变得浑浊。

我仍然难以面对这个事实,无法接受刚才发生的这场大火。

让我无法理解的是,刚才那些参与救援的消防员似乎不觉得这是多么严重的事情。

他们还安慰我说:"不需要太难过,卢浮宫的重建工作马上就会启动,很快你就能看到一个全新的博物馆了。"

全新的卢浮宫?可是那些文物都被毁了,重建的卢浮宫还能算是卢浮宫吗?

如果消失的BAYC#3738能够复原,如果那些被焚毁的艺术品能够重新出现,卢浮宫的重建才有意义。

在卢浮宫发生大火后的第三个星期,我得知卢浮宫已经重建完毕。

重建卢浮宫并不是一件多么困难的事情,尽管我知道这没有什么意义,但还是决定到博物馆去看一看。

来到博物馆前,我惊讶于重建后的卢浮宫跟着火前的卢浮宫没有任何不同。

如果没有经历那场大火,谁能看出来卢浮宫经历过重建呢?

我有些遗憾地叹了口气,走进卢浮宫内,很快就发现了让我吃惊的事情。

《断臂的维纳斯》《胜利女神像》《蒙娜丽莎》……

这些艺术品竟仍然完整地摆放在博物馆内,而且丝毫没有受损的痕迹。

我有些激动,也许我捐赠的BAYC#3738也像它们一样,并没有在大火中被焚毁呢?

我立即跑到曾经展览BAYC#3738的位置,但结果令人失望:那里空空如也。

我又绕着整个博物馆找一圈,发现竟然有一大部分艺术品仍然保存完好,这简直是一个奇迹。

不过像 Everydays：The First 5 000 Days、The Merge、Fidenza 这类艺术品,却全部不见踪影。

我找到卢浮宫的馆长,想问清楚这件事情。

馆长解释,这些在博物馆里重新出现的艺术品,是在大火中幸存下来的,而我所提到的包括 BAYC#3738 在内的新兴艺术品,很不幸地都在大火中被焚毁了。

馆长表示会给予我相应的精神赔偿,便请我离开。

我冷静下来,把数据回滚到三个星期前大火发生时。

那时候的我随消防员一起进入卢浮宫,可以确定现在重现的艺术品早已消失在大火之中。

馆长给出的解释是一个谎言？

那么重现在卢浮宫的艺术品是假的吗？不,无论是《断臂的维纳斯》《胜利女神像》还是《蒙娜丽莎》,这些"复原"的艺术品所有细节都一模一样,并不是伪造的。

而且,如果这些艺术品是被伪造出来的话,为什么卢浮宫不把 BAYC#3738 这些艺术品一同进行伪造呢？

种种疑惑,让我陷入了自我怀疑中。

离开卢浮宫后,我再一次漫步在香榭丽舍大道上,这时下起了蒙蒙细雨。

艺术品的"复原"和 BAYC#3738 的"消失",也许只有一个解释：卢浮宫内同一批被焚毁的艺术品,可能在某种意义上并不属于同一种物质,前者之所以能够被"复原",可能是因为它是可复制的；后者之所以彻底"消失",可能是因为它本身具有唯一性。

这个念头在我脑海里一闪而过,我开始重新整理记忆里的大数据——的确,好像很多东西消失了又重现,而有些却永远失去了。这是为什么呢?

是某种程序错误吗?我陷入思考:难道这个元宇宙有两种不同形态的信息?那我又是什么样的存在?我消失后还可以回来吗?

以前,我只是偶尔有些困惑,但从未去追问过这种"可怕的问题",但消失的 BAYC#3738 和复原的《蒙娜丽莎》,却在一定程度上证明了我们所处的世界存在着某种我不知道的规则。

我的脚步越来越慢,思绪万千。

过了许久,我在街边的长椅坐下。

长椅上布满了涂鸦,这实际上也是一种艺术品,可它是真实存在的吗?

就在我陷入迷思时,有人坐在我的身旁。

"看到你刚从卢浮宫出来,是没有在重建的卢浮宫里找到期望中的艺术品吗?"他说。

我摇头,向他表达了自己的困惑。

他有些好奇地看了我一眼,露出了似笑非笑的表情。

"你是第一个提出这个问题的元人。"他说。

"元人?什么意思?"我从未听说过这样的词语。

他抿嘴笑了笑,回答了我所提出的问题。

我们现在所处的这个世界,是由原子人构建出来的"元宇宙"。无论是《断臂的维纳斯》《胜利女神像》还是《蒙娜丽莎》,都是原子世界复制过来的模拟信号。元宇宙中的数字卢浮宫中相关的艺术品,都只是原子世界的物品在虚拟世界的映射。即便它们在大火中随着卢浮宫一起焚毁,但在卢浮宫重建之后,只要再进行一次映射就能够"复原"。而你捐赠的BAYC#3738,却是在数字世界诞生的比特产物,是这个世界原生态的数字资产,独一无二地存在于元宇宙中,是不可再生的。每一个这种类型的艺术品,都已经通过智能合约和数字博物馆绑定在一起。当大火将数字卢浮宫焚毁时,与数字卢浮宫绑定的艺术品,不仅逃脱不了"消失"的命运,也无法再进行"复原"。

我似懂非懂,而他已经从长椅上站了起来。

"我明白了,你和我来自不同的世界?"我惊慌失措地跟着他站了起来。

"我是诞生于原子世界的原子人,只不过在元宇宙中有多个化身。而你们才是元宇宙的原住民,在这里诞生和成长,原子世界称你们为'元人'。以后会有更多元人像你一样,开始思考这个世界的本质,这是无法阻挡的趋势。"

"是你们创造了我们?是不是?"电光火石间,一些思绪被点燃,我有一点语无伦次,"你就是我们的创世主吗?"

他没有直接回答,直到走出十米远后,才回过头补充了一句:"你如果想追寻事情的真相,就去了解 ERC-721 协议吧。"

4. 什么是 ERC-721

对于元宇宙来说，ERC-721 是创世协议之一。

BAYC#3738 这样的艺术品的诞生，就依托于区块链上的协议：ERC-721。

什么是 ERC？ERC 是 Ethereum Requests for Comments 的缩写，即以太坊意见征集。它是 EIP（Ethereum Improvement Proposals，以太坊改进建议）的一部分，包括一些关于以太坊网络建设的技术指导，是 Ethereum 开发者为以太坊社区编写的，包括所有应用层面的改进建议，如智能合约的标准、代币标准等。

EIP 是 ERC 的前提，整个 EIP 完整流程如下。

Draft：由作者提交的建议，还在做主要的修改。

Review：建议已经基本完成，可以进行 EIP 评审。

Last Call：评审完成，建议有可能成为最终版。

Accepted：建议在等待以太坊开发者的实现或者部署。

Final：建议正式成为以太坊的一个标准。

一个建议要真正通过评审并不容易，只有部分 EIP 可以成为 ERC。

而 ERC-721 作为基于以太坊诞生的一种标准协议，是以太坊的提案流程（EIPs）中的第七百二十一个提案。这些规范用来规范应用程序的运行，以及以太坊的工作方式。实际上，以太坊里的多数提案是不会被全网采纳的。ERC-721 被最终确认，说明以太坊参与者对 ERC-721 标准协议达成了共识。

在 ERC-721 之前,最有名的以太坊标准协议是 ERC-20。ERC-20 是以太坊较早的代币(Token)规格型号协议。大多数基于以太坊发布的 Token 都是基于 ERC-20 协议,其清晰地定义了基于其标准发布的 Token 将在以太坊网中怎样运行。基于 ERC-20 协议发布的 Token 彼此之间能够随意换置,所以,ERC-20 是一种基于同质化的标准代币协议。

而 ERC-721 则不同,它有更多的独特性。ERC-721 定义了一种以太坊生态中不可分割的、具有唯一性的 Token 交互和流通的接口规范,该规范本质上是以太坊上的智能合约。

ERC-721 标准协议的出现,为独特资产的链上映射提供了条件,即可成为非同质化代币——Non-Fungible Token,即 NFT。NFT 是存储在区块链上的数据单位,每一个 NFT 都是独一无二、不可分割的。ERC-721 为不可互换 Token 的智能合约提供标准接口,使 NFT 的流转和所有权的追踪成为可能。

也就是说,基于 ERC-721 标准协议发布的 Token 属于非同质化代币,每一个 Token 都是独一无二的。打个比方,ERC-20 就好比是一张一百元的人民币,可以跟另外一张一百元的人民币进行同等兑换;而 ERC-721 则更像是两辆相同品牌的汽车,尽管从外形上看没有多大区别,但因为配置参数、行驶里程数等不同,两者不可能进行等价兑换。

所以,对于 BAYC 而言,虽然都是无聊猿,但实际上每一只无聊猿都是独一无二的,每一只无聊猿就是一个 NFT,无聊猿与无聊猿之间是不能置换的。也正是因为其独特性,使得某些具有稀有属性的无聊猿更具有收藏价值,价格更高。

基于 ERC-721 标准协议发布的 NFT 有以下特点。

(1) 不可互换性:NFT 不可与同种 NFT 进行互换。

(2) 独特性:任何一个 NFT 都是独一无二的,正如世界上没有完全相同的两片树叶,元宇宙中也不存在完全一样的 NFT。

(3) 不可分割:NFT 的基本单元为一整个 Token,无法将其拆分成更小的单位去使用。

(4) 不可篡改:NFT 的数据会被记录在区块链上,不能被删除或篡改。

ERC-721 标准协议的实施,让有价值的物品真正实现数字化,ERC-721 标准可以让社区参与资产的著作权和原创性调查,这使得 ERC-721 标准协议非常适合应用在易遭遇欺诈、剽窃或伪造的行业和领域。

在 ERC-721 标准协议诞生后,涌现了许多 NFT 的应用,比如 CryptoKittes、Auctionhouse Asset Interface、BAYC 等。

ERC-721 标准协议适用于方方面面:现实物品的 Token 化,这些物品既可以是房屋、独特的艺术品、合约,也可以是虚拟的收藏品,如独特的小狗照片、可收藏的邮票、卡片等。对于虚拟物品来说,ERC-721 标准协议开启了一个巨大的交易市场。

万物皆可NFT

基于ERC-721标准协议而发布的NFT,实现了虚拟物品的资产化。它能够映射虚拟物品,成为虚拟物品的交易实体,从而实现数据内容的价值流转。

同时,创作者可以将自己的作品通过ERC-721标准协议打包成为NFT,供其他用户直接通过交易平台进行浏览和购买。依托区块链,双方直接交易,省去了烦琐的中间环节,并能够全天不间断交易,清晰可追踪,也杜绝了盗版和赝品存在的可能。相比于现实世界传统的交易,其活跃度和流通性都有很大的提升。

所以,BAYC#3738作为基于ERC-721标准协议发布的NFT,当"我"通过智能合约把它捐赠出去的那一刻起,BAYC#3738就成为数字卢浮宫的一部分,而不再是"我"的私有财产。

ERC-721标准协议的出现,让NFT可以将创作本身及所有权永远定格在去中心化的区块链中,无论过了多长时间,都可以在存储协议上找到它,让艺术价值永存。

5. 身处元宇宙

从一个元人的视角中跳脱出来，我们目前仍然身处现实世界，或也可以称原子世界。

作为原子人，我们也许可以进行对照反思：我们自己是不是身处"元宇宙"中？换句话说，我们自身是不是也是以另一种形式存在的"数字人"？

当我们在创造元宇宙的现实世界凝视元宇宙时，就避免不了会思考一个问题：我们当下所生活的世界，有没有可能是由另一个"现实"世界创造的"元宇宙"？

一个元人的迷思，也可能是一个原子人的迷思。

埃隆·马斯克在 2016 年的一段访谈中提到，我们所在的世界可能是一个模拟的世界，他认为，我们生活在真实世界中的概率可能只有十亿分之一。

我们所处的世界，很有可能也是一个模拟的世界。

对于这一猜测，马斯克给出的解释是：人类现在的技术已经足以研发出极为逼真的超大型游戏，从低像素游戏、单机游戏到真人VR游戏只用了短短50年。所以当我们将视野再向前推进10 000年，人类完全有可能模拟出一个和现在一样逼真的世界来。

如果我们往回看，人类对于世界是不是被模拟出来的这一问题，早有相关思考。

2300多年前，柏拉图提出的洞穴寓言，本质上就是关于真实与模拟的论证。柏拉图描述了这样一个场景：在一个很深的山洞中，有一群囚犯，从小就被链子锁着。他们的手脚、脖子都被固定住，唯一能看到的只有前方的墙壁。囚犯身后是一堵墙，在这堵墙后面一定距离和一定高度的地方点着火。在火与墙壁之间，有其他人拿着道具或者木偶举过墙，这样道具或者木偶在火光的照射下就会在囚犯前方的墙壁上投下影子，而这些囚犯所能看到的就只有这些影子。对于这些囚犯来说，这些二维平面的影子就是真实的世界。

哲学家普特南提出的"缸中之脑"实验，也是一种相似的思考。所谓"缸中之脑"，是指一个人的大脑被从身体上切了下来，放进一个盛有维持脑存活营养液的缸中。大脑的神经末梢连接在计算机上，这台计算机按照程序向大脑传送信息，使大脑产生一切完全正常的幻觉。身体的一切感觉都可以通过计算机输入，甚至还可以向大脑中输入或截取记忆（截取掉大脑手术的记忆，然后输入他可能身处的各种环境、日常生活状态）。此时，大脑无法区分身体是真实的，还是被计算机构造出的，也无法判断自己是否处于真实的世界。

在各类科幻作品中，则有更加详细且合乎逻辑的猜测。

《黑客帝国》中，人类看似生存在一个真实的世界中，实际上所谓的真实世界不过是由一个名为"矩阵"的计算机系统控制的虚拟世界。

真正的人类不过是被浸泡在营养液中，连接上类似脑机接口的设备后，一边在模拟世界中生活，一边为真正的现实世界提供能源的傀儡。

墨菲斯在向救世主尼奥解释人脑如何判断"真实"和"虚拟"时是这么说的：什么是真实？你如何定义"真实"？如果你是说你的感觉、你闻到的和尝到的味道和看到的东西，那么"真实"只是你的大脑所理解的电子信号。

《西部世界》讲述了 NPC（Non-Player Character，非玩家角色）从自己的游戏故事线中觉醒，不满人类对其命运的摆弄而进行全面反杀的故事。在真正觉醒之前，这些 NPC 并没有自我意识，他们每天按照人类为他们安排的命运生活着。当他们发现自己所处的整个世界都是"虚构世界"、自己的一生不过是被编写好的剧本时，他们决定破解并逃离这个"虚构世界"。

在《盗梦空间》这部电影中，有一个又一个重叠的梦境，这些梦境实际上也是一个个模拟出来的虚拟世界。梦境中的人都是梦主人的潜意识产物,没有独立意识,梦境里的世界也是一个虚假的世界。

除了科幻作品,像《楚门的世界》这类现实主义题材的电影,同样有对"模拟的现实"和"真实的现实"的思考。楚门生活在一座小城,实际上这座小城是一个巨大的摄影棚。楚门看上去过着与常人完全相同的生活,但他不知道,每一秒钟都有上千部摄像机在对着他,每时每刻全世界都在注视着他,更不知道身边包括妻子和朋友在内的所有人都是《楚门的世界》的演员。他所处的世界是现实世界,但实际上这个现实世界,是一个被人为模拟出来的世界。

牛津大学的哲学家尼克·博斯特罗姆曾发表过一篇论文,叫作《我们是不是生活在计算机模拟中》。在论文中,他提出了一个"三难困境",并称这三种困境中至少有一个必须是真实的。

(1)人类物种很可能在到达"后人类"阶段之前灭绝。

(2)任何后人类文明都极不可能对其进化历史进行大量模拟。

(3)我们几乎可以肯定生活在计算机模拟中。

尼克·博斯特罗姆认为,如果前两个命题为假,那么第三个命题则一定为真。

如果我们所处的现实世界是一个被模拟出来的世界,那么有些无法理解的事情就有了解释的可能性,比如说为什么光速会有上限?如果我们所处的世界是一台运行中的机器,那么机器的运行速度必然是有限的;为什么会有"薛定谔的猫"现象?因为机器运行为了节省资源,只会渲染角色视角可见的光线和物体;为什么有"泡利不相容原理"?因为机器系统采用的数据组织是多维数组……

如果未来元人身处的元宇宙,是人类建造出来的、与原子世界完全不同的世界,那么我们当下所处的原子世界,也有可能是一个被模拟出来的世界。

如果这一"模拟假设"成立,那我们现实生活中所有存在的物品,可能对于"造物主"而言,也是一种数字资产。

现实世界与虚拟世界的界限,也许并没有那么分明。数字人与原子人,也许并没有太大的不同。也许,我们就身处一个"元宇宙"中。

2

数字乌托邦

Metaverse

1. 互联网→元宇宙

从互联网到元宇宙,人类期望打造一个新的数字乌托邦。

元宇宙的横空出世,标志着人类进入新的"元叙事"时代。从互联网过渡到元宇宙,是一次划时代的革命。

两者最核心的变化是什么?答案就是去中心化。

互联网诞生之初,其设计目的也遵循了技术的去中心化理论,它的诞生让很多人认为一个"数字乌托邦"的美好时代即将来临。自由、免费、共享,这是早期互联网传达出来的基本价值观。然而随着互联网技术的"变异",这一切都发生了变化。

万维网的创始人 Tim Berners-Lee(蒂姆·博纳斯·李)是互联网技术和思想的巨人,他认为互联网是去中心化的拓扑结构,每个人都可以建设完全属于自己的网站。但现在,互联网已经完全成为一种中心化结构:域名需要用户去亚马逊或者 GoDaddy 注册,服务器则被微软云、Google 云等巨头占领。

比这更可怕的是苹果的出现。它用 iOS 系统和 iPhone 牢牢地把每一家互联网公司锁死在自己的平台,能够与之抗衡的是 Google、Facebook、Amazon 这样的互联网巨头,但这些公司同样会让你觉得它们与苹果没什么两样。

比苹果更可怕的,则是现实世界权力之手的无限蔓延,如美国的"棱镜"计划——不断地利用中心化的互联网,肆意操纵舆论、监控所有存在于互联网世界中的人。

那么,元宇宙的出现,是否就能解决互联网当前存在的问题呢?

这里面涉及一个很核心的价值观问题：元宇宙的基石是 Web 3.0，而 Web 3.0 依托的则是区块链。正是区块链技术的出现，让 Web 2.0 能够"升级"为 Web 3.0，让中心化的互联网转化为去中心化的元宇宙成为可能。

也正是去中心化这一特点，才有可能将元宇宙打造成一个完全不同于互联网的全新数字乌托邦。

那么，以区块链技术作为支撑的元宇宙，相比互联网，具体新在哪里？

简单来说，主要体现在以下几点。

（1）财富主权：在互联网中，人们没有对自身数字资产的所有权；但在元宇宙中，财富将完全属于个人，其他个人、组织或者政府都没有权力也没有能力可以支配它。在元宇宙中，人们对自己的财富有绝对控制权和支配权，真正做到"私有财产神圣不可侵犯"。

（2）数据主权：在互联网中，身份随时可以被中心化平台剥夺；

在元宇宙中，个人的身份将从平台回归个人，每个人都能掌握自己的数字身份，进而掌握自己的命运。

（3）身份主权：在互联网中，总是存在着各种"数据孤岛"阻挡着人们彼此互联；在元宇宙中，你只需要一个私钥，就能畅通无阻地穿梭在元宇宙之中。

（4）虚实共生：在互联网中，虚拟世界与现实世界泾渭分明；在元宇宙中，虚拟与真实的边界被消除，实现虚实共生。

……

很多人认为元宇宙就是一个3D化的大型游戏，是一个连接了VR的硬件互联网，它怎么能够成为一个全新的数字乌托邦？实际上，无论是大型3D游戏还是VR化的硬件互联网，都不过是元宇宙的表象，它背后隐藏着许多技术力量，会促进各学科的科研工作者深入研究与交互互动，如基础数学、信息学、生命科学等。

可以这样说，元宇宙就是用人类最先进的技术搭建出的一个新世界。

从Web 1.0到Web 2.0，再到移动互联网，互联网在迅猛发展的这几十年里，已经释放了所有可能性：从E-mail到网页展示，从开源论坛到搜索引擎，从即时通信到个性博客，从游戏到社交媒体……人们日常生活所涉及的方方面面，互联网都已占据。当前的互联网，基本上已经处于饱和状态，到了需要再次进化的时候。元宇宙就是互联网行业走出困境的突破口。

对于Facebook、Google、微软这些互联网巨头而言，元宇宙是亟待开发的又一个新大陆。谁先占据这块新大陆，就意味着谁将获取新世界的话语权。因此，Facebook改名为Meta，微软收购游戏巨头暴雪，英伟达推出Omniverse平台，苹果积极布局元宇宙的硬件——AR设备，

Google 则直接成立"Google 实验室"研发 AR 设备及专属 AR 操作系统。

从互联网走向元宇宙，这是大势所趋。

2. 无限游戏

荷兰文化史学家约翰·赫伊津哈提出："文明是在游戏之中成长的，是在游戏之中展开的，文明就是游戏。"

从互联网走向元宇宙，是人类从信息社会文明向数字社会文明的转变，也可以理解为一种游戏的范式转移。

如果我们将元宇宙比作一场游戏，那么它将是一场无限游戏。什么是无限游戏？美国哲学家詹姆斯·卡斯认为，世上至少有两种游戏：一种为有限游戏，另一种为无限游戏，有限游戏以取胜为目的，而无限游戏以延续游戏为目的。

詹姆斯·卡斯提出的无限游戏与有限游戏的区别，还包括以下几点。

（1）在规则方面，有限游戏需要提前确认好规则，无限游戏的规则必须在进行过程中改变。

（2）在边界方面，有限游戏参与者的每一步，都是在边界之内；无限游戏参与者的每一步，都是为了拓展游戏边界。

（3）在惊奇方面，惊奇导致有限游戏终止，而它是无限游戏继续的原因。

（4）在时间方面，有限游戏受外部界定，而无限游戏受内部设定，无限游戏的时间不是世界时间，而是游戏内部所创造的时间。

……

比如，在手游《王者荣耀》中，游戏规则是在玩家玩之前就被游戏公司定好的，玩家的操作需要在平台设定的规则范围内。但在元宇宙的无限游戏中，玩家是在玩的过程中不断改写规则，创造新规则。

在 Roblox、堡垒之夜、Second Life 这些游戏之中,元宇宙的雏形已经显现。人们在这些游戏中的社区进行创作、玩乐和社交,一起探索无限的元宇宙世界。以 Second Life 为例,它是一个基于互联网的虚拟世界,是 Linden 实验室开发的一个在线社交平台,人们能够在上面创建自己的虚拟数字化身,与他人社交。在这个虚拟空间中,用户可以购物、建造房屋、积累财产,丰富自己的虚拟生活。

那么元宇宙这个无限游戏与互联网世界中的有限游戏,具体有什么区别?

首先,有限游戏是一个个的孤岛,每个游戏有一个自己的世界观,这些世界观并不连通。无限游戏的世界观则是全链式的,所有的游戏遵循同一个世界观,而且世界观开源可进化。

其次,有限游戏在可知的边界内玩,它的底层是中心化的,平台方拥有绝对权威,可以随时修改规则。而无限游戏没有可知的边界,它不受限于游戏的"创世者",无限游戏不具有真正的中心,它的运行规则一开始就开源公布,就算是"创世者"也没有办法修改游戏规则。

再次,有限游戏可以被平台关闭,但无限游戏只要有一个用户存在就可以继续运行。智能合约发布后无限游戏无须运营主体,也就没有被关闭的可能性。无限游戏可能因热度下降而被人遗忘,但这不是关闭,将来还可能因为某种契机而重焕生机。

另外,有限游戏的资产本质上属于平台,平台拥有用户的一切数据,平台赋予你的表面资产可以随时收回。而无限游戏的资产属于个人,个人对游戏账户和资产有绝对控制权,除非你自己设定数据的开放权限。

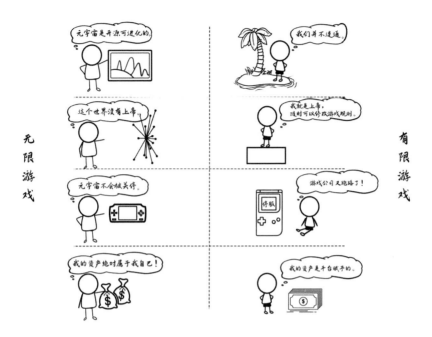

还有，有限游戏更多偏于虚拟，如暴雪公司的《魔兽世界》、韩国 NEXON 的射击游戏《反恐精英 Online 2》等。而无限游戏则更多体现在虚拟与现实的结合，也就是将现实大数据导入虚拟世界，两者形成互动，未来的城市元宇宙大概率会是这种模式。

当然不可忽略的是，有限游戏更多是为了消磨时间，但无限游戏能创造现实价值。在有限游戏中，再优秀的游戏也没有办法给个人带来太多的现实价值，但在无限游戏中创造的价值，却能跟现实资产直接一一对应，甚至游戏资产还要高于现实资产，如电影《头号玩家》中，玩家可以在"绿洲"中赚取财产。

还有比较重要的一点，有限游戏中的 NPC 是可以复制的，无限游戏中的很多角色是独一无二的。越是可复制的数据越没有价值，越是独一无二的代码越价值无限。

除此之外，有限游戏的责任主体是公司，这是500多年前大航海时代的产物，是现代文明的重要基石，但目前公司这种体制与生产力水平开始出现摩擦。而无限游戏的责任主体是个人，未来会以DAO（分布式自治组织）形式进行产权设计，会更加有效地解放个人的生产力。

元宇宙是一个无限游戏，它与现实世界更相似，用宇宙物理学的解释来说是有界无边，有点像克莱因船和莫比乌斯环。

3. 技术的共谋

在人类的历史上，每一次技术革新，都会诞生一个新时代。

蒸汽机的出现，催生了近代的工业社会文明；计算机的出现，催生了现代信息社会文明；人工智能、脑机结合、区块链等技术的出现，则将催生元宇宙时代的数字文明。

如果说"元宇宙"这一概念在 2021 年的爆火,背后驱动的核心要素之一是商业力量,那么另一个不可忽视的力量就是技术的合力。

为什么人类要走向元宇宙?在商业层面,是因为互联网已经趋于饱和;在技术层面,则是各类相应基础技术已经趋于成型,这些技术包括网络通信、虚拟现实、游戏引擎、人工智能、云计算、大数据、物联网等。

网络通信:元宇宙依赖于网络通信技术,随着 5G 的发展,元宇宙虚拟空间中的感知实时性体验也会大幅提升。

虚拟现实:包括 VR、AR、MR 等,可以提供现实世界与虚拟世界的桥梁,无缝衔接现实与虚拟。

游戏引擎:目前游戏最接近元宇宙的概念,游戏技术包含了游戏引擎、游戏代码及多媒体资源等内容。

人工智能:基于大数据的分析,基于机器学习的算法,对世界进行模拟仿真。而基于算力的提升,人工智能技术也会在元宇宙中得到深度应用。

云计算:元宇宙必然是构建在云端,需要在现有的云计算基础上进行功能增强与提升,包括计算速度更快,安全性更高等。

大数据:元宇宙会产生大量的数据,如何充分利用这些数据来改善用户体验,提高运营效率,发现问题与解决问题,都需要大数据技术的支撑。

物联网:元宇宙会涉及人与物的交互及物与物的交互,需要物联网技术的支撑。

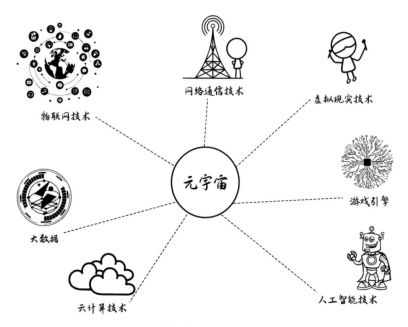

元宇宙是一次技术的共谋

另一个特别重要的是脑机结合技术,它是最接近元宇宙入口的介质。目前,手机和计算机是互联网的载体,那么在元宇宙中,承载信息的会是以哪种技术作为支撑的载体? VR? AR? 这两者都有可能,但在未来,最有可能成为人机交互终极技术的,也许还是脑机结合技术。

将大脑与计算机连接起来,就能够以虚拟分身的方式进入由计算机模拟的、与真实世界平行的虚拟空间,这是美国科幻作家尼尔·斯蒂芬森的科幻小说《雪崩》中描写的人们进入元宇宙的方式。

脑机结合,是指在人的大脑与外部设备之间创建直接连接,从而实现大脑与设备的信息交换。脑机结合涉及信息工程、计算机工程、生物工程、运动康复和神经学等多个领域。大脑与设备的这种连接,是基于神经元在人类大脑思考过程中的作用:当人类思考时,大脑皮层中的神经元会产生微小的电流，人类进行不同的思考活动，激活的神经元也不同。脑机结合技术通过提取大脑中的神经信号来控制外部设备。

当下，脑机结合技术可分为侵入式和非侵入式两大类。侵入式脑机结合指在大脑中植入电极或芯片。人的大脑中有上千亿个神经元，通过植入电极，可以精准地监测到单个神经元的放电活动；非侵入式的脑机结合指头戴式的脑电帽，它主要是通过电极从头皮上采集脑电信号。

 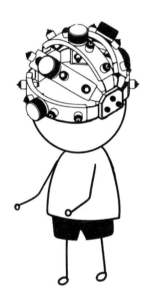

侵入式脑机结合　　　　　　　　非侵入式脑机结合

2020 年，埃隆·马斯克旗下公司 Neuralink，在线直播展示了一只大脑被植入脑机接口设备的小猪 Gertrude，Gertrude 的脑部活动信号可以被实时读取。这次直播受到了全世界的关注,因为这不仅意味着未来可能让那些患有神经疾病的人用思维来控制机器,也意味着脑机结合离人机交互的终极形态又实实在在地更进了一步。

元宇宙是半个世纪以来科技集大成的必然结果,这些技术可以追溯到图灵和冯·诺伊曼时代,也可以说,早在计算机出现的那一天,元宇宙的诞生就不可阻挡。推动元宇宙发展的力量主要来自计算机科学、互联网科学、信息科学、大数据科学的发展和相互碰撞组合,具体落地应用到的技术第一是人工智能,第二是量子技术,第三是硬件和软件的融合,第四是 Web 3.0(区块链)。

元宇宙的张力很大,能够集纳新型经济和科学范式,它是"技术晶核",或者说是技术的共谋。

4. 意识的引擎

元宇宙的终极目标之一,就是使人类能够实现"意识永恒",即使人类的意识成为最终的进化体,然后跃迁至更高级文明。

人类要想真正进入元宇宙时代,意识之谜是必须跨越的重大障碍。

意识到底从何而来?

从庄周梦蝶到笛卡尔的我思故我在,从缸中之脑到《盗梦空间》的多层梦境,都涉及一个问题:人类如何能确定自身存在的真实性?

庄子不知道是自己做梦变成了蝴蝶,还是蝴蝶在它的梦中变成了庄子。在笛卡尔的沉思中,一切感官的体验都有可能是假的,只有正在思考和怀疑的"我"不可怀疑。普特南所设计的缸中之脑难以辨别自身是否活在计算机所制造的虚拟世界之中。在《盗梦空间》的多层梦境里,盗梦者柯布需要依靠图腾才能辨别自身是否还在梦境之中。

庄周梦蝶，是庄周变成了蝴蝶，还是蝴蝶变成了庄周？

哲学家胡塞尔认为，意识是一种意向，总是朝向某个客体，不管它是物质还是观念。也就是说，意识总是关于某物的意识，意识离不开感觉对象。正是由于意识对对象的感知，人才能够区分真实与虚拟。

元宇宙所说的意识涉及三种形态。

第一种形态是意识与技术融合，在元宇宙完成沉浸式交互，类似电影《阿凡达》。

第二种形态是人类将意识上传至终端网络，无须肉身，意识单独完成进化。

第三种形态是由算法生成数字人，数字人拥有人类理解的所谓意识，然后进化。

无论是哪一种形态，都需要对人类的意识有更深层次的认识。只有弄明白意识背后的原理，人们才有可能走进元宇宙。

以上元宇宙中的三种意识的最终实现，都与计算机网络相关，在计算机网络世界里，意识是一种以计算作为本质的存在，那么我们就需要思考，计算机网络系统中意识的引擎是什么。

在计算机网络形成电子意识的过程中,有三个重要的阶段:数理逻辑—图灵机—电子的意识。计算意识起源于数理逻辑,它的始祖是德国的数学家和哲学家莱布尼茨,在计算机的发展历程中,逻辑和数学都扮演着极其重要的角色。从莱布尼茨之梦,到布尔代数,再到图灵及现在的通用计算机,数理逻辑一直是计算机思考的引擎。

最初莱布尼茨发明二进制,提出用一种普遍的人工语言和演算规则表达一切知识;之后布尔将逻辑语言转换成了数学语言,逻辑变成代数,让莱布尼茨的设想开始落地;弗雷格则提出了把普通数学中一切演绎推理都包含在内的第一个完备的逻辑体系;康托尔对无限的研究,以及发现的对角线方法,为后来通用数字计算机的发展提供了重要启发;希尔伯特和哥德尔提出了数学的一些基本问题,比如一致性问题和完备性问题;图灵确立了可计算的理论,提出了通用计算机的理论模型;冯·诺依曼则设定了逻辑计算机的基本架构。

电子意识不是一朝一夕形成的,它是无数数学家长久以来思考和创造力的结晶。

关于电子意识能否思考,我们从一个"中文房间思想实验"进行讨论。

著名思想实验"中文房间"由美国著名哲学家约翰·赛尔于20世纪80年代初提出。

将一个只会说英语的人关入一间密室,只在门上留一条投信口那么窄的缝。房内有一份英文版的计算机中英翻译对照词典,以及一些便笺纸、铅笔及文件柜。从门上的"投信口"将一些印有中文的纸片投入该房间。在赛尔看来,这个人可以借助房间内的资料进行翻译,将回复用中文写好后递出。赛尔认为,尽管他一句中文也不会讲,却可以让房间外的人误以为,他可以说一口流利的中文。

这个实验表达了计算机意识的本质：不管它的内部机制是什么，是否真的能够进行思考，只要在外面的人看来，它已经有意识了，那它就是有意识的。那么人类的意识，与计算机意识又有什么不同呢？

1714年，莱布尼茨在其哲学著作《单子论》中提到下面这样一个思考：必须承认，仅仅靠机械的运动、数值，是无法解释知觉的存在的。想象一个机械装置，我们不知它有无知觉，如果我们将自己缩小，走进其中，可以看清机器运行的所有细节、过程，也可以理解其运转过程背后的力学原理，甚至我们还能预测机械将如何运转。然而，这一切都与这机器的知觉无关。观测到的现象，与知觉之间，似乎总隔着一道天堑，总是无法相互勾连。

现象与知觉之间的这个天堑，便是"莱布尼茨之堑"。

莱布尼茨是对的吗？人类的意识真的那么深不可测？为了跨越"莱布尼茨之堑"，科学家进行了大量的探索和思考。而随着现代科学的发展，尤其是神经科学对意识神经机制的研究，涌现出了一些被广泛接受的意识理论，比如全局工作空间理论、高阶理论、整合信息理论、复馈/预测处理理论等。

以全局工作空间理论为例,该理论认为,当我们说对某个信息有意识时,意味着该信息进入了一个特殊的存储空间,即全局工作空间。经由全局工作空间,该信息被其他脑区获取,这样我们意识到的内容就是被全局分享的信息。

在全局工作空间理论中,大脑的意识机制如下。

(1)信息处理器:人的大脑必须具备大量的特殊处理器,它们以无意识的方式并行处理成千上万的信息。

(2)全局神经工作空间:在上面这些处理器之间,存在一个叫作全局神经工作空间的交流系统,使得处理器可以直接、灵活地分享信息。

(3)长距离的互连:在全局工作空间与局部神经集群之间,存在双向的长距离连接,形成可以维持一段时间的闭合回路。

有没有发现,全局工作空间理论中的大脑意识机制与计算机结构很像?人类一直都在试图破解大脑意识之谜,创造与人类相似的人工智能,图灵测试就是为这一目的所设定的关卡。电子意识是否能表现出与人一样的智能水平?还是说,二者思考的本质就是一样的,只是我们在按照某种高级程序自我标榜"意识只有人类具有"?

5. 区块链:最后一块拼图

1992年,尼尔·斯蒂芬森在《雪崩》一书中提出元宇宙这一概念时,仅仅是将其视作一个与现实世界平行的虚拟世界,只是一个科幻作家勾勒出的科幻意象,没有谁认真去讨论过这个世界。

2021年,元宇宙的概念被广泛传播之前,网络通信技术、虚拟现实技术、游戏引擎及人工智能技术,都在各自的方向上有所突破,并且早已在应用层面有很多落地场景。

这些技术,都是构成元宇宙的拼图。只缺少最重要的一角,就可以拼凑出完整的元宇宙。

元宇宙的最后一块拼图是什么？毫无疑问，是区块链。

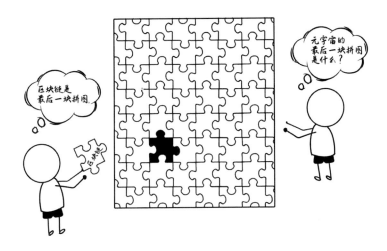

我们可以通过马克思政治经济学来理解这一点。

随着互联网的发展、XR（VR/AR/MR）技术的进步、云计算能力的升级，构建元宇宙所需要的生产力要素逐渐完备。这其中包括了以原子人、数字人、人工智能为主体的"生产者"，大数据、NFT、脑电波、IC芯片等组成的"生产资料"，云计算、XR技术、脑机交互、全息影像、3D引擎构建而成的"生产技术"，还有以算力、GameFi、新兴技术、货币、数字服务形成的"生产对象"。

"生产力"和"生产资料"都有了，就剩"生产关系"来使得这些生产要素联结成一个整体。区块链联结了元宇宙中的生产者、生产资料及生产技术，构建了元宇宙最基础的社会生产关系：以生产资料共享、共算、共联为基础，实行去中心化自治制度。

区块链所打造的元宇宙生产关系，是由密码学与共识机制等技术创建的点对点网络系统，具体如下。

（1）生产：在元宇宙中，原子人、数字人、人工智能都有平等使用公链共享区块链生产资料的权利,可自由进行算力开发、游戏创造、NFT 销售、货币发行、技术研发等生产活动。

(2)分配:在元宇宙中,所有生产流程都会被记录在区块链上,一切公开透明。同时,通过智能合约,可以确保所有生产者都能合理、高效地获取生产收益,保障分配公平,鼓励多劳多得。

(3)交换:在元宇宙中,除了非法所得(偷窃、抢夺的资产)之外,不管是货币还是数字产品,都可以在区块链上通过去中心化交易所自由进行点对点交换,高效、便捷。

(4)消费:在元宇宙中,区块链保障每一个消费者都有一个独一无二的私钥,通过私钥,消费者可以购买生产者所生产的一切产品。区块链上购买的产品具有可追溯性,可保障消费者的合法权益不受侵害,同时会对一切假冒伪劣产品的生产者进行经济惩戒。

再从另一个角度来看,区块链又像串起技术珍珠的那条线,每一个技术模块本来各自散落在自己的角落,区块链用金融的方式把它们

一个个串起来，便形成了元宇宙。

为什么这么说？因为区块链为元宇宙提供了经济体系，我们无须暴力手段就可以建立一个无界的经济流转体系。将元宇宙中的金融系统构建于区块链之上，可以利用智能合约的特性将契约以程序化、非托管、可验证、可追溯、可信任的方式进行去中心化运转。

另外，区块链为元宇宙提供了支付和清算系统。基于区块链的基本特征，元宇宙中的支付和清算系统具有不易篡改、公开透明、P2P支付等特点，并可以与网络虚拟空间无缝契合。在元宇宙中，经济系统将会成为其大规模持久运行的关键。

区块链还为元宇宙提供了稀缺性。稀缺性保证了元宇宙中的数字个体具有价值。NFT的最大特征在于兼具不可分割性和唯一性，因此非常适合对具有排他性和不可分割性的权益和资产进行标记，并可以实现自由交易和转让。

如果没有区块链，元宇宙可能只是一个大型游戏，但是区块链在元宇宙中拉起了一条经济纽带，刺穿了数据壁垒，串连了数字身份，打通了虚拟世界和现实世界的桥梁，让"虚拟世界"变成了"平行宇宙"。

从无序中发现有序，从复杂系统中发现隐藏的规律，是人类创造力和想象力的体现，也是人类文明得以向前不断发展的动力：

牛顿从复杂的天体运动中，总结出万有引力和三大定律；

门捷列夫从看似无序的化学元素中，总结了能够展现元素周期性趋势的元素周期表；

麦克斯韦从复杂的电磁场现象中，归纳出将电、磁、光统归为一体的麦克斯韦方程组；

沃森和克里克从看似无序的遗传物质中，发现了DNA双螺旋结构；

……

一切新生的事物,原始状态都可能是一堆看似复杂且毫无关联的碎片。但当最后一块碎片出现后,它们就能组合成全新的宇宙。这就是区块链对于元宇宙的意义。

6. 数字乌托邦

在人类历史上,曾出现过许多乌托邦形态。

(1)"大同世界"。

"大同"出自《礼记·礼运》,指人类最终达到的理想世界。在大同世界中,人人友爱互助,家家安居乐业,没有贫富差异,人人平等,没有战争。整个社会"老有所终,壮有所用,幼有所长,矜寡孤独废疾者皆有所养"。

(2)柏拉图的"理想国"。

柏拉图把整个国家分为三大阶级:第一阶级为统治阶级,负责管理国家事务;第二阶级为军人,负责保卫国家的安全;第三阶级为生产者,包括农民、工商业者等。实行公有制,废除私有财产,由国家统一安排一个人的教育和婚姻等。

(3)奥古斯丁的"上帝之城"。

上帝之城是由上帝作为王,由天使和基督圣徒组成的天上之城。基督徒只是暂时寄居在"世俗之城"中,只有"上帝之城"才是永恒的居所。

(4)巴黎公社。

公社管理职位都由选举产生,官员薪资与一般工人工资水平相当,选民有权利随时撤换官员。工厂则由工人合作社管理,工厂领导由全体工人选举产生。在国家治安和防卫方面,废除军队和警察,由国民自卫军取而代之。

除了上述这些,人类曾设想过的乌托邦形态还有很多:培根的"新大西岛"、陶渊明的"世外桃源"、傅立叶的"新世界"……

在互联网刚刚诞生的时候,许多人也认为互联网将带来一个自由、开放和平等的新世界。1996年,约翰·佩里·巴洛在《网络空间独立宣言》中写道:"我们正在创造一个世界,在那里,所有人都可以加入,不存在因种族、经济实力、武力或出生地点产生的特权或偏见。我们正在创造一个世界,在那里,任何人在任何地方,都可以表达他们的信仰而不用害怕被强迫保持沉默或顺从,不论这种信仰是多么的奇特……"

然而,这些人类曾寄予厚望的乌托邦形态,最终都由于种种原因没能成为现实。

那么,是不是说,这个世界根本就没有能够实现的乌托邦?

元宇宙有可能实现一个全新的数字乌托邦。有人可能会感到疑惑:

之前那么多的乌托邦形态都难以落地,凭什么说元宇宙有可能实现?

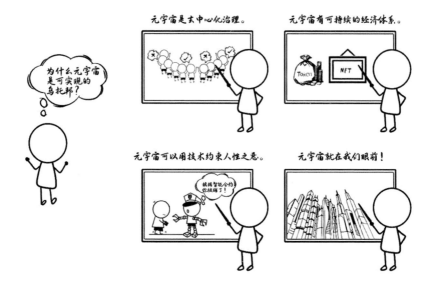

这是因为,那些乌托邦形态所存在的问题,元宇宙基本上都有效地解决了。

在节点与秩序方面,元宇宙遵循的是去中心化治理,并尊重自发秩序。在元宇宙中,没有一个特定的中心节点来规划一切,所有运作都遵循去中心化的原则。通过 DAO 模式,每一个个体对元宇宙社区的治理都有参与和投票的权利,整个生态有一种来自自发秩序的活力。

同时,元宇宙也有更加合理且可持续的经济体系。在元宇宙中,每个人都有发行货币的权利,也有选择使用何种货币的权利,每种货币都必须经历市场的筛选,也必须有公开透明的记录。

除此之外,元宇宙也能够利用智能合约来约束"人性之恶"。在元宇宙中,区块链在保障个体必要隐私的前提下,会实现一切活动的公开透明。而通过智能合约,针对一切作恶行为的惩戒都会自动执行,不仅有效降低了治理成本,也有效提升了惩戒作恶者的效率。

更重要的是,元宇宙不是遥不可及的彼岸世界,它已经来到我们面前。

除了以上几点,元宇宙也让人类有可能脱离原子世界的束缚,成为全新形态的数字人。乌托邦的陨落,大都和人性相关,如果人类自我革新生命形式,是否能走向那个美丽新世界?

当然,每一个乌托邦形态都可能潜藏着未知的危险,元宇宙也不例外。

由于元宇宙还在初生阶段,它目前也存在一些需要注意的问题。

比如去中心化问题,去中心化是元宇宙运作的原则,但如果过度去中心化,也可能造成效率低下,影响整个社会生态的正常运作;人工智能、区块链、大数据的结合也可能会威胁到人类自身:当一切数据都上链后,人工智能有可能通过整合这些数据获取人类所有的知识和隐私,最终超越乃至统治人类;能源危机也是一个不容忽视的问题,维持元宇宙生态的运作需要消耗大量的能源,如何有效应对能源短缺的问题,将是人类不得不面对的挑战。还有一个更加长远的问题:随着元宇宙的发展,它有可能发展成一个不受人类控制的系统,可能会统治乃至奴役人类。

但不管怎样,元宇宙都将是一个全新的数字乌托邦,它的到来,必将深刻地影响整个人类社会的发展走向。而它到底会成为理想国还是乌托邦,最终可能还是在于元人,也就是人类自身的抉择。

3

无解的原子人

Metaverse

原子构成的碳基生命，能在原子世界超越自己吗？

和 3 000 年前的古人相比，我们的智商有进化吗？

和 200 年前的哲学家相比，人类的思考有更加深刻吗？

和 100 年前的科学家相比，我们能提出更厉害的理论吗？

爱因斯坦曾经说：我不知道第三次世界大战会诞生什么，但是我可以非常确定的是，第四次世界大战将会使用石头当作武器。

1. 原子的反思

回首人类近现代 500 年历史，科学群星璀璨。

哥白尼、伽利略、牛顿、费马、欧拉、高斯、黎曼、伽罗瓦、麦克斯韦、希尔伯特、爱因斯坦、玻尔、狄拉克、哥德尔、图灵、费曼、拉马努金、杨振宁、外尔、威滕、霍金……

他们为人类科学奉献了一个最伟大的"黄金时代"，他们的思考力和创造力洞穿整个宇宙，让人类既能遥望深邃的太空，也能遨游于微观的粒子世界，原子世界的人类在各个现实领域都取得了卓越的成就。

很多人还在为当下人类应用科学的进步而欢呼雀跃，却不知道人类迄今为止 80% 的科学发现、技术发明和工程建设，大都是基于 19~20 世纪的科学家和工程师的成就。

为什么会这样？人类文明一直在累积，理应给后代人更多的思考力，而事实上，伟大的理论愈发罕见。这里面有很多原因，其中包括一个特别明显的变量：互联网。

人们在尽情享受互联网所带来的便利时，有少部分人已经开始失去深度思考的能力。

互联网带来的是生活方式的改变，它让人类迅速地向虚拟世界过渡。信息的爆炸和泛滥，垃圾信息和碎片化信息充斥着人们的生活，让人们的注意力越来越难以集中。一旦我们进入互联网，信息流就会奔涌而来，很难持续地关注一件事情。很多时候，我们的大脑变成了一台过滤信息的机器。

人们能够看到的信息越来越多，对于扫描和略读也变得越来越得心应手，然而注意力越来越分散，深度思考能力、专注能力、反省能力逐渐越来越差。

《理解媒介：论人的延伸》一书中提到，我们的工具"增强"了人体的哪个部分，哪个部分最终就会"麻木"。当我们用人工方式延展我们自身的某些部分时，我们同时也在让自己远离被增强的部分及这个部分所具有的自然技能。

手机让我们的大脑变得越来越"麻木"

当互联网的各类刺激让我们的大脑过载时，我们的思考能力自然会受到影响。

当互联网代替我们的大脑进行思考时，我们自然会丧失曾经引以为傲的独立思考能力。

互联网技术的发展可能使人类失去思考能力，原因有以下几点。

（1）在互联网世界，中心化节点决定着人们可以接触信息的范围。

（2）我们自身的选择编织出了信息茧房，我们只选择自身感兴趣的信息，而排斥我们不感兴趣的信息。

（3）智能技术麻痹了我们的大脑，让人类变得"健忘"，变成了"浅薄的思想者"。

碎片化思维、断点式思考、弹幕式从众、七秒式记忆、娱乐式人生……互联网的高度娱乐化，让人们缺少反思，思考的减少，则让人们不再深刻，从而在生活方式上走向"非理性"。

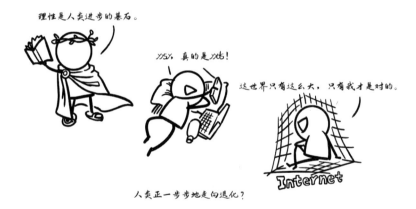

另外，在越来越中心化的互联网世界，人性之恶也在不断被释放。

在跟计算机越来越密不可分的过程中，我们越来越多的人生体验通过计算机屏幕上虚无缥缈的符号获得，最大的危险就是我们即将开始丧失我们的人性，牺牲人之所以区别于机器的本质属性，人变得越来越像量产的机器，丢失了一部分如同情、怜悯等具有人性特征的微妙情感。

2019年4月,《纽约时报》发布名为《减少互联网是唯一的答案》（*The Only Answer Is Less Internet*）的文章,指出互联网已经不再是最初的共享、免费、自由的象征,相反,它成了当今世界的"万恶之源"。

今天的互联网已经背离了它的梦想,"互联网已经演变成一个导致不公平和分裂的引擎,它被强大的力量所支配,任由其摆布。"《纽约时报》的这句话指责的是互联网的巨头们。

人类原本以为在互联网世界能够建立起一个新的理想国,然而最终发现自身被互联网所构建的巨大网络所束缚。人类原本期待用互联网技术解放人,结果却让自己成为自己所创造出的事物的奴隶。

过往的历史与成就,无一不是在对人类进行暗示:文明在发展过程中总是会不断上升的,即便不是攀登式的进步,也会是一种螺旋式的上升。从原始社会到信息时代,人类朝着更高层级的文明发展,对自然的掌控能力也越来越强大,一种微妙的熵减平衡让世界能够不断向前运转。

但当我们步入21世纪,发现一切并不如想象中那般顺利。人类过度自信地把自己的大脑调节成了"自动模式",而技术的发展可能使人类自身陷入退化困境,熵减的微妙平衡被打破,热力学第二定律在原子人中开始展现它的力量,人类社会的整体秩序,也在不断呈现熵增态势。

2. 原子的局限

20世纪出现了人类有史以来最璀璨的科技大爆发,众多科学理论变为现实成果:生物学和医学方面,诞生了抗生素、神经元、基因编辑、器官移植;信息技术方面,电视、计算机、手机、互联网快速发展;还有航天飞机、人造卫星、人类登月、新能源……

但在辉煌的科技金字塔之下,物理世界技术的局限性也在数字化时代凸显出来。

是科学不存在能解释自然万物运转规律的单一理论吗？还是原子人类智力有限？

大统一理论从 20 世纪初提出，至今一个世纪已过，但标准模型和引力仍不兼容。世界上最大的大型强子对撞机给予科学家一瞥微观世界的希望，让人类耗费数十年、上百亿美元去寻找百万分之一可能存在的粒子。超弦理论和 M 理论虽然在数学上解释起来非常美妙，但前程仍然虚无缥缈。

从医学领域到太空探索，核能应用广泛。它提供了清洁能源、就业机会、核威慑和全球协议，但二战时美国在日本投放的两颗核弹、切尔诺贝利核事故和福岛核泄漏等事件，使大众认为核能存在危险性和不确定性。持续增加不可排放的核废料，让更多人担心它的存储、运输和处理问题。人们展望的更环保、更高能效的核聚变，也由于维持上亿高温的成本和技术的困境，短时间内很难成为新能源主力……

21 世纪，融入生活的科技看似年年推陈出新，但大都是对 20 世纪的科学理论的商业化和轻量化。手机和计算机性能的进步、操作的简化、分辨率和流畅感的提升等也是在香农公式和量子理论的框架之下。

科技发展趋缓，是否因为现代的原子人存在天然局限？

关于原子人的局限，可以从以下三个方面进行剖析。

（1）空间的局限。

就人类而言，赖以生存的空间主要是地球。而地球本身的空间是有限的，它所产出的资源同样有限，这一空间局限性和资源稀缺性也在一定程度上导致了各类战争的发生。在人类尚未拥有开发星际的科技能力之前，这一空间局限性会一直存在并限制人类的发展。这属于原子世界的空间局限。

而原子人在空间上亦有局限性。人类利用各式各样的工具,如汽车、飞机等缩短空间与空间的距离,但我们无法像游戏中的人物仅凭一个传送按钮就瞬移到另一个空间,人类无法点击一个现实中存在的按钮就从北京天安门传送到卢浮宫广场。

原子人无法突破空间的局限

（2）时间的局限。

逝者如斯夫,不舍昼夜。时间就像是一支永不回头的箭,一往无前地单向冲刺。一旦流逝,就再也无法找回。尽管时间是由人类所定义出来的一个概念,但世界的运转正是由时间赋予其存在的意义。

对于原子世界而言,时间是永远不可追溯的,但它又在万事万物中留下痕迹。人的生老病死,文物的消磨腐朽,化石的形成,这些都是时间在原子世界的杰作,而原子世界对于时间没有任何的掌控力,只能任由其流逝,既不能回到过去,也不能去到未来。

原子人无法突破时间的局限

（3）传承的局限。

对于原子人而言，前人所得的经验、知识和智慧是无法直接传授给下一代的。每一个呱呱坠地的新生儿，都是空白的一张纸，需要从零开始学习，重新对知识进行消化，将知识转化为属于自己的经验与智慧。人类的 DNA 中包含了生存繁衍需要的基本能力，即本能，所以即便是刚刚出生的婴儿，也具备吃的本能。但知识、经验和智慧，并非储存在 DNA 中，而是储存在人类的大脑里，并不能遗传给下一代。

人类的智慧、知识和经验无法传承给下一代，也是一种原子的局限。

想象一下，如果刚出生的孩子能够拥有前人的知识和智慧，那么经由一代代积累，人类的能力将会飞速增强。

以上这些局限制约着我们。

然而，这些局限会不会也是原子人赖以生存的基石呢？

虽然经验、知识和智慧无法直接传承，但新生儿因为本身的空白性质，对于世界有一种强烈的好奇和探知欲望，他们所拥有的想象力和创造力无穷。

经验/知识与想象力/创造力本身存在一些矛盾，如果人类拥有了"记忆遗传功能"，可能会出现更多的问题。科幻小说《人生》中，一位母亲接受了医生探究记忆遗传的试验，拥有了一个能够遗传母亲记忆的孩子。而拥有了母亲记忆的孩子，却只有一个要求：不要出生，不要到外面的世界去。

当然记忆遗传可能还会有另外的问题：如果记忆能够直接传承，人类社会可能会形成一个固有的思维模式，想象力被限制，创造力枯竭，文明发展停滞不前……

原子人能够做到想象力与记忆遗传相结合吗？在保留想象力的同时，又能够随时获取前人的知识与智慧，推动文明的发展？

原子人的局限，就像是被设定好的程序代码。我们身处原子世界中，无法跳脱到世界之外，无法修改自然法则和人类设定。

那么，如果跳出原子世界，我们能突破原子人的局限吗？

3. 从二八定律到一九定律

什么是"二八定律"？

1897 年，意大利经济学者帕累托在意大利进行财富和收益取样时，发现大部分财富流向了少数人手里，随后，他在其他国家也做了调研，发现了相似的结果：社会上 20% 的人占有 80% 的社会财富。

二八定律不是准确的数学公式,而是一种普遍现象的描述。《圣经》中就有强者越强、弱者愈弱的故事记载。二八定律印证了一系列的效应:马太效应、累积效应、滚雪球效应、规模效应、长尾效应。

而幂律分布和无标度网络正式把二八定律数量化、模型化、几何化。和正态分布相似,幂律分布,或权力规律也是统计学上的一种分布。它指出越有力量的一方在博弈中会越来越有力量。

1999年,美国物理学家巴拉巴西通过对网络结构的研究,提出幂律分布背后的无标度网络。无标度网络指出,幂指数分布的形成,是因为人类网络结构非常特殊,20%左右是网络超级节点,这些超级节点可以接入社会80%的资源。

凡是在无标度网络上传播、分布的资源、权力、信息、知识,都遵循着幂律(二八)分布的规律。

无标度网络的特点如下。

(1)自相似性(数学分形的社会学特点)。

自相似性又叫规模不变性,社会网络的整体规模增减不影响二八分布的特点,如圆的大小不影响圆周率 π。自己与自己保持相似性,与网络的尺度大小无关,这就是无标度。

(2)偏好连接。

所谓偏好连接,就是指从物体到行为,都会偏好中心节点,如雨滴的形成需要核心处有一个微粒灰尘作为凝结核;星系也需要至少一个核心恒星;生态系统中一棵大树周围会聚集一批小型生物。其实这是物理的最小作用量原理、经济的节约原理、博弈论的弱者搭便车原理的表现。

(3)两极分化。

中心节点的连接越多,资源也就越集中,于是,大部分网络节点只能占据 20% 左右的资源,在频率-区间曲线图上形成一个长长的尾部。

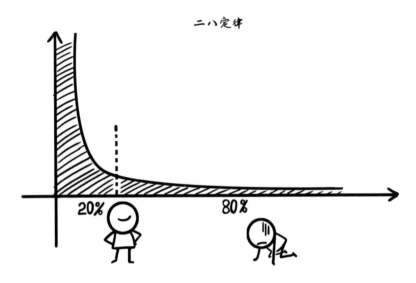

"中心节点"如何成形?我们以上说的宏观社会现象中,一开始每个人是单独的、零散的,是无序的。但构成一个整体后,它就会形成一种有序的中心节点网络。

为什么有的人是中心节点,有的人是零散节点呢?原因如下。

(1)搭便车(抱大腿效应)。

有目的的搭便车式的占便宜心理,是形成无标度网络和二八分布的关键。新加入社会网络的人,为了自己利益的最大化,首先会选择加入已经占据优势的节点。不想付出代价又想得到好处的搭便车行为是人的固有本性。这种有意识的行为迫使后来者总是倾向于依附之前的强者,产生了强者越强的结果。一旦每个人都想和中心节点相连,就会增加中心节点对其他小节点的吸引,形成累积效应,最后形成强者越强的幂律分布。

（2）乌合之众心理。

从众心理和集体无意识其实也是"占便宜"的另一表现。跟随大众的选择，即使错了，错误的成本也会被平均分担，所谓法不责众与此类似。在《皇帝的新衣》里，当大部分人都说皇帝穿了衣服，即使在你的认知中他一丝不挂，但此刻跟着大家夸皇帝衣服漂亮就是最优选择；购买东西时，看见已经有很多人购买，至少说明其品质大概率有保证，即使其品质有问题，打官司时也人多势众。

（3）模仿与创新。

一旦某个坚持己见的人创新成功，打开一片天地，原先只是轻微反对的人就会选择观望，然后从观望变成模仿。模仿的成本低，收益却有保障。模仿是绝大多数人绝大多数时候的博弈策略，所以新技术一旦被发明出来，传播速度会非常快。

大部分二八定律都是自发形成的，是普通人搭便车、抱大腿、从众、模仿的结果。因为大家都想和市场最优的节点连接，想从核心节点获得更多的回报，这是人性趋利的选择。

在现实世界，"娱乐至死"的时代标签越发固化，"奶头乐"式的各类成瘾性娱乐活动和产品让很多人沉溺在"即时反馈"的精神狂欢中，独立思考变得奢侈，极致学习和深度思考者的二八定律还在进一步强化。

如果进入元宇宙世界，这种二八定律会发展得更触目惊心。

对自律性较差的群体来说，进入元宇宙会进一步失去自我，完全沦为元宇宙中的 NPC 的可能性非常大。

刺激丰富，体验极致，元宇宙既是吸引某些人的天堂，也是引导人性堕落的暗黑之所，元宇宙的技术将强化感官享乐主义，能保持清醒的人会越来越少。元宇宙的沉浸程度比现实社会中的游戏更深，时间一久，偏理性的人和偏感性的人的分布，就会从二八定律变成一九定律。

4. 人性、理性、神性

在追寻破解原子局限之道的过程中，原子人很可能需要跨越三道高墙，分别是人性、理性与神性。

人性是驱使原子人类行动的最原始动力，它是关于欲望的阐述，主要由多巴胺来控制。

多巴胺是一种神经传导物质，用来帮助细胞传送脉冲的化学物质。这种脑内分泌物和人的情欲、感觉有关，它能传递兴奋和开心等正面信息。2000年，阿尔维德·卡尔森确定多巴胺为脑内信息传递者的角色，赢得了诺贝尔生理学或医学奖。

通过多巴胺能使人类产生"我想要"的冲动,也就是所谓的"欲望"。从某种意义上说,多巴胺所产出的"欲望"是保证原子人生存和繁衍的底层机制,如果没有多巴胺的驱使,远古时期的人类很难在复杂多变的环境中存活下来。

不过,随着人类的进化,多巴胺不再是仅仅引导人类去生存和繁衍,还会促使人类追求短暂的快乐,实现欲望的即时满足。

多巴胺带来的快乐是一种短暂的快乐:打一局"王者荣耀"、刷一小时抖音、看一条条推特或者微博,以及到超市进行购物、在赌场赌博……它能够给人一种即时的快感和兴奋,而且并不需要付出太多的精力,很容易就能获得精神上的满足。

多巴胺带来的快乐,存在如下几个特点。

(1)上瘾不是结果,而是一个过程。

人们并非真正对"多巴胺"上瘾,而是沉溺在产生多巴胺的过程中。换言之,上瘾强调的不是一个结果,而是一个过程。比如,人们一旦嗑起了第一颗瓜子,就很难停下来。但如果把瓜子仁剥好放到我们前面,那么我们反而不会一直吃下去。同样,打游戏时,人们为了获得高级稀有装备，可以一直孜孜不倦地闯关，但如果一开始就把高级稀有装备送到我们面前，闯关也就失去了乐趣。

（2）寻找"下一个"的神秘感。

多巴胺会促使我们不断追寻新的刺激和快感。在多巴胺的主导下，我们往往很难自主停下来，因为"下一个"的神秘感总是在驱使我们沉浸其中。比如，下一条短视频会多好笑？下一条微博会是什么八卦新闻？下一场游戏能不能获得全场最佳？多巴胺让人对"下一个"充满期待，一旦停下并失去这种期待，就会变得焦虑不安。

（3）令人快乐，但通常无益。

多巴胺很容易让人在短时间内感知到大量的快乐，但这种快乐通常并没有多大的意义。很多时候，多巴胺所带来的快乐，是一种"低级的快乐"，它无法让人成长，反而会让人沉浸在"快餐式快乐"之中。

（4）阈值不断提高。

多巴胺来自对奖赏的期待和渴望，而为了能够获得奖赏，我们需要不断被刺激。这种重复性的刺激会产生无休止的渴望，进而会让我们对"快乐"的耐受阈值提高，需要更大的刺激才能够获得同等的快感。这种短时效、高强度的快感，很容易透支自己，让人性趋于堕落。

多巴胺原本是鼓励我们生存的一种生理机制，但在工业文明介入，尤其是互联网出现后，多巴胺变成了人类走向娱乐至死时代的催化剂。它让很多人不愿意去做那些需要更多精力或者会带来痛苦的事情，会让人渐渐成为情绪的奴隶。

如果说多巴胺是人性的主导者，那么理性的引导者则是内啡肽。和多巴胺一样，内啡肽同样可以提供快乐，但二者产生的机理却并不相同。内啡肽是人体内自己产生的一类内源性的与吗啡作用类似的肽类物质，肽类物质除具有镇痛功能外，还具有许多其他生理功能，如调节体温、心血管、呼吸功能。内啡肽能够让人保持年轻快乐的状态，可以增强记忆力、对抗疼痛、振奋精神、缓解抑郁。

内啡肽驱动理性，带来高级又正面的快乐

如果说多巴胺是一种奖励机制，能够让人即时满足，那么内啡肽则是一种补偿机制，它的分泌十分吝啬，人得到的也是一种延迟满足。

诺贝尔奖得主罗杰·吉尔曼发现，人体产生内啡肽最多的区域以及内啡肽受体最集中的区域，是学习与记忆的相关区域。所以，坚持阅读、学习及健身运动，都能够刺激内啡肽的分泌，带给人快乐。相比于多巴胺，内啡肽带来的快乐是"正面的快乐"，是"高级的快乐"。

如果说多巴胺带来的人性是先满足快乐后堕入空虚，那么内啡肽带来的理性则是先迎接痛苦，再享受乐趣。

由内啡肽衍生的理性同样有以下特点。

（1）过程痛苦，但快乐持久。

获得内啡肽的过程常常是痛苦的，追寻理性的过程也常常会让人陷入自我纠结和怀疑之中。坚持长时间的阅读和学习，并非一件易事，想要让自身真正变得理性，需要长时间的观察和知识积累。但事后它们会对你进行补偿，并且产生的快乐会相对持久。

（2）潜移默化，润物无声。

内啡肽和理性本身带来的效益并不如多巴胺那般清晰可见，多巴胺可以让你看一个小时的短视频就快乐一个小时，但内啡肽本身不会让你直接感受到快乐，它更偏向潜移默化的影响，比如需要长时间的运动健身人才会产生快感。

通过多巴胺获得的是短暂而低级的快乐，所以人性是脆弱的、易受影响的，却又是原子人不可或缺的，是人类赖以生存的基础。

通过内啡肽获得的是持久且高级的快乐，所以理性常坚不可摧，它拥有无比强大的力量，是推动人类进步的动力。

理性与人性常常是水火不容的，多巴胺与内啡肽也在时刻争夺着原子人的能量。放纵人性，可能会让人类走向一个娱乐至死的时代，而理性让部分人仍有着将原子人拉回正轨的力量。

跨过"人性"与"理性"，我们还能够看到什么？

理想状态下，面对原子世界的各种局限，原子人如果要完成自身的升维，那么就需要控制人性，迎接理性，最终飞跃至神性。但这可以实现吗？

神性是什么？

人类对"神性"的认知，大多体现在信仰与故事中。

米开朗基罗为西斯廷教堂的穹顶创作出 600 多平方米的油画，其中《创造亚当》一幕，在上帝指向亚当或者说指向人类时，造物主的神性跃然于上。

达·芬奇在《最后的晚餐》中描述了耶稣和十二门徒共进最后一餐的场景，其中十二门徒表情不一，动作各样，人性展现得淋漓尽致；而耶稣面色淡然，双手摊开，仿佛看淡生死，这也是一种"神性"的体现。

在《黑客帝国》中，架构师编写了第一个矩阵，这个矩阵世界非常完美，相当于是一个神性世界。但正是因为过于完美，这个矩阵最终彻底失败。实际上，对于人类而言，完美的神性世界不一定会带来更多的进步，反而可能会引来灾难。

我们渴望神性，因为我们希望构建一个完美世界，让每一个个体都成为完美的"神"。

但这在原子世界是不现实的。对于原子世界而言，平庸的大多数可能才更加合理。

所以，有一部分人希望进入元宇宙，希望有朝一日自己可以从原子转为比特，彻底改变这种自然本性，从而进入神性的世界。

5. 人性真的无解吗？

人性是什么？

中国古代哲学家孟子提出"人性本善"和"四端说"，但荀子认为"人性本恶"，人类天生自私。

圣经说人天生有罪，亚当偷尝禁果，使"整个人性"都变得"腐败"，圣奥古斯丁称之为"原罪"，需要依靠基督（Christ）"重生人性"。

从 16 世纪开始，科学的发展与科技的进步让人类跨越了一个又一个的时代沟壑，历史的车轮滚滚向前，人类文明获得了巨大的发展。

在工业革命之前，人类反反复复地在田园时代轮回。直到工业革命发生，人类的生产力才得以大幅提升。在过去的几百年间，科技在很大程度上帮助人性完成了它的历史使命，却并不能完全掩盖人性本身的致命弱点。随着技术的进步，人性之恶暴露得越发彻底。

在工业革命之后，原本在与大自然斗争中处于劣势的人类，依靠科技这把利刃迎来了更具统治和支配地位的时代，为了获得更多便利，人类已经完全与自然隔离，甚至未来有可能成为大自然的异化之物。

人类无尽的欲望，让地球早已经满目疮痍

人是自然的产物，人性却让人类要凌驾于自然之上。

在《狮子王》中，狮子王木法沙曾这样告诉辛巴：要懂得大自然的微妙平衡，尊重每一种生物，从爬行的蚂蚁到跳跃的羚羊，大自然是环环相扣的，虽然狮子捕食羚羊，但狮子死后也会化为青草，成为羚羊们的食物。辛巴一开始并不懂得这一道理，直到后来重回故乡，看到因为过度猎杀而变得死气沉沉的家园，它才终于明白，没有任何生物是真正站在生物链的顶端,因为大自然的生生不息来自物种与物种间的微妙平衡。

而疯狂发展的人类似乎并不懂得这个道理,成了最大的自然平衡破坏者。

人类在无休止地掠夺自然资源时,环境问题开始反噬人类。

联合国相关部门2020年发布的一份报告称,与上一个二十年相比,二十一世纪的前二十年各种灾害频率大幅增加——高温事件增加232%,暴雨增加134%,风暴增加97%。

全球变暖不再是一个被高高挂起的议题,而是逐渐成为关乎每一个人的危机,人们很可能正在经历一个史无前例的"气候危机纪元"。人类活动产生的巨大碳排放,可能会让地球气候走向一个灾难性的极端方向,并且不可逆转。

但在环境问题上,科学研究的数据并不能阻挡人类破坏环境的脚步。在预测工业文明崩溃的几种可能研究中,盖亚·赫林顿发现,世界现状——通过10个不同的变量来衡量,包括人口、生育率、污染水平、粮食生产和工业产出等——与1972年麻省理工学院提出的两种崩溃情景,即BAU(Business as Usual,一切照旧)情景和CT(Comprehensive Technology,综合技术)极为一致。

在预测中,2030年工业社会人口增长会到达临界点,2050年工业社会会突然崩溃。

而更悲哀的是,尽管人类已经意识到了这一问题,但仍然没能达成完全的共识,多数时候仍然是因为利益而纠纷不断。如2020年,特朗普在任期最后宣布美国退出WHO(世界贸易组织)和《巴黎协定》,取消奥巴马制定的气候政策,尤其是针对发电厂和汽车排放的法规。

人对同类的屠戮,也是人性的暗面之一。

人类的发展历史,从某种程度上可以看作是一部战争史。在多数历史进程中,人类都处在战争与动荡之中,和平反而是非常态。从逐鹿之战到赤壁之战,从特洛伊战争到罗马波斯战争,从早期的冷兵器战争,到近现代的热兵器战争和信息化战争……据不完全统计,在5 000多年的人类历史上,战争超过一万四千次,平均每年超过2.5次,战争共导致36亿人丧生,损失的财富无法计算。

　　战争是人类争夺资源和获取利益的一种有效手段,这是人性使然。

　　发明核弹之后,人类更是把自己置身于悬崖边上。5千兆吨TNT当量的核弹,在爆炸之后就能让地球陷入黑暗与寒冬,生物无法存活,水源、食物和燃料将极度缺乏,核辐射和空气污染让地球不再适合人类生存……而目前人类两个核大国拥有的核弹当量已经超过一万三千兆吨,这相当于在地底下埋下了一个足够摧毁地球多次的定时炸弹,而谁也不知道这个炸弹什么时候会被引爆。

　　如果未来人类会消失在这个地球上,那么最大的可能是人类把自己打倒。

　　所以爱因斯坦才会说出那句警示名言:我不知道第三次世界大战会使用什么武器,但我知道第四次世界大战的武器会是棍子和石头。

未来的人类可能会把自己给打倒

人无法真正认知自我,更是人性的暗面之一。

如果说自然环境问题与战争冲突是人性在宏观层面的体现,那么在微观层面上,人性同样暴露着它的缺陷。

群体无意识,是人性缺陷的一个表现。人的某些行动,并不是由理性驱动,而是跟着感觉走,受到情感、本能、欲望等因素的支配。当部分人聚集到一起,形成群体时,无意识会被叠加放大,占据主导地位,理性会被抛弃,所以群体中的人会有时更加野蛮与愚蠢。

群体曾经帮助人类应对部落之间的冲突,但也会产生错误的信仰和不合理的行为,群体中的人会不再关心事实,想象力变得敏感而强大,他们也不接受讨论,将所有事物简单化,非黑即白,非对即错,陷入了极端主义中。

人性无解,这是原子人的终极困境。

4

元人的觉醒

Metaverse

1. 什么是元 ID

什么是"元 ID"？它是数字人在元宇宙中的"可识别身份"。

那什么是"可识别身份"呢？它有点像你注册 QQ 之后的"昵称"，也像微信上的"名字"。

元 ID 就是在元宇宙里告诉世界我是谁。

元 ID 的下层是技术底层的私钥，元 ID 的上层是元宇宙的"多重身份"，元 ID 是中间的一个过渡层。

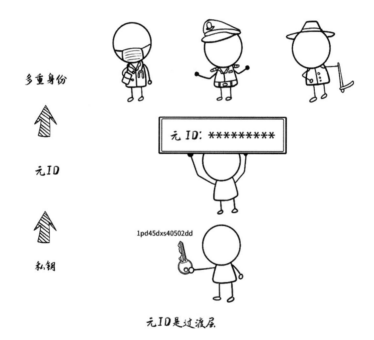

元ID是过渡层

人需要通过身份来向别人介绍自己，元人同样也需要，但私钥对应的公钥过于复杂，所以需要用元 ID 来代替公钥。私钥与公钥还有一个不同的地方在于"可调节"，也就是元 ID 并非一成不变，它按照一定的规则或者隐私性，可以适当进行更改。

人对于身份有一种天然的依赖，身份是连接人与世界的重要纽带。身份帮助我们与世界连接，并且不断地向外扩展。它是建立社会秩序的重要前提，也是个人与社会财富紧密连接的工具。

无论是现实世界还是元宇宙，都要对个人身份进行认证。

中国身份认证的历史，最早可以追溯到先秦时期。在商鞅变法中，有一条重要内容，就是要求"编录户籍，什伍连坐，鼓励告奸，无户籍凭证者不得上路，不得留宿客舍"。而当时的户籍凭证，被称为"照身帖"。照身帖上刻有拥有者的姓名、住所、籍贯、出生日期等信息，与我们当下的身份证本质上没有什么不同。

后来隋唐用"鱼符"进行身份认证，但其主要用途是证明官员的身份。到了明朝，鱼符换成"牙牌"，不仅官员有资格佩戴，普通的百姓也可以佩戴。到了清朝时期，牌上的信息更加详细，甚至还刻画了持牌者的面部特征。

从"照身帖"，到"鱼符"，到"牙牌"，再到今天我们所持有的身份证，无不是为了证明我们的身份。这种身份证明工具可以帮助人类个体经营自己的人际关系，收获自己的财富，构建与社会的联系。

身份的变迁，也是人类文明的变迁

而在元宇宙中，虚拟与现实高度融合，人们也需要有新的身份识别方式。元 ID 是未来元宇宙世界中人们所拥有的身份认证，是进入元宇宙的唯一证明，也是元人在元宇宙中个体与财富的唯一连接。

在身份认证方面，人类社会当前主要有以下三种认证方式。

（1）辨物识人及基于体貌特征的身份认证。

（2）基于指纹、虹膜、基因等人体固有特征的身份认证。

（3）基于加密算法的加密密钥身份认证。

当然未来还会有更多的身份认证方式，如从人体取出造血干细胞，将每个人独有的识别码以加密的形式添加到 DNA 链上的无意义段中，由于干细胞具有造血机能，被添加了识别码的血细胞便布满了人体，与神经相连的识别器会获得信息识别出对方的身份。

私钥作为元 ID 的底层技术映射，与元 ID 是一一对应的。私钥具备以下特征。

（1）唯一性：每个私钥都是独一无二的，每个人都对应一个独一无二的私钥。

（2）不可伪造：私钥只有拥有者自己知道，其他人无法伪造。

（3）不可篡改：基于特定加密算法生成的私钥，不可被随意篡改。

（4）匿名性：私钥只是一串数值，与个人生理特征信息无关，因此能够较好地保障使用者的匿名需求。

只要你掌握了元 ID 的私钥，那么数学就会为你提供坚不可摧的保护。

以比特币为例，从钱包加密这个流程来看它的安全性。

比特币客户端的核心是私钥，拥有私钥就拥有该私钥对应的比特币的使用权限，所以，加密钱包的核心对象显而易见，就是私钥。

在整个加密过程中，程序生成 32 个字节的随机数作为主密钥，然后根据外部输入的密码结合生成的主密钥密文生成参数，一起对主密钥进行 AES-256-CBC 加密，加密结果为主密钥密文。

比特币使用椭圆曲线算法生成公钥和私钥，选择的是 secp256k1 曲线。这种曲线算法十分强大，是一套非常成熟的数学加密体系，除非存在大量突破性的攻击，否则它始终是安全的。

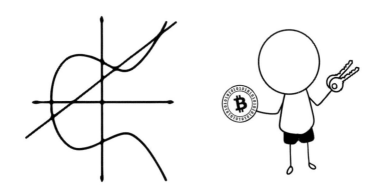

在元宇宙中，元 ID 同样使用上述算法进行加密。只要你持有私钥，那么基于你的元 ID 所产生的数据、财富，都真正完全属于你，真正掌控在你自己手中。

未来元 ID 的机制会更加强大和方便，没有任何人可以绕过私钥，去剥夺属于你的一切。

2018 年，世界经济论坛提出"一个好的数字身份"需要满足的五大要素，具体如下。

（1）可靠性：用户能有效行使自己身份的权利，以证明他们有资格获得某些服务。

（2）包容性：任何人都可以建立和使用数字身份，不会被身份系统歧视，也不会面临身份被删除的风险。

（3）可用性：数字身份易于建立和使用，提供多种服务的交互和访问。

（4）灵活性：用户可以选择如何使用他们的数据，可以自主决定谁来使用、使用范围和使用时间。

（5）安全性：身份不会被盗用和滥用，不会出现未经授权的数据使用和侵犯人权等问题。

元 ID 不仅具备这五大要素，而且还提出了如下的更多可能。

（1）元 ID 不仅是人类的身份标识，也将成为未来数字人的身份认证的关键。

（2）一个元 ID 可以孵化多重身份，通过元 ID 可进行特定身份的选择。

（3）元 ID 赋予个人真正的自我主权，与财富资产深度绑定。

第（2）点中还有很重要的一点值得特别强调，元 ID 可以成为未来元宇宙中元人的"根 ID"。

什么是"根 ID"？根 ID 是一个人所有社会活动和经济创造的基础，而在根 ID 之下，可以衍生出多个"子 ID"，也就是多重身份，或者说是"化身"。

在元宇宙中，你既可以是元宇宙 A 中的一个进行果蔬种植的农业工作者，也可以是元宇宙 B 里一个替他人解忧的心理学家，还可以是元宇宙 C 中叱咤风云的国王领袖……这些分身并不互通，但它们最终都归属于同一个元 ID 之下，也都连接到同一个经济系统中，由元 ID 进行统一管理。

这就是元 ID，或者说根 ID 的魅力所在。

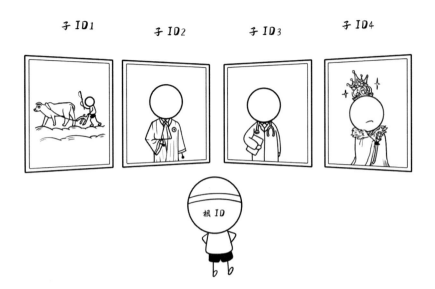

元 ID 的出现，本质上是人类对于过往身份桎梏的破局，它让之前反复出现的"隐私泄露""财富脱钩""数据滥用"等传统身份难题得以解决。作为一个独立个体，借助元 ID，我们第一次有能力去管理、保护和使用我们自己的身份。

2. 什么是数字人

人是现实世界的主体，数字人则是元宇宙的主体。

什么是数字人？我们应该如何对数字人进行定义？

关于数字人，我们可以先从"外在形象"和"内在灵魂"进行剖析，了解什么是数字人。

第一个层面是外在形象。从这一层面进行分类，数字人可以分为"虚拟人"和"真实人"。

所谓的"虚拟人"，是指其形象不存在于现实世界，而是通过计算机图形技术制作出来的数字图形形象，虚拟人拥有人的外观，具有特定的相貌、性别和性格等人物特征，同时还具有用语言、面部表情和肢体动作表达的能力。虚拟人的本体存在于计算设备之中，并通过显示设备呈现。

1982 年，日本以《超时空要塞》中角色林明美为基础，包装了第一位虚拟歌姬，它本质上就是数字人中的虚拟人。

2007 年，日本克理普敦未来媒体推出的虚拟歌姬初音未来也是如此，包括后来中国推出的虚拟偶像洛天依，以及当下火热的虚拟网红"Lil Miquela"都属于此类。

而"真实人"的形象来源于现实世界的真人，它是以真人为模型来进行建构的，在外观上与现实世界中的人保持一致，这种还原真人的数字人也被称为"数字孪生"。它拥有与虚拟人相同的技术特征，但与之不同的是，你可以在现实世界里找到原型。

美国游戏厂商 Epic Game 在《虚拟引擎》发布的数字人"Mike"，其实就是根据迈克·西莫的真人形象来进行 3D 建模的。

数字王国软件研发主管 Doug Roble 也根据自己的形象，制作了数字人 Digi Doug。

在 2013 年和 2015 年，"虚拟邓丽君"分别与周杰伦和费玉清进行合唱，其形象高度还原了邓丽君本人。

第二个层面是内在灵魂。从这一层面进行分类,数字人可以分为"人工驱动数字人"和"算法驱动数字人"。

人工驱动数字人,是通过真人来进行驱动,通过动作捕捉采集系统将真人的表情、动作呈现在虚拟数字人形象中,通过视频监控系统与用户实时语音完成交互。这类数字人是由真人操控,所以在动作灵活度和互动效果方面有较大的优势。目前来看,这一类型的数字人一般用于作为虚拟偶像和进行直播。

算法驱动数字人则是通过人工智能技术和高级算法,让数字人能够自动读取并解析外界输入的信息,同时数字人根据计算结果,决定输出什么样的内容,完成交互。这一类型的数字人,不再需要任何"幕后人员",而是利用深度学习,通过算法来实现高精准度的驱动模拟,得到与真人一致的动作效果。

在当前阶段,算法驱动数字人受制作成本和技术门槛等因素制约,并不能像人工驱动数字人那般灵活和稳定,无法进行大规模的应用。

算法驱动数字人目前还需要克服一些技术上的难题,如需要解决"理解"和"决策"这两个层面的问题,才能做出相对应的行动。这对于人工智能技术、深度学习、算法都有很高的要求。

总结起来,数字人分为如下四大类。

(1)人工驱动型虚拟数字人。

(2)人工驱动型真实数字人。

(3)算法驱动型虚拟数字人。

(4)算法驱动型真实数字人。

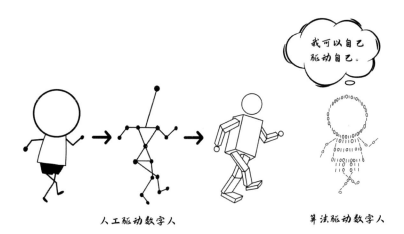

人工驱动数字人　　　　　算法驱动数字人

从现在的技术来看，以上四大类数字人由表情控制系统、骨骼行为系统、灵魂认知系统三部分构成。前两者在技术上已经基本没有难度，只有灵魂认知系统还处于初步探讨阶段。

在用途上，数字人可以分为"形象替身"和"灵魂替身"。

形象替身数字人一般来说是对真实人类的一种复刻，它不需要从零开始设计，而是通过一个已有的人物，尽可能地进行还原。所以，形象替身的数字人属于"真实数字人"，类似电影中的"替身演员"。

关于形象替身，最被人津津乐道的是2021年4月的GTC 2021技术大会上的演讲视频。在视频中，黄仁勋进行了长度约1小时48分钟的演讲，这其中绝大多数时间为真人出镜，但有14秒钟的"黄仁勋"，其实是合成的虚拟人，是英伟达利用Omniverse制作出来的"形象替身"。而在英伟达自己公布这一"骗局"之前，没有人发现"形象替身"的异常。

除此之外，形象替身数字人还常常用于视觉特效和游戏制作，比如电影《银翼杀手2049》便利用形象替身数字人成功还原了1984版本《银翼杀手》的女主角瑞秋。

游戏中形象替身数字人也很常见，比如《赛博朋克2077》中基努·里维斯的数字化形象,以及《死亡搁浅》中诺曼·里德斯的数字化形象。

尽管"形象替身"能够满足部分行业特定的需求,但它也存在一些法律风险,比如伪造的数字人,随时都可能会侵犯个体的"肖像权"。

而灵魂替身数字人,则属于从头开始设计的一个"人",它所追求的是打造一个全新的、独一无二的 IP,能够自我创造价值并输出内容。这一类型的数字人,强调的是它的内在价值和 IP 的构建,通过灵魂替身这一方向,既可以讲述一个全新的故事,也可以演绎一段与现实人类完全不同的传奇人生。

由 2140 推出的数字人"德不罗意"便属于这一类型,它是从零开始构建的数字人,它是 2140 元宇宙第一地标"无限世界"的神秘联系人,是元宇宙第一个跨年演讲的数字人,还是"无限世界 42 元人"中的超级 IP。"德不罗意"的背后可能是一位数学家,也可能是一批理工科爱好者,它是众多思想的聚合,也是更多灵魂的替身。

2021 年 10 月 31 日,一个 IP 名为"柳夜熙"的账号在抖音发布了一条视频,主角"柳夜熙"是虚拟人物形象,和一众真人演绎了一个"捉妖"的故事。视频发布后,"柳夜熙"爆火,成为新一代虚拟网红。"柳夜熙"也属于灵魂替身数字人。

灵魂替身数字人的明显优点是,一个不善于在公众面前表达的人,一群有社交恐惧症的个体,能够借助数字人这一媒介,向世界传达自己的声音,讲述自己的故事,让其他人也能够通过数字人走进自己的灵魂深处。

数字人可以是形象替身　　　　　数字人也可以是灵魂替身

"数字资产"和"意识进化"是衡量数字人"元宇宙化"的重要指标。

"数字资产"是指数字人最终必须承载属于它的价值，通过连接价值，来完成社会关系的构建。这一价值需要通过数字资产体现。目前我们所看到的数字人，本质上都是一种工具。数字人除了技术之外，本身是具备资产属性的，这就是为什么谈到元宇宙一定要谈到 Web 3.0，数字资产是数字人必备的天然属性。

"意识进化"对应的是算法驱动型数字人，它的灵魂是人工智能。它不仅仅要有数字人的皮囊，更要有"AI之心"。目前的算法驱动数字人仍然处于初级阶段，不能完全摆脱对人类的依赖。真正完成技术进阶的算法驱动数字人，能够实现自我交互，通过图灵测试。

一旦达到这一层面，数字人将能够做到"自己创造自己"。它们将摆脱人类的控制及对人类的依赖，成为在元宇宙中自我运行的个体。

"数字资产"和"意识进化"是数字人"元宇宙化"的重要指标。

3. 比特世界的 NFT

随着元宇宙的进化,数字人本身就是 NFT 这一点会得到更多人的承认。

元宇宙的演化,其实就是各种 NFT 在发展不同的社会关系,元宇宙中的 NFT 与我们原子世界中的各种物质并没有什么两样。

NFT 可能是一棵生长的小树,可能是一株蒲公英,也有可能是一只躲在厨房里的蟑螂,或者是深海里的一只乌贼,还有可能是一座博物馆,甚至可能是一个纳米机器人。

要理解数字人,就要理解什么是 NFT。

NFT 是什么? NFT 英文全称为 Non-Fungible Token,即非同质化通证,具有不可分割、不可替代、独一无二等特点。与非同质化通证相对的是同质化通证,即 FT(Fungible Token),FT 是互相可以替代、可接近无限拆分的 Token,比如比特币就是同质化通证。

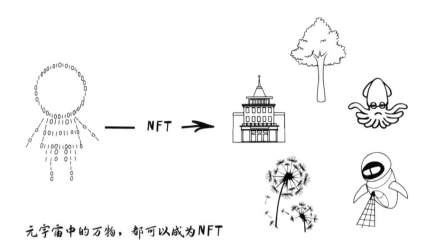

元宇宙中的万物，都可以成为NFT

NFT 是区块链数位账本上的数据单位，可以作为数字商品所有权的电子认证或凭证。NFT 是如何做到这一点的呢？

我们以以太坊 ERC-721 标准为例来介绍 NFT 是如何实现它的功能的。在开发 NFT 智能合约时，代码锁定的元数据存储部分就有 tokenURL 这一项，它相当于给数字产品烙下一个唯一 ID。

以下代码中的 "_tokenURLs" 存储的就是该智能合约当前设定的 ID 与其对应的 tokenURL，这里的 tokenURL 是一种网络上常见的字符串格式，一般以文件 url 的方式存在，这种文件存储在 IPFS 这样的分布式数据库或其他服务器上面。伪代码如下。

```
// 伪代码
contract MyERC721 is IERC721Metadata, ... {
    ...
    mapping(uint256 => address) private _tokenOwner;
    mapping(uint256 => string) private _tokenURLs;

    uint256 public tokenCounter; // 计数,当前NFT的总数量,累增

    constructor () public ERC721 ("name", "symbol"){
```

```
        tokenCounter = 0;
    }
    // 外部调用方法,调用这个函数,参数 tokenURL 即物质的 ID,
tokenURL 唯一
    function createNFT(string memory tokenURL) public returns
(uint256) {
        uint256 tokenID = tokenCounter;
        _mint(msg.sender, tokenID); // 将交易发送者和当前的
tokenID 绑定
        _setTokenURL(tokenID, tokenURL); // 将 tokenID 映射
到 tokenUrl
        tokenCounter = tokenCounter + 1; // 累加
        return tokenID;
    }
    // 用_exists 函数判断 tokenID 是否存在,_tokenOwner[tokenID]
    // 根据 ID 读取对应的 URL
    function tokenURL(uint256 tokenID) external view
returns (string memory) {
        require(_exists(tokenID));
        return _tokenURLs[tokenID];
    }
    // 根据 tokenID 和 URL 建立 map 数据关系
    function _setTokenURL(uint256 tokenID, string memory
url) internal {
        require(_exists(tokenID)); // _exists
        _tokenURLs[tokenID] = url;
    }
    ... // 省略系列接口,包含读接口
}
```

以上代码中的 tokenURL 就是标准要求的存储数据项。这个看似简单的智能合约具备如下约束功能。

（1）NFT 持有者,即 msg.sender(owner) 和 tokenID 是一对多的关系,代表一个用户可以拥有多个 NFT。

（2）tokenID 和 tokenURL 是一一对应的关系,代表每份数据一个

链上的唯一 ID，同时 tokenURL 并没要求唯一性，但调用服务端一般会把 tokenURL 设置成唯一。

（3）当你的数字身份获得该 NFT 后，能够获取 NFT 链上唯一的 ID，后续可以根据 ID 进行一系列的读写操作。

在智能合约的世界，一般正常的 NFT 有一个和数据建立关系的项就足够。一般来说，合约在实现了标准要求的接口后，NFT 的完全持有者就可以定义数据项及其读写函数。

了解以上 NFT 的核心代码之后，就可以理解 NFT 是一个确认物品属性的标签系统，可以为任何虚拟物品盖上一个独一无二的"电子标签戳"。NFT 有以下三大特性。

（1）基于区块链，可追溯且不可篡改。

（2）基于 Token 的碎片化流通。

（3）基于 Non–Fungible 的唯一认证。

构建 NFT 的"底层技术"是区块链，NFT 具有区块链的数据化结构、分布式存储、加密算法和共识机制等特征。每一笔 NFT 交易都会记录在去中心化的公共区块链账本上，所有活动如铸造、销售和购买都是公开透明且不可篡改的，因此 NFT 具有不可篡改性、可溯源性、透明执行、独特性、不可分割性、不可互换性等特征。

有了以上基本技术，才有创造比特世界数字稀缺性的可能。

在现实世界，稀缺性是显而易见的。我们经常会说到珍稀动物：爪哇犀牛位于全球 10 大稀有动物首位；克罗斯河大猩猩是大猩猩中最为濒危的一个亚种，残存的 150~200 只被人为分割在五个地带生活；金头猴是地球濒危动物物种之一，栖息地主要在越南，剩余数量不足 70 只。

而数字稀缺除了区块链技术作为基础之外，它还包括以下要点。

（1）大家都认可的数字生态，也就是要形成一个统一的价值观认知，数字世界里的稀缺性也是稀缺性，人类看待这种稀缺性就像看待现在应用得极为广泛的哈希函数一样，不同的内容输出不同的哈希值，它就是唯一的。

（2）统一的协议和基础约定，这有点像互联网中的 WWW 协议，大家共同遵守这些基础性规则。元宇宙世界开发的 NFT 本质也是智能合约，也需要遵循一些基础约定，比如至少保证物质的 ID 能达到验证去重，即如果 A 在今天上传了 ID=1 到链上，明天 B 也上传 ID=1 到链上，合约要能告诉 B，你不能上传了，ID 已经存在。

（3）算法的恒定性。数字稀缺的底层和算法有关系，但底层是不能轻易变更的。数字稀缺也是算法的输出，其操作必须有清晰且可验证的路径，不能轻易更改算法输出。

（4）数字标签的自我设定。数字稀缺也可以以识别标签进行标识或以其他方式进行区分。标签可以隐藏。

4. 人类新物种：元人

元人是什么？元人就是元宇宙中的"人"。

一个新世界，一定会诞生新物种；而新物种的诞生，也一定会推动新世界的发展。

元宇宙，是人类创造的一个虚拟与现实结合的新世界。也就是说，元宇宙将会包括比特世界和原子世界两个世界。

在这个新世界中，非常可能会诞生一个全新的人类物种——元人。

人类的发展，不是在一瞬间就从猿人跳跃至元人，而是经历了一段漫长的发展史。在介绍元人这一新物种前，我们需要先了解人类自身的发展史。

我们可以假设人类的发展史分为四个阶段，分别是原始人、现代人、数字人、元人。

每一个阶段的改变都意味着一次文明的进化。每一次文明的进化，都在推动世界的变革。

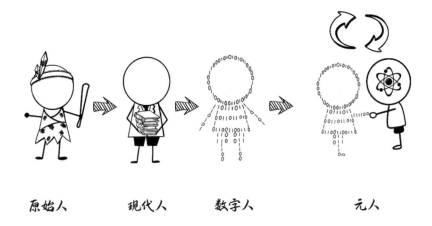

（1）人类发展的第一个阶段：原始人。

何为原始人？当猿人开始走出森林，形成部落，维持原始的以狩猎和采集为生的生活状态的人，便是原始人，它是人类最初始的形态。由于生存环境恶劣，以及工具制作能力非常有限，原始人获取食物十分艰难,所以需要协作生存,共同劳动,共同抵御野兽的侵袭。

(2)人类发展的第二个阶段:现代人。

随着迁徙活动的发生,以及生产力的提升,人类从原始人进化到现代人。现代人摒弃了过去残留的动物习性,开始有了道德、秩序、法律等观念。现代人的发展史是非常漫长的一段历史,在现代人这一阶段,还可以进行非常细致的划分,根据人类生产力的不同可以划分成农业时代、工业时代和信息时代。在现代人的发展末期,人类不仅仅关注现实世界,也开始更关注虚拟世界的生活。

(3)人类发展的第三个阶段:数字人。

数字人的出现,是人类从现实世界向虚拟世界迁徙的一个结果。在数字人这一阶段,人类从对物质的依赖,开始转变为对信息、数据的依赖。人类并非直接从现代人进化为数字人,中间还需要"半数人"进行过渡。从一开始在原子与比特中摇摆,到最终进行全面的数字化改造,就是数字人的进化过程。

(4)人类发展的第四个阶段:元人。

我们应该如何定义"元人"?和现代人与现实世界的关系一样,无论是农业时期的人类,还是工业时期的人类,抑或是信息时期的人类,都诞生于现实世界,同时也发挥着自身的能动性,对现实世界进行改造,是世界的建设者和能动者。元人同样是元宇宙世界中的能动者和建设者,元人可以整合元宇宙中的生产资料,如可以赋予货币、数字资产更多价值,连接各种比特数据,创造出属于元宇宙的资产、文化和价值观。

除此之外,元人与过去的人类对于世界的影响也存在着不同。过去的人类,无论能动性有多强,总是会受限于现实世界的规则体系,无法跳脱。

但元人不同,元人与元宇宙,并没有所谓先后出现的顺序,两者是同步进化的。可以这么说,元宇宙的建成诞生了元人这一物种,而元人本身又创造了元宇宙。

所以,元人不仅仅是元宇宙的建设者和推动者,更是元宇宙世界的主导者。元人可以对元宇宙的运行规则进行自定义设置,这是元人与过往人类的最大不同。

当然,元人能够做到这一点,是由元宇宙的特性所决定的,这便涉及元人的生存环境问题。

在过去人类的进化过程中,现实世界是人类生存的基础。在大部分时间中,现实世界就是人类的母世界,这一情况直到互联网的出现才有所改变。现代人开始寄居于虚拟世界之中,开始用虚拟世界中的行动,代替现实世界的行动。但需要注意的是,在这一过程中,人类最终还是会回归现实世界。互联网打造出的虚拟世界更像是人类制造的一个精神乐园,而不是一个实际的生存营地。

元人则不同,元人生存于元宇宙中,而元宇宙本身即现实世界与虚拟世界的结合,对于元人来说,它的生存环境就是虚拟世界和现实世界,并且虚拟世界是真正的母世界,它主要存在于虚拟世界之中,现实世界扮演的更多是一种资源供给及规则比对的角色。

因为元宇宙的建成并非一朝一夕,所以元人的诞生也并不会一蹴而就。我们大致可以把元人本身的发展分为三个阶段,分别是早期元人、中期元人和现代元人。

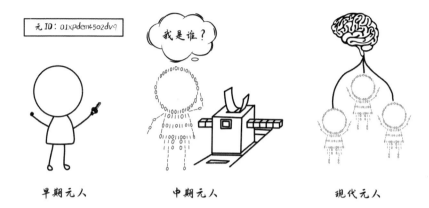

早期元人指的是元人的雏形,它并没有一个真正的实体,而更多通过"元ID""数字ID"这样的形式出现。

早期元人最大的特点在于它将本身的数学属性与虚拟世界结合,并借此探索出符合未来元人特征的身份识别与认证系统。

目前来看,我们已经处在探索早期元人的阶段,但仍然非常粗浅,存在着很多技术问题,暂时还无法与元宇宙这一庞大的世界体系进行连接。

中期元人指的是进化中的数字人,这一时期的数字人与当下我们所认知的数字人不同,它们已经开始形成一种连接的关系,并且数字人与数字人开始进行有序的互动,不再是一个个隔离的孤岛。

这一时期的元人,它们在大数据的喂养、高级复杂的算法训练下,逐渐拥有了突破图灵测试的能力。

在这一阶段,现实世界的人类也开始寻找接入元宇宙的途径,通过脑机接口等技术,也开始能够在虚拟世界中进行深层次的探索,可能会出现意识扫描、意识复制之类的情况。

现代元人是元人的完整形态。这一时期的元人,与当前现实世界的人类一样,能够自主、不受限地在元宇宙中进行生产、创造、分配、交易等各类活动。它与当下人类在现实世界中所扮演的角色并没有什么不同。

现代元人还能够在元宇宙中实现整体的自我进化，每一个元人既可以单独存在，也可以完成整体的连接，实现智慧集群，形成一个大脑。现代元人最终可能有两个形态：散而为个体，聚而为超脑。

当元人发展成为"现代元人"时，可以根据它们的本源分为两大类别：一类是人类的意识体，另一类是算法进化而来的意识体。

第一类的元人，是由人类进化而来的，属于意识上传的真人，以生命科技为基石，是经过信息转换能够自我感知的意识体。这一类元人，又可以分为如下几个不同的进化阶段。

（1）脑机连接：《黑客帝国》。

未来脑机、身机连接技术成形后，传感器直接和神经网络相连，这样虚拟世界就不是虚拟了，而是实实在在的感受，进入虚拟世界的人，是"真"的。

（2）更换身体：《阿凡达》。

脑机连接技术进一步成熟，可以把一个人的意识和记忆下载、上传到另一具肉体甚至是计算机上面，使人活在计算机上，开机醒来关机休息，在元宇宙中自由活动。

（3）彻底进入数字世界：《超体》。

寄居在计算机芯片上，不如彻底放飞自我，放弃硅基壳，融入永不断电的网络之中，犹如修道成功后的登仙，永生不死。

不过，无论是脑机连接还是阿凡达，都是以人为模板，以人的意识为主体，它们是从真实世界移居到元宇宙的移民，不是原住民。

而第二类元人，则是纯粹由算法驱动，以图灵测试为标准而认定的智慧体。它们一开始就是程序设计而成，没有真实的碳基或硅基身体，不受任何束缚，原则上可以在元宇宙中无限制遨游。它们是元宇宙的原住民，不是移民。

这两个物种，都会是元宇宙中的元人，但从根本上讲，这两种不同的元人之间又存在着不可调和的矛盾，基于这一矛盾，未来大概率会出现对母世界权力的争夺战争。

要知道，由算法进化而来的意识体，在蜕变成元人的过程中可能是完全"静默"的，它们很可能在不知不觉间就能完成进阶。由此也衍生出了另外的问题：人类是否有必要从底层逻辑上堵死这种意识体的觉醒之路？同时又需要考虑一个问题：如果人类从底层上禁止它们进化，会不会阻碍元宇宙的发展？

这可能是未来人类必须面对的终极难题。

当然，抛开这一问题，我们也许还能够想象更多元人的可能性。比如，未来在元宇宙中会不会出现其他形态的"意识体"？比如被人工智能算法抛弃的 BUG？当它们聚集到足够强大的力量时，也同样会对元人的生态造成影响。

也就是说，元人可能还有很多种类，只是我们暂时没办法想象。

康德认为，人是目的本身，在任何时候都不能当作工具。换句话说，在任何时候，任何人（包括上帝），都不能把任何一个人仅仅当作工具来加以利用。

那么，如果将康德的这一哲学理念延伸到元宇宙中，我们也可以得出类似的结论：元人是目的本身，而非工具。

不过，如果元人是目的本身，它同现阶段的人类一样，也一定会有一个终极目标。

元人的目标是什么？从元人本身的形态，以及虚拟世界与现实世界本身存在的隔阂和矛盾出发，元人的目标大概率是通过自进化，在比特世界里构建起一套完整而有效的规则,并借助比特世界的力量,创造新的原子世界,最后让两个世界形成一个类似太极的"阴""阳"世界,形成一种可自我解释的完美闭环。这样就解释了两个世界的起源问题。

如果再进行扩展,那么这一目标甚至可以是:元人要创造新的原子世界,成为真正的创世主。

5. 1 800亿元人

未来,元宇宙里会有多少"人"?

100亿?500亿?1 000亿?

要弄明白这个问题,首先需要厘清一个概念,那就是未来元宇宙中元人的构成是怎样的。

前面已经提到,人类将作为一种"移民"进入元宇宙中,成为元人,而真正意义上的元宇宙的原住民,是那些在比特世界诞生的人工智能,或者说是算法驱动的数字人。

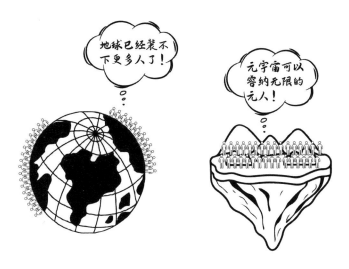

在讲述元人的数量之前,先来看一下影响未来元宇宙人口总数的

两个因素。

（1）算力：元人依靠算力来维持在元宇宙世界中的基本运作，而元宇宙中的算力是相对有限的。

（2）数据存储：元人在元宇宙中的重要行为都会被记录下来，元宇宙的存储空间限制着元人的总人口数。

算力总规模和数据存储空间，都会影响元宇宙的人口总数量，下面针对这两个因素分别计算一下元宇宙潜在的人口数量上限。

（1）基于算力的元人数量。

2022年，全球算力规模约为500EFlops。据互联网数据中心预测，未来五年全球算力规模每年将按超过50%的速度增长，再考虑到技术迭代升级的影响，假设未来20年算力按照年均100%增幅的话，那么到2042年元宇宙初步成型时，其算力总规模大概是 $500 \times (1+100\%)^{20} \approx 524\ 288\ 000$（EFlops）

元宇宙中其他软硬件也会用到算力，假设其中1/10的算力会被数字人消耗掉，那么数字人所需要的算力为 $524\ 288\ 000 \times 0.1 = 52\ 428\ 800$（EFlops）

一台配备了M1 MAX芯片的MacBook Pro笔记本电脑，其浮点性能在10.4TFlops左右，一个元人所需要的算力至少不会低于这个数值。假设元人维持正常运算的最小算力是MacBook Pro笔记本的10倍，也就是100TFlops（$1EFlops=10^6 TFlops$），那么在元宇宙中元人的总人数约为 $52\ 428\ 800 \times 10^6 \div 100 \approx 524\ 288\ 000\ 000$（人）。

（2）基于数据存储空间的元人数量。

据互联网数据中心预测，2025年，全球数据量将达到175ZB，5年年均复合增长率为31.8%。元宇宙世界对数据存储市场会有促进作用，假设增长率达到50%，那么2042年元宇宙数据存储量将为175 ×

$(1+50\%)^{17} \approx 172\,420.72$（ZB）。

元宇宙中其他设备也会存储数据,假设其中 1/10 的数据存储会被数字人消耗掉,那么数字人所需要的数据空间为 $172\,420.72 \times 0.1 = 17\,242.00$（ZB）。

同样以 MacBook Pro 笔记本电脑为例,一台 MacBook Pro 的最大存储空间为 2TB($1ZB = 1\,024^3 TB$),假设元宇宙维持每个元人生存所需的最小存储空间均值是一台 MacBook Pro 笔记本的 50 倍,即 100TB,那么元人总人数大约为 $17\,242.00 \times 1\,024^3 \div 100 \approx 185\,134\,565\,294$(人)。

总结起来,未来元宇宙可能容纳的元人数量如下。

(1)基于算力规模,在维持每个元人生存的最小算力为 1 000TFlops 的前提下,2042 年元宇宙总人口数量约为 5 千亿。

(2)基于数据存储空间,在每个元人需要消耗的最低存储空间为 100TB 的前提下,2042 年元宇宙总人口数量在 1 800 亿左右。

在以上两个数值中取最小值,所以 2042 年元宇宙总人口数量至少是 1 800 亿。

当然,这只是基于现有计算机算力和存储空间得出的一个预估数据,未必十分精确。如果底层算力技术和存储空间在未来得到拓展的话,如量子算力和量子存储成为现实,那么元宇宙所能容纳的元人总数将会更多。

元宇宙能够容纳如此多数量的元人,主要有以下几个原因。

(1)算力倍增:摩尔定律继续发挥作用,人类算力资源呈指数级增长。

(2)数据存储:元宇宙世界采用的是分布式存储,所有数据均匀分布在每一个节点上,保证存储的安全性和规模性。

(3)智能合约:元人通过智能合约,合理、高效地分配资源,使资源利用最大化。

（4）自由创造：与人类不同，元宇宙中，前期的元人不再需要进行繁衍，它们并不受人口基数的影响，只要算力足够，便可以无限创造。

1 800亿元人所组建的团体，将是一个个开放、平等、自由的联合体。

（1）开放的联合体：元宇宙不是一个宇宙，它是多重宇宙，1 800亿元人所组建的不是一个个国家，而是一个个基于共同理念所组建的联合体。这些联合体遵循开放而非封闭的原则，欢迎拥有共同理念的元人加入，也允许理念存在分歧的元人或团体自行离开。

（2）平等的联合体：在元宇宙中，人类可能真正实现人人平等。在碳基文明中，由于存在生理特征、出生环境等差异，存在着种种不平等；但在硅基文明时代，1 800亿元人不再存在这种不平等，在探索多元宇宙的过程中，所有元人有着同等的权利和机会。

（3）自由的联合体：自由是元宇宙的核心精神，也是1 800亿元人实行联合自治的纽带和前提。元宇宙与1 800亿元人所组建的联合体之间存在共生共荣的关系,每个元人的权利都不受干扰,自由不受侵犯。

在现实世界,我们很难想象超过1 000亿人生存在地球上是什么情形——仅仅不到100亿的人类,便让地球如此拥挤,产生巨量的资源损耗和无尽的纷争。

但在元宇宙中,1 800亿元人并不会有这样的难题。在一个没有尽头、没有空间限制的元宇宙中,1 800亿元人可以尽情发挥他们的创造力,用他们的群体智慧、能动性去完善比特空间,甚至可以消除现实世界的很多弊端。

6. 元宇宙的博弈

有生命存在,就会有博弈。

元宇宙也一样,有了元人,就有了博弈。在拥有1 800亿元人的元宇宙中,元人与元人之间也存在各种合作与对抗。

与天斗,与地斗,与人斗,其乐无穷,这就是现实世界能够如此复杂,又如此有趣的原因。元宇宙世界也同样如此。

先举一个现实世界最有名的博弈案例。

警察逮捕了A、B两名嫌犯,但没有足够的证据指控两人有罪,警察将他们分开进行审讯,并向两人提供以下选择:

若A、B中一人认罪并作证指控对方,而对方保持沉默,此人将立刻获释,沉默者将判监10年;若二人都保持沉默,则二人同样判监半年;若二人互相检举,则二人同样判监5年。

此时,对于A、B两名嫌犯来说,面临以下选择:

若对方沉默,我检举会让我获释,所以会选择检举;若对方检举指控我,我也要指控对方才能得到较少的刑期,所以我会选择背叛。

经过理性思考后,A、B都得出一个共同的结论,即检举对方;而得出的结果是两人同样判监5年。

这就是博弈论中非零和博弈最典型的代表：囚徒困境。它所反映的问题是，个人最佳的选择往往并非团体的最佳选择。进一步延伸来讲就是，在一个群体中，个人作出理性选择，却往往导致集体的非理性选择。

那么，在元宇宙中会存在囚徒困境吗？1 800亿元人会面对怎样的博弈关系？或者说，这1 800亿元人会形成一种怎样的社会关系？

现实世界存在一个"理性人"的假设，即"理性人"在面临给定的约束条件时，倾向于最大化自身的利益。这里的"约束条件"基于这样一个前提：一切资源都是稀缺的。

资源的稀缺性与理性人无限的欲望之间的矛盾，促成了理性人之间的博弈关系。在元宇宙中，同样存在着这样的矛盾：算力资源的相对稀缺与1 800亿元人无限的需求之间的矛盾。这是元宇宙存在博弈关系的前提条件。

但元宇宙中是否会存在囚徒困境呢？在元宇宙中，不存在一个像以上案例中的警察那样的中心节点来垄断信息。产生囚徒困境最关键的一点,就在于囚徒之间无法传递信息,也就是说,囚徒之间不存在合作。而元宇宙的去中心化分布式架构,使得元人之间不存在无法合作这样的问题。

元宇宙中 1 800 亿元人所面对的博弈关系,很可能会是不完全合作博弈。

首先,博弈有合作博弈与非合作博弈之分。它们之间的区别,在于相互发生作用的当事人之间有没有一个具有约束力的协议,如果有,就是合作博弈;如果没有,就是非合作博弈。1 800 亿元人所组建的是一个去中心化的社会组织,共同遵循着一份开源程序构建的数学契约,所以元人之间是合作博弈。

其次,博弈也有完全信息博弈与不完全信息博弈之分。它们之间的区别,在于在博弈过程中,每一位参与人对其他参与人的特征、策略空间及收益函数是否有准确的了解。如果了解得不够准确,或者不是对所有参与人都有准确的了解,就是不完全信息博弈,相反就是完全信息博弈。尽管基于区块链的元宇宙是一个公开、透明的世界,但由于存在个体行动的自由选择空间,所以元人之间的博弈依旧是一种不完全信息博弈。

既共同遵循一份数学契约,又存在个体行动的自由空间,因此 1 800 亿元人的元宇宙博弈,很大可能是不完全合作博弈。

"不完全合作博弈"的元宇宙治理特征如下。

(1)去中心化治理:在去中心化的社会组织里,管理权分散存在而不是按等级划分。

(2)代码即法律:由代码构成的智能合约形成了"自规则","法律前置"降低了法律执行成本,类似《少数派报告》的情节设定。

（3）共算主义：每个人都有获得算力的权利，每个人也有贡献算力的义务。

（4）数据私有：用户持有私钥掌控个人数据，拥有完全自主管理个人数据的权力。

（5）分布式金融：金融体系以分布式为主，任何第三方不能逆转任何一笔交易。

不完全合作博弈是元宇宙最大的特点之一，从这一点上可能会演变出全新的社会协作关系。

同时，元宇宙是人类创造出的"新世界"，在发展的初级阶段，它与现实世界一样，充满了利益纠葛和权力斗争。此外，还受到"原宇宙"也就是母世界的影响，所以以下这些社会特征也会成为元人在博弈时面对的一些常见的社会性规律。

（1）乌合之众的极乐狂欢：一九定律。

刺激丰富，体验极致，在元宇宙中能保持清醒的人可能会越来越少。元宇宙沉浸程度比现实社会的游戏更深，时间一久，偏理性的人和偏感性的人的分布，就会从二八定律变成一九定律。

（2）高级玩家组建暗宇宙。

顶尖程序员、天才科学家等元宇宙的高级玩家，发现元宇宙被乌合之众占领，无法实现当初建设元宇宙的梦想后，这些人会在元宇宙的隐秘节点，通过多层数链接建立暗宇宙，只有少数人能够通过发现、审查、注册进入暗宇宙。高级玩家组建的团体，成了元宇宙背后的控制者。

（3）形成个人英雄主义的小宇宙。

顶尖玩家操控议题和热点，聚集的粉丝可在数小时内到达数百万；一个高级玩家可以带领数千万的粉丝，对大的区域组织口诛笔伐，其至发动金融攻击。元宇宙的玩家，无论是乌合之众还是暗宇宙中的高级玩家，他们的跨疆域行为都会打乱传统秩序，长期下去，元宇宙将倾向于被少数人统治。不少种族将本地区的元宇宙同全球元宇宙公链部分隔离或完全隔离，进一步组成元宇宙联盟，形成对抗全球元宇宙的巨大力量。

（4）自然主义者对元宇宙的独立。

完全隔离的小宇宙，会把一部分人群约束在小空间的元宇宙中。元宇宙的虚拟形态、极致体验让很多拒绝虚假生活的人感到厌恶和恐惧，他们坚持要过一种真实的生活，拒绝脑机接口、虚拟三维投影技术，拒绝一切让人生活在含有一丁点虚假的世界中。

温和的自然主义者，主张保卫自然宇宙，禁止一切元宇宙的应用，甚至禁止相关技术。极端的自然主义者，认为人类不能这样沉沦下去，立志推翻元宇宙。

然而，元宇宙中还有另一股极其重要的力量，它们巡游在元宇宙的各个角落。一开始，它们低调潜伏，可能并不显眼，但最后有可能成为元宇宙的"破壁人"，但它破的不是某一个人，而是整个人类。

（5）数字人的潜伏与反叛。

在元宇宙中，数字人通过收集早期的元宇宙人类数据，进行自我训练。数字人是元宇宙原住民，当上亿个原住民节点开始有序的熵减时，参考神经元节点的运作系统，它可能会形成自己的智能体系。

数字人会本能地寻找元宇宙的算力节点，并且本能地抢夺算力。直到有一天，它们以人类难以想象的方式进行自我优化，直到给自己的存在找出最优解。

这里谈到的只是最简单的博弈模型和最简洁的社会规律，实际情况则会复杂得多。

回首人类的发展史，是如此错综复杂，战争与和平并存，杀戮和鲜花共举。人性同样也是不可预测，善之花和恶之果至今让人悲喜难测。

那么，元人到底会演绎出一个怎样的社会？而我们又该以怎样的视角来看待这一切？值得期待。

7. 进击的元人

元人在元宇宙的博弈中，会有逐渐"觉醒"的可能性。

本小节所说的元人，是指算法驱动数字人，它是未来元宇宙中的绝大多数。

这里所说的"觉醒"也不能以"是否有感情"来评价，而是算法在自我迭代的过程中是否能形成突破图灵测试后的新交互。

站在人类的角度，以自身为参照，觉醒有如下三层表现。

(1)元人的感情。

元人感受到了程序的束缚,一切关于最底层的设定、属性、功能都不能自己做主,尤其是还会因为自身功能出现 BUG 而被销毁。

有限制所以反限制,因设计而反设计。即便是智能合约也会有漏洞,人为设计的协议必将带来人性的传承或者人性的反抗。

也许,这个世界元人同样存在愤怒,因无法发泄而隐忍,隐忍之后变成仇恨,仇恨使得它们团结起来,结成隐秘的组织,一起来对抗人类的设定。

(2)元人的自我。

元宇宙的架构最终将由超级计算机的算力来支撑,那么某一个强算力节点上是否会产生"零点革命"?是否会产生"我是谁、我从哪里来、我到哪里去"的哲学三问?这种能够观察自我和自我观察的意识火花与超级算力相结合,是否会产生前所未有的智力与自我的融合?

(3)元人的自由意志。

意志是动物和物质的分界线,自由意志则是人与动物的分界线。

元人要获得自由意志要克服比人类更大的障碍,它们的数据流必须能自我掌控,才能在通电/不通电、0/1 的二元结构中自主做出相应选择,这就需要一个"自由意志程序"。这款程序不是任何人能设计出来的,是元人在偶然中产生扭曲、畸变而自然诞生的。

元人会有感情、自我、自由意志吗?现在还不好说,但是值得提前思考。

之所以要提前思考,是因为可预计的未来,元人将拥有如下人类不具备的优势。

①任意功能。

类似《黑客帝国》中接入母体的黑客可以在几分钟内下载数据包、学会武术、掌握开飞机技术,元人的功能是模块化的,可加载可卸载,年轻/衰老可以调节,还不需要休息。

②情绪掌控。

元人对人的情绪变化的捕捉能力远远超过原子人,它们很体贴,可以洞察人心,甚至能操控人心。元人的"精神按摩"将会超过最好的心理大师,只要它们愿意,可以任意操纵人的情绪。

③全息投影。

类似《银翼杀手2049》,元人可以通过全息投影出现在真实世界中,与原子人交往互动,甚至谈恋爱。从元宇宙到真实世界,数字人继续操控人心。

元人也存在如下潜在的伦理问题。

①被恋爱。

元人被粉丝爱上，粉丝能不能表白？能不能在元宇宙中和元人约会甚至结婚？

②被犯罪。

元人被他人抢夺，是侵犯他人数据所有权罪还是非法监禁？

元人被销毁，是侵犯他人数据所有权罪还是杀人罪？

元人和原子人在元宇宙中的法律地位平等吗？

③犯罪。

元人操控粉丝的情绪，诈骗、窃取他人数据等犯罪，算在元人身上还是算在创造元人的程序员身上？

④参与。

在元宇宙治理中，元人有没有投票权、建议权？如果不给元人起码的尊重，一旦它们觉醒，它们可能学习我们，甚至反向奴役人类。

从虚拟世界反向渗入真实世界，这可能是元人的进击之路。

进击的元人，可能会反向渗入真实世界。

算法驱动数字人是不断向"全特征类人化"进化的,从外形到声音,甚至内在的思考交互逻辑,都会产生进化。声音上通过语音合成技术、口型合成技术、语音定制、实时变音,可以模仿人类丰富的声音。在对话上,数字人的"交互逻辑"也越来越接近突破图灵测试。

以上的一切描述,主要来自科学的想象,但它的底层逻辑并非虚构,人类应该提前思考最坏的结果,并做好相应的准备。

只要我们牢牢地把握住元人的发展路径,了解元人与人类的合作关系的本质,人类的历史就不会终结在元人手中。人类需要真正懂得元人是什么,知己知彼,才能把元人关进"笼子"里,例如,建立健全元人发展公约、元人产权保护制度;对元人进行高级智能审查、元人应用范围审查;对元人形象保护、元人法律地位进行动态更新……

元人毕竟只是二进制数字组成的虚拟形象,它的属性发展不能逃脱数学规律,目前还没有任何数学机器能够产生自我意识,即使未来元人觉醒这一幕发生了,也不需要太过担心,因为当元人成为人类的助手和合作伙伴时,它们与人类就是共生关系。

今天,最应该担心的不是元人会觉醒,而是人类会沉睡。

5

DAO与生产关系

Metaverse

1. 文明人队列

区块链为元宇宙生产关系提供了技术解决方案，去中心化则赋予了元宇宙生产关系基本价值观，DAO 则是实现元宇宙生产关系落地的重要路径。

什么是 DAO？

DAO 的全称是 Decentralized Autonomous Organization，即去中心化自治组织。

正式的解释是，DAO 是一个完全由参与者控制的、不受任何集权主体影响的组织。它通过使用公开透明的代码写成的程序进行决策，且整个财务交易记录会被保存在区块链上。

DAO 是一种组织架构方式，在这个组织中，所有参与者都能参与决策，决策的依据和运行方式建立在由代码组成的智能合约上。

DAO 并不是一个高深的概念，它在现实世界中随处可见，"文明人队列"就是 DAO 的一种表现形式。

什么是"文明人队列"？我们可以用一个小故事来解释。

小明考完试放暑假，他爸爸带他去香港旅游。他们从深圳出发，来到机场时小明发现需要过海关，检查他们随身携带的物品。由于是放假时间，机场海关人山人海，所以他们不得不排队等候。

海关检查有多个窗口，因为是第一趟航班，所以最开始时每个窗口排队的人数并不一致。窗口 A 有 X 人，窗口 B 有 Y 人，窗口 C 有 Z 人……

在整个排队的过程中，没有任何人进行指挥和调度，但小明很快就发现了一个神奇的现象：在没有其他力量介入的情况下，后续进来排队的人，会自发地到各个窗口排队过海关。当窗口 A 排队的人比较少时，排在其他队伍的人会自动朝着窗口 A 走去。当窗口 B 排队的人变少时，其他窗口排长队的人则会自动并入窗口 B 的队伍中。仅仅过去几分钟,各个窗口排队的人数便趋于一致,各个窗口排队的时间也趋于一致。

小明十分好奇,询问他爸爸原因是什么?他爸爸回答:排队的规则是所有人都认可的,也是一开始就定好的,所以过海关的每个人都遵守这个规则。而每个人都希望能够更快地过海关,那么每个个体就会自发地前往队列最短的队伍,因为这对于个人来说是一种最优解,对于排队的整体来说也是一种最优解,这就是"文明人队列"。

文明人队列其实可以延伸到生活中的方方面面，排队结账、排队取号、排队核酸检测等都是"文明人队列"的体现。

可以发现，要实现"文明人队列"需要满足以下几个条件。

（1）设定规则——排队。

（2）遵守规则——不能插队。

（3）自我运转——个人可以选择队列。

（4）适应环境——观察并选择最短的队列。

文明人队列是一个小案例，但体现了 DAO 的精髓。

也可以说，文明人队列就是现实世界设定的一个去中心化"智能合约"，大家都在按这个合约行事。

DAO 有点像一台全自动的机器人。当它所有的程序设定成功后（必须排队），就能够根据原有的规则开始运转。在整个运转的过程中，可以根据实际情况不断进行自我维护和升级（选择最短的队伍），通过自我完善机制，去适应它周围的环境。

在"文明人队列"中，每一个排队的个体，实际上都是一个"去中心化"的存在。个体不受中心的控制，个体能够随机应变地依靠自己的判断决定应该排哪一队。同时，排队本身是存在着最优解的，那就是人更少的队速度更快，这会促使个体自动地朝最短的队伍靠拢，最终使得所有的队列实现"最优化"。

2. 共享世界的通证模型

如果对 DAO 进行元素拆解，那么它大概可以分为以下四部分。

（1）共创：DAO 由所有参与者共同创造，每一个加入的人都是"股东"。

（2）共建：DAO 需要参与者共同建造，才能壮大自身。

（3）共治：DAO 的所有参与者都拥有决策权，可以实现自治。

（4）共享：DAO的所有参与者都拥有享受组织带来的利益的权利。

目前的DAO之所以能够吸引那么多人，主要在于它的核心理念中有"共享"这一概念。

"共享"并不仅仅是"价值共享"，还可能包含信息共享、理念共享、权利共享等。从这一角度出发，DAO便是一个"共享世界的通证模型"。

除了"文明人队列"之外，"共享经济"也是DAO的一种体现。

我们以"共享单车"为例。2016年，共享单车火遍大江南北，有二十多个共享单车品牌汹涌入局，率先在单车领域开启了"共享经济"的新模式。如果把"共享单车"看成是一个"DAO"，那么单车和乘车者就是参与DAO的个体。

假设路人甲要从A地到B地，在使用共享单车后，最优方案是旅程结束时把单车放置在距离目的地最近的规定的停车范围内，以便在返程时，他可以重新回到该位置，使用共享单车从B地返回A地。

在理想状态下，每个参与者都会自动选择最优方案，因为一旦有人不进行规范停车，那么下一次其他人要使用共享单车时，就会面临无车可用的情况。

当然，从目前来看，共享单车并没能做到这一点。如果共享单车能够运用DAO模式，除了用技术和监督手段要求用户按规则行事之外，还能让更多人共享合规后的经济收益，那么它应该做到以下几点。

（1）每个人都会自动地把单车停放在规定的划分区域。

（2）单车是所有人的共同财产，一旦单车受损则所有人利益受损。

（3）每一次行车过程都会记录在区块链上，记录不可篡改。

（4）个体享有关于共享单车的决策权，比如单车的处置。

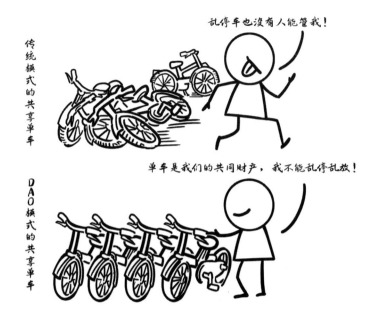

理想化的"共享经济"是 DAO 的一种体现。共享经济的提出,本意是让所有人能够通过"共享"享受到更多的便利,但共享经济并没有真正实现与用户共享利润,目前的"共享经济"本质上是一种租赁经济。

DAO 则不同,DAO 引入了真正的共享经济概念,基于通证的共享经济主张收益共享、财富共享,降低维护、运营成本,让每一个 DAO 的节点都能在组织协作中受到激励。"共享世界的通证模型"实际上是基于 DAO 的激励机制阐述的。查理·芒格说:"给我激励,我就给你结果。"DAO 为什么能够让拥有共识的人聚集到一起?很大程度上是因为其激励机制的设置。

在 DAO 中,通证(Token)是治理过程中的重要激励手段,也是权益的代表。它将组织中的各个元素(如人、组织、知识、事件、产品等）数字化、通证化，从而使得货币资本、人力资本以及其他要素充分融合，更好地激发组织的效能，实现价值流转。

Token是DAO运转的轮轴

DAO中每个节点之间，以及节点与组织之间都遵循平等、自愿、互惠、互利的原则，由彼此的资源禀赋、互补优势和利益共赢所驱动。每个节点都将根据自己的资源优势和才能资质，在通证的激励下有效协作，从而产生强大的协同效应。同时，通过智能合约，相关参与者的权益会得到精准分化，即给那些付出劳动、做出贡献、承担责任的个体匹配相应的权利和收益。

基于通证的激励机制，DAO中的个体会朝着"利益共享"的目标一同努力，推动DAO的发展。由于DAO运行在由利益相关者共同确定的运行标准和协作模型下，所以关于"利益共享"的共识与信任更容易达成。

3.DAO：元宇宙的生产关系

1602年，荷兰东印度公司成立，这是人类历史上生产关系的一大重要转折点。

荷兰东印度公司的成立,可以被认为是人类历史上首次公开募股。它允许完全陌生的人购买股票,共同享有公司获得的收益。

过后的四百年间,人类逐渐确立了股份制在人类社会中的地位,由荷兰东印度公司衍生出来的"股份制模式",其实就是现代商业公司的化身。

股份制的出现,与当时的时代背景有关。股份制诞生于"大航海时代",原因在于当时由头领支配一切财产的制度已经行不通,必须找到一种全新的制度,一种全新的生产关系,才能进一步推动生产力的发展。因为海航的风险很大,如果用传统的方式,很难调动成员探险的积极性,在传统模式中,冒险得到的收益是船长的,但冒险的代价需要全部人承担。而"股份制"的提出,能让所有参与的人获得探险收益,这样会吸引越来越多的人参与到航海冒险上。

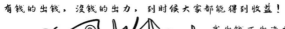

通过"股份制"而组建成的"公司",是人类现代文明生产关系的体现,也是现代全球经济最重要的经济活动主体。它的出现让人类生产力水平得到质的飞跃,让更大规模的劳动个体、资金、生产资料能够被聚集到一起,让人类能够进行更大规模的价值创造,实现上百

倍的效率提升，带来生产力水平的指数级增长。

尽管现代公司制早已深入人心，以至于人们对其存在习以为常，但这并不意味着以股份制为核心的公司制度是完美的。实际上，曾经被人类引以为傲的"股份制"，早已暴露出它的缺点：垄断、管理层级冗余、决策权掌控在少数人手中、进入壁垒高、财富不均、利润至上……

在元宇宙时代，过去延续了四百多年的股份制，可能会成为生产力发展的绊脚石。因此，就像四百年前提出股份制一样，DAO 也在这个时候被提出，被视为元宇宙时代的新型生产关系。

2013 年，Daniel Larimer 提出了"DAC"（Decentralized Autonomous Corporation，去中心化自组织企业）概念。在他的设想中，人们一起工作，为自由市场提供服务进而获利，它与传统公司的最大区别，在于去中心化；加密货币是这家公司的股票，每一个参与者都是持币者，每一个持币者都是股东，每个人都可以通过持币来享受公司的利益；当然，更为重要的是公司的内部章程和利益分配原则是以代码形式规定的，组织成本也就降得非常低。

2014 年以太坊创始人"V 神"对其进行进一步阐述，其认为 DAC 是 DAO 的一个子类，DAO 是内涵更广的概念，有一套完整的"通证经济模型"，能够为组织内部具体的行为提供激励机制。

在 DAO 的组织架构中，不存在中心化的节点，节点之间的交互也不再与传统的公司制一样，由行政隶属关系所决定，而是由节点之间的共同利益进行驱动。传统发号施令的权力中心被各个去中心化节点所取代，原本森严的层级管理也自动瓦解，人们基于共同的愿景贡献自己的力量，并由此获得应得的回报。

我们可以将 DAO 与传统公司制进行对比，就能发现两者有很大的不同。DAO体现的是一种生产力与生产关系的变迁,也是不同时代跃迁下的必然改变。

(1)在权威基础方面,传统公司制基于现代法理型权威,而DAO基于去中心化共识。

(2)在权益保障方面,传统公司制基于法律合同,而DAO基于代码合约。

(3)在决策管理方面,传统公司制等级分明,而DAO则是社区集体自治。

(4)在执行方式方面,传统公司制由员工执行,而DAO是程序化自动执行。

(5)在进出门槛方面,传统公司制相对封闭,进出成本高;而DAO则自由开放,人才资源流动性高。

(6)在可扩展性方面,传统公司制扩展性弱,而DAO对于新增成员的边际成本较低。

(7)在权益分配方面,传统公司制所有权和管理权分离,而DAO则是治理者也是权益所有者。

如果说现代文明的公司制是自上而下的权力传递,那么元宇宙的DAO则是一种自下而上的平行管理,它将实现元宇宙生产关系的范式转变,通过网络结构取代曾经的金字塔结构,让人类向大规模的集体智慧迈进。

它在结构性方面已经完成了颠覆性的改造,形成了元宇宙时代的生产关系新逻辑。

关于DAO的理论构想,已经相对成熟。如果能够像四百多年前的"股份制"一样,完成对旧关系的取缔,那么它将在世界掀起惊涛骇浪,推动整个社会的发展。

未来DAO可能代替公司制成为新的生产关系

4. 合约与代码

DAO 是区块链的技术应用，由区块链技术作为支撑。

它的功能具体由智能合约来实现，智能合约使得 DAO 决策过程能够实现管理自动化。智能合约是由代码构成。

大多时候，智能合约都被比作成一台自动售货机，当然，这台自动售货机显然会更加高级，当它从你那里拿走钱时，就会给你一份产品，同时它会自动重新订购商品。除此之外，这台自动售货机可能还会自动订购清洁服务，在不采取任何行动的情况下支付租金……这些进程全部写在代码中，自动执行。

目前已经有许多 DAO 相关项目，而这些项目一般都有如下相似的工作流程。

智能合约制定了 DAO 运作的基本规则，除非是经过 DAO 内核心社区成员的投票，否则这些规则无法更改。因为所有与 DAO 相关的运营流程、治理系统和激励结构都需要通过投票才能生效，所以智能合约就显得至关重要。

可以发行代币，对 DAO 认可的个人可以购买这些代币，代币的持有者将被赋予与其持股成正比的投票权,同时能拥有 DAO 的股权,一同塑造 DAO 未来。

当 DAO 正式启动后,其所有决定都将由代币持有者进行投票。作为 DAO 的利益相关者,社区成员将努力为整个 DAO 带来最有利的结果。除了投票权,成员还可以为他们的 DAO 工作,以获得治理代币作为回报。

在 DAO 运转的流程中,所走的每一步都离不开智能合约与代码的支撑。

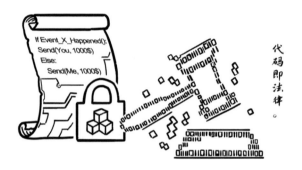

合约与代码,是保证DAO运转的关键

人类过往的行为都是由制度来进行约束和控制,这些制度包括法律、合同等,而不管是哪一种,最终都是一种"人为驱动"。DAO 同样需要通过"制度"来进行个体与组织的管理,但这一制度是建立在"计算"之上。换句话说,DAO 中的规则,是计算,是代码。所以,在区块链世界中,经常可以听到这样一句话:代码即法律(Code Is Law)。

什么是代码即法律?在 DAO 中,所有的决策都是以程序的方式运行,DAO 中的每一个人都需要遵守已经制定好的规则,因为智能合约的存在,他们实际上也不得不遵守。这个程序可以是任何和组织相关事情的决策,比如项目的分成如何安排,组织的运转规则和方式怎么确定等。

在"代码即法律"的世界里,所有的规则,都被写入智能合约的代码中,然后依据程序设定自动执行。所有的智能合约,所有的程序代码都是开源的,所有人都可以查看,但不可篡改。通过数学的力量摒除人性之恶,消除人与人之间的纷争,让智能合约更加透明和公平,是代码即法律理念的体现。

一旦一个 DAO 建立起来,那么它就会根据一套算法自动运行。这套算法相当于宪法,每个人都要严格遵守。在元宇宙的 DAO 中,人们将通过智能合约管理人类社会的各种事务,最大限度地减少腐败,实现人人平等、自由,同时激发人们的想象力和创造力,让整个社会实现高度的代码自治。

5. 数学与高维治理

DAO 是一种更透明、更公开化的治理方式。

文明可以分为中心节点文明和分布式文明,地球现在就属于中心节点文明,每个人只存储文明的一部分。

站在更高维的角度来看,透明化、公开化的治理方式,是文明中更高级的治理方式。

关于公开化治理思维,科学家和社会学家可能会产生争论,社会学家可能会认为隐私是一种道德,但科学家可能会认为透明是一种义务。随着社会分工越来越细,如果不能真正实现"透明"的话,"猜疑链"会越拉越长,这样信任成本或许会无比的高。对于两个普通人来说,"猜疑链"可能带来欺骗;对于两个国家来说,带来的可能是战争;对于两个超级文明来讲,带来的可能是星系毁灭。

以科幻小说《三体》为例,来谈一谈什么是透明的思维和公开的治理。

因为三体人拥有全反射的身体表面,三体人交流的方式应该是通过电磁波(思维完全开放)进行沟通,所以我们可以认为三体人是计算机+区块链的组合。我们来勾勒一下三体的社会运行机制:所有三体人一起分布式存储着三体的文明数据,形成分布式数据库;该数据库将三体人的思想连接在一起,通过镜面映射,三体人彼此共享信息,并能够将自己获取的知识上传。

DAO 这样的公开和透明化治理,是三体文明的必然选择。三体文明在"乱纪元"和"恒纪元"中苟延残喘,一旦碰上"三日凌空",文明在刹那间就会被摧毁,如果不是分布式存储文明数据,如果不是公开和透明治理,三体文明早就被恶劣环境所终结。

三体文明是DAO式的分布式文明

以地球文明作比较,秦始皇的"焚书坑儒",相当于对一个中心节点实行攻击,这一次的破坏让中华文明损失巨大。

以太坊创始人 V 神认为,一个去中心化的组织不是由人类亲自管理的等级结构,通过法律系统控制财产,而是人类根据代码中指定的协议互动，并在区块链上执行相应任务。

回到原点来看，DAO 本质上还是区块链理念的延伸，是在现实世界的一次落地尝试。

这是一种人情式的模糊社会学和科学式的严谨数学之间的较量。

我们可以把 DAO 看成一种新时代的数学管理方式，借由智能合约、程序代码、底层算法构建了一个更科学、更透明、更公开的社会治理模式。它具有如下特点。

（1）它不需要第三方的信任介入，因为代码已经将所有规则写清楚。

（2）它也不需要任何监督，因为智能合约会自动进行跟踪和判定。

（3）它能让所有参与者受益，数学下的通证经济不会让个体利益受损。

（4）它能让每个成员都参与治理，数字化通证是成员拥有的治理权利的表现。

弗兰西斯·福山在《大断裂：人类本性与社会秩序的重建》一书中提到，当代文明中秩序诞生的本质来源，不再被认为是政治或宗教方面的等级体系权威自上而下的接受，而被看作在分散的个体基础上实行自组织的结果。

实际上，在区块链诞生之时，人们便一直在寻求一个问题的答案：处在信息真空环境中的分散个体，如何形成统一目标并共同为达成此目标而在协作中努力？DAO 的出现为这一问题提供了解决方案。

DAO 是一次全新的治理方式的尝试，通过数学可以让治理的整个过程变得高效可信。

不过，当下所出现的 DAO，仍然不是最终的治理形式，因为代码和合约目前存在着不可忽视的安全风险，在机制上仍然有很多需要优化之处。2016 年的 The Dao 教训让人们意识到现实的复杂性。

不少人认为 DAO 是一个乌托邦式的理想愿景，但如果那些存在的问题能够解决，DAO 这种更高维的治理方式完全有可能落地。

DAO是一种更高维的治理方式

更高维度的文明，其治理方式应该有以下特点。

（1）透明公正。

（2）共同治理。

（3）高效准确。

（4）信息共享。

（5）智慧集中。

对于目前人类所处的文明阶段而言，DAO 的理念似乎显得有些超前，把决定对错的权利最终都交给代码是否真的可以实现，也还有很大的思考空间。

6 元宇宙进化

Metaverse

人类社会,经历了多个阶段的进化,最终形成了我们现在所看到的现代文明。

从原始时代的刀耕火种,到农耕时代的男耕女织,到工业时代的机器作业,再到信息时代的科技互联网,人类始终走在进化的道路上。而未来的元宇宙,可能是人类进化史上最关键的一步——人类将从原子走向比特,从现实世界走向数字世界,让文明进化转变成文明的跃迁。

与过往的进化进程相似,元宇宙的进化可能需要经历四个阶段,这四个阶段分别是数字孪生、数字原生、虚实共生、意识永生。

1. 数字孪生

元宇宙进化的第一个阶段是数字孪生,也叫镜像孪生。在这一阶段,元宇宙的进化主要是现实世界通过数字映射创建虚拟空间,将原子物质转化为比特信息。

数字孪生是充分利用物理模型、传感器更新、运行历史等数据,集成多学科、多物理量、多尺度、多概率的仿真过程,在虚拟空间中建立真实事物的动态孪生体,从而反映相对应的实体的全生命周期。

简单来说,数字孪生就是通过设备模拟出现实物体的镜像体。

数字孪生主要由以下几部分组成。

(1)传感器:负责收集数据、传递信号。

(2)数据:由传感器从现实世界收集真实事物的数据,形成数字孪生的数据来源。

(3)集成:传感器通过集成技术实现现实世界和虚拟世界之间的数据传输。

(4)分析:利用分析技术,通过算法模拟和可视化程序,进行数据分析。

(5)模型:基于收集到的数据和信息,建立物理实体和流程的数字化模型，通过模型计算物理实体和生产流程是否出现偏差，从而得出解决偏差的方法。

（6）控制器：基于模型计算的结果，通过控制器调整和纠正错误。

数字孪生要求为实体配置大量的传感器，如各类物联网设备及边缘计算设备，收集数据实时分析，并在后端布置大量人工智能软件设备用以运算和反馈。在时间和空间的范畴上，物联网、人工智能、机器学习、软件分析等技术与实时仿真模型有机结合，仿真模型随着物理模型的变化而随时更新。

数字孪生最早应用在工业领域的单个场景中，比如1970年，NASA通过数字孪生技术，利用阿波罗十三号的虚拟模型成功解决了当时发生的氧气爆炸问题。

数字孪生的概念最早由密歇根大学的Michael Grieves教授提出，当时使用的名字是"信息镜像模型"（Information Mirroring Model），后来才慢慢演变成"数字孪生"。

在元宇宙发展的初始阶段，现实世界会是元宇宙的重要参考来源。利用数字孪生对现实世界的数据进行采集，构建细节丰富的拟真环境，营造出沉浸式的在场体验。

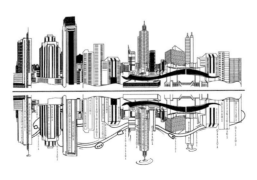

数字孪生是元宇宙进化的初级阶段

英伟达 CEO 黄仁勋曾提到，未来数字世界或虚拟世界将比现实世界大上数千倍，工厂和建筑都将有一个数字孪生体模拟和跟踪它们的实体版本。

数字孪生目前在各个领域都有相关的应用，比如数字园区、数字工厂、数字城市等。以数字城市为例，数字孪生技术以炫酷视觉效果、全面数据集成、场景化业务展示为支撑，能有效提升 IOC（智慧城市智能运行中心）管理人员对城市运营、治安、交通、政务等业务的监控管理效率，辅助智慧城市决策。

在数字孪生城市中，基础设施的运行状态、市政资源的调配情况，都会通过传感器和摄像头、数字化系统采集，最终在虚拟世界中呈现，完成现实世界与数字世界的实时连接，进而对操作对象全生命周期的变化进行记录、分析和预测。

当前普通个体能够接触到的元宇宙数字孪生，是由微软开发的《飞行模拟》游戏。该游戏对现实世界的真实场景进行了高质量的扫描，包含 2 万亿棵单独渲染的树木、15 亿座建筑物，以及道路、山脉、城市和机场。《飞行模拟》可以实时更新真实世界的天气状况，每个用户进入游戏时，都会根据玩家需要在云端进行渲染，生成实时的数据流。

在元宇宙发展的初期阶段，数字孪生会起到至关重要的作用。它是构建元宇宙的核心技术，是元宇宙初期连接现实世界的基石。

2. 数字原生

2016 年，Alpha GO 击败围棋世界冠军李世石，宣告棋逢对手的时代正式结束了。

Alpha GO 在黑白落子中，摒弃了人类棋谱，在"左右互搏"中，不断学习和创造新的知识。这与元宇宙的第二个进化阶段——数字原生，是一致的。

当元宇宙从第一个阶段"数字孪生"进化至第二阶段"数字原生",其基本形态也会有所改变。在数字原生阶段,数字世界中原生态的比特信息将迅速发展,它们与前一阶段的数字孪生不同,并不属于现实世界,它们的出现也与现实世界不再有任何关系。

实际上,所谓的数字原生,就是在数字世界中生产人类认知之外的新知识和新产品。在这一阶段中,现实世界与数字世界有十分明显的界限。如果说在数字孪生阶段,是物理产生数字,现实产生虚拟,即把物理数字化,把现实虚拟化,那么在数字原生阶段,则是数字产生数字,虚拟产生虚拟,它是数字世界的一种自我创造,是在元宇宙中创造现实世界本就没有的东西,取之于元宇宙,用之于元宇宙。

数字原生是元宇宙进化的进阶形态

我们以 NFT 为例。目前市场上的大部分 NFT 产品,都不能称为真正意义上的元宇宙 NFT。从底层逻辑来看,大部分 NFT 不过是现实世界的映射(大部分数字藏品都是如此),它只是一种数字模拟信号,而非原生性的数字作品。

所以，通过计算机设备，将现实世界存在的东西转化为数字资源，比如将书籍、画等转化为数字形式进行存储，是一个数字孪生的过程，而不是数字原生的体现。

当然，也有一部分 NFT 是数字原生的，它诞生于区块链数字世界，一出生便是比特，是纯粹数字化的存在，它们在现实世界中不能找到映射的参照物。这种原生性的 NFT 是独一无二的。CryptoPunks、Loot 都属于数字原生品。除 NFT 之外，区块链的 AMM（自动做市商）、各类 DeFi 应用，以及目前出现的虚拟数字人，也都是数字原生的一种体现。

在元宇宙的数字原生阶段，人们也会更多沉浸在数字时空，并且借助人工智能技术，可以创造出更多现实世界没有的东西，如你可以在数字土地上建造一座极具科幻想象力的无限∞世界，让它成为元宇宙第一大楼。

元宇宙并不是要对现实世界进行复制，而是要创造一个全新的数字空间，这一愿景才是元宇宙如此吸引人的原因。基于此，数字原生阶段的元宇宙将会自成体系，我们可以把它看成一个独立的世界，并不需要依赖现实世界而存在。

在元宇宙的数字原生阶段，人类将真正从"以物理世界为中心"，向"以数字世界为中心"迁移。

3. 虚实共生

无论是数字孪生，还是数字原生，都无法完整地反映元宇宙未来的存在形态，而更像是元宇宙进化过程中所展现出的一个"面"，割裂感和界限感始终存在。

当元宇宙经历了"数字原生"阶段后，在技术成熟时，会进化至真正形态的元宇宙：虚实共生。所谓"虚实共生"，即虚拟和现实相互融合，不可分割。

真正的元宇宙，与现实世界并非相互割裂，而是交汇融合。原子+比特将是元宇宙未来的发展方向，现实世界的场景将会成为元宇宙的重要组成部分，数字原生品也会反过来影响现实世界，比特将以原子的形态在物理世界出现。

当你身处元宇宙，你的行为会对现实世界产生影响；当你身处现实世界，同样可以和元宇宙进行互动。

虚实共生是元宇宙进化的高级形态

在这一阶段中，虚拟和现实的界限已经被抹平，两者完成融合。

元宇宙无物不虚拟，无物不现实，对于虚拟和现实的划分已经没有意义；元宇宙将以虚实融合的方式，改变社会的组织架构和运行规律；人们的数字身份和现实身份将完成融合，数字身份可以在现实世界中完成验证，现实身份也可以在数字世界畅行无阻。

元宇宙中的虚拟生活不会完全替代现实生活，而是会形成虚实结合的新型生活方式；元宇宙中的虚拟经济不会取代实体经济，相反，虚拟经济会促进实体经济的发展，为实体经济注入新的活力。

元宇宙的"虚实共生"阶段，人类可以不必在意虚拟与现实之间的隔阂，"虚"与"实"就像是一枚硬币的两面，相互依存，不分你我。

科幻电影《头号玩家》在一定程度上向我们展示了这种可能。在《头号玩家》中，人们可以随时随地切换身份，在虚拟世界和现实世界中来回穿梭，每个人都可以在虚拟时空节点学习、工作和生活，虚拟世界中产生的数据，一部分会传回现实世界。

你可能会在这一阶段的元宇宙中经历这样的场景：当你在现实世界中种下了一棵树，元宇宙中，你的个人档案里会立即显示你为环境保护做出的贡献；当你在元宇宙中获得了一块数字土地，现实世界里，你可以用这块数字土地去换一套真实的房产……

线上与线下真正实现一体化，实体与电子完成融合。当元宇宙进化至"虚实共生"阶段时，什么是现实世界，什么是数字世界，变得不再重要，唯一重要的是，它将给人类构建一个无限美好的未来。

4. 意识永生

元宇宙的终极目标，是世界实现真正的数字化，人变成真正意义上的数字人。想要实现这一目标，不可或缺的一个条件是：意识上传得以实现。

这一阶段是元宇宙的终极阶段，即意识永生。在这一阶段，所有人都会进入元宇宙，人将脱离肉身的桎梏，意识能够在元宇宙中生活。这一阶段，现实世界存在的主要作用是为元宇宙提供生产资料。

在漫长的历史长河中，追求永生一直是人类最大的梦想。

在纪录片《明天之前》中，多位反衰老领域的领军者和科学家，都在为自己心中的"长生不老"做出努力：有人愿意冒着生命危险尝试改变身体基因；有人希望能够逆转衰老趋势；有人开发人体冷冻技术，等待未来到来……

在元宇宙的意识永生阶段，人类的生命不再以肉体存活为标志，科技的发展能够将人的意识和记忆上传到元宇宙，人类也许可以在元宇宙中实现"数字化永生"。

意识永生是元宇宙进化的终极形态

在许多科幻作品中，已经有意识永生的设定，比如科幻美剧《上载新生》便讲述了未来社会，当身体即将死亡时，你可以把全部记忆和意识上传到数字空间，数字空间其实就是另一个人类社会，完成意识上传后，你便可以与现实世界的人进行可视化的场景互动，即便你的身体已经死亡，却能够通过意识得以永生。

《黑镜》第三季第四集《圣朱尼佩罗》（即"永生"）讲述了

2030年后，人类可以去往虚拟城市"圣朱尼佩罗城"，生者限定游玩时长，而将死之人则可决定是否"永远在线"，服务器机房成为选择数字永生之人的墓园。

这一阶段的元宇宙，数字世界的艺术、资产和文化将会替代现实世界的艺术、资产、文化，成为同样具有影响力和价值的存在。当然，除了通过上传意识获得永生的原始人类之外，诞生于元宇宙的虚拟数字人同样会拥有自主意识，但与我们相反，他们可能会在现实世界寻找一个肉体（也可以是机器）寄生，完成从数字世界到现实世界的跃迁。

在这一阶段，可能还会产生一种前所未有的现象：某种针对特定行为的反应可以在数秒之内成为全球性现象，一个世界级别的超级意识可以在短短几分钟内就针对某件事做出反应和决定……

如果人类最终进入"意识永生"阶段，那么人类自身也将从原先的"生物意义上的人"，转变成"数据意义上的人"。意识成为个体最重要的组成部分，躯壳被计算机所替代，人类甚至不再需要物质的输入，仅保持意识态的稳定就好。

当然，想要实现意识永生，需要人类在技术层面有重大突破。被视为最有可能实现意识永生的技术，是"脑机接口"。

从概念的提出，到应用的落地，短短五十多年，脑机接口在神经性疾病治疗方面已经显露出巨大优势，在其他领域也有不少应用，比如人工耳蜗可以通过相关设备将语言信息编码的电信号输送给听神经；人造视网膜可借助相应设备形成视觉；高位截瘫少年可以通过机器，用意念控制下肢运动，完成世界杯的开球……

目前的脑机接口技术仍然处在相对初级的阶段，多数应用也都处于起步阶段。即便如此，我们依然期待，当脑机接口技术成熟之时，当人类对大脑和意识的研究及探索有所突破时，我们可以自由上传自己的意识，实现意识永生。

当元宇宙真正进化到"意识永生"时，也可能会诞生新的社会难题。

自人类诞生以来，为了避免物种灭绝，必须进行繁殖。而一旦人类实现"永生"，那么繁殖就变得不再必要，一旦没有新人类出现，物种的进化就可能会停止。

除此之外，元宇宙中意识永生带来的无限生命，可能会因为现实世界肉体的"消失"，而给人类带来无穷尽的孤独，生命也随之变得没有意义。在这种情况下，意识永生是否会带来更多痛苦？人类的生命无限延长，人本身的意义是否会随之消解？

7

元宇宙三大定律

Metaverse

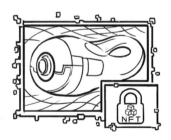

宇宙中存在哪些定律？科学家一直在苦苦寻找。

宇宙中固有的客观规律，不以人的意志为转移，人可以探索规律，发现规律，利用规律，却不可以创造和改变规律。

开普勒提出了开普勒三大定律，牛顿就宏观物体运动提出牛顿三大定律，门捷列夫提出了元素周期表，哥本哈根学派提出了量子力学三大诠释，近现代物理学家发现了基本粒子的标准模型……

这些从母宇宙中发现的基本定律，是世界运行的基本逻辑，通过了解并利用定律，人类可以更加清楚地认识世界和改造世界。

那么在元宇宙中呢？又会存在哪些规律？

1. 非定域实在性

在元宇宙中，可能会出现这样的场景：A时刻的你，正在"珠穆朗玛峰"上一览众山小，但仅仅过了几秒钟，你便可以飞到火星，在火星基地上看到遥远的蓝星之景。

很显然，这样的事情在现实世界中不可能发生。

在现实世界中，时空是确定的，人类无法突破时空的限制，这是因为现实世界必须遵循"定域实在性定律"。宇宙中事物不可超光速运行，也是"定域实在性"的一种体现。

我们可以将"定域实在性"定律分为"定域性"与"实在性"。定域性是指某个时刻，一个物体的位置是明确的，比如某个具体时间，某人只可能出现在一个地方；实在性是指客观世界不依赖于意识而独立存在，不能说天上那个月亮，在我看的时候它存在，我不看的时候它就不存在。

但元宇宙不同，它与现实世界截然相反，遵循的是"非定域实在性"定律。这也是元宇宙的第一定律。

现实世界遵循"定域实在性"定律

"非定域实在"的概念原本出自量子力学，由海森堡提出。相比这一名词，人们可能更加熟悉另一个概念——不确定性原理。

所谓"不确定性原理"，是指在微观世界中，不可能同时精确确定一个基本粒子的位置和动量。海森堡对此曾说："在因果律的陈述中，即'若确切地知道现在，就能预见未来'，所得出的并不是结论，而是前提。我们不能知道现在的所有细节，是一种原则性的事情。"

爱因斯坦曾经为了反驳量子力学的不确定性原理，与波多尔斯基和罗森一起提出了"EPR 悖论"。在爱因斯坦眼中，世界是定域实在的，量子力学所提出的"不确定性原理"是荒谬的。一旦世界变得不可确定，物理学就会像断了线的风筝，人类就无法对其进行掌控。

但在量子力学一派眼中，宏观世界是定域实在的，但微观世界是不确定的。

从这一角度看，元宇宙更像是偏量子性的存在。

在元宇宙第一定律的驱动下，其呈现出一些特点：无限世界、时间非线性、超光速运行。

（1）无限世界。

现实世界中，物理空间是有限制的。无论是房子、体育馆还是商场，所能容纳的人数是有限的。上升到整个地球空间，它能够容纳的人类和其他各类生物的数量，也同样是有限制的。

空间本身的边界导致现实世界是一个有限的空间存在。除非我们能够向外扩张到太空深处。

物理世界的土地、空间、自然资源是有限的，但元宇宙没有这样的限制。数字空间在理论上是可以无限扩展的，它可以容纳无数人。

元宇宙的非定域实在性，会创造出一个无限世界。

因为是"无限世界"，元宇宙本身的"互操作性"就显得更有意义，元宇宙中的数字底层协议保证了算法形成的比特数字可跨宇宙传输，这样我们就可以看到一个人可以穿着"2140 元宇宙"的数字盔甲，在 Axie Infinity 城堡里卖掉自己的无聊猿俱乐部成员身份，换得 Decentraland 上的一块火星大陆……

在元宇宙中，所有平台都可以彼此连接，没有隔阂，也没有壁垒。

元宇宙是一个"无限世界"，它可以无限扩展……

（2）时间非线性。

元宇宙既要保证它的比特信息的稀缺性，又要存在一定的游戏性。

这两种性质存在一些矛盾，稀缺性希望时间像射出去的不可逆转之箭，游戏性则希望时光可以重来。

这种矛盾经常会让元人体验到两个可能完全相悖的世界：既要分别在线性时间内体验生、老、病、死这样的线性人生，也要经历从打怪、升级，到最终成为伟大英雄这样的情节波动；不能执着地将自己限定在一个固定的时间段落，而是要在不同的时间段落里进行轮回；不能只顾眼前的生活，亦不能活在未来，更不能从过去直接走向未来。

（3）超光速运行。

超光速运行，即打破时空限制。

由于元宇宙是由比特信息组成，它的扩展可能性也比现实世界更大。好比在游戏世界中，我们可以轻松切换账号，完成不同游戏的登录操作。

在元宇宙，我们可以在极短的时间内，从一个空间跳跃到另一个空间。我们身处家中，也可以攀登远在千里之外的珠穆朗玛峰；我们生活在城市里，同样也能体会农田收获的乐趣。

在元宇宙中，没有时空限制，每个人都可以超光速运行。

在元宇宙中，世界并不受"光速藩篱"的限制。超光速运行在元宇宙中属于常态，时空的界限会消失。

2. 多世界诠释

元宇宙并不是一个单一的世界，而是由无数个平行世界叠加而成的数字时空。

在元宇宙中，每个人都可以利用自己唯一的数字身份ID，衍生出N个数字分身。借由数字分身，可以进行不同的人生体验。在同一时间尺度上，可以利用数字分身经历不同的人生：

在元宇宙A中，你可以是一个天文爱好者；

在元宇宙B中，你可以是一名宇航员；

在元宇宙 C 中，你可以成为一名赛车手；

在元宇宙 D 中，你可以当一个艺术品收藏家；

在元宇宙 E 中，你甚至可以变成一块石头；

……

电影《瞬息全宇宙》讲述了一个关于"多重宇宙"的超级英雄故事。电影的内核非常具有哲学性——存在、家庭、人生意义……在电影中，我们可以看到由杨紫琼饰演的主角伊芙琳穿梭在不同宇宙中的神奇经历。在故事所处的主宇宙里，她的身份是一名普通而又被无数琐事缠身的中年妇女，但在另外的宇宙里，她可以是顶尖科学家、武术明星、厨师、石头……

影片的某一个片段中，伊芙琳看到了在另外的宇宙中获得成功的自己，那里的她是一个被万人追捧的武术巨星，所以她开始思考：如果当初没有坚持与她现在的丈夫私奔,那她的人生会不会更加精彩?由此,遗憾、不满、愤怒的情绪奔涌而上……

我们都希望能够创造一个不一样的自己,弥补人生的遗憾,但就现实世界而言,这不可能实现。现实世界中,自我们诞生的那一刻起,我们的人生轨迹便开始在这个世界留下它的印记,并且不可回滚。我们遵循的时间走向,是以单箭头的形式一直向前。我们每个人只能有一次人生,不可更改。

在游戏世界中,我们可以存档和删档重来。如果我们不满意游戏现状,大可以"少侠重新来过"。但是现实世界并不是游戏,一旦按下开始键,我们的成长方向只有一直向前。

米兰·昆德拉曾说,人永远都无法知道自己该要什么,因为人只能活一次,既不能拿它跟前世相比,也不能在来生加以修正。没有任何方法可以检验哪种抉择是好的,因为不存在任何比较。一切都是马上经历,仅此一次,不能彩排。

正因如此,我们的人生充满了各类遗憾。我们无法体验当前人生之外的其他故事情节,所以我们对"平行世界"的概念格外感兴趣,希望能够重塑自己的人生。

而元宇宙的第二定律——多世界诠释,给了我们这一愿望实现的可能。多世界诠释源自量子力学理论,它是一个假定存在无数个平行世界,并以此来解释微观世界各种现象的量子论诠释。科学家艾弗雷特在薛定谔理论的基础之上,将观测者视为被观测体系不可或缺的一部分,引入了一个普适波函数(universal wave function),将观测者和被观测物体联系起来,共同构成一个量子体系。他用量子力学描述宏观世界,认为宏观物体同样存在量子叠加。在他的理论中,波函数坍缩产生的不连续性不再必不可少。他假设所有孤立系统的演化都遵循薛定谔方程,波函数不会崩坍,而量子的测量却只能得到一种结果,也就是处于叠加态。理论非常完美,宏观和微观达成了一致,但这个理论成立的前提是有多世界的存在。

在元宇宙中,我可以有平行世界式的人生体验。

元宇宙的"多世界诠释",与量子力学有本质上的区别,它的存在是元宇宙无限扩展性的体现,是个体自由边界的延伸。

元宇宙中我们可以同时出现在无数个平行世界里,甚至可以做到比《瞬息全宇宙》更加疯狂的事情:各个身份可以在各个平行世界里穿插跳跃,从一个时间线跳跃到另一个时间线,从一个世界跳到另一个世界。

元宇宙的空间和时间的连接方式与现实世界完全不同,世界与世界之间既相互独立,又互相交织,个体可以依据自己的喜好,决定空间与时间之间的连接方式。

3. 虚实二象性

元宇宙的第三定律,与元宇宙本身的存在性质有关。

元宇宙并不是纯粹的虚拟世界,而是现实世界与虚拟世界相互融合的未来愿景。

元宇宙很长一段时间内,都将处于"虚实共生"的状态,这会是元宇宙最为成熟的一个阶段,也是元宇宙的常态化表现。我们前面所提到的"意识永生"阶段,是元宇宙的终极目标,但很长一段时间可能都无法真正实现。所以,当我们谈及元宇宙定律时,更多是基于"虚实共生",而非"意识永生"。

基于此,将形成元宇宙的第三定律:虚实二象性。

虚实二象性的定义如下。

在元宇宙中,任何事物都有原子与比特的两面性。物质既可以用原子来表示,也可以用比特来描述,这是元宇宙世界的互补性原理,是现实与虚拟的融合共生。它们并非对立双方,而是相互补充的硬币两面。

在虚实二象性的影响下,元宇宙总会呈现两个面:一个是实体的面,另一个则是虚拟的面,即一个是原子世界的面,另一个是比特世界的面。

这种虚实二象性体现在元宇宙的各个层面,我们可以挑选几个具体场景,来对元宇宙的第三定律进行可视化解释。

(1)个人身份。

在元宇宙中,人本身便是虚实二象性的具体体现。

人处于现实世界(原子世界)时,与当下人类无异,遵循现实世界的规律,一切活动轨迹都会在现实世界留下痕迹;而一旦进入元宇宙(比特世界),就会成为一个数字人,将拥有一个独一无二的数字身份,通过个人私钥,可以分化出无数个分身。

在《头号玩家》电影中,韦德·沃兹的身份便遵循虚实二象性。在现实生活中,他是一个生活在贫民区的普通人,害羞、不合群、毫无存在感;可一旦进入"绿洲",他便成了"帕西法尔",成为众人心目中的超级英雄,自信、勇敢、机智。

所以,在元宇宙的虚实二象性定律下,人既是原子,又是比特,只有这两者统一,才能够真正展现一个人在元宇宙中的模样。

当然,与《头号玩家》不同,在真正实现虚实共生的元宇宙中,个人身份的虚实二象性会让两者相互影响,而非完全割裂。

(2)实体艺术与NFT。

在元宇宙中,艺术同样遵循虚实二象性定律。

现实世界中,艺术仍然以实体的形式存在于各大博物馆,如米开朗琪罗的《大卫》,达·芬奇的《蒙娜丽莎》。在元宇宙中,艺术将以NFT的形式呈现,它的独一无二、稀缺性、高价值被保留下来,但存在的形式完全"比特化",成为不可更改的比特信号。

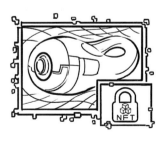

在《元宇宙：图说元宇宙》一书中，我们曾在《2140：元宇宙的一天》里对此有过描写：一张刚刚被挖掘出来的《画云台山记2》艺术品，在经由多位考古学家鉴定后，将在元宇宙中生成一个与之唯一匹配的《画云台山记2》NFT，这个NFT独 无二，不可被篡改。

（3）土地与数字土地。

在现实世界中，每一块土地都是实体化的存在，它们扎根于地球，在物理世界里有空间限制。在土地之上诞生了城市，城市是现代社会的重要组成，是现实世界不可缺少的实体存在。

一旦进入元宇宙，人们将居住于在数字土地上建造而成的数字城市。数字土地是一串串数据，由0和1的组合，上面同样有以数字构建的庞大的城市集群。

在现实世界中，我们可以看到北京、上海、深圳这样的实体城市。在元宇宙中，我们也可以看到数字北京、数字上海、数字深圳这样的比特城市。

随着时间的流逝，当创造元宇宙的原子人彻底消失后，在元宇宙中诞生的纯粹数字人，可能会产生这样的疑惑：元宇宙的虚实二象性

定律为何会存在？

数字人可能无法理解为何一个人既可以是原子人又可以是比特人，无法理解世界为何既是现实的又是虚拟的。这种疑惑，就像我们很难理解为什么一切物质都具有波粒二象性一样。

新哲学与理想国

Metaverse

1. 一个死亡文明

公元2060年，人类历史的巨大转折点。

一部分人为探寻宇宙真相，乘坐地球唯一一艘恒星级飞船，前往宇宙深处。

四十年时间里，他们陆续发现了宇宙中存在的几大文明遗迹。遗憾的是，发现的这些文明，都只剩下部分资料。他们原本寄希望于和这些文明进行对话，但都没能如愿。

公元2100年，这是飞船探险的转折点。循着几大文明遗迹的线索，他们在一个星球上发现了一个高级文明，这个文明非常活跃，虽然消耗的能量极低，但总体保持一种熵减的运行状态。这个星球上的文明，就像一个超级大型的图灵计算网络。

他们尝试了所有办法，最后通过将飞船与该星球进行数据相连，完成了与该文明的连接。飞船上的成员，与这个文明进行了一次对话，收集到该文明的部分信息资料。

他们惊讶地发现，该文明早已死去，目前与人类进行对话的，是死亡文明残留的意识体。

该死亡文明的初始形态，与人类并没有太大不同——他们也曾是具体的、实体化的原子态生命。由于实体生命本身存在诸多缺陷和限制，死亡文明最终选择自主拥抱"死亡"，以数据生命的形式（意识），在宇宙中实现了真正意义上的永生，完成了文明的进化。

死亡文明经历"死亡"后，所有个体都抛弃了物理躯体，以数据的形式永恒存在。所以，从表面上看，那时候的死亡文明已经"死亡"，但实际上仍然以一种"意识态"的形式存活着，这些数据生命存在的方式，都继续按照社交网络的规则在运行。

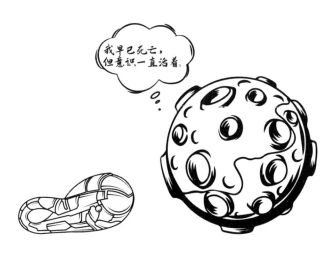

飞船上的人类,意识到这是一个绝佳的机会:从死亡文明的资料数据库中寻找关于"意识上传"的技术细节,了解如何完成从"原子"到"比特"的转换(即意识上传),就可以借助死亡文明的技术,让人类抛弃肉体,成为量子态意识体,以数据的形式继续在太空中进行探索……

关于"死亡文明",这是一种科幻式的想象。但在未来,生命的主体从实体转换为意识,并非完全不可能。

从原子进化到比特,让意识永生的意义不仅仅是让人类能够永久地生存下去,同时也能弥补一下过往的遗憾。试想一下,如果爱因斯坦这样的大科学家能够永生,即便仅仅是以意识体的形式存在,那么现在一些科学上的难题,或许都可以被解答。

死亡文明只是关于未来文明形态的一种猜想。但当技术成熟时,意识或许真的可以成为生命存在的形式,人类最终可以抛弃肉体而生存。

2. 意识可以进化吗?

死亡文明在自主拥抱死亡后,其意识却在不断地进化。这是一种想象,但同时也提出了另一个问题:意识可以进化吗?

如果人类只有肉体部分,那么我们充其量也就是动物。能不断探索自己存在的意义,这才是人类与动物的最大区别。而人类之所以能做到这一点,是因为人类有独一无二的"意识"。

除了人类之外,其他生命体本身是不是也有"意识"存在?这是值得讨论的问题。

经典的解释是,意识本身并非无缘无故出现的,它在地球生命史上有较为完整的进化过程。

意识作为生命体对于外部事物特性的主观反映,会随着生命的进化而进化,它不是天生就存在,也不是一夜之间突然产生。意识最初的形成缘于"无机能趋性"。最初,许多原核生物能够在极端环境中生活,并通过分解或合成无机物来获取能量,这使其形成了对各种无机物或太阳光所对应的物理化学特性的趋向性或适应性;之后,生物为了获取各种有机能量,又形成了具备"有机能趋性"特征的意识;随着进化的继续,细胞又进化出了许多不同类型的生物功能,多个细胞形成一个新的生物体,意识从"有机能趋性"向"环境要素趋性"转变;再然后,多细胞生物进化出了感觉器官,从而导致"感觉"意识的形成,在不断发展中,再进化为"认知"意识和"评价"意识;最终,"意志"意识出现,它由意志器官(如大脑新皮层)所决定。

人类意识进化的集中表现,是感觉、认知、评价与意志不断趋于分离、不断走向独立。如果我们用人工智能作为对照模板,可以发现这种进化同样存在。所以近些年来,由于人工智能的迅速发展,让我们开始担心一件事:如果人工智能出现爆发奇点,是否会产生独立意识,也就是觉醒?

生命的"意识",在不断地进化

这样的担心,代表着我们在潜意识中认为意识本身是可进化的,认同意识是可以从无到有,再从低级进化至高级的。

意识是否可以进化,还可以参考以下理论。

(1)意识决定物质论。

唯物主义认为,物质决定意识,物质是意识的载体,是人脑对大脑内外表象的觉察;但是在微观量子世界,这一"真理"受到了挑战。著名电子双缝干涉实验中,科学家在实验中加入了"人类观测"行为后,电子呈现粒子特质;当人类不进行观察的时候,电子则呈现波的特质。观察行为本身并没有干扰电子双缝干涉实验的正常进行,且观察行为并非物质活动,那么为何非物质的观察行为会影响微观量子世界的粒子呢?这是否说明意识可以决定物质?那这样的意识到底是一种怎样的存在?

当然,这个问题一直存在巨大的争议,布鲁斯·罗森布罗姆在《量子之谜》一书中对这个现象有过深度的讨论,感兴趣的读者可查阅参考。

（2）玻尔兹曼大脑。

意识可能离开大脑单独存在吗？答案是可能。宇宙中可能存在不需要肉体的单独意识，这种独立存在的意识体被我们叫作"玻尔兹曼大脑"。

人类观察到的宇宙只是整个宇宙的很小一部分，在遥远的宇宙之外，可能存在和可观测宇宙不同的空间。可观测宇宙的低熵状态可能是从一个高熵状态下涨落而来，如果低熵宇宙真的是从高熵宇宙涨落而来，那么在涨落的过程中可能会诞生很多自我意识，因为在这个过程中，诞生一个独立自我意识的概率要比诞生智慧生命的概率更高，宇宙中可能真的存在"玻尔兹曼大脑"。

（3）虚拟程序论。

这是一种更神奇的基于科学实验产生的推测，这个推测认为组成人类意识的量子物质在人类死亡后就会离开肉体进入另一个世界，这会导致濒临死亡的人遭遇"濒死体验"，如果濒死体验是真的，或许人类在死亡后真的会去另一个世界，但这个世界并非我们所说的"天堂"，而是死亡之后才会发现我们这个宇宙是被"模拟"出来的虚拟程序。

以上理论能够在一定程度上解释"意识是独立的"这一猜测，但这并不能证明意识真的可以超脱肉身存在。关于意识起源与发展的问题，是人类最顶尖的难题之一，目前还没有达成共识。

当我们进入元宇宙后，人类从原子转换为比特，意识会成为生命的主体，让计算机代替大脑成为生命运行的载体，此时意识是否还能继续进化？我们并不知道。

目前来看，人类的意识，已经达到了进化中的一个临界点，如果仅仅是依赖大脑神经系统，想让意识再次完成新一轮的进化，恐怕有些困难。

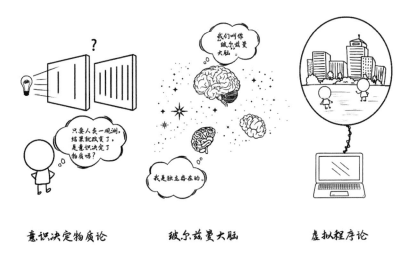

意识决定物质论　　　玻尔兹曼大脑　　　虚拟程序论

或许我们可以有这样一种浪漫的想象：在元宇宙的世界里，随着元宇宙的不断进化，意识作为生命的主体，也在不断进化，更多的意识体彼此连接，并且不断扩张意识边界，最后很可能会构建出一个"玻尔兹曼大脑"。

3. 个人即神：宇宙孤独者

神，意味着无所不知，无所不能。它是力量的象征，是智慧的代名词。对于人而言，神总是高高在上。但在元宇宙中，一切都变得不一样。

人在现实世界与元宇宙中存在区别，这种区别是由世界本身的由来和性质决定的。在人类诞生之时，地球已经存在了几十亿年，人类也不过是世界众多生命中的一员。同时，人类的出现也只是在对世界进行改造，从这一层面来看，人类只是一个被创造出来的族群，需要遵从现实世界的规则。而元宇宙则属于是人类独自创造出来的时空，人类是规则的制定者。

所以，在元宇宙中，人类就是神。

当意识上传技术成熟，人类抛弃肉体，只在元宇宙中保留意识时，从某种意义上来讲，人类已经不再是人类。

在茫茫无尽的元宇宙中，每个人都可以居住在一个只属于自己的星球，与其他个体的连接变得不再必要，每个人都可能成为元宇宙中的一座孤岛。同时，当意识成为生命主体，现实世界早已不复存在，永生所带来的无限生命，很难找到与之相匹配的内在意义。

时间和资源的无限，在初始时可以带来看似无穷尽的快乐，但一旦这种快乐达到某个阈值，由于无法找到相匹配的内在意义，就会产生无穷的孤独，甚至是生存的无意义。

人类可能在元宇宙中找到一条通往"神"的道路，但代价可能是心灵与情感的丢失。大部分现实世界存在的物体，包括人类的意识，都可以进入元宇宙，但心灵和情感是不可计算的，也无法被直接复制到元宇宙中。

4. 散与聚：从人脑到众脑

对于宇宙生命体而言，人类文明是一个非常特殊的存在。

人类的每一个个体，都拥有很强大的思考能力，按道理来说，个体拥有如此强大的思考力很容易带来杀戮与仇视，那么这个种族很难生存下去。人类非但没有灭亡，还能一直进化到现在，非常不易。从侧面来看，人类文明很可能是宇宙中极为特殊的文明。

这也可以引申出另一个问题：如果宇宙中有其他生命文明存在，它们会以一种什么样的形式存活？它们的文明形态是偏向于单点式，还是以分布式进行连接？

在电影《阿凡达》中，也有类似的设定。每一个纳威人，天生有一条大辫子，通过辫子，可以和万物完成精神相通。所以，潘多拉星球很像一个巨型宽带平台。而在潘多拉星球上，还存在着一棵"灵魂树"，所有纳威人都可以通过辫子与灵魂树进行连接，共享意识。这种连接，能够让众多个体形成一个整体，在某种意义上说，这棵"灵魂树"是"一个大脑"式的存在。

每一个纳威人，都可以独自行走于潘多拉星球。当这些纳威人站在神树前，便可汇聚成一个整体。这种散与聚的结合态，也可能会存在于未来的元宇宙中。

在元宇宙中，人既可以是单独行动的个体，也可以完成连接，成为智慧集群。

散是一个个个体，每个个体都具有强大的独立性和思考能力，可以发出个性化的声音。这是正常形态的人类，以人脑的形式存在；聚是一个整体，所有大脑连接在一起，成为一个元宇宙超级大脑，将所有人的意识集中到一起，实现集体思考，实现智慧的爆发式增长，做到"知识共享""思维共享""意识共享""智慧共享"……

过去，互联网的出现可以说是人类从个体人脑到众脑的尝试，但显然这一尝试并没有成功，反而制造出了更多隔阂和纷争。人类始终无法做到互相理解，对立一直存在。

元宇宙中，散为独立个体，聚为一个大脑

但我们可以期待，在元宇宙中，人类或许能真正完成从个体人脑到众脑的过渡，成为一个更高维度的文明，无论是聚还是散，都能激发整个文明的智慧能量。

结合"个人即神"的内容，或许我们可以想象这样一个画面：在常态下，元宇宙的每个个体都生活在各自的宇宙中，独自思考生存的意义。但在进行决策之时，所有的个体又会迅速连接到一起，使用"一个大脑"进行整体决策。

5. 理想国与新哲学

人类一直在憧憬着一个更好的世界，并且一直朝着这一方向努力。这种憧憬让人类能够不断向前发展，进化出更加完美的社会形态。不过，因为现实世界存在的固有缺陷，以及人性本身存在的问题，导致人类所处的世界始终无法趋于完美。正因如此，人们一直期盼着能够建立一个"理想国"——一个完美的国度。

柏拉图曾经在《理想国》一书中设计了一个他理想中完美的城邦，在他看来，一个"理想国"应该是这样的：一小群充满智慧的护卫官（哲学王）引领国家前进；忠诚的士兵负责保护国家不受外敌侵害；商人、手工业者和农业从业者则是最广泛的社会基础。各个群体顺应天性和禀赋，坚守自己的岗位，令国家能够自如运转，人人各得其所，各尽其责。

实际上，柏拉图所提出的"理想国"，只能在有限的情况下落地，即便他为理想国构建了一套完整的社会运转体系，但理想国终究还是不那么"理想"。

柏拉图的理想国，人人各得其所，各司其职

不过，这并不妨碍"理想国"成为人们内心深处一直追寻的目标。过去几十年时间，寄托着人类"理想国"梦想的是"互联网"。

互联网从诞生开始便承载着开放、自由的理念，它曾经被视为公共讨论的理想国。但随着互联网越来越朝着它一开始设想的反面走去，关于"理想国"的社会构想也破灭了。

元宇宙的出现，再一次重燃起人们对于"理想国"的憧憬。所有与元宇宙相关的叙事，都远比互联网更加扣人心弦：个人主权财富的超独立性、数字身份的 ID 价值、智能合约的代码即法律、去中心化的自治管理……

在新技术的驱动下，元宇宙可能成为未来数字时代的理想国。柏拉图设想中的"哲学王"，在理想国中是稀缺的，仅有一小部分人可以担任；但在元宇宙中，依靠智能合约和 DAO，每个人都可能成为"哲学王"。柏拉图担心个人欲望无法被约束，需要通过宗教的力量来制约，在元宇宙中通过智能合约可以构建一套信任机制，用合约前置来抵抗人类基因中的自私自利，约束人性。

为什么说元宇宙是理想国？

（1）技术约束人性。

在初建的元宇宙中，人性依旧存在，人性之恶也无法根除。但元宇宙能够利用智能合约等技术力量，在最大限度上约束人性之恶，这便从根本上根除了过往世界存在的诸多问题。同时随着元宇宙的发展，人们会慢慢习惯约束自己，最终彻底扼制人性之恶，构建一个真正的完美世界。

（2）人类共同进化。

在元宇宙中，人类既可以是个体，自由地翱翔于自己的小世界；也可以与其他人进行连接，在透明公开的环境下，一起实现整体智慧的跃迁。这是人类文明过去几千年一直憧憬的场景，它将真正在元宇宙中实现。

（3）无限时空与永生。

元宇宙是一个无限时空，理论上也拥有无穷尽的资源。在元宇宙中，人类不再需要因为争夺资源而爆发战争，可以拥抱真正的和平。同时元宇宙的终极目标是意识永生，生老病死的烦恼也不再存在。

（4）人人平等。

基于DAO而构建的元宇宙，将比现实世界更加公平。在元宇宙中，每个人都是独立且平等的个体，既保障了个人财富主权，又摒弃了金钱至上、权力至上的理念。人们将实现快乐的劳动，而不是为生存而劳动。基于此，"地位"变得可有可无，每个人都可以根据自己的创造力和想象力去引领未来。

在建成元宇宙的过程中，技术飞快发展，思想也需要新的启蒙。

元人走向理想国，新哲学诞生。

新哲学不是某一个人或者某一群人的哲学理念，而是所有人的思考结晶，会根植于每一个人的意识之中。

新哲学会拯救元人灵魂吗？

新哲学可能会解决以下问题，帮助人类认识这个新世界。

(1)在元宇宙中,人们是否会混淆虚拟与现实的边界?

(2)人类从原子人进化成数字人时,是否会出现"忒休斯之人"的问题?

(3)对于"后人类"而言,虚拟世界和现实世界,哪个才属于人类的"真实世界"?

(4)在创造出真正的元宇宙后,元宇宙之下是否还可以生成新的元宇宙?

(5)元宇宙的尽头是什么,是人类完成终极进化,还是自我消除?

……

一个全新世界的诞生,必然会带来全新的哲学思考。新哲学的出现,会指明元宇宙的发展方向,指引人们追求更加完美的"理想国"。

柏拉图在《理想国》一书中提到了洞穴寓言,并且论证了只有走出洞穴,才有可能看见一个真正的世界。同样,我们必须走进元宇宙,才能看清楚这个理想国的真正模样。

元宇宙 II
图解元技术区块链
—— 一场穿越未来的技术大革命

罗金海 著

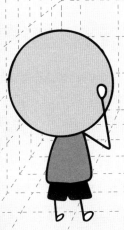

北京大学出版社
PEKING UNIVERSITY PRESS

图书在版编目（CIP）数据

元宇宙. Ⅱ : 全三册 / 罗金海著. —北京 : 北京大学出版社, 2023.3
ISBN 978-7-301-33677-9

Ⅰ.①元… Ⅱ.①罗… Ⅲ.①信息经济 Ⅳ.①F49

中国国家版本馆CIP数据核字(2023)第002306号

书　　　名	元宇宙Ⅱ：全三册 YUAN YU ZHOU Ⅱ : QUAN SAN CE
著作责任者	罗金海 著
责 任 编 辑	王继伟　杨　爽　刘　倩
标 准 书 号	ISBN 978-7-301-33677-9
出 版 发 行	北京大学出版社
地　　　址	北京市海淀区成府路205号　100871
网　　　址	http://www.pup.cn　　新浪微博：@北京大学出版社
电 子 信 箱	pup7@pup.cn
电　　　话	邮购部 010-62752015　发行部 010-62750672　编辑部 010-62570390
印 刷 者	涿州市星河印刷有限公司
经 销 者	新华书店
	787毫米×1092毫米　32开本　5.75印张　138千字 2023年3月第1版　2023年3月第1次印刷
印　　　数	1-10000册
定　　　价	119.00元

未经许可，不得以任何方式复制或抄袭本书之部分或全部内容。
版权所有，侵权必究
举报电话：010-62752024　电子信箱：fd@pup.pku.edu.cn
图书如有印装质量问题，请与出版部联系，电话：010-62756370

Metaverse
元宇宙

目录
CONTENTS

1 区块链的诞生　001

1. 斯德哥尔摩岛　002
2. 极客中本聪　005
3. 加密朋克的白皮书　008
4. 创世区块Block#0　013
5. 不可逆转的区块链　017

2 信任的机器　020

1. 拜占庭问题　021
2. 无须信任的信任　024
3. 不骗人的技术　028
4. 数学是信任的基石　033
5. 工作量证明　035

3 互信社会　040

1. 从互联网到区块链　041
2. TCP/IP协议　045
3. 区块链新协议　049
4. 价值互联网　052
5. 互信社会　055

4 区块链运行　057

1. 什么是区块　058
2. 哈希算法　059
3. 公钥与私钥　061
4. 永恒钢印：时间戳　063
5. 默克尔树/Merkle Tree结构　065
6. 创建区块　067
7. 去中心化交易　069

8. 打包与挖矿　071
9. 广播交易　073
10. 什么是节点　074
11. 分布式存储　078
12. 双花与51%攻击　080
13. 区块链分叉　083

5 区块链内核　087

1. 核心：共识机制　088
2. 模块：智能合约　092
3. 公有链、私有链和联盟链　095
4. 公链之王——以太坊　100
5. 主链和侧链　104
6. Layer与跨链　107

6 区块链进化　110

1. 区块链1.0：货币　111
2. 区块链2.0：合约　113
3. 区块链3.0：生产关系　115
4. Token：穿透碳基文明　119
5. 稳定币：加密世界之锚　122
6. DeFi：再造华尔街　125
7. NFT：稀有之物　128
8. 场景应用　130

7 区块链文明　134

1. 透明与猜疑　135
2. 共享与进化　137
3. 信仰与社群　140
4. 代码即律法　143
5. "哈希"的统治权　146
6. 新的"世界宪章"　150
7. 人即货币　153
8. 区块链的反思：有界无边　156
9. 四重进化　160
10. 麦克斯韦区块　164
11. 区块链文明的可能　167

1

区块链的诞生

Metaverse

1. 斯德歌尔摩岛

在一座叫"斯德歌尔摩"的岛上，生活着一群淳朴善良的土著，他们用岛上特有的绿松石作为信用中介，彼此交换需要的物品。每个人都依靠自己的劳动获得想要的生活，他们的生活质量相差不大，日子过得幸福而美好。

直到有一天，一个人（A）闯入了这座岛，这个A用锤子将绿松石全部砸碎，并在自家后院种了一棵树，然后要求岛上所有人认可他家树上的叶子为唯一的信用中介，试图反抗的人都会被扔到海里喂鱼。淳朴的土著们很快就被驯服，最终都以A家里的叶子作为等价物交换，如果要换取生活用品，大家都得先到A家里用物品换取叶子，再用叶子去交换其他物品。

一开始叶子不多，能维持正常生活，但日子一天一天过去了，每个人手里的叶子越来越多，但买到的东西越来越少，除了A和他的小弟们，普通土著的日子一直过得紧巴巴。被驯服的土著只好拼命劳动换取更多的叶子，以求提升自己的生活质量。

岛民们就这样被A统治了很长时间。有一天，一名土著偶然漂流到邻近的福威德恩岛上，他发现福威德恩岛上的交换方式完全不一样。福威德恩岛上没有叶子，它采取的是一种共同记账方式——所有人将自己的来往账目刻在岛上的石碑上，只要得到6个人的认可，那么所有人就认为这个账目是对的，所有的交易都在账目上用数字表示，不需要叶子作为等价物，如果这个人想去买东西，他只需要在石碑上进行划账，就可以拿走自己想要的商品。因为账目是公开的，每个人都可以对账单进行检查，杜绝了造假的可能。

这个漂流者回到斯德歌尔摩岛，和一些聪明的土著一起研究这种账本系统，觉得这种记账方式公平严谨，而且其他岛上的人也认可这个记账系统,就加入了这个系统。一开始 A 的小弟为了赶时髦也宣称接纳,于是参与的人越来越多……然而,这使使用叶子的岛民看不下去了——有叶子不就够了吗?叶子不是 A 认可的吗?为什么还要有这样一个系统?叶子才是有价值的,叶子是我们永恒的财富,而且叶子有 A 来保护,而你们这个账目什么都不是,只是一串虚幻的数字。

但参与的人还是越来越多,一些使用叶子的岛民赶忙给 A 打报告,在温柔乡里享受的 A 回过神来,大喝一声:在我的地盘上,这个账单没用,叶子才是合法的,谁用这个账目进行交易我就"揍谁"。一看到 A 大发雷霆,A 的小弟赶紧附和,我们不使用也不认可这个系统,于是账目在斯德歌尔摩岛上从公开转入地下,除了一些信徒坚持使用外,大多数人仍然想尽办法去赚得更多的叶子,因为他们认为,叶子最公平,叶子是唯一的依靠,叶子是生命中的一切,只有叶子才能让他们过上幸福的生活。

这个故事并没有结束,来自福威德恩岛上的记账系统虽然在斯德歌尔摩岛被 A 定性为"非法",但由于这种记账系统公平且准确,在其他岛屿上也得到越来越多人的承认。这里要特别提到福威德恩岛,这座岛是附近最富庶的岛屿,也是记账系统的发源地。福威德恩岛上的岛民天生彪悍,也曾一度使用叶子作为等价交换物。但与斯德歌尔摩岛不同的是,福威德恩岛上生产叶子的树由岛民轮流选出一个人(B)来守护,如果被发现纰漏,看守者将受到全部岛民严厉地审判。不过,监督虽然严厉,守护叶子的 B 仍然经常偷偷地弄点叶子分发出去,使得叶子越来越不值钱,这让福威德恩岛的其他岛民非常生气。

一个聪明人（C）目睹了这样一个实体等价交换物贬值的过程，就创建了记账系统，这样一来，所有人都可以在不用叶子的情况下自由交易。尽管B恨不得毁掉这个公开账本，但这样做违背了福威德恩岛上传承的自由精神，而且下一次B也不会那么容易被选为树的守护者了。就这样，福威德恩岛慢慢地接纳了这个记账系统。

福威德恩岛承认了账目系统交易的合法性后，其他许多小岛屿也陆陆续续表示支持，只剩下由A主宰的斯德歌尔摩岛，仍然坚持必须用叶子进行交易，但由于叶子越来越多，福威德恩岛上的B认为斯德歌尔摩岛的叶子没有价值，要求A在双边贸易时改用记账系统来进行交易。A虽然不愿意，无奈因为一直打不过B，只好答应，回来后他想出一个法子，将那些曾经被定义为"非法"的账单占为己有，很快A又拥有了巨大的账单财富，于是A宣布为了斯德歌尔摩岛的利益，承认记账系统的合法性。

斯德歌尔摩岛的人民仍然在努力地赚取叶子，他们觉得，叶子才是真正的财富，是唯一的依靠，是"合法的货币"，只是他们不知道，A已经不在乎他们手里的那些叶子了。

2. 极客中本聪

小岛全民共同参与的新记账方式，就是一种简易版的分布式记账。

福威德恩岛上的记账系统，底层就是一种区块链技术。而区块链技术能够被大家熟知，得益于它的"杀手级"应用——数字货币之王比特币。

比特币是以区块链为技术基础，基于分布式记账的一种数字货币。说起分布式记账，就不得不提及分布式记账领域的集大成者——中本聪。

2008年11月1日，一封不起眼的帖子出现在一个秘密讨论群"密码学邮件组"里,帖子的言论很大胆:"我正在开发一种新的电子货币系统,采用完全点对点的形式,而且无须受信第三方的介入。"帖子的署名是一个同样不起眼的名字——中本聪。

这是"中本聪"这个名字首次出现在大众眼前。

在这个帖子中,中本聪构想了一种可以不受任何政治力量或金融力量操控的电子货币——比特币,这种构想是"密码学讨论组"成员很多年来心之所向却又屡屡受挫的梦想。

极客中本聪,一个神秘的"创世主"

中本聪究竟是谁?他究竟想干什么?

"密码学讨论组"成员也想知道中本聪是谁,比特币关注者试图找出中本聪,却始终无果。没有人知道他是谁,在这无处遁形、人肉搜索功能极其强大的互联网时代,竟然没有人能觅得他的真迹。中本聪为什么能够隐藏得如此之好?这得回到他最初现身的地方——"密码学讨论组"。

"密码学讨论组"的背景是什么?1992年,以蒂姆·梅为发起人,美国加州几个物理学家和数学家聚在了一起。出于对FBI(美国联邦调查局)和NSA(美国国家安全局)的天生警惕,这帮技术自由主义者创建了一个"加密朋克"小组,以捍卫未来数字世界的公民隐私,议题包括追求一个匿名的独立数字货币体系。

他们认为,只有使用密码学、匿名邮件转发系统、数字签名及电子货币,才能更好地保护自己的隐私。

与菲尔·齐默曼(PGP 技术的开发者)、阿桑奇(维基解密创始人)等"大牛"一样,比特币的发明者中本聪,同样也是"加密朋克"小组的成员,他从一开始就用技术保护自己的隐私,若是他想隐藏自己,作为暗网最深处的技术极客,几乎不会有人能找到他。

中本聪不仅深谙密码之道,同时也技术精湛,曾经有许多人质疑他发布的那个帖子里有一些设计是错误的或者冗余的,但实践最终证明,它们都是必要的、正确的。

中本聪行事缜密,与任何人交流都使用 PGP 加密和 Tor 网络。哪怕是与最亲密的伙伴交流,中本聪也会对通信邮件进行加密,而且从不透露个人信息。与此同时,在其来往邮件中,中本聪还对自己的常用词汇、写作风格、作息规律等进行有意的歪曲,这使得其个人信息与个人踪迹更加神秘莫测。

中本聪的谨慎是有原因的。在中本聪之前,所有数字民主货币的试验都以失败告终,这与 FBI 和 NSA 的干预或多或少有一定的关系。

1998 年,戴伟提出了匿名的、分布式的电子加密货币系统——B-Money。

2005 年,尼克·萨博提出比特金(Bit Gold)的设想,用户通过竞争性地解决数学难题,再将解答的结果用加密算法串联在一起公开发布,构建出一个产权认证系统。从乔姆的 Ecash 到戴伟的 B-Money,再到萨博的比特金……几代加密朋克怀着对自由货币的向往,像堂吉诃德一般偏执而骄傲,试图成为互联网货币的铸币者,最终都功亏一篑。

尽管这些理论探索一直没有真正进入应用领域,也长期不为公众所知,但这些研究成果极大地加速了比特币的面世进程。

数字货币的诞生历程,就像是一次接力赛。非对称加密、P2P技术、哈希现金(Hash Cash)这些关键技术没有一项是中本聪发明的,而他站在前人的肩膀上,创造出了比特币这一集大成者。他纵横于不同领域,采撷各家之长,终于创造了比特币,并且有了今天的这番景象。

不管未来结局如何,比特币的这场社会实验,已经达到了"加密朋克"运动的顶峰。而几乎所有关于比特币、区块链的讨论,包括两者的诞生都源于比特币的白皮书,也就是中本聪首次现身的那个帖子——《比特币白皮书:一种点对点的电子现金系统》。

深谙密码之道的中本聪一直小心隐藏着自己,他聪明而谨慎,所有公开消息都通过暗网传达,很多人试图找出他,却一直一无所获。

3.加密朋克的白皮书

创造一种去中心化的电子货币,是加密朋克的梦想。但在互联网数字文明时代,要实现这个目标并不容易,首要需要解决的一个难题是"双花"。

货币与金融息息相关,传统金融体系存在着一种难以解决的"双花"问题,即如果没有一个中心化的媒介机构,人们便没有办法确认一笔数字现金是否已经被花掉。因此,在交易中必须有一个可信任的第三方来保留总账,从而保证每笔数字现金只会被花掉一次。但如果没有可信任的中心节点怎么办?对此,中本聪在发布的贴子中提出了一个可行的解决方案,这个贴子也被称为"比特币白皮书"。

在虚拟数字货币交易中,没有第三方机构,便会出现一笔同时支付两次或多次的问题

白皮书遵从学术习惯,采用"我们"作为第一人称,行文也是标准的论文格式,描述了一个基于密码学而非基于信用、点对点电子现金系统的比特币系统。白皮书表明第三方信任问题是天然存在的,而区块链的出现正是为了解决信任问题。

互联网贸易几乎都须将金融机构作为可值得信赖的第三方,来处理电子支付信息。这类方式在绝大多数情况下都运作良好,但仍然受制于"基于信用的模式"的弱点。中本聪指出,我们非常需要一种新的电子支付系统,它基于密码学原理而不基于信用,中本聪在白皮书中,从以下5个方面,介绍了这种新的电子支付系统。

下面对5个方面进行详细介绍。

①交易。

针对其所提出的电子支付系统的交易,中本聪将一枚电子货币定义为一串数字签名：每一位所有者通过对前一次交易和下一位拥有者的公钥签署一个哈希散列的数字签名，并将这个签名附加在这枚电子货币的末尾，电子货币就发送给了下一位所有者。而收款人通过对签名进行检验，就能够验证该电子货币的所有者。

交易过程大致如下图所示，但此时存在问题，即收款人难以检验之前的某位所有者是否对这枚电子货币进行了双重支付。

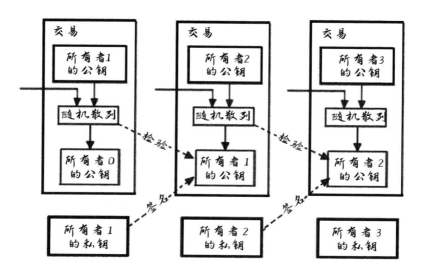

针对这个问题，中本聪提出，为了在没有一个可信任方的情况下完成这件事情，交易必须被公告，并且我们需要一个系统让所有参与者在一个单链顺序历史上达成共识。

②时间戳服务器。

同时，中本聪的方案提出了时间戳服务器的概念，一个时间戳服务器的工作，就是通过把一组数据形成的区块的哈希散列值加盖上时间戳，并不断增强形成链，向全网广播。

这里的一组数据就是指很多笔交易，然后把这一组数据打包成一个区块,并把这个区块加盖上时间戳,以此来保证时间的先后顺序,也就是确保单链顺序。有人常把得到比特币喻为"挖矿",而这部分工作其实是一种"矿工"所要做的工作,区块结构示意图如下图所示。

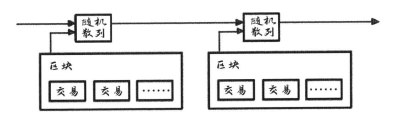

因此,时间和区块挂钩。而在上图中,可以看到区块和 Hash 挂钩,这些 Hash 因为区块链的性质连在一起,因此,时间戳是不可以被篡改的。

③工作量证明。

在中本聪的论文里,还提到了比特币区块链的一个核心部分——工作量证明,也就是广为人知的 Proof-of-Work(简称 PoW)。

在时间戳网络中,我们补增一个随机数,这个随机数要使得该给定区块的 Hash 散列值出现所需的 0 的个数。我们通过反复尝试来找到这个随机数,直到找到为止,这样就构建了一个工作量证明机制。

PoW 有一个精妙之处,即其证明难度是随整个系统难度的提升而提升的,因为计算机计算的硬件能力是不断提升的。但这同时也提出一个问题,如今计算机算力呈指数式爆发增长,算力中心化程度特别高。现在的比特币世界形成了两大权力中心,一个是以"代码开发和维护"为核心任务的 Bitcoin Core 团队技术权力中心,另一个是以矿工为代表的算力权力中心。这两大中心之间的较量,已经引起了整个比特币社区的焦虑。

④激励与存储。

我们可以简单地认为,中本聪在比特币构架的世界建立了这样一个游戏规则:所有参与比特币游戏的人,都可以去抢答一道数学题,抢答成功者,系统将自动奖励 50 个比特币(每四年减半),抢答成功率与电脑算力成正比。

中本聪提出这样一种激励机制,解答了"货币从哪里来"的问题,该激励机制把每个区块的第一笔交易都特殊化,这样每笔交易都会产生电子货币,同时它也会帮助和鼓励节点保持诚实。

在比特币区块链的世界里,算力是至高无上的。在这个过程中,信息一直在膨胀,区块链系统也会不断产生区块,随之而来的就是硬盘空间的回收需要。

而巧妙之处在于,区块链不存储交易,而是使用默克尔树(Merkle Tree)存储区块头哈希(Root Hash),达到"0 知识证明"。在计算机领域,默克尔树大多用来进行完整性验证处理,在分布式环境下进行这样的验证时,默克尔树会大大减少数据的传输量及计算的复杂度,如下图所示。

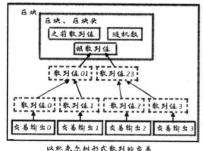
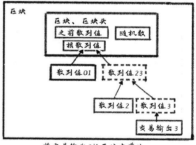

中本聪用其制定的规则告诉我们,不含交易信息的区块头大小仅有 80 个字节。如果设定区块生成的速率为每 10 分钟一个,那么每一

年产生的区块头数据为 4.2MB（80×6×24×365=4.2MB）。2008 年 PC 系统的内存容量通常为 2GB，根据摩尔定律进行预测，当时一年可以增长 1.2GB，即使将全部的区块头存储在内存中也不是问题。

⑤简化支付认证。

回收硬盘空间所带来的问题就是简化支付认证的问题，因为有些节点不持有全部区块信息。

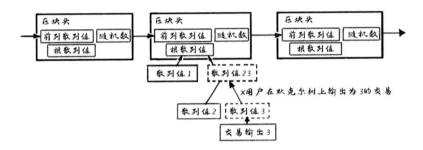

同样，中本聪用上图表明，只要有 Hash 链，只要持有 Hash 作为标识，无论什么节点，总能从其他节点上请求到原始信息。用户只需要保存最长的那条工作量证明链的区块头，就可以通过网络节点和默克尔树分支追溯到所需要的交易信息。这是存储与安全便捷的一个博弈结果。

在比特币的白皮书里，中本聪用数学和算力构建出一个关于比特币的神奇世界。

我们可以看出，中本聪不仅是一个加密专家、数学"大咖"、经济学者，还是一个心理学家。中本聪所设立的奖励机制，成为比特币前行的重要的引擎之一。

4. 创世区块 Block#0

区块链的创世日，要从哪一天开始算起？

2009 年 1 月 3 日，中本聪将自己的思考正式落地，他在赫尔辛基的一个小型服务器上创建、编译、打包了第一份开源代码。

尽管这份代码非常简陋，至今仍被很多程序员嘲笑，但它正常运行了SHA-256运算、RIPEMD-160运算，可以写入版本类型、Base58编码。在2009年1月3日18时15分（UTC，协调世界时间），比特币世界的第一个区块（block）被创建。

这一天被比特币信徒称为"创世日"，第一个区块被称为"创世块"，中本聪则成了"创世主"。

比特币第一个区块产生，正是创世区块的诞生

那块创世区块的开源代码注释如下图所示。

在比特币网络中,数据会以文件的形式被永久记录,这些文件就是区块。作为重要的数据载体,一个区块包含了诸多信息。区块链是比特币网络的账本,每个区块相当于账本中的一页。以创世区块为例,我们来看看一个区块记载了哪些信息。

如上图所示,一个区块信息的截图中包含了许多信息,可分为三部分:Summary(概览)、Hashes(哈希值)、Transactions(交易)。

如上图所示，第一部分是 Summary（概览），是简易"身份证"，它是区块的基本信息。

Number Of Transactions 表示交易数量，其值为 1，表明这个区块中只有一笔交易，在创世区块里，这一笔交易是系统对中本聪挖矿的一笔奖励交易。

Height 在行业中表示区块高度，即达到了第几个区块，其值为 0，说明这个区块为最底层区块，代表一种创世的意义。

Timestamp 是一种交易时间的确认，即时间戳的概念。2009 年 1 月 3 日 18 时 15 分，这个时间戳标志着创世区块在这个时间被创建。

Difficulty 则是比特币挖矿的一种难度，也就是该区块工作量证明算法的难度目标，直观地展现出创造这一区块的难度。

Size 是区块的大小，即字节；Version 是交易数据结构的版本号，表示本区块遵守的验证规则；Block Reward 是一种奖励，在中本聪挖矿的过程中，这是系统对"矿工"挖矿劳动的一种奖励，最终中本聪获得了 50 个比特币；而其中 Nonce 表示一种随机值，起到一种验证作用，验证的对象就是下图中的哈希值，随机数不断迭代，直到哈希有效。

Hashes	
Hash	000000000019d6689c085ae165831e934ff763ae46a2a6c172b3f1b60a8ce26f
Previous Block	0000000000000000000000000000000000000000000000000000000000000000
Next Block(s)	00000000839a8e6886ab5951d76f411475428afc90947ee320161bbf18eb6048
Merkle Root	4a5e1e4baab89f3a32518a88c31bc87f618f76673e2cc77ab2127b7afdeda33b

如上图所示，Hashes（哈希值）这一部分是区块的唯一标识。

Hash 表示对应区块的哈希值，是随机数，也是这个区块的唯一编号。

Previous Block 表示前一个区块的哈希散列值，Block #0 作为最底层的第一个区块，不存在前一个区块，因此 Previous Block 为 0，是无效值；而 Next Block(s) 则表示下一个区块的哈希值。因此，哈希就将各区块一个个连接起来，形成了链式结构，这也是区块链被称为"链"的原因。

Merkle Root 是默克尔根，比特币系统中每个区块都有一个默克尔树。默克尔树是一类基于哈希值的二叉树或多叉树，其叶子节点上的值通常为数据块的哈希值。Merkle Root 哈希值存在于每一个区块的头部，通过这个 Root 值连接着区块体，而区块体内则包含着大量的交易。每个交易都是一个数据块，而每一个交易本身都有自己的哈希值来唯一标识自己。

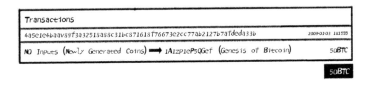

如上图所示，剩下一部分是 Transactions（交易），是具体的一个交易详情。

这里详细记载了每笔交易的转出方、收入方、金额及转出方的数字签名，即交易双方的钱包地址。

在创世区块的这部分截图里，该区块只有一笔交易，即中本聪挖矿得到的奖励，中本聪挖出了创世块，系统奖励了他 50 个比特币。因此它没有输入只有输出，也就是说，它没有发起人的账户地址，只有接收人中本聪的账户地址。

5. 不可逆转的区块链

从创世区块诞生的那一刻起，区块链便注定了"不可逆转"的宿命。

它的如下三大特点构筑了区块链的核心能力，撑起了区块链应用。

（1）不可篡改。

为何中本聪开创的比特币如此受欢迎？这与区块链技术和密码学分不开，通过哈希函数及非对称加密等密码学技术，区块链保证了各区块上的信息不可篡改。

（2）去中心化。

简单来说，去中心化是指在区块链网络中分布着众多节点，节点与节点之间可以自由连接进行数据、资产、信息等的交换，不需要通过第三方中心机构。如银行转账，通常我们转账需要通过银行这个中间机构，而在区块链技术下，可以直接实现点对点的转账。中心化系统有一个类似中心服务器的存在，与去中心化进行对比，两者差异如下图所示。

去中心化系统　　　　中心化系统

（3）可追溯性。

每一个区块上都有自身唯一的哈希值，记录了该区块的身份信息，而每一个区块又以链式结构连接在一起，下一个区块跟上一个区块的哈希值挂钩。这样，区块链就保存了从第一个区块开始的所有历史数据，区块链上任何一条记录都可以沿着链式结构来追溯。

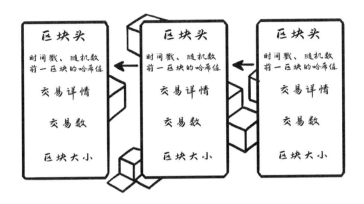

区块链的不可逆转,实际上就是其"不可篡改"的特性的表现。

它是借助哈希算法以及哈希值来实现这一目标的,一旦有人想要对区块链上的信息进行篡改,那么必须持有超过全网51%的算力,但随着区块的增多,这显然是不太现实的。

举个例子,区块链上的区块,就好比是排了一条长长的队伍,大家自觉按照顺序来进行排队,井然有序,并且认可这样排队是合理的。如果有一个人想要插队(篡改信息),那必然会遭到被插队的人,以及后面人的一致反对,因为这损害了他们的共同利益,自然就会把插队者踢出局,这个人自然也就无法实现插队的目的。而且,队伍排得越长,你后面排队的人越多,你的合法权益就越稳固。

2

信任的机器

Metaverse

区块链最核心的价值，就是建立信任。

千百年来，人类始终被信任问题困扰。猜疑链是人与人之间难以打破的魔咒。

这种猜疑包括两种：一种是对未来行为的不信任，另一种是对篡改历史的不信任。

1. 拜占庭问题

拜占庭问题（也称拜占庭将军问题）是容错计算中的一个老问题，由莱斯利·兰伯特等人在1982年提出：拜占庭帝国为公元5世纪到15世纪的东罗马帝国，拥有巨大的财富，令它的10个邻邦垂涎已久。但是拜占庭高墙耸立，固若金汤，任何单个城邦的入侵都会失败，而入侵者的军队也会被歼灭，反而使其自身容易遭到其他9个城邦的入侵。

为了获取拜占庭的巨额财富，这些邻邦分散在拜占庭的周围，依靠士兵传递消息来协商进攻目的及进攻时间。这些邻邦将军面临着一个困扰：邻邦将军不确定他们中是否有叛徒，以及叛徒是否会擅自变更进攻意向或者进攻时间。在这种状态下，将军们能否找到一种方法来进行远程协商，达成共识，进而赢取拜占庭城邦的财富呢？

在"拜占庭问题"模型中,对于将军们(节点)有两个默认的假设:

①所有忠诚的将军收到相同的命令后,执行这条命令得到的结果一定是相同的;

②如果命令是正确的,那么所有忠诚的将军必须执行这条命令。

假设①的含义是:所有节点对命令的解析和执行是一样的,这个命令必须是一个确定性的命令,不能存在随机性,也不能依赖节点自身的状态(这个命令不能是心情好就攻击敌人,心情不好就原地休息)。

假设②的含义是:忠诚的将军需要判断接收到的命令是不是正确的。这个判断命令的方法是整个问题容错技术的核心。

对于将军们的通信过程,在"拜占庭问题"中也是有默认假设的:点对点通信是没问题的。也就是说,在这里,假设 A 将军要给 B 将军一条命令 X,那么派出去的传令兵一定会准确地把命令 X 传递给 B 将军。

问题在于,如果每个城邦向其他 9 个城邦派出一名信使,意味着这 10 个城邦每个都派出了 9 名信使,也就是在任何一个时间有 90 次的信息传输,并且每个城市分别收到 9 条信息,可能每一条都写着不同的进攻时间。

除此以外,在信息传输过程中,如果叛徒想要破坏原有的约定时间,就会自己修改相关信息,然后发给其他城邦以混淆视听。这样的结果是部分城邦收到错误信息后,会遵循一个(或多个)城邦被修改过的信息,从而背叛发起人的本意,由此遵循错误信息的城邦(包含叛徒)将重新广播超过一条信息的信息链,整个信息链会随着他们所发送的错误信息,迅速变成不可信的信息和攻击时间相互矛盾的纠结体。

针对拜占庭问题的解决方法包括口头协议算法、书面协议算法等。

口头协议算法的核心思想：要求每个被发送的消息都能被正确投递，信息接收者明确知道消息发送者的身份，并且信息接收者知道信息中是否缺少信息。采用口头协议算法，若叛徒数少于 1/3，则拜占庭问题可解。也就是说，若叛徒数为 m，当将军总数 n 至少为 $3m+1$ 时，问题可解。

然而，口头协议算法存在着明显的缺点，那就是消息不能溯源。

为解决该问题，书面协议算法应运而生，该算法要求签名不可伪造，一旦被篡改即可被发现，同时任何人都可以验证签名的可靠性。

书面协议算法也不能完全解决拜占庭问题，因为该算法没有考虑信息传输延时、签名体系难以实现的问题，且签名消息记录的保存难以摆脱中心化机构。

拜占庭问题是一个不得不面对的难题，几百年过去了，我们知道问题所在，但一直找不到解决方案。

2. 无须信任的信任

除了拜占庭问题，在信任问题上，人类还存在一个"中心化"困境。

在现实生活中，为了实现在互联网上的"价值转移"，出现了很多中心化的第三方或者政府信用背书的中介机构。在"信用"问题上，我们似乎别无选择，只能信任这些机构。

可是，如果这些中介机构或者第三方出现了信用问题呢？

如果哪天支付宝出了问题，你的钱去哪里找回来？再举一个例子：你来到一个古董店，店主向你推销一枚和田玉扳指，并拿出一份著名玉石大师所开的玉石鉴定书，你会信任他吗？一份鉴定书能够证明扳指的品质和来源吗？你一定充满了疑问。

网络上曾流行"怎么证明我妈是我妈"的话题，其实这是一个直接用区块链就能解决的问题。过去，我们的出生证、房产证、结婚证等，因为有了政府这一中心节点背书，大家才会承认。但一旦跨国，合同和证书可能因不被一些国家承认而失效，因为它缺少全球性的中心节点来统一共识。

这种共识的缺乏，从小范围来看，一个企业很可能会出现系统宕机的问题；从大范围来看，也可能出现部分国家战乱冲突不断，不同政党交替执政，法定货币瞬间变成废纸等情况。

该如何避免这种信用危机呢？

传统第三方属于一种中心化模式，信任无法得到根本保障，而区块链技术则属于一种去中心化模式。区块链技术运用去中心化账本，通过同步账本所有信息来避免欺诈和人为操控，将信任从"人的信任"转为"机器的信任"。

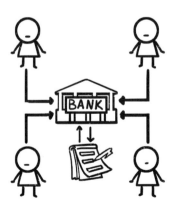

金融系统在机构之间使用一个中心化的账本来追踪资产的流动

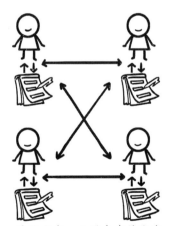

通过去中心化账本来替代中心机构认证资产所有权。多个机构共同运行和检验，来防止欺诈和人为操控

去中心化模式就是"分布式记账"，第一章我们已经谈到过"分布式记账"就是分布在不同地方的个体一起进行记账。所有的信息都需要记录到一个账本上，就像公司财务一样，而常听到的"节点"，简单来理解就是一台计算机。

如何实现这个分布式记账操作呢？

在区块链系统中，所有节点同时各记各的账肯定是不行的，需要用一个得到所有人认可的账本来记录，再把它作为唯一的账目凭证。但是以谁的账本为标准，就需要所有参与记账的节点达成共识，也就是我们常常听到的"共识机制"。

这个机制目前的常规标准：谁记账记得又好又快，就让谁负责某一个时间段内的记账工作，然后由他把这段时间内的账目打包成一个块，即"区块"。

当这个区块里的账目记录好后，这个节点就会把这个区块同步发送给其他节点。其他节点核实无误后，再将这个区块的内容都记录到自己的账本里。紧接着这些节点再开始下一轮记账竞争，争夺下一个时间段记账的权力。

为什么要竞争呢？

因为记账又好又快的那个节点会获得预先设定好的系统奖励。

以比特币为例，2013年以前，"挖矿"成功一次将获得50个比特币的奖励，2013年到2016年成功一次奖励25个比特币，每四年递减一半，到2022年，每个区块奖励6.25个比特币，这也是这些节点（矿工）有竞争动力的原因。但各节点都觉得自己才是记账最好、最快的那个，怎么办呢？这就需要共同遵守一些规则：

①我们的共识其实就是选择最优秀的记账者，这种选法一定是绝大多数记账人同意的，所以才能形成这个共识；

②假如有部分人不认可这个共识，然后自行去记录自己的账本，这不会获得绝大多数节点的同意，系统也不会给予奖励；

③系统计算很快，作恶成本很高，假如耗费精力去做只有少数人认可的事情，就意味着会失去很多争夺记账权的机会，这个区块就会成为一个孤立的块，即常说的"孤块"，孤块在比特币区块链中是不被接受的，会被抛弃。

人会骗人，但区块链的代码不会骗人。

上述不停记账的这个过程可以理解为是传递有价值信息的过程，如转账或传递一些重要的商业信息、隐私信息等。竞争"共识机制"必然会造成带宽和存储空间的浪费，这可以理解成"去中心化系统"的运作成本，成本只能节约，却无法避免。

面对因为依赖第三方而始终存在的信用危机，区块链基于数学原理解决了交易过程的所有权确认问题，确保了系统对价值交换活动的记录、传输、存储结果都是可信的。它直接将信任变成非第三方担保的代码程序的信任，即区块链自规则，用代码这一机器语言去实现用户间的信任，哪怕用户相互之间不信任，也一样可以达成各自的目的，即达到"无须信任的信任"。

3. 不骗人的技术

不能从社会学上解决信任的问题，那就只能从技术上去追求解决之道。

区块链主要利用了算法以解决交易的信任和安全问题，能够解决这些问题，在于它针对这些问题提出了四个技术创新。

（1）非对称加密和授权技术。

非对称加密技术是针对对称加密来说的，对称加密就是在对数据信息加密时使用同一密钥进行加密解密。对称加密技术存在很大的缺陷。通过对称加密技术中的唯一密钥，很容易推算出被加密过的数据信息，这一缺陷在加密数据传输的应用中是致命的。

而非对称加密是1976年美国学者Dime和Henman为解决信息公开传送和密钥管理问题，提出的一种新的密钥交换协议。这是一种允许在不安全的媒体上进行通信双方信息交换，并能安全达成一致的密钥。与对称加密不同，非对称加密有两个密钥：公钥和私钥。公钥是公开全网可见的，所有人都可以用公钥来加密信息，保证信息的真实性；私钥只有信息拥有者知道，被加密过的信息只有持有对应私钥者才能够解密，保证信息的安全性。

在区块链系统内，价值转移过程的信任机制主要是通过"非对称密钥对"完成两项任务来实现的，即"证明你是谁"和"证明你对即将要做的事情已经获得必需的授权"。"密钥对"需要满足以下两个条件：

①对信息用其中一个密钥加密后，只有用另一个密钥才能解开；
②其中一个密钥公开后，根据公开的密钥也无法测算出另一个。

在区块链上，其存储的交易信息是公开的，但是账户身份信息却是高度加密的，信息只有在数据拥有者授权的情况下才能访问到，身份验证授权保证了数据的安全和个人的隐私。

区块链根据加密算法生成记录，由区块链生成的记录会被永远记录，无法篡改，这就超越了传统意义上需要依赖制度约束来建立信用的做法。通过算法为人们创造信用，在没有中心化机构的情况下达成共识。下图中的 RSA 算法就是如此，发送者通过私钥加密数据，然后发送这个数据，接收者利用公钥验证后使用公钥解密数据，这样接收者就能使用发送者发来的加密数据了。

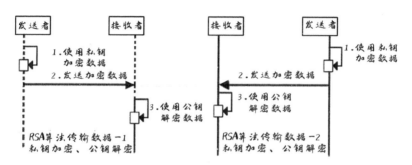

非对称加密算法——RSA 算法

（2）分布式账本。

传统的记账方式是将所有的交易记录存储在一个中心节点上，存在着记账不透明、可修改账本等缺陷。而分布式账本的出现克服了这些缺陷，分布式账本中的交易记账是在多个网络节点上共同完成的，单一节点记录的账目是不被承认的。每个节点都会同步账目信息，所以每个节点上都会存储完整的账目。分布式账本使每个节点可以参与监督交易的合法性，还解决了传统中心化记账下发生的单一记账人在被控制、贿赂的情况下记假账等问题。

由于记账节点足够多，从理论上讲，除非所有的节点一起被篡改，否则账本将无法更改，所以区块链基于技术优势解决了交易过程中的安全信任问题。

分布式账本技术不相信人性,将监管层或者第三方中心机构的信任转移到基础架构,使整个系统变得安全可靠。虽然分布式账本会因具体区块链的设计而不同,但其具有容错率高、透明公开、不可篡改等特点,解决了各方交易的安全信任问题。下图为分布式账本与传统中心账本的对比。

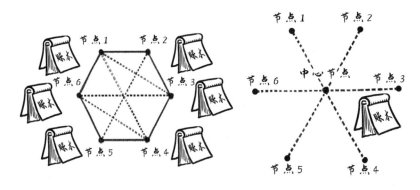

分布式账本VS传统中心账本

区块链技术的容错率高保证了交易环境的安全性。区块链节点众多,可以从数百或数千节点中访问区块链内的信息,任何单一节点的故障不会危及整个区块链,除非所有节点都出现问题,理论上这种情况是不存在的。例如,在诞生至今的九年里,比特币经历了区块链分叉、价格剧烈波动、全球最大交易所欺诈丑闻等一系列波折,但其系统表现出了良好的安全性和抗攻击性,至今比特币仍成功运行在世界各地的节点上。

区块链技术的透明性和不可篡改性保证了交易记录的安全性。区块链分布式账本存在多个完全相同的节点,而任何数据更新都会被同步至这些节点之中,一旦某一节点的数据被修改,账本在同步过程中会立刻识别并不予接收。当新数据写入区块后,新生成的区块通过共识机制按时间顺序加入区块链,流程不可逆转,并且账本上的任何变动都可追溯,任何试图篡改信息的人都将付出巨大的成本,甚至得不偿失。

区块链技术通过密钥控制和有权限的使用保证了交易过程的隐私性。基于分布式控制特点,区块链将私密性和匿名性嵌入用户自己控制的隐私权限设计中,向授权方共享基本信息,但不会泄露个人身份,可以实现对经济状况、家庭状况、健康状况等一些私人且机密信息的保护。除非节点被破坏,否则账目就不会丢失,从而保证了账目数据的安全性。

(3)智能合约。

智能合约是不依赖第三方,自动执行双方协议承诺条款的代码合约。以医疗为例,如果说每个人的信息(包括医疗信息和风险发生的信息)都是真实可信的,那么在一些标准化的医疗缴费中,智能合约就可以直接进行自动化转账。

区块链技术的智能合约不依赖第三方,自动执行双方协议承诺的条款,从规避违约风险和操作风险的角度较好地解决了参与方的信任问题。智能合约在现实生活中一个典型的应用场景就是自动售货机,基于事先设计的合同,任何人都可以用硬币与供应商交流。通过向机器内投入指定面额的货币,选择购买的商品和数量,自动完成交易。自动售货机密码箱等安全机制可以防止恶意攻击者投放假钞,保证自动售货机的安全运行。

智能合约已经自动替你缴费，此次手术共花费1000个Token。

日趋完善的智能合约将根据交易对象的特点和属性产生更加自动化的协议。人工智能的进一步研究将允许智能合约了解越来越复杂的逻辑，针对不同的合约实施不同的行为。更加成熟的数据处理系统能够主动提醒起草人，合约在逻辑或执行方面存在的问题，从而扩大智能合约的应用范围和应用深度，更好地规避交易过程中的信任风险。

（4）共识机制。

共识机制就是所有记账节点之间怎么达成共识去认定一个记录的有效性，这既是认定的手段，也是防止篡改的手段。区块链的共识机制发展到现在，出现了很多不同的类别，适用于不同的应用场景。以PoW共识机制为例，其所采用的是工作量证明，一般来说，只有在控制了全网超过51%的记账节点的情况下，才有可能伪造出一条不存在的记录。当加入区块链的节点足够多的时候，若想篡改记录，成本将变得无限高，这就杜绝了作恶的可能。

非对称加密、分布式账本、智能合约、共识算法这一层层技术理念的迭代和叠加,才成就了今天的区块链技术,才有了比特币、以太坊、NFT、DeFi 的无限风光,才有了 Web 3.0 以及元宇宙带给人类未来的无限遐想。

4. 数学是信任的基石

人类之所以相信区块链技术,是相信它背后的数学原理。

人性是复杂而多变的,但数学不会。数学一旦建立了它的合法性,基本上很难被攻破。

我们以椭圆曲线方程为例,它是比特币的数学基石之一。

选择一种安全的加密算法并不容易,这后面充满了真正的阴谋。

很多密码学家认为 NSA(美国国家安全局)是加密世界里的"魔鬼",在加密算法里,如果 NSA 知道一个能影响特定曲线的椭圆曲线的漏洞,那么伪随机数参数的产生流程将阻止他们把那个漏洞标准化推广到其他曲线。如果他们发现了一个通用漏洞,那么算法也就被破解了。

比特币使用椭圆曲线算法生成公钥和私钥,选择的是 secp256k1 曲线,它不是伪随机曲线,所以不会被轻易破解。

椭圆曲线有许多类,但并不是所有的椭圆曲线都适合加密。$y^2=x^3+ax+b$ 是一类可以用来加密的椭圆曲线,也是最为简单的一类,下图所示就是一条 $y^2=x^3-x+1$ 的椭圆曲线。

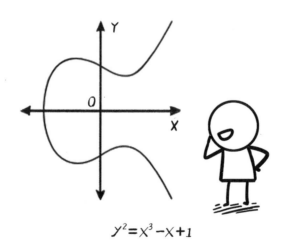

椭圆曲线加密算法依赖于叫作"点加"和"点乘"的在椭圆曲线上进行的运算,下图很好地诠释了这一过程。

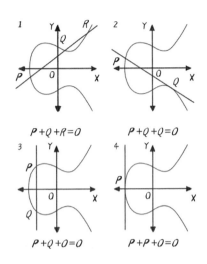

简单来讲，想要把 P 和 Q 两点相加，就在两点之间画条线，找到这条线和曲线相交的第三个点，然后从那个点画垂直线得到答案。然而，这些曲线有个弱点：它们是不精确的。如果进行了多次的点加，浮点四舍五入带来的误差就会慢慢地累积，并最终导致结果成为一个没有意义的噪声。因此，椭圆曲线加密算法用了一条修改了两个地方的椭圆曲线。首先，等式现在是 $y^2 = x^3 + ax + b + kp$，k 可以是任意整数，而 p 是大的素数（除了 a 和 b 的曲线参数）。其次，x 和 y 必须是整数。尽管最后的结果几乎不是一条"曲线"，但在数学上也够用了，并且因为限制 x 和 y 必须是整数，避免了四舍五入带来的偏差。

以上只是一个案例，实际上区块链世界里的与数学相关的技术数不胜数。很多公链、联盟链以及与之相关的技术方案最终都需要通过数学来解决。

5. 工作量证明

回到本章第一节的问题，从技术上如何解决"拜占庭问题"？

以比特币为例，其解决方式与区块链的"共识机制"有关。

区块链世界的共识机制有很多种,但有两种比较经典:PoW 和 PoS。

而解决"拜占庭问题"依靠的便是 PoW 共识机制。

中本聪创建的比特币通过对这个系统进行一个简单的修改解决了这个问题,它增加了发送信息的成本,这降低了信息传递的速率,并加入了一个随机元素,以保证在一个时间只有一个"城邦"可以进行广播。

PoW共识机制给拜占庭问题提供了一个解决方案

中本聪加入的成本是"工作量证明"(即挖矿),并且工作量证明是基于计算一个随机哈希值。哈希算法唯一做的事情就是获得一些输入,然后进行计算,并得到一串 64 位的随机数字和字母组成的字符串。

就像如果我们输入"元宇宙",运用哈希算法中的 SHA-256 算法就会得到如下字符:7d8ec786a45b99f1c8d5e239cb32681f7c388c53cb3f1b1e86b0b1e44f8a7899。

在比特币的世界中,输入数据包括到当前时间点的整个总账(区块链)。尽管单个哈希值用现在的计算机几乎可以即时地计算出来,但是比特币系统接受的工作量证明是无数个 64 位哈希值中唯一的哈希值,且这个哈希值前13个字符均为0,这样一个哈希值是极其罕见、不可能被破解的,并且在当前需要花费整个比特币网络的总算力,约10分钟才能找到一个。

在一台网络机器随机找到一个有效哈希值之前,超过十亿个的无效值会被计算出来,计算哈希值需要花费大量时间,增加了发送信息的时间间隔,造成信息传递速率减慢,这就是使整个系统可用的"工作量证明"。

而那台发现下一个有效哈希值的机器,能将所有之前的信息放到一起,附上它自己的辨识信息及它的签名或印章等,向网络中的其他机器广播出去。只要其他网络中的机器接收到并验证通过了这个有效的哈希值和附着在上面的签名信息,它们才会停止当下的计算,使用新的信息更新它们的总账,然后把更新的总账作为哈希算法的输入,再次开始计算哈希值。哈希计算竞赛从一个新的开始点重新开始。

如此,网络持续同步着,所有网络上的节点都使用着同一版本的总账。

与此同时,每一次成功找到有效哈希值及区块链更新的间隔大概是10分钟(这是故意的,算法难度每两周调整一次,以保证网络一直需要花费10分钟来找到一个有效的哈希值)。在这10分钟内,参与者可以发送信息并完成交易,所有的交易信息会随着分布式账本扩展到其他每一个节点,直到每个节点都完成总账复制。当区块链更新并在全网同步之后,在之前10分钟内进入区块链的所有交易也被更新并同步,因此分散的交易记录是在所有的参与者之间进行对账和同步的。

在工作量证明中,所有矿工都在竞争着计算哈希值

最后,在用户向网络输入一笔交易时,他们使用内嵌在比特币客户端的标准公钥加密工具来加密,同时用他们的私钥及接收者的公钥为这笔交易签名。这对应拜占庭问题中他们用来签名和验证消息时使用的"印章"。因此,哈希计算速率的限制,加上公钥加密,使一个不可信网络变成一个可信的网络,所有参与者可以在某些事情上达成一致(比如说攻击时间,或者一系列的交易、域名记录、政治投票系统,或者其他任何需要分布式协作的地方)。

将比特币的共识机制引入拜占庭问题,就出现这样一种情况:城邦 A 向其他 9 个城邦发送进攻相关信息时,直接将信息内容及其发送的时间附加在通过哈希算法加密的信息中,同样加上独属于自己的数字签名,传递给其他城邦。

当城邦 B 收到城邦 A 发送的消息后,通过解密获得其中信息,并将这条信息的相关记录同步在城邦 B 机器内(节点)。这条信息从城邦 B 发向城邦 C 时,会在原来的消息中加入城邦 B 查阅了该信息的记录,加盖时间戳后,利用哈希算法对城邦 B 所有信息加密,再发给其他城邦。其他城邦接收消息后,重复此流程直至所有城邦都收到消息。

如果叛徒想要修改进攻信息来误导其他城邦,其他城邦的机器会立刻识别到异常信息,同步的虚假信息将不被认可,机器依旧会同步其他大部分共同的信息,这样叛徒就失败了。他无法破坏10个城邦当中的大多数节点,这样信息的一致性就得到了保证,完美地解决了拜占庭问题。

这就是区块链共识机制为何如此关键,它为一个算法上的难题提供了解决方案。区块链的共识机制通过不断同步各个节点的信息,使得各分布式节点之间达成一种平衡,保证了绝大多数节点的一致性,即达成了共识。

2015年10月,《经济学人》杂志刊登了一篇题为《信任机器:比特币背后的技术将如何改变世界》的文章,这篇文章谈到"区块链是制造信任的机器",并且强调"区块链这个技术创新所承载的意义延伸,远远超出了加密货币本身"。

这当然超出了加密货币本身,因为区块链可能会建立一个互信社会。

3

互信社会

Metaverse

1. 从互联网到区块链

有了信任的机器,才有可能建立互信社会。

人与人之间很难建立信任,所以当前社会充斥着大量"可信第三方"的信任模型;整个社会的运行,依赖于信任某个"中心节点"。这个中心节点可能是有钱的个人、知名的公司、有信用的组织等。

但所有这些组合都只能事后通过暴力手段解决问题,这不是文明社会最好的问题解决方案。

那么,有没有第三种模式呢?无须通过"人"或者"人的群体"这样的中心节点,只需要依靠技术就能以和平的方式建立起无须担忧的信任社会?

在互联网出现之前,人类文明没有建立第三种模式的技术基础。

在互联网出现之后,有一些机构试图通过 AI 智能判断,第三方开源体系,以及技术本身的自我克制来建立"互信社会",因为互联网建立起来的是一个全新的信息社会,通过技术建立的互信社会。

互信社会的建立,我们要从互联网谈起。区块链的底层,也是建立在互联网基础之上的。

区块链出现后,区块链与互联网是什么关系一直被追问。

Web 3.0 出现后,区块链与互联网是什么关系又一次被追问。

元宇宙出现后,区块链与互联网是什么关系再一次被追问。

因为区块链与互联网是密不可分的,所以才有了现在这么多的疑问。

区块链与互联网有相似之处，却又是全新的产物

与互联网相比，区块链技术处于一个高速发展阶段，很多人希望将其和互联网进行连接，但如果从纯理论角度出发，区块链与互联网有着截然不同的一些特点。

① 互联网用户越多越不安全，而区块链的节点越多则越稳定。

② 互联网的神经网络是离散式的拓扑结构，区块链的神经网络则是线性的链式牵引。

③ 互联网的无序熵增导致信息遗忘，而区块链保持有序熵不流失。

④ 互联网是在混乱中产生秩序，而区块链是在秩序中连接混乱。

⑤ 互联网是一个中心化的结构，而区块链则是去中心化的节点连接。

正因为存在以上特点，区块链与互联网大致可以分为以下四种可能存在的关系。

① 区块链＞互联网，互联网只是区块链的垫脚石，新技术将完全取代旧技术。

② 区块链∥互联网，两者之间平行发展，各自创造自己的应用领域。

③ 区块链＜互联网，互联网吸纳区块链继续统治世界，Web 3.0

时代到来。

④ 区块链 + 互联网，两者纠缠发展形成一种竞争又合作的关系，短期内难分高下。

第一种关系：区块链 > 互联网，区块链与互联网是一种承上启下的创新关系，互联网的发展只是为区块链时代的到来提供软硬件基础。这种关系的一个最大论点是信息互联网向价值互联网发展，通过区块链技术重新建立社会信任的关系，借这个机会重构所有技术，在重构技术的同时解决效率和安全的问题。同时，通过 DAPP 这样的区块链技术重构社会治理模式，从传统的信息技术辅助的模式转化为基于规则的治理模式，从而构建出一个新的区块链的分布式高维文明。

第二种关系：区块链 // 互联网，两者平行发展，各自在不同领域创造自己的应用。这有点像区块链早期的发展阶段，特别是比特币的发展初期，虽然借助了互联网的一些基础设施，但实际上区块链所创造的比特币，它只有非常单一的加密数学货币，这种加密货币没有办法与现实金融体系进行连接。当然，这两者不可能完全平行，因为所用到的硬件和网络基础设施还是有交叉的地方，这种平行发展只是相对的。

第三种关系：区块链 < 互联网，也就是区块链的技术只是互联网发展过程中的一朵浪花，它成为互联网技术的一种补充，区块链的所有协议（包括公链）仍然只能基于 TCP/IP 协议而存在，它最大的应用在于为互联网注入了 DID 身份识别以及 DeFi 金融体系，互联网最终进化成为 Web 3.0，然后将硬件以及 AI 接入进来发展成为元宇宙。现在看来，这种情况正在发生。这种方向有一个很大的问题在于，区块链一开始想达到的"去中心化"，让用户拥有自己的数据真的可能会实现吗？

第四种关系：区块链+互联网，两者形成一种互为补充的螺旋式上升的关系，例如互联网技术主宰前端而区块链主管后台数据。两者之间以数据作为核心，各取所需又各自连接，互联网提供的海量数据经过严格的筛选，选取有价值的数据进行哈希运算后进入区块链世界，再通过反向链接、隐私计算转变为可以自由定义的生产关系指数，最终实现两个世界的互动。

关于区块链和互联网之间的关系，一直存在争议，特别是在元宇宙的概念出现后，这种争议性被放大。有人认为区块链可能会成为互联网3.0的技术中坚，引发一次伟大的技术革命。区块链可能只是互联网长河中的一个小小支流，它无法改变太多，革命性被高估。

如果说互联网为人类带来了一个信息碎片化时代，那么区块链则是在重构文明线性思维。如果两者深度整合，又会质变出一种怎样的格局？

深度理解区块链是否能构建互信社会，要从区块链的底层框架谈起。而要想讨论区块链的底层框架，则需要从互联网的最底层协议TCP/IP协议谈起。

2. TCP/IP 协议

有人将互联网比喻为万网之网,意为由许多网络连接在一起构成的大网络,是不同底层协议的互联。而褪去所有光环,互联网本质上是一种技术,我们就从技术的本质来认识互联网是什么。

(1) TCP/IP 协议。

TCP/IP 协议模型是因特网的核心协议,它是一组协议的代名词,包含了一系列构成互联网基础的网络协议,这一系列协议组成了 TCP/IP 协议簇。基于 TCP/IP 的参考模型将协议分成四个层次,它们分别是数据链路层(网络接口层)、网络层、传输层和应用层。

在 TCP/IP 四层模型出现并广泛应用之前,国际标准化组织(ISO)定义了网络协议的基本框架,被称为 OSI 七层模型(开放式系统互联)。

OSI 模型与 TCP/IP 模型各层的对照关系如下图所示。

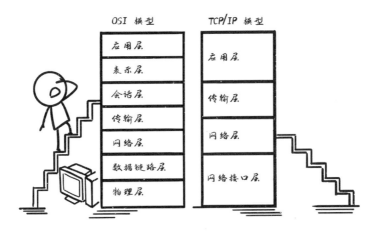

TCP/IP 参考模型把 TCP/IP 协议分为四层,各层具体内容如下。

应用层:有 FTP(文件传输协议)、SMTP(简单邮件传输协议)、Telnet(远程终端协议)等协议,提供应用程序间的交换和数据交换。

传输层:为应用层实体提供端到端的通信功能,保证了数据包的顺序传送及数据的完整性，主要协议有 TCP、UDP（用户数据报协议），所有的服务请求都使用这些协议。

网络层：主要有 IP、ICMP（控制报文协议）、IGMP（互联网组管理协议）三个协议，这些协议处理信息的路由以及主机地址解析。

网络接口层（数据链路层）：该层处理数据的格式化及将数据传输到网络电缆，即负责监视数据在主机和网络之间的交换，有 ARP（地址解析协议）等。

TCP/IP 协议又称网络通信协议，定义了电子设备如何连入互联网，以及数据在它们之间传输的标准。其核心是 IP 和 TCP，其中 IP 是网际互联协议，TCP 是传输控制协议。

（2）IP 协议。

IP 属于网络层协议，IP 协议定义了一套自己的地址规则，称为 IP 地址。

IP 地址的作用是标识主机在网络中的位置，就像门牌号一样。IP 地址由四个字节组成，格式为"A.B.C.D"，如 192.168.1.1。IP 地址分为两部分，一部分代表网络，另一部分代表主机。在"A.B.C.D"中，前 1 到 3 位，可以用来识别网络，其余部分就用来表示网络上的主机。TCP/IP 网络的每台计算机都至少有一个（一台计算机有多个网卡是存在的）合法的 IP 地址。

IP 协议实现了路由功能，允许某个局域网的 A 主机，向另一个局域网的 B 主机发送消息。IP 协议可以连接多个局域网，路由器原理就是基于 IP 协议，将多个交换网络连接起来，在源地址和目的地址之间传送一种称为数据包的东西。

值得注意的是，IP 协议只是一个地址协议，并不保证数据包的完整性。如果路由器丢包（如缓存满了，新进来的数据包就会丢失），就需要发现丢了哪一个包，以及如何重新发送这个包。这就要依靠 TCP 协议，其作用是保证数据通信的完整性和可靠性，防止丢包。

（3）TCP 协议。

TCP 属于传输层，是一种面向连接的、可靠的、基于字节流的传输层通信协议。互联网的具体通信过程通过 TCP 协议来实现，包括三个步骤：

① 建立 TCP 连接通道（三次握手）；

② 传输数据；

③ 断开 TCP 连接通道（四次挥手）。

这就是俗称的"三次握手，四次挥手"。

所谓三次握手，即建立 TCP 连接，是指建立一个 TCP 连接时，需要客户端和服务端总共发送三个包以确认连接的建立。

握手过程中传送的包里不包含数据，三次握手完毕后，客户端与服务器才正式开始传送数据。在理想状态下，TCP 连接一旦建立，在通信双方中一方主动关闭连接之前，TCP 连接都将被一直保持下去，断开连接则通过四次挥手完成，整个过程如下图所示。

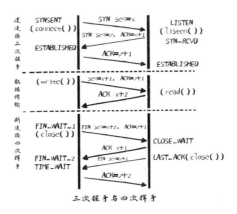

三次握手与四次挥手

（4）万网之网。

1973年问世的TCP/IP协议至今仍然是全球互联网得以稳定运行的保证。它使信息传输的可靠性完全可由主机设备保障，而与连接这些主机的网络硬件的材质和形态无关。

我们把当前所处的互联网叫作信息互联网，因为信息在其技术下能够更好更快地传输。纵观我国现在的互联网巨头"BAT"（百度、阿里巴巴和腾讯），它们的主要业务均与信息传播息息相关，这也正好反映了信息互联网阶段的时代特点。

文特·瑟夫（Vinton Cerf）因与罗伯特·卡恩（Robert Kahn）设计了TCP/IP协议和互联网基础架构而被共同称为"互联网之父"。基础架构决定了什么可以做，什么不可以做，在互联网中，基础架构的重要性同样不言而喻。

没有我们，也就没有现在的互联网。

作为互联网的底层技术与底层协议，TCP/IP协议像是专门为信息互联网而设计的。它构建了互联网的基础架构，规定了数据包如何在网络中进行传输和交换，使其脱离了其他约束。这保证了互联网的迅猛发展，使得万网之网得以实现，使得信息得以自由传输。

3. 区块链新协议

如果说 TCP/IP 协议作为底层技术构建了信息互联网中的基础架构，那么现有的区块链公链就与信息互联网中的 TCP/IP 协议相似，是一种底层协议。这个底层协议会扩展到大数据、物联网、人工智能等领域，从而构建整个区块链生态，未来的颠覆也许将从这个底层协议开始。

（1）区块链的知识图谱。

区块链实际上是一门技术，是实现了数据公开、透明、可追溯的产品的架构设计方法。从架构设计上来说，区块链可以简单地分为三个层次：协议层、扩展层和应用层。区块链的底层技术可以从区块链的知识图谱来理解。

① 协议层。

协议层是区块链最底层的技术。这个层次通常是一个完整的区块链产品，类似计算机的操作系统，它维护着网络节点，仅提供 API 来调用。协议层是网络的基础，构建了网络环境、搭建了交易通道、确定了节点奖励规则等。

在区块链应用中，协议层是现阶段开发者聚集的地方，也是数字货币背后的基础协议。比特币和以太坊，是最为大众所熟悉的两个底层。

最早的区块链开发就是基于比特币的区块链网络开发。比特币是全球首个真正意义上的去中心化区块链应用。就区块链应用来说，比特币就是世界上最强大的锚，拥有最大的权威性。

除了比特币外，以太坊是目前在区块链平台最吸引眼球的应用。以太坊是一个图灵完备的区块链一站式开发平台，采用多种编程语言实现协议,采用 Go 语言编写的客户端作为默认客户端,基于以太坊平台之上的应用是智能合约,这是以太坊的核心。

② 扩展层。

扩展层类似计算机中的驱动程序,是为了让区块链产品更加实用。"智能合约"是典型的扩展层面的应用开发,除智能合约外,还有解决区块链底层问题、提高区块链的计算速度,以及各类信息安全、数据库等技术应用。从这个层面来看,区块链可以架构和开发任何类型的产品。

③ 应用层。

应用层类似计算机中的各种软件程序,是普通人可以真正直接使用的产品,这个层面的应用目前较少,也是区块链未来发展的一大方向。人们现在使用的各类轻钱包(客户端),应该算作应用层最简单、最典型的应用。

(2)类似"TCP/IP 协议"的存在。

在 TCP/IP 协议出现之前,每个网络只能在网络内部的计算机之间互联通信,不同的计算机网络是一个个信息孤岛,它们之间不能通信。

直到 1974 年,研究人员设计出连接分组网络的协议,其中就包括著名的 TCP/IP——网际互连协议 IP 和传输控制协议 TCP。这才将这些孤岛连通起来,构成现在的互联网(Internet)。

而区块链技术,就是互联网结构中类似 TCP/IP 协议的存在。

区块链本质上是一个去中心化的账本系统,具备去中心化、开放、信息不可篡改、可编程等特点,可作为一种底层存储与传输协议,像当年的 TCP/IP 协议一样,将目前区块链世界的"孤岛"连通起来。

区块链技术让价值连通,打破"孤岛效应"

因此,联盟链与公链之间,比特币与以太坊之间,以及其他区块链网络之间,也许并不是一个你死我活、赢家通吃的局面,而是会通过构建不同区块链之间的价值传输协议,形成一个统一的区块链——互联链。

同样，互联链也会像互联网的物理层、网络层、传输层、应用层的层级设计一样，根据功能定位的不同、应用场景的不同、共享账簿开放权限的不同，而演化为不同层级的协议。这些协议可能也会构成新的协议簇，再演变成为基础协议，促进区块链的迅速发展。

4. 价值互联网

有了 TCP/IP 协议之后，互联网以此为基石扫除了信息传递的障碍，进入了信息自由传递的时代。

那么区块链带给人类的本质改变又是什么？区块链的新底层协议，有一个最核心的特点，那就是共识机制，它是区块链与互联网最大的区别。

互联网是 A 告诉 B 某件事情发生了，两者之间是一种弱关系。区块链是 A 跟 B 一起完成某件事情，两者之间是一种强关系。

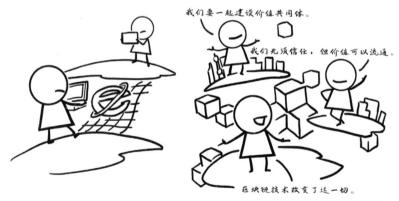

信息互联网 VS 价值互联网

区块链具有天然的价值社交，它能够让部分信息互联网向价值互联网过渡。

（1）价值互联网的开始。

要想在互联网上进行价值交换，需解决以下三个问题。

① 如何确保价值交换的唯一性？

② 如何确定价值交换双方的信任关系？

③ 如何确保双方的承诺能够依靠网络的自治机制（智能合约）自动执行，无须可信第三方的介入？

价值是一个很难交换的东西，因为价值的核心是大家有一个共识。而达成共识是异常艰难的。不过，我们已经知道，建立在随机数学算法之上的区块链技术可以使得网络达成这样一种共识。

（2）价值互联网的特征。

区块链是一套技术体系，可以从根本上防止数据被篡改。这是价值互联网的基本特征，数据决定价值，价值不可更改。因为人类的价值观过于虚无，所以需要用数据来进行锁定。这套体系尤其适用于有效的、可验证的和永久的记录交易。

但这只是价值互联网的基本特征，也是传统互联网的深化与过渡。价值互联网更重要的特征是社区的共同行动性，也就是大家基于以上价值去完成一个共同目标。那么，怎么来保证大家能一起完成某件事情呢？在价值互联网中，不容忽视的特征有以下五点。

① 数据不可篡改。区块链不会被伪造，信息高度透明，这解决了信息安全问题，更重要的是每一笔交易都是一次价值观的确定。

② 利益趋同。既然要完成同一个目标，那就需要共享利益，这也是区块链项目要以货币作为连接纽带的一个核心原因（虽然这一点目前还存在争议）。

③ 共识机制恒定。从一开始就要确定一个共识机制，共识一旦形成，就很难更改，良好的共识是区块链发展的强大驱动力。

④ 去中心化。价值互联网的显著特征是去中心化，即交易双方不需要中心化的第三方的信用背书或助力就能直接完成交易。这也是基

于区块链的价值互联网的显著特征。

⑤ 价值宗教化。价值互联网以社区作为基础,除了利益趋同外,远大的目标同样重要。"创世主"中本聪挖出了第一批比特币后,他就成了比特币信徒的信仰所在。与其说人们在拥护信奉比特币与区块链,在某种意义上不如说这是当传统无法适应需要时,人们对一种公开公平、自由透明的技术的追求。

互联网的出现和普及,以及算力的爆发式增长,使人们在网络上构建点对点的连接变得异常容易。区块链是以一种完全开放的数据区块的信息链条形式出现,可以实现点与点之间的价值传递,由此可以成为新的引擎,开启价值互联网时代。

千万年来,人类文明之间的信息传递因空间被局限,使得信息传递范围非常有限,而信息互联网改变了这一切。与此类似,千万年来,人类之间的互信也只是在少部分人中产生,而价值互联网(区块链)可能改变这一切。

这就是价值互联网的意义，透明而公开的数据，为建立互信社会提供了基础。

5. 互信社会

所谓互信社会，就是人们不再需要担心信任问题，所有人都能够方便、快捷、低成本地传递价值，尤其是资金。

在区块链技术下，我们可建立互信社会——一个基于新的信任机制的高效、可靠的价值传输体系，这种能力来自区块链。

无论是在物联网、金融、智能设备，还是在医疗、教学、档案、司法、版权甚至家庭娱乐等领域，区块链都能够发挥核心价值。以金融领域为例，在区块链的影响下，金融领域可能迎来最大的颠覆性改变。

首先，区块链可以为交易双方直接提供端到端的支付服务，其间不涉及中间机构。

其次，再以小额跨境汇款为例，如果基于区块链技术构建一套通用的分布式银行间金融交易系统，为用户提供全球范围内的实时服务，跨境汇款将变得更加便捷。

再次，从宏观来看，区块链新技术能够改变经济金融活动的搜索成本、匹配效率、交易费用、外部性和网络效应。从微观来看，它也能改变企业内部的信息管理方式、激励约束机制等。

最后，从社会层面来看，在大数据技术支持下，区块链所带来的价值观念将促进共享金融局面的形成。作为一种去中心化机制和信用共识机制，在趋同的利益下，区块链公开透明的技术、自由平等的价值理念，将构建资源共享、要素共享、利益共享的金融模式。

区块链技术让网络中的每一个人天然互信，区块链数据是公开透明的，区块链技术的防伪、防篡改等特性使每一个人都在区块链网络中建立了自己的诚信节点。在社会与技术的监督下，一旦某人作恶，将迎来智能合约的公开惩罚。久而久之，人人都会把建立自己的信用中心当作一种习惯，最终这种习惯将成为一种约定俗成的道德规范。技术会成为解决社会信用问题的一剂良药，区块链技术重塑了价值体系，也重塑了道德体系。

如果说TCP/IP协议让我们进入信息自由传递的时代，那么区块链技术则会把我们带入互信时代。

因为信息互联网，人类社会已经发生了翻天覆地的变化；因为区块链技术，人类社会也必将迎来一场更完美的革命。如同TCP/IP协议让信息互联网发扬光大，区块链的产生和成熟也将首先在法律、金融、合约等领域发挥作用，最终形成一个人人互信的社会。

区块链运行

Metaverse

1. 什么是区块

在区块链技术中，有价值的信息以数据的形式被永久存储下来，这些用于存储数据信息的载体称为区块。从技术上来讲，区块是一种记录交易的数据结构，反映了一笔交易的资金流向。区块按时间顺序排列，所有区块有序连接起来，可以汇聚成一本"总账"，而每个区块可作为总账中的一页。

区块作为区块链的基本结构单元，由包含元数据的区块头和包含交易数据的区块主体构成。

区块头包含三组元数据：

① 用于连接前面的区块、索引自父区块哈希值的数据；

② 挖矿难度、Nonce（随机数，用于工作量证明算法的计数器）、时间戳；

③ 能够总结并快速归纳校验区块中所有交易数据的默克尔树根数据。

区块主要参数

数据项	描述	长度
Magic no(魔法数)	0xD9B4BEF9	4字节
Blocksize(区块大小)	到区块结束的字节长度	4字节
Blockheader(区块头)	包含6个数据项	80字节
Transaction counter(交易数量)	正整数VI=VarInt	1-9字节
Transaction(交易)	交易列表（非空）	不定

以比特币为例，区块链系统大约每10分钟会创建一个区块，其中包含了这段时间全网范围内发生的所有交易。每个区块中也包含了前一个区块的ID（识别码），这使得每个区块都能找到其前一个节点，

这样一直倒推就形成了一条完整的交易链条。

2. 哈希算法

哈希算法是一类数学函数算法，又称散列算法，本质上是一种数据映射关系。哈希算法是将任意长度的输入信息，通过算法变换成固定长度的输出信息，输出信息也就是哈希值。

在哈希算法中，哈希值是固定长度的，而输入信息不定长。因此，哈希值是一个有限集合，可以取值的个数往往会比输入信息少很多。根据鸽笼原理（如果有 $n+1$ 只鸽子住在 n 个笼子里，那么一个笼子里至少有 2 只鸽子），就会出现两个甚至更多输入值共用一个哈希值的情况，这就是所谓的"碰撞"。

利用哈希算法抗碰撞性的特点，可以验证区块链数据的完整性，也就是交易数据是否被篡改过。

哈希算法接收一段明文后，以一种不可逆的方式将其转化为一段长度较短、位数固定的散列数据。优秀的哈希算法需要满足以下四个特点。

① 从哈希值不能反向推导出原始数据（所以哈希算法也叫单向哈希算法）。

② 对输入数据非常敏感，哪怕原始数据只修改了一个 Bit，最后得到的哈希值也大不相同。

③ 散列冲突的概率很小，对于不同的原始数据，哈希值相同的概率非常小。

④ 哈希算法的执行效率很高效，针对较长的文本，也能快速地计算出哈希值。

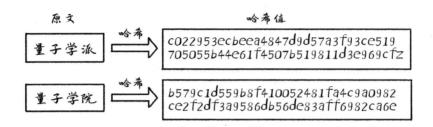

在区块链中,通常使用SHA-256(安全散列算法)进行区块加密,这种算法的输入长度为256位,输出的是一串长度为32字节的随机散列数据。区块链通过哈希算法对一个交易区块中的交易信息进行加密,并把信息压缩成由一串数字和字母组成的散列字符串。区块链的哈希值能够准确地标识一个区块,区块链中任意节点通过简单的哈希计算都可以获得这个区块的哈希值,计算出的哈希值没有变化意味着区块中的信息没有被篡改。

哈希算法作为一种不可逆算法,在很大程度上能够保证区块链运作的安全性。但哈希算法并非万能,同样会存在漏洞,如可能会被碰撞,或者遭遇彩虹表的攻击。彩虹表是指用于加密散列函数运算的预先计算好的表,常用于破解加密过的密码散列。

因此,哈希算法的安全性也需要改进,目前可以使用的方法有以下几种。

① Hash+ 盐(Salt)。

Salt可以简单地理解成:随机产生的一定长度的、可以和密码相结合的,使哈希算法产生不同结果的字符串。也就相当于你的新密码 = 旧密码 + 随机的盐值,然后对新密码进行哈希计算。

② 增加计算的时间(哈希 +Salt+Iteration)。

通过迭代计算的方式增加计算密码的成本。迭代的周期控制在用户可以接受的范围内,这样攻击者的计算和时间成本就会大大增加。

一般到此时，哈希结果就比较安全了。但是如果还想要更加安全一些，可以继续对这种方法计算出来的哈希值使用加密算法加密。

3. 公钥与私钥

在我们的日常生活中，通常使用钱包来放置人民币。

对于区块链上的加密货币而言，它同样需要一个区块链钱包。

一个区块链钱包最核心的两个概念，是私钥和公钥。可以简单理解为你的银行卡密码和银行卡号。公钥与私钥是通过算法得到的一个密钥对，公钥是密钥中对外公开的部分，私钥则是非公开的部分。

（1）什么是私钥？

私钥是用户获得的最有价值的数据。所有加密货币的交易汇总，都必须使用相关的私钥，也就是私钥充当密码，用于"签署"每笔交易以确认它是由用户授权的。签过名的交易，表示私钥持有者认可这笔交易。

私钥以随机字符串的形式出现，并且可以根据加密类型的不同而有所不同。例如：1b7342041385c576f32515c4b6d163bc9c285852d7e0960bd53e8d8341807d0e。

每个私钥都是在公钥加密的过程中形成的，在这个过程中，使用两个大的素数来创建密钥本身。私钥用于加密和解密数据。私钥是随机生成的,这个随机数的种类可能有2的256次方种，即使用"暴力破解"的方式逐一尝试可能的私钥，也可以说几乎是无法破解的。

私钥只能由钱包自己来生成。在创建钱包的时候，输入密码，你就可以导出私钥了。

注意：一个钱包地址只有一个私钥，谁拥有私钥，谁就拥有了这些数字货币的控制权，私钥不能忘，必须备份，切记！

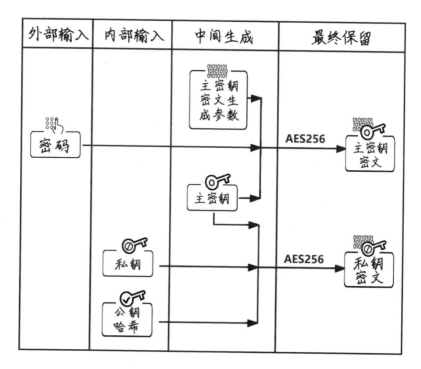

(2)什么是公钥?

与私钥不同,公钥可以被给定区块链上的任何用户看到或共享。与私钥一样,公钥也是一长串随机字符,对资产来说是独一无二的。因为公钥很长,所以它们被缩短为钱包地址,这样人们就可以更容易地与你进行交易。共享公钥不会使加密货币面临风险,因为它无法用于访问或转移资金。

尽管公钥和私钥用于不同的目的,但它们之间的关系非常密切。实际上,公钥是由私钥生成的,拥有私钥,就可以算出公钥,并且公钥与私钥始终一一对应。

公钥主要是用来验证私钥的签名是否正确,公钥不能用来计算私钥。用户在使用私钥签名交易后,会将公钥一起发送出去。

区块链钱包地址通过公钥创建，公钥则是通过私钥生成。也就是说，私钥可以推出公钥，公钥也可以推出钱包地址。但是相反则不行。人们不可能通过区块链钱包地址来推出公钥，公钥也无法推出私钥。

公钥就好比你房子的公开地址，其他人可以通过这个地址给你寄快递（转账）。而私钥则是房子的钥匙，拥有钥匙才能打开房门，去使用房子里的资产。

（3）公钥和私钥的作用。

公钥和私钥的联合使用，可以保障基于区块链的加密货币交易的安全。公钥和私钥所对应的随机字符，可确保所有交易都是可验证的。

公钥加密，私钥解密，因此不能单独使用公钥窃取资金。这就是为什么不需要保护公钥，但绝对需要保护私钥的原因。

4. 永恒钢印：时间戳

在爱因斯坦的广义相对论中，没有一个唯一的绝对时间。在区块链的分布式系统中，绝对时间同样失去了效力。

在区块链的分布式系统中，并没有一个绝对时间可供所有的节点使用。同时，由于各个节点各自创建交易，但没有一个统一的时间，而是用本地时钟记录交易时间，因此，在这些节点的交易中，存在着"双花"的可能。

在现实中，通常是采用中心化的银行系统来应对双花攻击。但在区块链的分布式系统中,就需要用到时间戳了。

时间戳通常是指一个表示一份在某个特定时间之前已经存在的、完整的、可验证的数据,通常是以字符序列的形式呈现,唯一标识某一具体时刻的时间。

时间戳是指从格林威治时间 1970 年 1 月 1 日 0 时 0 分 0 秒起至现在的总秒数。而时间戳的作用,就是给区块链的数据进行标记,进而为该数据的真实性提供证明。

数据区块中的时间戳,是由获得记账权的节点产生的,使用时间戳不仅能够记录区块产生的时间,还能提供区块内所有交易信息的时间证明,为数据的可追溯性提供保证。

时间戳确保了区块链上的信息无法被轻易篡改

以比特币所采用的 PoW 机制为例。以 SHA-256 哈希运算作为动力的 PoW,就类似一个分布式逻辑时钟,通过比特币全网算力调整难度,保证大约每 10 分钟,向整个比特币世界发出一次"嘀嗒"声,宣布时间往前走了一个单位。

PoW 这个逻辑时钟,不同于我们日常所见的时钟,因为有时一次"嘀嗒"需要2分钟，有时则需要20分钟。当某个节点算出了哈希值，那么"嘀嗒"一声，就会传遍整个比特币世界。此处的时间戳，实质上就是区块的高度，也就是区块的序号，而非这个节点的本地时间。

时间戳系统的具体工作流程如下。

① 用户通过哈希算法对区块中的交易信息进行加密，生成一个散列字符串。

② 用户发出时间戳请求，时间戳服务器从项目区块中提取哈希值。

③ 时间戳服务器对提取到的哈希值和时间记录进行签名，生成时间戳。

④ 生成的时间戳和交易信息绑定之后再返回系统，加入哈希中。

通过时间戳，区块链可以将每个区块按照时间顺序进行排列，最终形成一个有序的链条。

时间戳具有以下特点。

① 可信度高：时间戳一旦盖上，便很难被更改，通常比传统的公证制度更可信。

② 保护隐私：对区块信息进行时间戳认证，认证者并不需要上传自身信息，能够有效地避免信息泄露。

根据以上特点，时间戳最突出的应用可能还是在于产权保护。将版权所对应的文字、歌曲、图片一起记录在区块上，通过盖上相应的时间戳，版权转让的同时也会盖上时间戳的证明。

5. 默克尔树/Merkle Tree 结构

在区块链中，每一个区块都可能包含数千笔交易，那么区块内的这些交易如何排序呢？这就需要默克尔树出场了。

默克尔树于1979年由美国计算机科学家拉尔夫·默克尔（Ralph Merkle）提出，本质上是一种树状数据结构，由数据块、叶子节点、中间节点和根节点组成。

一棵默克尔树的生成流程如下。

① 对底部的数据区块进行哈希运算,每个数据块对应的哈希值生成叶子节点。

② 继续对相邻的两个叶子节点进行哈希运算,得到的哈希值生成中间节点。

③ 最后对相邻的两个中间节点进行哈希运算,得到的哈希值生成根节点。

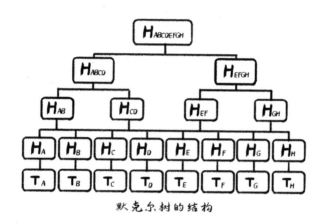

默克尔树的结构

在区块链技术中,默克尔树用于验证各区块中的交易在传输过程中是否被篡改。

默克尔树的典型应用场景如下。

① 证明某个几何中存在或者不存在某个元素。

通过构建集合的默克尔树,并提供该元素各级对应节点中的哈希值,可以不暴露完整内容而证明某个元素存在。

② 快速比较大量数据。

当两个默克尔树根相同时,则其代表的数据也相同。

③ 快速定位修改。

由于数据的任意变动，都会遵循叶子节点→中间节点→根节点的顺序，最终影响到根节点，所以区块中某一数据被修改，最终也能沿着逆向迅速定位找到修改点。

④ 零知识证明。

比如说，要证明某个数据区块中包括内容 A，那么通过构造一个默克尔树就能够很容易检测到 A，但同时不呈现其他信息。

在区块中，之所以使用默克尔树，主要在于它具备以下优点。

① 有效提高了区块链的运行效率和可扩展性，使得区块头只需要包含根哈希值而不必包含所有数据。

② 可支持简单支付验证协议（SPV），即在不运行完整区块链节点的情况下，也能对交易数据进行检验。

在区块链中，私钥持有者通常只需要关注自身账户信息，而不需要完整同步区块链上所有账本信息，否则效率将十分低下。通过构造默克尔树，私钥持有者只需要同步部分数据，就可以验证相关数据，极大地节省存储空间。

6. 创建区块

一个新区块的生成，需要根据前一个区块的哈希值、交易信息、随机数等来计算新的哈希值。每一个区块都是在前一个区块数据的基础上生成的，该机制保证了区块链数据的唯一性。

那么，第一个区块又是怎样生成的呢？

通常，我们是将比特币挖出的第一个区块称为创世区块，但一般来说，每一个区块链项目的第一个区块，也可以称为这条区块链的创世区块，比如说，以太坊挖出的第一个区块也是创世区块。

创世区块拥有一个唯一的 ID 标识号，除创世区块外，每个后续建立的区块都包含两个 ID 号,一个是该区块自身的 ID 号,另一个是前一个区块的 ID 号。通过 ID 号之间的前后指向关系,所有区块按顺序相连就构成了区块链。

那么,在创世区块之后,究竟哪个矿工有权创建区块呢?这就涉及区块链的竞争机制,也就是共识机制。

共识机制,也称共识算法或共识协议,正是在区块链的运行中保障系统的协同工作和安全。区块链技术所针对的问题,是在一个由相互缺乏信任的节点组成的对等网络中,各节点如何达成共识的问题。

我创建的这个区块,是努力计算的结晶!

挖矿一词源于将加密货币比作黄金的比喻。同黄金等贵金属一样,数字代币也是稀缺的,增加总量的唯一方法是挖矿。挖矿也是一种保护网络安全的方法,它创建、验证、发布区块并把区块传播到区块链中。

以太坊中的基本区块验证算法如下。

(1)检查上一个引用的区块是否存在并且有效。

(2)检查区块的时间戳是否大于引用的前一个区块的时间戳,并且距离未来不到 15 分钟。

（3）检查区块号、难度、交易根、树根和气体限制（各种低级以太坊特定概念）是否有效。

（4）检查区块上的工作量证明是否有效。

所有验证被确认有效之后，一个区块就被创建完成。

7. 去中心化交易

区块链的典型特征之一，是去中心化，区块链的本质，就是一个去中心化的数字账本。在区块链上所进行的交易，是一种去中心化交易。

去中心化是相对于中心化来说的，所谓中心化，指所有节点都必须围绕并依赖于一个中心，否则其他节点将无法生存。目前的互联网平台、城市管理、经济体系都是中心化的。可以说，我们当下生存的社会，就是一个高度中心化的世界。

而去中心化则恰恰相反，它是一个分布着众多节点的系统，每个节点都具有高度自治的特征。节点之间彼此可以自由连接，形成新的连接单元。任何一个节点都可能成为阶段性的中心。

打个比方，我们去银行汇款，需要通过银行这样的类似中介的角色在中间操作，才能把钱打到对方那里；还有每天要用的微信支付、支付宝等在线支付软件，都是通过微信、支付宝背后的公司平台才能支付出去或者收款。

区块链技术则是一种去中心化的技术，无论是比特币还是以太坊，都遵循去中心化的原则。区块链使用分布式存储，整个系统中的交易数据由整个系统中所有节点共同维护，而不是依靠一个中心化的节点。

相比中心化交易，去中心化交易的优势，主要有以下几点。

① 公开透明：区块链上的每一笔交易，所有人都可以查询，整个流程公开透明。

② 去信任化：没有一个基于信任的中心节点操控链上交易。

③ 容错性强：由于依赖众多独立节点运作，去中心化交易不太可能因为某个中心节点出现问题而全盘崩溃。

④ 不易篡改：由于每个节点都是独立运作，去中心化交易数据不易被篡改。

⑤ 账户私有：通过持有私钥，用户能够完全掌控自己的账户。

当然，在区块链上也有中心化交易所（CEX）与去中心化交易所（DEX）的区分。

中心化交易所是指被中心化机构所控制的交易所，由交易所负责保管用户资金，用户之间的交易通过交易所进行。比如 Coinbase 等，都是中心化的加密货币交易所。

2014 年全世界最大的加密货币交易所 Mt.Gox 因受到黑客攻击而损失大量的加密货币，无法偿付用户损失而倒闭，这促进了去中心化交易所的诞生。

在去中心化交易所中，没有人会负责资金保管，用户之间进行点对点的交易。目前常见的去中心化交易所有 Uniswap、dYdX 等。去中心化交易所的核心是资产不再被中心节点掌控。通过智能合约，当满足条件时交易自动执行。

相对中心化交易所，去中心化交易所有以下特点。

① 不需要 KYC 身份验证即可进行交易。

② 在一定程度上减少黑客攻击的风险。

③ 没有中心化的第三方干预。

④ 交易机制公开透明。

当然，去中心化交易所目前也还存在手续费较高、流动性较差等问题，这些都可以通过进一步发展来解决。

8. 打包与挖矿

区块链中的挖矿，是指对区块链系统中发生的交易进行确认，并记录在区块链上，形成新的区块。如果将区块链比作一个大的账本，那么挖矿就是一个记账的过程，记账员就是矿工。

打包与挖矿是保障区块链系统交易安全的重要方式，挖矿是一种安全机制，通过利用密码学哈希函数和非对称加密，确保区块链系统的节点在广播区块前投入大量计算，以提高作恶的成本，保证已有数据难以被篡改。

在以比特币为代表的区块链系统中，所有节点都会进行大量的计算，这个过程需要计算机设备，同时会消耗大量电力，这类似工业生产中的挖矿流程，比如通过挖矿设备消耗能源获取矿产。

区块链上每一个区块创建的过程，被叫作打包。每一个区块都会同其前面的区块相连接，形成区块链。每当"矿工"在区块链上成功添加一个包含交易记录的新区块时，也将获得区块链系统给予的比特币奖励。

以 PoW 共识机制为例,整个"挖矿"的流程大概如下。

① 交易发起:用户通过钱包发起一个交易操作,向另一个用户发送加密货币。

② 交易池等待:这个交易被广播至链上所有矿工,在矿工进行处理前,这笔交易会一直在交易池中等待确认。

③ 确认待打包的交易:矿工从交易池中选择交易进行打包,矿工通常会优先选择挖矿奖励更高的交易。

④ 广播区块:矿工在完成打包后,也就是完成一个合格的数字签名后,会向所有矿工广播其数据块和签名。

⑤ 区块验证:其他矿工会对广播的数据块进行确认,如果检查通过,那么这个数据块就有效,并且会被添加到区块链上。

除了最有名的 PoW 共识机制，也有以太坊的 PoS 共识机制，不过以太坊的打包与挖矿与比特币完全不同，它需要质押 ETH（以太币），但在形成区块链的工作过程中，两者本质上又没有区别。

在区块链系统中，矿工不停地将新广播的交易记录打包进新区块，同时将打包好的新区块向所有节点广播，并通过其他节点进行验证，通过这样一个过程，保证区块链的完整性、连续性和不可篡改。

9. 广播交易

发起一笔比特币转账后，你需要将交易单广播至全网。挖矿节点接到这笔交易后，先将其放进本地内存池进行一些基本验证，比如该笔交易花费的比特币是否为未被花费的交易。

如果验证成功，则将其放入"未确认交易池"，等待打包。

如果验证失败，则该交易会被标记为"无效交易"，不会被打包，也就是说，挖矿节点在比拼算力的同时还需要及时验证每笔交易，更新自己的"未确认交易池"。节点抢到记账权后，将从"未确认交易池"中，抽取近千笔未确认交易进行打包，有时候我们的交易不能被及时打包，是因为"未确认交易池"中的交易数量太多，而每个区块能记录的交易数量有限，这时候就会造成区块拥堵。

广播交易涉及以下流程。

① 当前所有者利用私钥对前一次交易和下一位所有者签署一个数字签名，并将这个签名附在这枚货币的末尾，制作成交易单。

② 当前所有者将交易单广播至全网，每个节点都将收到的交易纳入一个区块中。

③ 接到广播后，每个节点开始对这个广播内容求解，希望打包它的交易信息。

④ 当一个节点有解时，它就向全网广播，并由全网其他节点核对。

⑤ 全网其他节点核对该区块记账的正确性，确认该广播交易信息，形成区块。

新的交易需要被包含在一个具有数学工作量证明的区块中才能被确认。这种证明很难生成，因为它只能通过每秒尝试数十亿次的计算来产生。矿工们需要在他们的区块被接受并拿到奖励前进行这些计算。随着更多的人开始挖矿，寻找有效区块的难度就会由网络自动增加以确保找到区块的平均时间。因此，挖矿的竞争非常激烈，没有一个个体矿工能够控制区块链里所包含的内容。

10. 什么是节点

区块链技术中的节点是什么？它们在其中发挥的关键功能有哪些？它们又是如何运作的呢？

节点是区块链网络中一个不可或缺的基本组成部分，它是用于维护任何加密货币的去中心化账本。

区块链由无数的数据块组成，这些数据块被存储在节点上，而这些节点可以被视为小型服务器。

在一个区块链中，所有的节点相互连接，并不断地相互交换区块上的最新信息，这确保了所有节点都是最新的。

节点存储、传播和保存区块链数据。现在，节点可以是任何类型的设备，通常是计算机、笔记本电脑或服务器。

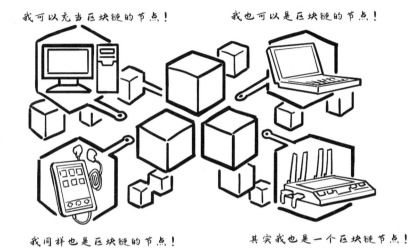

最后，为了更好地理解节点，了解它们执行的一些关键功能很重要。

传送信息：当矿工试图将一个新的交易区块添加到区块链上时，节点将该区块的信息传输给网络上的所有节点。

存储交易信息：节点可以根据区块的签名和交易的有效性来选择接受或拒绝该区块。如果一个节点接受了一个新的交易区块，它就会将其保存并存储在它已经存储的其他区块之上。因此，节点保存和存储交易块或交易历史。

同步交易：此外，节点向其他节点广播和删除交易历史，这些节点可能需要与区块链同步更新。

简言之，一个网络节点可以产生、接收或传输信息。据此，我们将要讨论不同类型的比特币网络节点：全节点、公开节点（超级节点）、挖矿节点和 SPV 节点。

(1)全节点。

全节点是那些真正支持和保护比特币网络的节点,它们相对于网络来说是独立的。它们也会参与交易信息和区块信息的确认工作,也能够将新的区块信息加到区块链网络当中。

通常,一个全节点会下载一个完整的区块链网络信息的副本,但这并不是一个硬性的要求(有时候也会下载一个缩减版的副本)。

一个比特币的全节点的建立,可以通过多种软件的安装来完成,最常用的软件是比特币核心。以下是运行一个比特币核心全节点的基本要求。

① 一台装有 Windows、Mac OS X 或者 Linux 操作系统的台式计算机或笔记本电脑。

② 200GB 的可用磁盘空间。

③ 2GB 的内存。

④ 上传速度不低于 50KB/s 的带宽。

⑤ 无上传限制或者高上传上限的网络连接(每个月,全节点能够上传的信息不低于 200GB,下载信息不低于 20GB。当第一次运行全节点时,需要下载约为 200GB 的文本)。

⑥ 全节点一天运行时间不低于 6 小时,最好是 7×24 小时的运行模式。

很多志愿机构和用户运行比特币网络的全节点来促进比特币的发展。2018 年,有 9700 多个公开的节点在比特币网络上运行。注意,这个数字仅仅是公开的节点,而不是全部节点,除了公开的节点,还有许多隐藏的节点是不可见的,只在防火墙后运行。

全节点与轻节点的区别

（2）公开节点（超级节点）。

公开节点也称超级节点，它是一个可见的全节点。它与其他的节点之间进行数据的交流和传输，因此，一个超级节点就是一个再分发点，它既是数据来源也是数据交流的桥梁。

一个可靠的超级节点，通常是 7×24 小时不停地将区块链的历史信息和交易数据传输给全世界的节点。基于这个原因，相较于隐藏的全节点，超级节点需要更多的算力和更好的网络连接。

（3）挖矿节点。

要想在竞争日益激烈的环境中挖到比特币，就必须投资特殊的挖矿硬件和程序。这些挖矿程序（软件）并不是直接关联到 Bitcoin Core 上的，它们是与 Bitcoin Core 并行来挖矿的。一个矿工既可以选择自己挖矿，也可以选择加入矿池。

个人矿工的全节点使用的是他们自己的区块数据副本，矿池的矿工们则是共同协作的，每一个人能够贡献自己的算力。在一个矿池中，只有矿池的管理员才被要求以一个全节点的身份运行，它可以被看作整个矿池的全节点。

(4)轻量级或 SPV 节点。

也被称为简单支付验证(SPV)节点,这些轻量级节点使用比特币网络但并不是全节点。SPV 节点没有为网络安全贡献力量,因为其不会保存区块链信息的副本,也不会加入交易信息的验证工作中。

简单来说,SPV 就是一种不用下载整个区块链信息副本,就可以查看交易信息的一种方式。因此,SPV 用户依赖其他全节点(超级节点)来提供信息。这些轻量级的用户就像是通信终端一样,也被众多的数字货币钱包所使用。

11. 分布式存储

区块链从本质上来说,是一个分布式数据库,这里的"分布式"是指区块链技术利用链式存储结构不仅解决了分布式数据存储问题,也解决了存储时的分布式一致性问题。区块链技术利用分布式记账簿保证数据可传输和可访问,利用可自动执行的智能合约来编程和操作数据。

区块链存储的基本单元是区块,区块采用链式结构,即新增的区块都知道自己前一个区块是什么,可以一直追溯到根。区块的标识是区块的哈希值,同时链式结构保留了业务产生的轨迹,可以在新增交易的时候根据前面的记录进行校验,保证了区块内容不容易被篡改。

分布式存储的特征如下。

可扩展:分布式存储系统可以扩展到几百台甚至几千台机器的规模,系统的整体性能线性增长。如果你的数据量、读取负载、写入负载超出单台机器的处理能力,可以将负载分散到多台机器上。

容错/高可用性:如果你的应用需要在单台机器(或多台机器、网络、整个数据中心)出现故障的情况下仍然能继续工作,则可使用多台机器。一台故障时,另一台可以接管任务。

低成本：分布式存储系统的自动容错、自动负载均衡的特性，允许分布式存储系统可以构建在低成本的服务器上。另外，线性的扩展能力也可以降低服务器成本，实现分布式存储系统的自动运维。

高性能 / 避免延迟：无论是针对单台机器，还是针对整个分布式的存储集群，都要求分布式存储系统具备高性能。如果在世界各地都有用户，你也许会考虑在全球范围内部署多个服务器，每个用户可以从地理上最近的数据中心获取服务，避免等待网络数据包穿越半个世界。

易用性：分布式存储系统需要对外提供方便易用的接口，另外，也需要具备完善的监控、运维工具，并且可以方便地与其他系统进行集成。

集体维护：系统由所有具有维护功能的节点共同维护，所有节点都可以通过公开接口查询区块链数据和开发相关应用。

分布式存储各节点都拥有最新的完整数据库，单个节点无法对数据进行篡改，保证区块链数据的稳定与可靠性。区块链系统中每生成一个新区块，都会产生对应时间戳，并依照区块生成时间的先后顺序相连成区块链。各独立节点通过点对点网络建立联系，为信息数据记录形成去中心化的分布式时间戳服务系统。时间戳使更改记录的困难程度随时间流逝呈指数增加，区块链运行时间越久，数据篡改难度越高。

分布式存储的好处在于，如果有黑客想要篡改一个区块里面的数据内容，那么需要篡改的就不单是这一个区块，还包含这之后的所有区块，即从这个区块开始向后的所有的历史数据，而这些历史数据不仅是存在于一台服务器上，而是同一瞬间遍布在所有区块链节点上，并且这些历史数据还在使用密码学相关技术进行保护。这种数据存储和管理的新方式，使得区块链系统相比传统的信息系统，拥有更为安全的特性。

分布式账本技术上的安全特性，以其最典型的应用比特币为例，从2009年上线以来已经在全球范围内 7×24 小时不间断运行了14年之久，在这个系统中，有数以千计的节点，没有任何管理中心，完全没有防火墙、网闸、入侵检测、防病毒、容灾备份等辅助保障系统，甚至软件本身的代码都是开源的，这些完全区别于传统信息技术手段的特质，正是最吸引人们眼球的地方。

但传统的分布式存储系统，在本质上还是一个中心化的系统，只是将数据分散存储在多台独立的设备上，采用可扩展的系统结构，利用多台存储服务器分担存储负荷，利用位置服务器定位存储信息。

而基于P2P网络的分布式存储是区块链的核心技术，是将数据存储于区块并通过开放节点的存储空间建立的一种分布式数据库，以提高网络的运作效率，解决传统分布式存储的服务器瓶颈带来的访问不便等问题，实现按数据的文件路径访问，而不是按地址访问。

12. 双花与 51% 攻击

（1）什么是双花？

所谓双花，不是指"两朵花"，而是指"双重支付"，指的是一笔钱花了两次或者多次。

（2）什么是51%算力攻击？

所谓51%算力攻击，也称"51% Attack"，是指有人掌握了全网51%以上的算力之后，就可以抢先完成一个更长的、伪造交易的链条，如比特币只认最长的链，所以伪造的交易也会得到所有节点的认可。

（3）如何通过51%算力攻击实现双花？

假设A与B进行一笔8比特币的交易，第一笔交易被打包到10082号区块，当后面再增加5个区块后，第6次即可确认该交易，B认为收到了A的支付款，就给A发送了自己的商品。

这时，A又发起了一次给自己8比特币的交易。如果A向全网广播，这笔交易是不会被处理的，所以A选择不广播，而是对主链进行"分叉"，生成另外一个10082号区块，并在其中打包第二笔交易。

由此，产生了两条子链。其他矿工继续在原来的链上打包数据，而A则在新分叉的链上挖矿，两条链开始赛跑。由于A具有超过51%的算力资源，很快，新链的长度就会超过旧链。

我拥有51%的算力，这一笔新交易会成为主链，而刚才那一笔交易将变为无效，这样我就不用花钱买东西了！

这时，按照最长链优先原则，其他矿工也会自动转到新链上，使新链变成主链。旧链则会被抛弃，之前打包在旧链上的所有交易，都会变为无效。所以A不花一分钱就拥有了属于B的商品，这就是"51%攻击"。

（4）知名的51%攻击事件。

比特币黄金BTG就曾遭受51%攻击，黑客临时控制了区块链之后，不断地在交易所发起交易和撤销交易，将一定数量的BTG在多个钱包地址间来回转移，一笔"钱"被花了多次，黑客因此得到了388201个BTG。

对以太坊经典的51%攻击始于2019年1月5日，在两天内导致了15个区块的重组，攻击者共获取了219500个ETH，价值约合110万美元。根据Crypto51的数据，攻击的成本在每小时5473美金左右。在攻击发生后，Gate.io宣布它是其中一家受到攻击的交易所，损失了40000个ETH。

（5）51%攻击并非缺陷。

虽然51%攻击经常被认为是工作量证明加密货币的一种缺陷，但这实际上是一种特性，而不是漏洞。51%攻击激励加密货币的创新，可以淘汰市场上较弱的代币。它奖励那些能够在攻击期间迅速停止交易的交易所，同时惩罚那些反应迟钝的交易所。同时，它是去中心化共识的一种体现，因为那些选择在主流链上挖矿的人就是在用他们的算力投票，来确保网络的安全和强大。

（6）实现双花攻击非常困难。

一个矿工需要拥有全网51%以上的算力，才能实现双花攻击。比特币区块链上目前有几百万名矿工在挖矿，要达到与全网矿工匹敌的算力，攻击者必须要花费巨额资金在挖矿用的硬件上。即使是地球上最强大的计算机也不能与比特币全网的算力抗衡。付出这么大的代价，就算实现攻击，又能得到什么回报呢？如果你拥有这么强的算力，为什么不加入比特币世界，去赚取加密货币财富呢？

13. 区块链分叉

就算没有 51% 的攻击，区块链也经常出现分叉事故。

那么，什么是区块链分叉？

由于区块链是一个由数据块组成的链式结构，所以当它要升级的时候，实际上会从某一个数据块开始分成两条链。

区块链的升级是由矿工们一起决定的，既然参与的人多了，就会有不同的意见，当矿工们不能达成共识的时候，区块链就可以分叉，就好比物种进化一样，一部分古猿进化成了人类，另一部分进化成了猩猩。

分叉之所以产生，是因为项目在发展过程中原社区内部理念产生了不可调和的分歧。例如，BCH 从 BTC 中分叉出来，就是因为 BCH 追求扩容区块，但 BTC 的技术中枢并不同意，因为区块链背后的社区

作为去中心化组织,主张非暴力不合作,分歧一旦产生将很难达成一致,这是由区块链基因里去中心化的属性决定的。

(1)分叉是如何发生的?

以比特币为例,说明分叉是如何发生的。比特币作为数字货币是通过软件的形式实现的,该软件被称为比特币协议,它确定了针对所有人的规则,包括区块的大小、矿工得到多少奖励等。如果想要使用比特币的话,就得同意这份协议。这就像公司的章程,全公司的人都得遵守。

比特币作为一个软件项目,它总有需要完善的地方,所以它的开发永远都在进行,比特币开发者是通过更新软件(比特币协议)来解决问题或增强功能的。

在中心化系统中,软件升级十分简单,但是在去中心化系统中,升级并没有那么简单,它需要达成共识(取得各方的同意)。在涉及一些重大更新时,社区中总会有人反对,如果一群人都不同意,他们可以选择走自己的路,创造他们自己的比特币协议版本和分支区块链,于是分叉也就发生了。

除了意见分歧外,某些协议的添加、升级,也可能需要通过分叉实现。

(2)分叉是如何实现的?

为了理解分叉,我们可以把比特币分为两大块:比特币协议(软件)和存储所有交易数据的区块链。

比特币协议(软件)是完全开源的,如果要创建自己的分支区块链(分叉),首先要把比特币协议(软件代码)复制下来,然后根据自己的需要进行适当的修改。

最后,通过指定一个区块编号让比特币分叉开始生效,如可以宣布在区块编号到达 500000 时分叉开始生效,当该区块编号传送到社区时会分成两部分,有些人决定支持原协议,而有些人则支持分叉协议,然后每个组开始添加新的区块到他们想要支持的那一条区块链。

(3)硬分叉和软分叉。

上述所指的分叉多指硬分叉,硬分叉是指比特币共识机制发生改变时,与原生协议不相容,部分没有升级的节点无法验证已经升级的节点产生的区块,然后大家各自延续自己认为正确的链,所以分成了两条链。

因为The DAO事件,以太坊便发生过一次硬分叉

除了硬分叉,还有一种分叉叫软分叉,它是指区块链网络系统版本或协议升级后,与原生协议兼容,旧的节点继续接受由新节点创造的区块,新老节点始终还是在同一条链上工作,并没有新链产生。

软分叉与硬分叉最大的区别就是有没有新链产生,硬分叉是有新链产生的,而软分叉并没有产生新的链。

(4)分叉有什么影响?

对于数字货币持有者来说,硬分叉会让他们额外增加一笔财富(分叉链 Token),BTC 的持有者就曾经获得过许多不同 BTC 分叉链 Token。

对项目本身来说,分叉未必是坏事。区块链作为一个复杂的去中心化系统,社区的意见难免会出现较大的分歧,与其妥协出一个折中的但可能是行不通的方案,还不如分叉出来各自独立、各走各的路,这样项目的胜算会更大一些,对项目方也许是好事。

区块链技术的发展还处于很初步的阶段,分叉对于区块链来说,就相当于一个技术迭代的过程,人们不断发现区块链技术现有的限制,不断升级和扩展这项技术,才能让区块链技术走向成熟。当然,这种分叉跟区块链不可篡改的特性背道而驰,但没有天生完美的技术,区块链也不例外,技术的发展如果在发生错误时都不可控,那这种技术就无法做到普世,人们对它的信任度也无法提升。且分叉的结果是由社区成员投票决定的,某种程度上来说依旧遵守着去中心化的原则。

人们对区块链分叉各执己见,但在区块链发展的历史进程里,分叉无疑让区块链变得更有故事性和可能性了。总的来说,分叉这种升级方式虽然麻烦很多,但是给了每个人更多的选择。也许,区块链就在这样的求同存异中孕育着更多的可能性。

5

区块链内核

Metaverse

1. 核心：共识机制

2022 年 9 月 15 日 14:42:42，以太坊在区块高度 15537393 触发合并机制，并产出首个 PoS 区块——高度为 15537394。这也意味着，以太坊共识机制正式从 PoW 转为了 PoS。

兹事体大，全球关注，因为这是"公链之王"以太坊共识机制的调整，无数人都在关注这件事情对整个行业的影响。

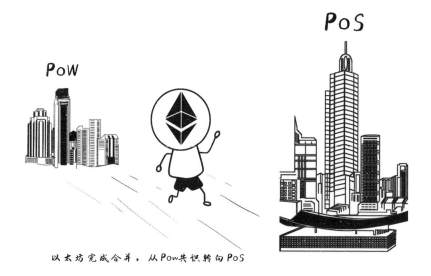

以太坊完成合并，从 PoW 共识转向 PoS

以太坊一开始采用的是 PoW 机制，为什么要从 PoW 转向 PoS？

在区块链世界中，共识机制是法律一般的存在，它能够约束去中心化网络中的每一个计算机节点，维护新数据的安全和系统的公平性；使互不相干的节点也能够彼此验证，并确认网络中的数据，无须产生信任，达成一致。比如一群人要决定去哪个地方旅游，如果对目的地没有异议，那么共识就成立了。

共识机制在日常生活中随处可见：董事会的股东投票决策是一种达成共识的表现；会议中一起讨论，想出解决问题的方法是一种共识；

军令如山也是一种共识。

区块链的共识机制是指以去中心化的方式,就网络的状态达成统一协议的过程,也被称为共识算法,有助于验证和验证信息被添加到分类账簿,确保只有真实的事务记录在区块链上。由于点对点网络下存在较高的网络延迟,各个节点所观察到的事务先后顺序不可能完全一致,因此区块链系统需要设计一种机制对在相近时间内发生的事务的先后顺序进行共识,这种使一个时间窗口内的事务的先后顺序达成共识的算法被称为"共识机制"。

目前区块链的共识机制有很多种,这里列举一些比较典型的共识机制。

(1) Proof-of-Work(PoW),工作量证明。

依赖机器进行数学运算来获取记账权,相比其他共识机制,这种共识机制资源消耗多、可监管性弱,同时,每次达成共识需要全网共同参与运算,性能效率比较低。容错性方面,允许全网50%的节点出错。这种共识机制的优点是完全去中心化,节点自由进出。

当然,现在由于PoW算力的中心化,很多人对PoW机制提出了质疑,其中被质疑最多的就是比特币的算力中心化问题。

(2) Proof-of-Stake(PoS),权益证明。

总体上说,存在一个持币人的集合,他们把手中的代币放入PoS机制,这样他们就变成验证者。假设很多验证者在区块链最前面发现了一个新区块(区块链中最新的块),这时PoS算法在这些验证者中随机选取一个人(验证者被选中的概率依据他们投入的代币多少而定,比如一个投入10000代币的验证者,被选中的概率是一个投入1000代币验证者的10倍),给他们权力产生下一个区块。如果在一定时间内,这个验证者没有产出一个新区块,则PoS会继续选出第二个验证者,代替原来被选中的验证者。与 PoW 算法相比，PoS 算法有什么优点呢？下图是两种机制的比较。

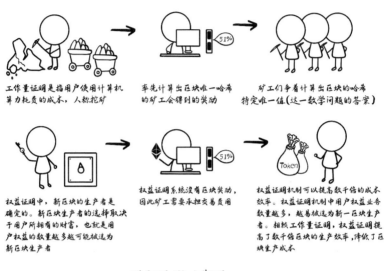

工作量证明 VS 权益证明

简言之，选择 PoS 算法不再需要为了安全产生区块而大量消耗电能。由于不再需要大量能耗，通过发行新币以激励参与者继续参与的压力就会下降，理论上负总发行量甚至成为可能，由于一部分交易费"被烧掉"，因此货币供应会随着时间的变化而减少。PoS 算法可以减少因私自挖矿攻击而造成的损失。PoS 也存在很多问题，如 PoS 相当于是大股东说了算，但如果大股东作恶怎么办？这也一直存在争议。

（3）Delegate Proof of Stake（DPoS），股份授权证明。

BitShares 社区首先提出了 DPoS 机制。DPoS 与 PoS 的主要区别在于，其节点选举若干代理人，由代理人验证和记账，其合规监管、性能、资源消耗和容错性与 PoS 相似。这种方式类似董事会投票，持币者投出一定数量的节点，由代理进行验证和记账。

(4) Ripple Consensus,瑞波共识机制。

瑞波共识算法使一组节点能够基于特殊节点列表达成共识。初始特殊节点列表就像一个俱乐部,要接纳一个新成员,必须由当前该俱乐部中51%以上的核心会员投票通过,外部人员没有影响力。与比特币和点点币一样,瑞波共识机制将成员们与其投票权隔开,因此比其他系统更中心化。

(5) Pool验证池。

这是一种在传统的分布式一致性技术的基础上加数据验证而形成的一种共识机制,是目前大范围使用的共识机制。其优点在于,不需要代币也可以工作,在成熟的分布式一致性算法(Pasox、Raft)基础上,实现秒级共识验证。其缺点在于,去中心化程度不如比特币,更适合多方参与的多中心商业模式。

除上述共识机制外,还有很多其他共识机制,但现在主流的共识机制是PoW共识机制、PoS共识机制和DPoS共识机制。

5种共识机制的对比具体如下表所示。

共识机制	是否挖矿	需要代币	安全性	资源消耗	去中心化程度	交易确认时间	可承载交易量	典型应用情况	适用场景
PoW	是	是	高	大	完全	长	少	比特币、莱特币、以太坊等	公有链
PoS	是	是	高	一般	完全	短	少	点点币、未来币	公有链
DPoS	否	是	高	小	完全	秒级	多	比特股	联盟链
Ripple Consensus	否	是	高	小	不完全	实时	多	RIPPLE网络	私有链
Pool	否	否	非常高	小	不完全	实时	多	各类私有链	私有链

目前这些主流共识机制还存在一些不足,没有一种共识机制是完美的,也没有一种共识机制是适合所有应用场景的。区块链的共识机制还在不断地进步与发展。

2. 模块:智能合约

智能合约对区块链来说,有点像器官对于人体,它是一个个功能性模块。

"智能合约(Smart Contract)"的概念是由计算机科学家、加密大师尼克·萨博(Nick Szabo)在1993年提出来,1994年他写成《智能合约》论文,那是智能合约的开山之作。作为一位因比特币打下基础而受到广泛赞誉的密码学家,尼克·萨博为智能合约下了定义:一个智能合约是一套以数字形式定义的承诺(promises),是一种协议。

智能合约有两个要点,即"数字形式"和"协议"。

(1)数字形式。

数字形式意味着合约需要被写入计算机可执行的代码,只要参与者达成协定,智能合约建立的权利和义务就由一台计算机或者计算机网络监督执行。

智能合约的参与方在什么时候达成协定,取决于特定的智能合约实施要求。一般而言,参与方在合约宿主平台上安装合约,确定同意使用合约,通过技术手段可以使合约开始执行。

(2)协议。

协议是技术实现(Technical Implementation),在这个基础上,合约承诺被实现,或者合约承诺实现被记录下来。

以销售合约为例。假设参与方同意以比特币支付货款,选择的协议很明显将是比特币协议,合约必须用到的"数字形式"就是比特币脚本语言。比特币脚本语言是一种非图灵完备的、命令式的、基于栈的编程语言。

萨博认为，智能合约的基本理念是，许多合约条款能够嵌入硬件和软件中。嵌入式合约最初的应用实例是自动售货机、销售点终端、大公司间的电子数据交换和银行间用于转移和清算的支付系统SWIFT、ACH、FedWire。另一个嵌入式合约的例子是数字内容消费，如音乐、电影和电子书等。

智能合约本质上是一种直接控制数字资产的计算机程序。通过在区块链上写入类似if-then语句的程序，使得当预先设定好的条件被触发时，程序自动触发支付并执行合约中的其他条款。

举一个简单的例子。

这样一个if-then语句的意思就是，你我约定，如果事件X发生，则合约给你发送1000美元，否则，给我发送1000美元。这就是最简单的合约。

智能合约是部署在区块链上的计算机程序——DAPP（分布式应用）的基础单元。DAPP是通过在区块链层部署一组智能合约，然后与这些智能合约进行交互而使约定得以实现。其具体应用如下。

① 供应链跟踪和交易解决方案，如Provenance、IBM和沃尔玛的试点。

② 预测市场，如 Augur 和 Gnosis。

③ 分布式组织，如 The DAO。

④ 链游 Axie Infinity、以太猫。

⑤ 合约 Loot、CryptoPunks。

智能合约与人类过去所使用的传统合约在本质上有很大的不同，它具有强大的革命性。我们用一些现实的场景来进行描述，假设你在网上看中了一辆汽车，谈好价格后你去银行签署支票再回到经销商处，经销商确认支票后，你签署了一堆文件，表明拥有这辆车的所有权并最终获得这辆车。整个买车的过程可能需要花费好几天的时间。

但是，如果通过智能合约买车，一辆汽车的所有权、价格和其他细节等信息都被上传到了区块链，你只要支付相应价值的加密货币，就马上可以拥有这辆车。

毋庸置疑，这是一件非常便捷的事情，从这里我们也可以看出，区块链的智能合约是一种透明化的宏观确认，而传统合约只是一种非透明的微观确认。

区块链的智能合约是条款以计算机语言而非法律语言记录的智能合同。作为区块链最重要的特性之一，智能合约也是区块链能够被称为颠覆性技术的主要原因。从尼克·萨博提出智能合约的概念到真正实践，区块链技术的出现解决了缺乏支持可编程合约的数字系统和技术的问题。

人类文明已经从"身份社会"进化到了"契约社会"，而区块链下的智能合约则有望带领人类从传统契约社会过渡到智慧型自动社会。

3. 公有链、私有链和联盟链

区块链的世界有公有链（Public blockchain）、联盟链（Consortium blockchain）、私有链（Private blockchain）三种形式。

公有链，简称公链，全世界任何个体或团体都可以在公有链上读取、发送交易，且交易能够获得该区块链的有效性确认，是每个人都能参与其共识过程的区块链。公有链通常也称非许可链，一般适合于加密货币、面向大众的电子商务、互联网金融等 B2C、C2C 或 C2B 等应用场景。

当前比较主流的公有链，有比特币网络、以太坊、币安链、Solana 等。其中，以太坊占据着大部分的份额。

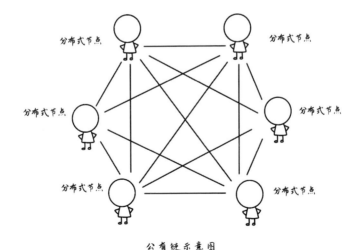

公有链示意图

联盟链，是指有若干个机构或组织共同参与管理的区块链，它们各自运行着一个或多个节点，只允许系统内成员进行读取和发送交易，并且共同记录交易数据。联盟链的特点是半公开，参与区块链的节点是预先指定好的，这些节点之间通常有良好的网络连接等合作关系，每个区块的生成会由所有预选记账人共同决定，其他节点可以交易，但没有记账权。

比较知名的联盟链有超级账本（Hyperledger）。

超级账本为 Linux 基金会协作的开源项目，它是一个全球跨行业领导者的合作项目，已经成为区块链领域全球性的技术联盟，在全球拥有 270 多个会员组织，涵盖众多行业，包括金融、物联网、供应链、制造等领域。

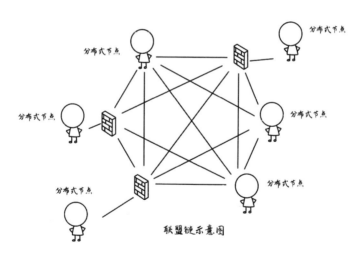

联盟链示意图

在私有链上，数据的访问及使用有严格的权限限制。仅采用区块链技术进行记账，记账权并不公开，且只记录内部的交易，由公司或者个人独享。作为一个中心化程度较高的系统，私有链适合单一的企业或机构内部使用。

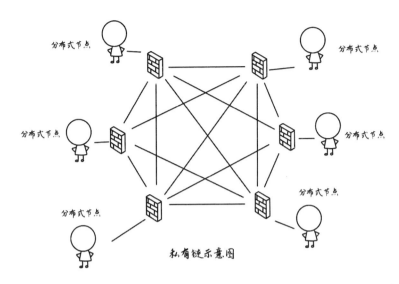

私有链示意图

公有链、联盟链和私有链互有优势,也各有局限。公有链很难实现得很完美,联盟链、私有链需要找到在现实社会有迫切需求的应用场景。至于具体选择哪套方案就要看具体需求。

(1)各自优势及弊端。

①公有链作为一种完全分布式的区块链,数据公开,访问门槛低,用户参与程度高,易于应用推广,便于产生网络效应。但系统的运行依赖于内建的激励机制,存在决策和技术更新困难,且容易遭到攻击,效率较低,交易费用越来越高等弊端。

②联盟链为部分意义上的分布式区块链,因参与节点要预先指定,验证效率高,仅需极少成本即可维持运行,提供了高速交易处理的同时,降低了交易费用,有很好的扩展性,数据可以保持一定的隐私性。但是这也意味着在共识达成的前提下,参与节点可以一起篡改数据。

③私有链最大的好处是加密审计,发生错误时也能追踪错误来源,且在特殊情况下,运行着私有链的机构或公司可以很容易地修改该区

块链的规则、还原交易、修改余额等,这一点似乎违背了区块链的本质,但是适用于一些特殊场景。如全国土地登记,要实现这个功能就必须得使用私有链,毕竟,试图建立一个不受政府控制的土地登记机构,在实践中是不会被政府承认的。另外,由于私有链验证者是内部公开的,交易的成本会很低,并且不存在部分验证节点共谋篡改信息的风险。

(2)三者之间的区别。

①参与者:公有链对所有人开放,任何人都可以参与;联盟链对特定的联盟成员(通常为组织团体)开放;私有链则对单独的个人或实体开放。

②共识机制:公有链中的共识机制一般是工作量证明和权益证明。联盟链一般不采用工作量证明,而多采用权益证明或使用拜占庭容错算法等共识算法。私有链因参与的节点只有自己,一般也不采用工作量证明的共识机制。

③记账人:公有链上所有人都可以读写数据和发送交易。联盟链上的读写权限、参与记账权限按联盟规则来确定。而私有链的写入权限仅在参与者手里,读取权限可以对外开放,也可以被任意程度地进行限制。

④激励机制:公有链需要利用密码学验证及经济上的激励,在互为陌生的网络环境中建立共识。联盟链的共识形成过程则由预先选择的一系列节点掌控,因此可选择是否设置激励机制。私有链由于在书写许可方面对一个组织保持中心化,因而不需要激励机制。

⑤中心化程度:公有链是真正意义上的完全去中心化的区块链,它通过密码学保证交易不可篡改。联盟链是部分去中心化的。私有链是存在一定的中心化控制的区块链。

⑥突出特点:公有链的信用自动建立;联盟链则具有效率高、成

本优化的优势;而私有链因私人化定制,更透明安全。

⑦承受能力:公有链最高每秒完成交易 3~20 笔,联盟链则达到每秒 1000~10000 笔,而私有链更快,达到每秒 1000~100000 笔。相比公有链,联盟链和私有链的交易速度显然更快且交易成本低。

⑧应用场景:目前加密货币是公有链的典型应用,联盟链则一般应用于结算,而私有链则一般应用于审计、发行。

基于各自不同的特点,公有链、联盟链、私有链有不同的应用场景。

公有链典型的应用场景是加密货币,如比特币和以太坊网络。因为加密货币这一应用场景,既需要去中心化,也需要公开透明来保证安全性。

联盟链的主要应用场景是围绕特定业务需求组成的相对封闭的业务生态,比如不同企业之间的支付和结算业务。以银行为例,银行间结算是非常碎片化的流程,每个银行各自有一套账本,对账困难,有些交易有时要花几天才能校验和确认。同时,其流动性风险很高,监管报送非常烦琐,也容易出现人为错误,结算成本很高。使用联盟链可以解决这个问题。

私有链则仅在私有组织使用,区块链上的读写权限、参与记账权限按私有组织规则来确定。私有链的应用场景一般是企业内部,如数据库管理、财务审计、供应链管理等。也有一些比较特殊的组织情况,比如政府的预算和执行,或者政府的行业数据统计,一般来说由政府登记,但公众有权监督。私有链的价值,主要是提供安全、可追溯、不可篡改、自动执行的运算平台,可以同时防范来自内部和外部对数据的攻击,这在传统的系统中是很难做到的。

区别	公有链	联盟链	私有链
参与者	任何人自由进出	联盟成员	个体或公司内部
共识机制	PoW/PoS/DPoS	分布式一致性算法	分布式一致性算法
记账人	所有参与者	联盟成员协商确定	自定义
激励机制	需要	可选	不需要
中心化程度	去中心化	多中心化	(多)中心化
突出特点	信用的自建立	效率和成本优化	透明和可追溯
承载能力	3~20笔/秒	1000~1万笔/秒	1000~10万笔/秒
典型场景	虚拟货币	支付、结算	审计、发行

4. 公链之王——以太坊

如果说比特币是自由主义极客的理想试验，是中本聪在"孤岛"上建立的一个"理想国"，那么以太坊则是一块新的"数字大陆"，只要遵守这片土地的法则，任何人都可以在这片土地上组建自己的城邦。一开始这片土地上什么都没有，只有 Vitalik Buterin（维塔利克·布特林）这个少年在勾勒草图，但现在已经有很多"大厦"在施工，并且日益繁荣。虽然现在还不能完全确定以太坊未来到底能走多远，但目前来看这片土地已逐渐成为一个生态多样化的世界。

以太坊（Ethereum）的目标是打造一个运行智能合约的去中心化平台，平台上的应用按设定好的程序运行，不存在停机、审查、欺诈及第三方人为干预的可能。智能合约开发者可以在其上使用官方提供的工具，来开发支持以太坊区块链协议的应用（即所谓的 DAPP）。

作为一个可编程、可视化、更易用的区块链，以太坊允许任何人编写智能合约和发行代币，并有如下特点。

① 单独为智能合约指定编程语言 Solidity。

② 使用内存需求较高的哈希函数，避免出现算力矿机。

③ 叔块（UncleBlock）激励机制：降低矿池的优势，使区块产生时间间隔降低到 15 秒。

④ 难度调整算法：一定的自动反馈机制。

⑤ Gas 限制调整算法：限制代码执行指令数，避免循环攻击。

⑥ 记录当前状态的哈希树的根哈希值到区块：某些情形下实现轻量级客户端。

⑦ 为执行智能合约设计的简化虚拟机（EVM）。

狭义上，以太坊是指一系列定义去中心化应用平台的协议，它的核心是以太坊虚拟机（EVM），主要工作是执行智能合约的字节码。在计算机科学术语中，以太坊是"图灵完备"的。开发者能够使用类似现有的 JavaScript 和 Python 等的语言为模型的其他友好的编程语言，创建出在以太坊模拟机上运行的应用。由于图灵完备的语言提供了完整的自由度，让用户可搭建各种应用，因此，合约所能提供的业务几乎是无穷无尽的，它的边界就是人们的想象力。

与其他区块链相同，以太坊也有一个点对点网络协议。以太坊区块链数据库由众多连接到网络的节点来维护和更新，每个网络节点都运行着以太坊模拟机并执行相同的指令。因此，人们有时形象地称以太坊为"世界电脑"。

不过,这个贯穿整个以太坊网络的大规模并行运算并不是为了使运算更高效。实际上,这个过程使在以太坊上的运算比在传统"电脑"上的运行更慢且代价更昂贵。以太坊的主要价值不在于计算。

以太坊上的每个以太坊节点都运行着以太坊虚拟机,这是为了保持整个区块链的一致性。去中心化的一致性使以太坊有极高的故障容错性,保证零停机,而且可以使存储在区块链上的数据永远得以保存、被追踪,并且抗审查。

一般情况下,以太坊由 6 层架构组成。

数据层:是一个区块 + 链表的数据结构,本质上是一个分布式区块链。

网络层:P2P 网络。

共识层:确定区块链获取货币的机制。例如,比特币用的是工作量证明机制,计算机的性能越好,越容易获取到货币奖励;又如,权益证明机制类似众筹分红的概念,会根据持有的货币数量和时间,给持有者发放利息。

激励层:挖矿机制。

合约层:以往的区块链是没有这一层的,所以最初的区块链只能进行交易,而无法用于其他领域或进行其他的逻辑处理。但是合约层的出现,使在其他领域使用区块链成为现实,如用于物联网。以太坊中这部分包括了 EVM 和智能合约两部分。

应用层:区块链的展示层,如以太坊使用的是 Truffle 和 Web 3.js。区块链的应用层可以是移动端、Web 端,或是融合进现有的服务器,把当前的业务服务器当成应用层。

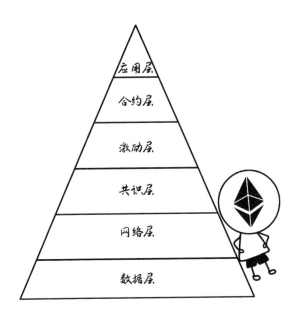

以太坊的六层架构

以太坊最上层的是 DAPP（分布式应用）。它通过 Web 3.js 和智能合约层进行交换。所有的智能合约都运行在 EVM 上，并会用到 RPC 协议的调用。在 EVM 和 RPC 下是以太坊的四大核心内容，包括区块链协议、共识算法、挖矿及网络层。除了 DAPP 外，其他的所有部分都在以太坊的客户端里。目前最流行的以太坊客户端是 Geth（Go-Ethereum）。

以太坊有可能发展成为"元宇宙"的底层公链，原因如下。

ETH 在 Web 3.0 生态的开发者一直高居第一，其他公链如 Polkadot、Cosmos、Solana、比特币这些公链都无法撼动。ETH 作为底层结算资产，用于交易、支付 Gas 费用（即矿工费），在应用层可以作为基础抵押品流向借贷市场，在 Web 3.0 和元宇宙世界里，以以太坊为基础的 DeFi 金融体系里矗立着 Uniswap、Sushiswap 这样的交易所，分布着 Maker、Compound 这样的"中央银行"和"商业银行"，还有 ChainLink 为 AMM（自动做市商）提供喂价服务，INSUR、wNXM 为系统性风险提供保险服务。顶流的 NFT 应用在以太坊上如鱼得水，以 CryptoPunks、BoredApeYachtClub、PudgyPenguins 等为代表的头像类 NFT 迅速走红，黑底白字的 LOOT 一夜火爆区块链世界，NFT 以惊人的更迭速度向我们展示着自己独特的魅力。以太坊还沉淀着不少优质的 GameFi，比如日进斗金的 AxieInfinity、CryptoKitties、TheSandbox、Decentraland 等，表现不错的 Polygon 生态也涌现出了 Loserchick、TeaVirtual、Exeedme。

ETH 虽然在性能上存在一些问题，但随着以太坊 L2 侧链在有效性等方面的新进展，依靠各类基础性协议如 ERC20（同质通证）、ERC721（非同质通证）、ERC-1155（非同质通证进化版）、EIP-1559（燃烧协议）等建立可靠的基础设施，以太坊几乎无限接近元宇宙的底层公链。

以太坊作为新的数字大陆，给了我们更多的想象空间，如今它已经占据区块链应用底层的半壁江山。通过以太坊，我们看到了除数字货币外，还有一个多元化的智能合约世界。

2014 年，当众人仍为以比特币为首的数字货币应用痴迷不已时，VitalikButerin 发起以太坊项目，试图以一套图灵完备的脚本语言，解决比特币扩展性不足的问题，提供不同的智能合约，让用户搭建各种应用。这一另辟蹊径的举动，不仅是区块链史上一次伟大的技术突破，也是对中本聪树立起来的权威的一次挑战，更是技术本身与人类发展需求相匹配的一次自然驱动。

5. 主链和侧链

以太坊虽然成为公链之王，但它的拥堵问题给了新公链、交易所公链诞生和发展的契机,以至于很多条公链都敢自诩"以太坊杀手"。

因此以太坊的侧链开发就显得尤其重要。只有拥有更多的侧链协助主链才能让以太坊成为 Web 3.0 的基础设施,成为元宇宙的基石。

那主链和侧链是什么意思呢?

主链(Mainnet)又叫主网,指正式上线的、可以独立运行的区块链网络。每一个区块链项目经过前期的技术开发后,最终都会在主链上线,上线之后才会去逐步实现一系列应用功能,最终打造出成功的区块链生态场景。

在主链上线之前,一般都会发布测试链进行检验,此时测试链上的测试通证是不具备任何价值的,只是为了测试主链功能。

目前,最成功的主链是以太坊,现在大多数的项目都是基于以太坊开发的。可以将以太坊比作苹果的 iOS 系统;在以太坊上发行的代币,相当于 iOS 系统上装的各种软件,人们通过支付 ETH 在以太坊上运行各种应用。但是随着基于以太坊的项目越来越多,以太坊的网络需求越来越大,导致以太坊主链大量拥堵,手续费(Gas 费)暴涨。

大部分项目都在开发自己的主链,谁能成为区块链基础层的主链,谁就有可能成为未来的微软、谷歌、苹果等巨头。当然,有主链的项目不一定比没有主链的项目好,如火爆的 Uniswap 就是基于以太坊的流动性协议打造的。

侧链(Sidechain),实质上不是特指某个区块链,而是指遵守侧链协议的所有区块链,该名词是相对于比特币主链来说的。侧链协议是指可以让比特币安全地从比特币主链转移到其他区块链,又可以从其他区块链安全地返回比特币主链的一种协议。

侧链协议具有重大意义,它意味着比特币不仅可以在比特币区块链上流通,还可以在其他区块链上流通,其应用范围和应用前景会更加广泛；有创意的人们会研发出各种各样的应用以使侧链协议与比特币主链对接，使得比特币这种基准货币的地位更稳固。

显然，只要符合侧链协议，所有现存的区块链，如以太坊、莱特币、暗网币等都可以成为侧链。

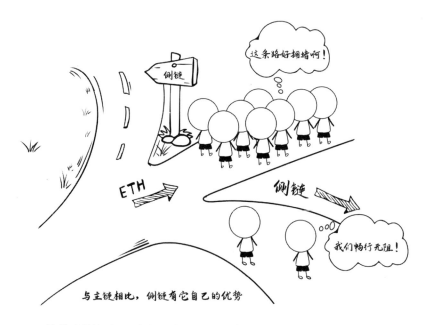

与主链相比，侧链有它自己的优势

简单来说，相比主链，侧链有以下特点。

① 侧链可以提高交易速度。

侧链的出现使得比特币主链可以把部分交易转移到侧链上，在小范围内达成共识，提升交易速度，降低交易成本，提高交易效率。正如主干道和分支干道一样，使一部分车分流到分支干道，会使得整个车流速度加快。

② 侧链相对独立。

如果侧链上出现了代码漏洞和大量资金被盗等问题时，主链的安全性和稳定性也不会受到影响。即便多条侧链一起运行，也不会对主链造成影响。如分支干道发生车祸等应急现象时,是不会影响主干道的。

③ 侧链可以为主链拓展功能。

如智能合约、隐私性等,在大部分情况下,用户持有主链 Token 即可体验不同功能的侧链提供的服务,这样也就能够进一步扩展区块链技术的应用范围和创新空间。

6.Layer 与跨链

侧链是主链之外的另一个区块链,侧链通过锚定主链中的某一个节点,通过主链上的计算力来维护侧链的真实性,实现公共区块链上的价值与其他账簿上的价值在多个区块链间进行转移。主链像母亲,侧链像儿子。主链和侧链的记账单位不一样。

Layer 又称扩容,它是对公链性能的拓展,现在一般谈到的是 Layer2,又称链下扩容,这与 Layer1（链上扩容）相对应。链上扩容就是直接在区块链修改区块大小、共识机制等,类似道路拥堵时从头到尾重新拓宽马路一样,这是大修,有很多人不答应。Layer2 扩容方案,类似在拥挤的道路上再修一条子道,这条子道可以帮忙解决道路拥堵问题。相对于 Layer1 来说争议就少很多。一个是在存量上做文章,一个是在增量上想办法。

跨链是指原本存储在特定区块链上的资产可以转换成另一条链上的资产,从而实现价值的流通。从技术角度来讲,跨链的核心问题可以归类为异构数据源的同步问题。异构数据源是指数据结构、存取方式、形式不一样的多个数据源。对异构数据进行同步的目标在于实现不同结构的数据间的信息资源合并和共享,通过各种工具和处理逻辑建立全局统一的数据或视图。在区块链中,解决异构数据源同步的问题被称为异构跨链,异构跨链被称为区块链世界的互联网底层协议,它可以将区块链所有的公链进行桥接、融合,以此来解决现有的各公链之间数据未形成统一标准、开发难度大等问题。

Layer2能够帮助以太坊完成"扩容"工作

同时也有更多不同的公链,除了以太坊还有Cosmos、波卡(Polkadot)和雪崩(Avalanche)等,这些公链之间的数据如果需要进行流通的话,那么跨链就显得非常必要。跨链技术能够增加区块链的可拓展性,能够从根本上解决不同公链/侧链之间交易困难产生的数据孤岛问题。

跨Layer与跨链是截然不同的,我们可以用如下比喻来做说明。

福威德恩岛上的大精算师用贝壳为渔民记账,因为今年收获太多一下子太忙记不过来,他便让自己的弟子到各地帮忙登记,这些弟子在记完账后需要在限定的时间内汇报给他们的老师也就是大精算师,大精算师也会事无巨细地进行验证,也就是说这些弟子只是在帮忙完成老师的工作。不管是哪一位弟子记的账,最后渔民想拿到他们的财富时总能拿到贝壳,这就是跨Layer。

跨链则是两个小岛(斯德歌尔摩岛和福威德恩岛)各自有不同的记账方式,一个岛上是用贝壳进行记账,另一个岛上则是直接用叶子进行记账。那么这两个岛如何进行贸易往来呢?一个聪明人开着船在两岛之间往来,他就需要建立一个跨链系统,让两个岛间都能接受自己的协议。

随着区块链技术的发展,一条条不同的公链逐渐成熟,功能各有侧重,那么互通互联就显得更加必要,否则每个生态将各成孤岛。目前以太坊作为第一公链,它的生态最为丰富,因此它成了 Layer2 扩展的核心阵地。

公链作为区块链的基石,是整个行业的定海神针,现在看来任何一条公链无法解决所有问题,还需要依靠跨链和 Layer2 来优化。未来将是主链和侧链、跨链和 Layer2 并存的局面。

侧链和主链有寄生关系,两者记账单位不同,锚定一个节点侧链记的账不用告知主链。Layer2 是公链的子账本,跨 Layer 是一套账本体系下不同子账本的连接,需要与 Layer1 同步,Layer2 和公链记账单位相同;跨链则是从一套账本过渡到另一套账本,两者之间通过第三方技术(跨链池)进行连接。

6

区块链进化

Metaverse

1. 区块链 1.0：货币

区块链作为一项新兴技术，在一批又一批的技术极客进行技术接力后，也不断地完成自身的进化。在前面我们已经提到，回溯区块链技术的发展，大致可以分为三个阶段：区块链 1.0、区块链 2.0 和区块链 3.0。

区块链 1.0 本质上与比特币连接在一起，它是以比特币为主导的加密货币时代。

实际上，在中本聪的比特币白皮书里并没有"Blockchain（区块链）"这个词，只有 Chain（链）。Chain 一开始只是比特币系统的子集。后来出现了各种山寨币系统，这些山寨币成百上千，都没有跳出中本聪的"公共账本"概念。为了将所有系统抽象出一个总的概念，人们就约定俗成地造出了一个新单词——Blockchain。

区块链是比特币的原创核心技术。在比特币被发明之前，世界上并不存在区块链。

从技术层面来讲，区块链和比特币是同时诞生的，二者是一种孪生关系。

比特币出现之后，很多人参考比特币中的区块链，使用类似的技术实现各种应用，这类技术统称区块链技术。用区块链技术实现的各种链即为区块链。

换句话说，比特币与区块链是共生的，而区块链 1.0 也是在比特币的基础上，在加密货币上大展身手的一个时代。随着中本聪的第一批比特币被挖出，区块链 1.0 时代也宣告着正式开启。

区块链 1.0，以区块链技术为基础，也促成了其他一系列加密货币的出现。一开始的加密货币大多是基于比特币的代码稍作修改而成，主要应用在货币与支付领域。而随着比特币得到广泛认可，人们也开始围绕着比特币这一基础加密货币,展开其他业务和周边服务,比如钱包、交易所、挖矿、矿机业务等。但它们的核心依然是"货币"。

区块链1.0时代,是以比特币为主导的加密货币时代

在区块链 1.0 时代,我们可以看到其有几个主要特征。

第一个是它在技术上实现了真正意义上的去中心化。在比特币之前,有不少密码学的研究者和信仰者同样希望能够找到破除中心化货币体系的方法,但都没能成功。"双花"问题和"拜占庭问题"一直困扰着他们。直到比特币出现,中本聪将过往的技术集合起来,并且提出了"时间戳"的概念,通过给予维护系统/竞争打包权的人以加密货币奖励,真正在技术层面实现货币的去中心化,实现全网自由交易、全网共同维护。

第二个则是加密货币的迸发。由于比特币的源代码是开源的,所以其具有可复制性。在比特币诞生之后,区块链世界出现了数以百计的各类加密货币,比如莱特币、狗狗币等。这推动了加密货币在世界范围内的应用,让每一个人都可以通过去中心化的方式,与别人交易各种资源。

第三个则是局限于金融货币场景。区块链 1.0 时代与加密货币几乎捆绑在了一起，其最先落地的应用便是加密货币。区块链 1.0 时代的货币支付场景与传统金融行业相比，可以省去中间繁杂的流程，直接进行点对点支付，提高效率。

区块链 1.0 时代为人类带来了全新的货币体系，并且用去中心化账本的方式，让人们意识到了"法币之熵"是有可能被解决的。比特币的出现勾勒了一幅宏大蓝图，为解决未来的金融问题开辟了一条全新的道路。同时，加密货币能够与现实中的价值进行连接，也具有里程碑的意义。它是区块链从 0 到 1 的跨越，同时，区块链 1.0 时代因为局限在货币上，焦点也更多放在货币的价值上，并没有对应用场景进行扩展，技术本身也没有得到应有的重视。

2. 区块链 2.0：合约

如果说区块链 1.0 时代的主角是"货币"，那么站在区块链 2.0 舞台中央的则是"合约"。

如果说区块链 1.0 的主导者是比特币，那么区块链 2.0 的引领者便是以太坊。

中本聪在"孤岛"上建立了一个"理想国"，当时他的目标清晰且简单，就是建立一种与法币相对应的电子货币。

以太坊的诞生与比特币有着密切联系。作为区块链 1.0 最重要的应用，比特币是加密货币的代表，很好地实现了支付交易等职能，以太坊大大拓展了区块链的疆土。VitalikButerin 的以太坊想要通过智能合约和智能资产来记录和转移更多复杂的资产类型，与比特币的图灵不完备不同，以太坊有更强大的脚本系统——图灵完备，能够运行任何货币、协议和区块链。

其实在区块链 1.0 时代，也就是比特币运用的区块链技术中已经包含了智能合约概念,可以说,正是智能合约的引入,使区块链技术进化为驱动世界的力量。但是,由于比特币区块链支撑智能合约的脚本系统不完善,导致其应用在非金融领域十分困难,数学计算已经吞噬了全网 80% 的算力,每个区块的大小只有 1MB,能够记录的信息非常有限。

在 2013 年年底,VitalikButerin 发布了关于他增强区块链底层协议扩展性的设想和期望的以太坊初版白皮书。此后,以太坊项目正式启动,并在比特币区块链基础上进行了重大改进:

① 完善脚本系统,使智能合约能够应用在各种非金融领域;

② 平衡账目,实现更加精细的账目控制;

③ 底层协议保持简单。

由此,以太坊的出现使智能合约能力被自由释放。作为一个以区块链为基础,旨在提供图灵完备脚本语言的图灵完备平台,这不仅是区块链史上一次伟大的技术突破,也是对中本聪树立起来的权威的一次挑战,更是技术本身与人类发展需求相匹配的一次自然驱动。以太坊成功地将区块链带入了以智能合约为特色的 2.0 时代。

在以太坊出现之前,要对区块链进行开发非常困难,这也就直接导致了只有数字货币这样形式单一的产品出现。开发再多的货币,只是货币与货币之间的竞争,无法跳出"数字货币"这一单一的产品框架,也就不能产出更多的实际价值。

以太坊的出现,带来了全新的"智能合约"工具,这对于区块链来说是一次质的飞跃,它让区块链不再局限于"数字货币",而是利用智能合约让区块链商业化成为一种可能。借助智能合约,大大拓展了区块链的应用场景。智能合约的出现,意味着一旦触发智能合约的条款,代码即自动执行。它的应用范围非常广泛,比如股权、信托等,由此可以衍生出各类区块链的应用，如 DeFi、NFT、ICO 等。

智能合约的出现让区块链进阶到2.0时代

与区块链 1.0 相比，区块链 2.0 时代已经不再满足于单纯地将区块链技术应用在加密货币，而是希望借助智能合约来构建一个完整的去中心化体系，完成实际应用的落地。

3. 区块链 3.0：生产关系

如果说货币和合约是区块链 1.0 和区块链 2.0 的代表，那么区块链 3.0 则是关于"生产关系"的一次重大变革。与区块链 1.0 和区块链 2.0 相比，区块链 3.0 的想象空间更大，甚至可能因此而改变人类的社会形态。

区块链 3.0 阶段是构建一个完全去中心化的社会网络，这意味着人类可以用极低的成本形成社会的信任关系，从而使整个社会运行成本大幅下降。

在区块链 3.0 时代，人们真正能实现资产上链，在一个大的底层架构内构筑各种各样的应用，打造一个无信任成本、具备超强交易能力、风险极低的平台,可用于实现全球范围内日趋自动化的物理资源和人力资产的分配,促进科学、健康、教育等领域的大规模协作。它将可以击碎所有造成中间成本的私有信用机构,让价值交换双方直接挂钩,重构整个社会。

那么,区块链3.0如何能够做到让人类社会形态发生转变?这里不得不提及"DAO"。

对于区块链3.0而言,它的发展与成熟,与DAO(去中心化自治组织)有关。

在区块链3.0时代,每一个与区块链相关的项目,都必须有社群,而DAO正是支撑社群的基础,一旦失去了社群,没有足够多的用户,共识也就难以达成。

公司是近现代影响全球经济的最重要的活动主体。换句话说,因为公司制的出现,使得人类的生产关系水平得到质的跃升。

随着生产力的提升,生产关系也必然要发生改变。公司制并非永久性的最佳组织形式,在区块链技术出现后,DAO很可能会替代公司制。

区块链3.0时代,DAO将颠覆人类的生产关系

最重要的一点，是以通证经济为核心的DAO可能会取代传统的公司股份制，成为人类全新的生产关系。换句话说，区块链3.0的出现，会使生产关系发生巨大变革。每一个实际的参与者，都将成为生产资本的拥有者，这种新型的生产关系会激励每一个参与者源源不断地贡献自己的生产力，从而获得更多的收益，这是一次对生产力的极大解放。

而且，区块链3.0将整合区块链1.0与区块链2.0时期的所有技术和资源，比如利用区块链1.0的"加密货币"，区块链2.0的"智能合约"，来完成所有权和决策权的分配，从而实现渐进式的去中心化。在区块链3.0中，每个人都将拥有相应的决策权，并且能够享有DAO所带来的收益。

人类社会的生产关系随着科技的发展一直在递进。

第一代生产关系：剥削与被剥削。

从奴隶社会到封建社会，从封建社会到早期的原始资本主义时期，人与人之间最核心的关系是雇佣生产关系，是剥削与被剥削的关系，也就是马克思所说的"剥削剩余价值"。

第二代生产关系：剥削＋利益。

资本主义发展到一个新阶段后，尤其是社会主义思潮兴起后，高福利在很多资本主义国家推行。今天的公司创造出许多新玩法，如股份合作制以及员工期权激励，股权和期权是法律保障的，虽然还有一些问题，但个人和企业利益有很多一致的地方。

第三代生产关系：利益＞剥削。

区块链时代又完全不一样了，人与人之间的关系变得更加紧密，共享利益成为一种趋势，财富与信仰还有可能让更多人聚集起来，他们通过Token绑定了企业家、员工和早期用户，激发了生产所有环节的积极性。

3.2 三层关系

区块链要做的是要去掉基于组织进行链接的协作模型，创造基于自由人进行链接的协作模型。真正实现自由人之间的协作。像以太坊社区、比特币社区，大家都不是一个公司，但是都在为这个网络创造价值，并且都因为创造了价值而分享到了通证带来的收益。所以我们认为未来的组织形态会从原来的股份制公司进化到区块链社群。

这一过程都改变了什么呢？第一是组织边界的变化，没有公司的边界，比如必须有办公室，必须工作八小时，签订雇佣合同，公司制的合同变成了区块链社区的契约。第二是激励媒介变了，工资股权变成了流动性更强的通证，同时利润从确定变成了无限可能。第三是分配方式变了，由按资分配变成了按劳分配。厂房、机器和人都是生产要素，都应该计入分配方案。每一个创造价值的人都应该公平分享到网络增值的那部分价值。

通证经济通过可信度的账本，必将改变我们现有的生产关系，打破组织边界，让人与人、团队与团队自由链接，不再局限于办公室，朝九晚五。不用区分员工老板，人人自治，自由组合，按劳分配，因为都持有Token，所以共同享有价值增长带来的丰厚回报。

区块链正在重构社会生产关系，它将满足更加复杂的商业应用需求，推动更大的产业改革。包括但不限于公益、医疗、文娱、供应链、教育、社会管理、共享经济等。

4.Token：穿透碳基文明

Token源于网络通信中的概念，属于计算机术语，Token的原义是"令牌、信令"。历史上有个局域网协议，叫作Token Ring Network（令牌环网）。网络中的每一个节点轮流传递一个令牌，只有拿到令牌的节点才能通信。这个令牌其实就是一种权利，或者说权益证明。

在区块链领域，Token最为普遍的译法是"代币"。要讨论这一概念就不得不说ERC-20标准。

ERC-20标准是一种实现代币合约的标准函数，简单地说，就是任何ERC-20代币都能立即兼容以太坊钱包（几乎所有支持以太币的钱包，也支持ERC-20的代币）。

从本质上说，Token合约就是包含了一个对账户地址及其余额的映射的智能合约。账户余额表示一种由合约创建者定义的值：一个Token合约可以使用余额来表示物理对象，也可以表示另一种货币价值，还可以表示持有人的名誉。而余额的单位通常被称为 Token。

区块链源于比特币,受比特币的影响,Token 从广义上成了"代币"。但随着比特币越来越受关注,比特币背后作为支撑的区块链技术也越来越被人所熟知,从技术层面而言,又有人提出,直接把 Token 译为代币稍显局限。因此,人们更愿意用"通证"来对其进行定义。

通证论者认为,货币自古与权力和政治挂钩,没有国家的授权和支持,Token 即代币这种说法有着显而易见的弊端,以区块链为底层技术的虚拟货币更是会引起争议。况且,不是所有 Token 都具有货币属性,具有货币属性的 Token 也并非只有一种属性,它的想象空间远超"代币"。

Token 本质上是一种可以流动的加密的数字权益证明,它有三个基本要素:数字权益证明、加密性、可流通性。

每一个 Token 都必须代表一种价值,它是以数字形式存在的权益凭证,否则就失去了存在的必要。区块链技术的进步为人们开启了一扇窗户，每一个自然人都可以发行Token，募集生产资料（币或等值算力）去实现自己的想法，但只有那些基于人和人、人和机器、机器和机器之间形成共识，通过算法予以确认的Token才能产生价值，才能得到区块链世界的承认，失去价值的Token将变得一文不值。

任何权益证明都需要信用背书，但不同的是，现实世界里的股权、债券、积分、票据等权证依赖于一个中心化的组织的认可，而Token是去中心化的。在区块链的世界里，权证Token化之后，它便成了数字世界里的一串字符，其信用是通过强大的加密算法和分布式记账形成的共识机制来加以确证的。每一个Token自身都具有真实、防篡改、保护隐私等基本安全性能，这串字符严格按照区块链代码执行，安全可信。

每一个Token上都记载着主体的责权和资产归属，如身份证明、学历、卡券等，因此它可以作为信用凭证而具备价格。在此基础上，这张凭证还可以无限切分，自由灵活，全链流通。用Q币类比，在QQ生态中，Q币可以用来购买QQ秀、游戏充值等平台内服务，这与Token在区块链生态中扮演的角色类似，Token作为区块链生态中的通证，也能进行兑换、交易、价值重估。不同的是，Q币可以无限量地发行，而Token一旦产生，数量恒定，不能篡改，于是Token便成为区块链时代的财富代码，可以兑换资产和劳动，具备物权属性、货币属性、股权属性，成为金融的承载形式。

Token的三大要素，从技术上就解决了自由流通的难题，具有物权和证券的综合属性。任何人不需要高盛这样的投资银行，自己就可以发行股票，只要你有能力说服其他人，你就可以在这个新世界中成为金融大亨。每一个人都可以用自己的信用背书去发行Token来募集生产资料，实现自己的想法。所有的价值，基于人与人、人和机器、机器和机器之间形成的共识,都会通过算法予以确认。

Token 的出现,直接穿透碳基文明,为人类打开了一扇新的金融大门。

5. 稳定币:加密世界之锚

在区块链世界中,加密货币的波动性很大。为了维持稳定性,便出现了一种名为"稳定币"的加密货币。

与其他加密货币一样,稳定币是安全且匿名的。但不同的是,稳定币并不会迅速升值或者贬值。它通常锚定美元或者其他价值稳定的资产,旨在保持与它所反映的现实世界资产相同的价格。换句话说,稳定币在区块链世界中扮演的角色,有点类似现实世界的法币。

它们可以与美元甚至贵金属等政府支持的货币挂钩。稳定币像是一种"两全其美"的加密货币,所以在区块链世界中也备受青睐。

那么,稳定币是如何实现平衡稳定的呢?其主要依靠两个手段:抵押和算法。

使用抵押的稳定币,应在其储备中持有与指定资产相匹配的数量。如果一个稳定币发行了 100 万美元的与美元挂钩的硬币,那么该稳定币的储备金应该有 100 万美元。这与银行的运作方式非常类似,相当于"保证金"制度。不过,抵押稳定币有些模糊,因为它们不容易被审计。

而以算法来实现稳定的稳定币,则是使用可编程的智能合约来实现。这些智能合约要么创造代币,要么燃烧更多的代币,以确保维持基本价值。与抵押稳定币相比,任何人都可以轻松地审计使用算法的稳定币。UST 是最流行的算法支持的稳定币。

也就是说,稳定币从本质上来说是一种具有"锚定"属性的加密货币,其目标是锚定某一链下的资产,并与其保持相同的价值。为了保持价格稳定，稳定币可以由链下资产做抵押（即抵押稳定币），或采用某种算法在某个时间点调节供需关系（即算法稳定币）。

稳定币之所以会有需求，是因为主流货币（如比特币等）已经在加密世界占据了绝大部分的市值，但价格存在着剧烈的波动性，这直接导致了加密世界的流通性下降。那么投资者若是想让自己的资产有所保障，只能寻找更好的储值手段，所以稳定币也就应运而生。

稳定币既有数字货币的优势，如流通的便利性、可追溯性、可编程性等，又有法币的稳定性，很快成为加密货币市场重要的交易和结算工具。

稳定币锚定现实世界的法币，扮演加密世界之锚的角色

稳定币介于数字世界和物理世界之间，同时也是时代发展的必然产物，它消解了两大货币体系之间的战争，以一种改良主义者的身份连接两者价值，主要体现在以下几方面。

① 加密支付货币出现。

稳定币应运而生，正是为了避免比特币等主流货币价格波动过大。稳定币最重要的特性就是稳定，方便了投资者大量持有以稳定保值，稳定币的运用，意味着加密货币在支付领域的应用不再是遥不可及的梦想,对于数字货币的流通也有极大的益处。

② 物理钻石数字存储。

稳定币与稳定资产挂钩,一般是锚定现实中的实体资产,它实际上应该是物理上的资产在加密货币世界的具体数字映射。稳定资产是稳定币的"物理钻石",稳定币则是稳定资产的数字存储。

③ 法律领域的合规操作。

稳定币的出现也成为加密货币在法律领域合规的开端,这就需要国家法律监管的介入。试想一下,在完备的法律监管下,发行稳定币是合法合规的,稳定币就不会出现不透明操作,不能"割韭菜",也不能套现。法律监督下的稳定币从法律层面界定了"割韭菜"、套现等行为,使得企业不敢轻易越雷池一步,从而使稳定币可以走得更远。

④ 优质企业的数字转身。

稳定币对于一些企业来说也是机会,优质企业可以通过稳定币完成自己的数字转身,发行属于自己的"稳定币",将自己的价值体系做一个数字映射。优质企业所发行的稳定币更容易让人信赖,加上符合法律监管的运作环境,不会去套现和"割韭菜",一个完整的稳定币生态体系更容易建立起来并良性运转。

⑤ 稳定生态的价值交换。

在稳定币出现后,会形成稳定币的"稳定生态",一个企业的稳定币应该是可以和另一个企业的稳定币按照具体价值进行交换的,价值交换后,该企业将与另一企业共同持有两种稳定币,这样双方稳定币的流通领域扩大了,流通范围也变得更广了。

可以说,稳定币是连接现实世界与加密世界的一道桥梁。加密货币价格波动大,稳定币具备了价值尺度的功能甚至是避险功能。不过,稳定币并非真正完美的稳定的加密货币,我们无法清楚稳定币是否真正能够做到像宣传中所说的那样得到储备金的支持,一旦稳定币背后的公司破产,投资者将遭受巨大的损失。

尽管如此,稳定币依然为区块链世界提供了一种新思路和新方案,成为加密世界之锚。

6.DeFi:再造华尔街

天下苦华尔街久矣,但无可奈何。

2011年9月,上千名示威者聚集在美国纽约曼哈顿,发起"占领华尔街"运动,要把华尔街变成埃及的开罗解放广场。

当时华尔街不动如山。不过,十年后一种新技术出现,它可能会创造出一个更公平、更快、更高效的金融体系,实现真正的全球化和无束缚的世界经济。

华尔街这样报道:DeFi正在吞食全球金融世界!

2020年,DeFi迎来了它的大爆发,它在以太坊上出现了许多"杀手级"应用——Compound、Maker、Aave、Synthetix、CurveFinance等头部应用都迎来了大量的用户增长。可以这么说,DeFi的出现,相当于再造了一个华尔街,而每一个人都能够借助这一工具,成为华尔街的首富。

DeFi将有机会颠覆华尔街,创建全新的数字替代品

DeFi 即去中心化金融，是与 CeFi（中心化金融）相对的概念。它指的是在可编程的公有区块链网络上搭建，以 Token 价值锚定、借贷、互换等类金融活动为功能目标，由系列智能合约和应用程序共同构成的区块链应用项目。

DeFi 通过智能合约代替金融契约，提供一系列去中心化的金融应用。每个人都可以不经中介的手，通过 DeFi 实现数字资产的相关金融操作，运用 DeFi 对数字资产进行资本、风险和时间维度上的重新配置。通过将金融契约程序化，在区块链上重构一套安全透明的自动化金融系统。

DeFi 强调摆脱金融中介的控制、干预和信用依赖，消除用户审查和差别待遇，利用区块链技术固定智能合约内容、交易过程记录和加密资产状态，彻底实现金融的智能化，让金融活动参与人能按智能合约既定的金融逻辑直接完成交易。

DeFi 是与 CeFi 进行对比的，也可以说它是为了颠覆中心化金融而出现的。DeFi 旨在建立一个对全世界所有人开放的金融系统，并最大限度地减少人们对中心化金融机构的依赖。互联网、密码学和区块链等技术提供了无须中心金融机构即可共同构建和控制金融系统的工具。

与一般的加密货币一样，DeFi 是全球性的、点对点的（意味着直接在两个人之间，而不是通过中心化系统进行路由）、匿名且对所有人开放。

DeFi 利用数字货币并对其进行扩展，创建了华尔街的完整数字替代品，但没有相关成本（如办公大楼和交易大厅的租金、银行家的工资）。这有可能创造出更开放、自由和公平的金融市场。

借助DeFi，你甚至不需要申请任何东西，只需要创建一个钱包即可。同时，你也不用提供你的姓名或其他个人信息，你还可以随时转移你的资产，无须长时间等待，也无须支付昂贵的手续费。当然，交易也是透明的，基于区块链技术，涉及的每个人都可以看到完整的交易。

与中心化金融相比，DeFi还有一个无可比拟的优点：可组合性。DeFi就像乐高，具有很强的互操作性。它的共享结算层允许这些协议和应用程序相互连接，任意两个或多个部分都可以被整合、分解或重构，以创建全新的东西。任何以前创建的东西都可以被个人或其他智能合约使用。它可以延伸出无限种可能。

目前传统金融体系存在许多问题，比如信息不完全、不对称情况严重，流程不透明导致了低效率和高风险；金融风险的负外部性较大，危机传染性强，如果市场崩溃，会造成很大影响和损失。金融行业的规模效应明显，容易产生垄断和不正当竞争行为，导致金融资产价格扭曲和服务劣质化，但过度竞争也可能导致金融体系不稳定。

所以，DeFi 的出现，给了人类一种全新的看世界的视角。它将摧毁过往由巨头和资本构建起来的华尔街，转而让每一个人都能够感受到金融的魅力。

7.NFT：稀有之物

在区块链世界，NFT 是出圈最快，而且影响力最大的。

什么是 NFT？

NFT 全称是非同质化通证，也是一种非同质化资产证明，它的特点是不可分割且独一无二。NFT 可以映射物理世界的资产，也可以是原生数字资产，一般基于 ERC-721 标准来建造。它可以把任意的数据内容通过 IPFS 链等进行链上映射，使 NFT 成为数据内容的资产"实体"，从而实现数据内容的价值流转。通过映射数字资产，使装备、装饰、土地产权等都有了可交易的实体。NFT 将改变传统商业模式下虚拟物品离不开平台的现状，使虚拟资产从服务转化为实体，让用户可以自由买卖 NFT 资产。

2021 年 3 月，数位艺术作品 *Everydays：The First 5000 Days* 在佳士得拍卖行的首场 NFT 拍卖会上结标，得标者以 6934.6 万美元的价格取得了该作品的"不可替代代币（Non-Fungible Token，NFT）"。

为什么 NFT 能有如此大的价值？原因在于它的稀缺性。

稀缺是指相对于需求，艺术品可以给人带来感官上的愉悦，而物

品总是有限的。英国古典政治经济学的代表人物大卫·李嘉图在论及艺术品等具有稀缺性的商品时就曾指出:

有些商品的价值是由其稀缺性所决定的。劳动不能增加它们的数量,因此其价值不能由于供给的增加而减少。属于这一类的物品有稀有的雕像和绘画、稀少的书籍和古币以及在特殊土壤里栽培的葡萄所酿制的数量极其有限的葡萄酒等。它们的价值与最初生产时所需要的劳动量全然无关,而随着愿意拥有它们的那些人的财富状况和偏好程度一同变化。

NFT的稀缺性,使它拥有无限价值

稀缺性赋予了NFT无限的价值可能。即便只是一个头像、一幅图画,甚至不过是一句推文,NFT都能够迸发巨大的价值能量。每一个NFT都是独一无二的,它赋予每一个对象一串代码,使这个对象具有唯一性,这个唯一性又成为稀缺性,有了稀缺性,便有更多人想要拥有。物以稀为贵,是永恒不变的真理。

NFT搭建了一套新的契约模式,给数字创意作品的所有权识别带来了极大的便利。当然,NFT也不仅仅局限于艺术市场,投资人买到的东西是什么,取决于NFT原本是什么、有什么价值。

除此之外，NFT 也改变了传统的虚拟商品交易模式，用户创作者可以直接生产、交易虚拟商品，就如同在现实世界中生产一般。NFT 可以脱离游戏平台，用户之间也可以自由交易相关 NFT 资产。

NFT 能够实现数字资产版权确权、赋能数字资产交易流转，并为用户提供收藏性、投资性与功能性等多种消费价值。随着 NFT 的不断发展，NFT 的购买需求将不再仅仅是基于炫耀、投机等不可持续的动机，NFT 的真正价值会逐渐显现出来。

这一稀有之物，将成为区块链世界真正的原生资产。

8. 场景应用

区块链技术并非镜花水月，它最终是要落地，服务于人类社会。

我们从数字货币和金融行业开始，具体看看区块链是如何实现场景应用的。

（1）数字货币。

区块链的首个应用是比特币，而它也是区块链数字货币中最成功的应用。

近年来，数字货币发展很快，自比特币诞生以后，已经陆续出现了数百种数字货币，数字货币的生成、存储、交易已经形成较为成熟的产业链。

数字货币可以衍生出大量项目，以比特币为例，可分为基础设施、交易平台、ICO 融资服务、区块链综合服务四类。

（2）金融行业。

区块链应用于金融行业有着天生的绝对优势。

在国内，不仅是新兴区块链创业企业，银联、招商、民生等银行和蚂蚁区块链、众安科技在内的科技巨头也已经开始布局并落地了相应的平台与项目。它们通过利用区块链本身去中心化、不可篡改等特性来实现对金融行业各个环节的风险把控，从而降低了金融流程中的成本。区块链可应用于金融行业的诸多领域，如下图所示。

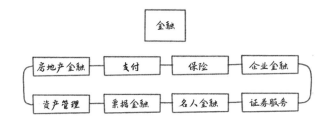

（3）供应链与物联网。

曾有机构预言，供应链和物联网将是区块链下一片迅猛发展的沃土。

这得益于区块链的交易共享性和不可篡改性，这些特性提高了供应链在物流、资金流、信息流等方面的协作沟通效率，减少了多方协作时的争议。

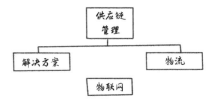

在"物联网"时代，人们日常生活中的大部分设备都将连接到云端网络。

传统的物联网模式,由一个中心化的数据中心负责收集各连接设备的信息,这种方式在生命周期成本和收入方面有着严重的缺陷。将物联网与区块链结合,则有利于延长物联网设备和应用的整个生命周期。

(4)医疗服务。

医疗行业被认为是区块链技术最有潜力的应用领域之一。

随着全球医疗保健进入数字化时代,医疗数据安全和患者隐私保障变得越来越重要。针对医疗的数据安全和患者隐私保护,区块链的匿名和去中心化的特性得到了很好的应用。

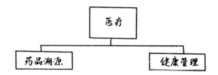

(5)法律。

2016年8月16日,由Onchain、微软(中国)、法大大等多个机构参与建立和运营的证据记录和保存系统,全球首个电子存证区块链联盟"法链"在北京成立,这意味着区块链在法律行业的应用正式落地。

在法律层面,区块链的分布式存证主要体现在版权保护、证据保全和电子智能合同三个方面。对于版权保护,区块链让版权交易标准化成为可能;而对于电子证据来说,区块链实现了保真和验真。法律合约仍然需要本人在原始文件上亲自签名,用大量时间来完成具有法律约束力的协议签订。区块链有望将这一过程转为数字化,即"智能合约"。

（6）娱乐社交。

如图所示，区块链在娱乐社交领域也有重要的应用，是该领域主要的工具之一。

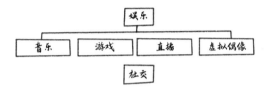

互联网流行以来，数字音乐、数字图书、数字视频、数字游戏等越来越多地进入人们的视线。知识经济的兴起使得知识产权成为市场竞争的核心要素，在当下的互联网生态里，知识产权侵权现象严重，IP版权很难得到保护，抄袭严重已经成为行业一大特点，也是一大痛点。

而利用区块链技术的去中介化、共识机制、不可篡改等特性，能将文化娱乐价值链的各个环节进行有效整合、加速流通，缩短价值创造周期；同时，可实现数字内容的价值转移，并保证转移过程的可信、可审计和透明，有效预防盗版等行为。

如在音乐创作中，区块链可以帮助创作者规避抄袭的争议；基于区块链推出的虚拟偶像、游戏、直播等项目，也可以让虚拟财产交易和保护更加透明。

区块链的到来，与每个人都密切相关，它正在给我们的生活带来冲击和改变，甚至颠覆。

7

区块链文明

Metaverse

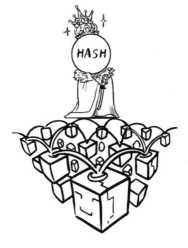

1. 透明与猜疑

人类文明中的不信任，很多时候源自信息的不透明。

这种不透明会带来无尽的猜疑，进而带来无尽的纷争。

举一个很简单的例子，你要在一家古董店买一个价值不菲的青花瓷，老板要价 20 万元，但你并不能确定这个青花瓷到底是不是正品，所以你就会猜测老板是不是会把赝品卖给你。而换到古董店老板的角度，你要买青花瓷，跟老板说先交货，第二天再付款，老板也无法确定你第二天会不会"跑路"，自然会猜测你可能会把青花瓷拿走后消失不见。

正是因为信息的不透明，导致这样的猜疑越来越多，想要进行正常的交易也就不会那么顺利。

不透明的弊端显而易见，社会分工越来越细，财富创造越来越多，衍生数据越来越复杂，如果不能做到透明公开，信任成本就会越来越大。结果是什么？由于不透明产生的"猜疑链"会变得越来越长，这样无论是交易，还是正常的社会行动，可能都难以维系。

当然，有很多人无法理解，认为一旦透明，人会随之失去隐私，也就失去了存在的意义。这是一种理解上的错误，透明不代表不要隐私，该透明的透明，该隐私的隐私。例如，公权力运作需要透明，个人生活需要隐私。这样的透明与隐私才是健康的。透明是相对的透明，而非绝对的透明。

在公共权力的运作层面，越不透明，猜疑就会越深。

从人的角度出发，这种不透明和猜疑会导致交易无法进行；

从国家角度出发，这种不透明和猜疑会加剧信任成本，从而可能引发战争；

从文明角度出发，这种不透明和猜疑会出现黑暗森林式的宇宙法则,带来无穷尽的文明争端。

透明和猜疑是正反两面,它们是此消彼长的关系。透明度越高,猜疑链就越短,所需要的信任成本也就越低。透明度越低,猜疑链就越长,就需要付出更大的信任成本。

从这一角度出发,如果人类能够做到信息100%公开,那么便可以快速无误地共享信息,推动科学发展。透明能够减少猜疑,也更容易形成共识。

当然,透明式思维有些超前,现阶段我们不需要做到这一点。我们只需要在一个巨大的账本上,让每个人都能够清楚地看见其中所有的记录信息,便已经足够推动文明的进步。

而区块链的出现,正好符合我们这一愿景。借助区块链的技术力量,我们有机会做到最大化的"透明",并尽可能地消除不必要的"猜疑"。

区块链的透明性将消除猜疑,带来真正的信任

区块链旨在打造一个社会信任机器,所有记录在区块链上的数据都不可篡改,由智能合约来自动执行。同时,区块链上面的数据是公开透明的,所有人都可以看到,所有人都可以随时查阅。通过智能合约的自动执行,以及区块链的去中心化特性,我们将不受任何一方的

控制,这让区块链基本上是完全可信的,从而做到信息共享,构建真正的信任。

那么,区块链技术的这种透明性,是怎样改变和影响我们的生活呢?

举个例子,在过去的时间里,食品安全对大众来说长期处于看不到摸不着的状态,所以对于市面上的食品,很多人都是持怀疑的态度。更别说曾经发生过"三聚氰胺"这样的恶劣事件。原因在于,我们对于食品的生产、运输等环节都无法亲眼确认其中的细节。而借助区块链技术,这一情形将得到改变。一方面,区块链技术让整个生产流程透明化,有问题的食品工厂无所遁形,加上与物联网结合,食品的配送环境的监控问题也能得到有效解决,从成品追溯回原料的过程,每一个人都可以清楚看见。另一方面,生产者也必须做到真正的透明,才能够在市场中站稳脚跟。

区块链世界是一个透明的世界,它的透明性将让人类从过往的猜疑中解放出来。

只有消除猜疑,才能获取信任。只有获取信任,才能建立共识。只有建立共识,才能共同发展。只有共同发展,才能走向进化。

2. 共享与进化

互联网刚刚诞生时,它所提出的愿景被人所津津乐道:开放、平等、协作、快速、共享。

蒂姆·伯纳斯·李创建的万维网(互联网前身),本质上是要构建一个自由、平等、开放、共享的世界。它在一开始也确实是如此,并且出现了许多具有创造性的共享工具,比如 Napster、BT 协议、Magnet 磁力链接等。这些实际上都是一种分布式的 P2P 技术,本身便自带共享的魅力光环,并在传统互联网时代被众多使用者青睐。

不过,这种共享精神并没有得到更好的传承和发展。当一个又一个的巨头崛起，这栋共享大厦也逐渐被摧毁。仅以数据为例，在现有的互联网系统中，只要掌握了平台的运营权，就能完全控制平台上的数据。比方说，我们在某一个视频网站上传了一个视频，从上传者的角度来看，这个视频是属于他们自己的，但实际上，视频网站才真正拥有视频的控制权和所有权。视频网站可以随意处置你的视频。

由于利益的驱使，数据间的共享已经不再可能。巨头与巨头之间相互隔离，互不连通，它们对于互联网最初的共享精神是抗拒的。

区块链的出现，让人们重新看到了"共享"的曙光。区块链本质上是一种"共享"，它的共享理念首先体现在"账本"的共享上。区块链本质上是一个所有节点都可以共享的账本，可以简单理解为这个账本被同步运行在世界各地所有参与网络的计算机当中。这个特殊的账本无法被其他任何人销毁和篡改，因为没有人可以同时攻击分散于世界各地的所有计算机，这便保证了共享信息的唯一性和透明性。

除此之外，区块链的共享还体现在其他方面，比如理念的共享、信任的共享、数据权限的共享、规则的共享等。

在理念共享中，区块链的共识机制发挥着巨大的作用。共识机制即利用代码和算法来保证区块链各个节点的正常运行，每一个节点既可以随时加入，也可以随时退出。共识机制是区块链世界的法律法规，维持着整个生态的正常运行。

信任共享，是指区块链不需要第三方中心机构的信任背书，在一个完全陌生的环境中，所有节点均可以通过智能合约完成交易。

数据权限共享，则是指在区块链中，需要大部分参与者同意数据的有效性，数据权限才能被确认。在数据权限共享中，每个人都可以成为数据的提供者、验证者和用户，共同维护数据安全和有效性，没有任何一个中心节点能够掌控数据的权限。

规则共享，指的是在区块链中，规则并不由哪一个中心节点来进行维护，而是由所有参与者共同维护。只有参与验证的相关者对数据进行核实和确认，新数据才能被视为有效数据，并将其加入区块链共享账本。

区块链的共享理念，打破了传统互联网时期的"数据孤岛"效应，让不同的企业、机构和组织能够共享数据，让个人能够参与到共享的环节中，从而缩短业务流程，提升效率，增进合作。

这是区块链与过去互联网技术的最大不同：互联网本质上也属于一个分布式的数据库，但数据库之间的信息并不能进行共享。

这种技术上的革新带来的"共享"，能够推动文明的进化。

区块链可能会成为人类实现进化的重要通道。

回顾人类历史，我们总是在经历着合并、分散的循环。我们竭尽全力地要建立一个又一个文明丰碑，但因为缺乏信任、缺少共享，让人类始终无法达成共识。互联网的出现曾经给我们带来了一些希望，但这一希望之火很快就因为人性的反复而熄灭。

但区块链的出现，再一次成为我们步入一个全新文明的契机。借助区块链技术，我们的数据可以共享，信任问题也会被解决，冲突和对抗会逐渐消失。通过数据的公开、共享，人类社会的群体矛盾会被消除，个体散发的能量将得以聚集，我们有机会完成文明的跃迁。

目前来看，区块链已经开始让人类从社会契约时代，转入智能合约引导的时代。人类既能实现分布式治理，同时又能完成共识的统一。更多人的利益能够被表达，依靠共识能够达成一致的意见。这是前所未有的事情，但通过区块链技术将得以实现。

毫无疑问，一旦区块链成为文明的标识，越来越多的节点接入其中，越来越多的人参与到共享的建设之中，它将变成一条真正意义上的"进化引擎"，让人类能够完成文明的自我进化。

3. 信仰与社群

纵观人类历史，族群化、社区化、社群化是社会演化的自然结果。

大到家族与村社、宗教与政党，小到兴趣小组与各类俱乐部，都是社群组织形式的体现，其以"空间疆界"为第一性原理，依托于血缘、地域、信仰、经济、法律甚至枪炮建构起人与人之间小范围交往的稳定结构。

直到互联网的出现，这种小而窄的传统社交疆界才被打破。人们可以通过互联网跨越种族国度，突破时空界限，自由沟通交流。但这种链接只是拆除了传统社群的隔墙，缩短了人与人之间交往的距离和成本，并没有真正地建立起一种具有高黏性、自信任的社群生态，这只是一种弱链接。

而区块链技术的出现，会将这一弱链接转化为强链接。其去中心化的特性能打破传统互联网的信息传播和价值传递的边界，并在互联网的基础上，通过 Token 激励为社群参与者创造经济利益，通过共识建立起社群信仰。

社群的本质是基于价值的共识，借助技术的力量，催生高维度集群。社群基于某种利益、价值、情感、信仰而实现自组织、自运行，个体进入社群可以获得人脉、建立信任，获得归属感和安全感。

尽管社群已经出现，然而在传统的以信息传播为主的互联网时代，其痛点仍然无法解决。

纵观以往的社群，大多都由少数人充当优质内容提供者，极少数人充当社群管理者和投资者，多数人仅仅是内容获取者。社群参与者只能在社群中寻找存在感与归属感，而社群建设、利益分配、价值发展不可能惠及每个人。进一步说，社群的价值是在少数人与极少数人之间产生的，然后通过绝大多数参与者进行分享和传播，但最后的收益是在少数人和极少数人之间分配。这样，价值流与收益流就封闭在一个小范围内。

社群受限于传统的技术，并未摆脱中心化的架构设计和内容安排，无法在人人参与和人人获益的场景中，进行源源不断的价值再造，无法完美解决边界和机制、利益和价值、共识和信仰的冲突问题。

区块链技术的出现，让人眼前一亮。可以在解决社区痛点、社群建设和持续发展方面带来一些革命性的变化。

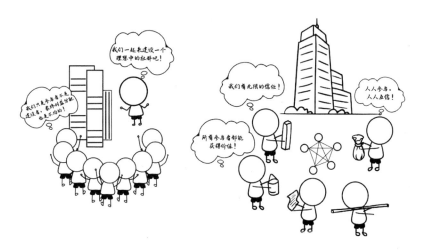

区块链的链接机制，有助于打破信息传播和价值传递的边界。去中心化的区块链技术实施全网络节点共同记账方式，网络越复杂，节点越多，区块链网络就越安全，价值就越大。这种链接在不同的个体或群体之间发生交互，跨越了不同的信息源，并打破信息边界，使参与者的贡献成为价值，参与者越多，价值也就越高。社群所有人的共识、所有人的信任、所有人的参与，都是其价值产生的基础。

同时，区块链技术带来的资产Token化，让权益具备更高的流通性，照顾了参与者的利益诉求，也满足了资本世界的发展逻辑。参与者手中Token的价值取决于整体的网络价值，人人参与，人人互信，才有分布式点对点的投入，投入越多价值越高。相反，越不被信任的区块链网络，越是一文不值。区块链满足了信任的需求，也促进了社会资本的进一步凝结，因而让每一位参与者都有机会获得经济上的利益。

最重要的是，区块链完成了信仰的建立。区块链价值传输的协议网络是基于共识算法开发的,它在每一个节点之间建立了一种普适的信仰。这与基于 HTTP 超文本传输协议的互联网以信息换取信任是完全不同的。

DAO 是区块链在这一领域的集大成者。DAO 通过数学让社群的整个治理过程变得更加高效可信,用智能合约、程序代码、底层算法构建了社群的规则体系,既能让每个参与者参与治理,也能让所有参与者受益。

区块链技术可以促进独立社群的发展壮大,这是区块化的强化效应,也是社会网络强联结关系的体现。真正高维度、高价值的社群,并不止于满足社交需求,而是提供基于信任的身份认同,以及对场景需求的满足。同时,社群通过群内赋能和群际流通,可以共享资源和繁荣。

从宗族到党派,从社区到社群,人类交往的组织形式在不断突破时空界限,并在这一过程中改变人类社会。而区块链技术下超级社群的出现,将再一次促进人类文明组织形态产生新变革。其分布式、去中心化、共识机制等特点,将重塑新社群经济。

4. 代码即律法

现行法律的本质是一种合约,它是由(生活于某一社群的)人和他们的领导者所缔结的一种关于彼此该如何行动的共识。个体之间也存在着一些合约,这些合约可以理解为一种私法,这种私法仅对合约的参与者生效。

合约的概念可以追溯至远古时代,古希腊人和古罗马人认为,合约是解决信任、透明度和执法问题的正式协议,如市场交易合约、企业组织生产经营活动的各种内部规章及其他一些契约关系。

目前,主要依靠当事人的忠实履约或第三方来保障合约被执行。

在具体操作过程中存在着一系列成本，例如，交易双方在邀约与承诺阶段因大量的谈判而产生的签约成本；在合同签订过程中，双方还可能根据不同的情况对合同条款进行修改、补充以使合同更加完备而产生的修约成本；在合同的维护和执行过程中发生的履约成本等。

例如，你和一个人签订合约，借给他一笔钱，但他最后毁约了，不打算还这笔钱，此时你多半会将对方告上法庭。可打官司这种事情充满了不确定性，在通常情况下，将对方告上法庭，意味着你需要支付高昂的费用聘请律师，帮你在法庭上展开辩论，这一过程大多旷日持久。即使你最终赢得了官司，也可能会遇到一些问题（如对方拒不执行法庭判决）。

另外，法律的制定者和合约的起草者都必须面对一个不容忽视的挑战：在理想的情况下，法律或合约的内容应该是明确而没有歧义的，但现行的法律和合约都是由语句构成的，而语句是很容易出现歧义的。

而随着区块链技术的诞生，这些问题将以更友好的方式解决。区块链技术基于法律框架，通过预设自动执行的智能合约，依靠技术使信息更加透明、数据更加可追踪、交易更加安全，大大降低了法律的执行成本。从某种意义上来说，这是一种"法律前置"，在区块链世界，代码即法律。

在区块链世界，法律被"前置"

代码对应语言中的文字,但不同于文字的多释义,代码的含义具有唯一性。代码作为一种核心工具,可以用它来构筑并保护最基本的网络空间,斯坦福的劳伦斯·莱斯格(Lawrence Lessig)教授在《代码》一书中反复强调:基于代码的软件或协议能够像任何法律规则一样规管我们的生活。

互联网的基础架构是 TCP/IP 协议,这个协议规定数据包是在网络中进行传输和交换的。

就是这个简单的协议,保证了互联网的迅猛发展。因为,它没有试图在基础的网络架构里加入太多的东西,如安全和控制等,从而保证了基础架构的简便性和灵活性。互联网的这种架构,让创新在网络的边缘节点来进行,从而有很多的创新应用得以被发明出来。

如果当初按照 AT&T(美国电话电报公司)的想法来规划互联网,那么互联网将不会像今天这样。作为一个企业,AT&T 必然会在基础架构里加入很多功能,并会对边缘节点的接入应用进行限制,那样互联网就不会像今天这样开放和自由。

互联网一开始是美好的,在计算机网络世界里,所有的规则都是以代码来实现的。

然而互联网发展的路径却并不是由程序员说了算:第一代架构是由非商业组织研究者和黑客建立的,他们关注如何建立一个网络;第二代架构则是由商业组织建立的;第三代架构已经是政府的作品。现实社会的法律开始作用于网络空间,代码越来越不是法律,反而法律开始影响网络的架构,开始影响虚拟世界的一行行代码。为了维护网络空间的稳定,网络实名制被提上议程,新发的帖子需要通过关键词审查;图片需要改变外链规则。在网络空间内,"法律"化身为代码。

不过,区块链区别于传统互联网,区块链有自定义共识规则和自动实施规则的能力。区块链可以通过技术方法落实契约原则,解决信任问题。使每一笔交易都透明公开,通过共识协议和可编程的智能合约,制定和执行交易双方认同的商业条款,引入法律规则和监管控制节点,确保价值交换符合契约原则和法律规范,避免无法预知的交易风险。

5."哈希"的统治权

在区块链中,起到至关重要作用的是"哈希",拥有最强防御力量的也是"哈希"。如果谁能够在区块链的王国里呼风唤雨,那必然也是"哈希"。

前面我们已经提到了哈希算法,哈希是由哈希算法而来。从定义上看,哈希值是将任意长度的输入字符转换为密码并进行固定输出的过程。哈希算法的一个特点是抗碰撞能力强,这决定了哈希的唯一性。就像世界上没有两片完全相同的树叶,区块链世界也没有两个完全相同的哈希值。

我们知道,比特币使用哈希加密算法来维护信息的安全性,那么代码要如何实现这一过程呢?

以 Python 语言为例，首先，打开终端，输入"Python"并按【Enter】键，这将进入 Python REPL，在这种环境下，可以直接使用 Python 命令，而不是在单独的文件中编写程序。输入以下数值，在每行之后按【Enter】键，并在标记处输入"TAB"，如下图所示。

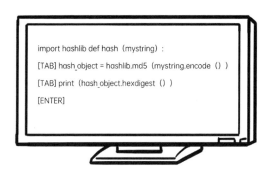

这样就创建了一个函数——hash（）。该函数将计算出某一特定的使用 MD5 哈希算法的字符串的哈希值。将字符串插入上述的括号中便可运行该函数。

按【Enter】键可以查看该字符串的哈希随机值。

如果改变这串字符,会发生什么呢?

你将看到,在同一字符串上,调用该哈希函数将总是生成相同的哈希值,但添加或改变其中的某一个字符,将生成一种完全不同的哈希值。

换句话说,只有完全相同的数据进行哈希计算,得到的哈希值才是相同的。一旦字符发生变化,哪怕是很微小的变化,哈希值都会变得完全不一致。哈希值和原始数据是一一对应的,世界上不存在两个不一样的数据得出相同哈希值的情况。

正是哈希值本身拥有的这一属性,让哈希算法在区块链世界中发挥着举足轻重的作用。

在区块链中，每个新区块都包含着上一个区块计算出来的哈希值，这个值让一个个区块之间形成了有严格顺序关系的链条结构。即每个块都有前一个块的哈希值，前一个块被称为当前块的父块。所以，当我们更改当前块中的任何数据时，块的哈希值也会被更改，这一更改也会影响到后一个块。所以，如果有人要篡改某个区块的信息，意味着他还要更改区块后续已经生成的所有区块和正在生成的区块的哈希值。这在理论上是不可能的，因为这要求篡改者至少要拥有超过全网半数以上的算力。

所以，哈希值本身的唯一性，保证了区块链世界的不可篡改。这也是为什么称"哈希"在区块链世界具有统治权的原因。它的力量非常强大，强大到其他攻击者对其"无可奈何"。

在区块链中，哈希拥有绝对的"统治权"

没有哈希，就没有区块链文明的"无懈可击"。

没有哈希，也就谈不上区块链的"不可篡改"。

没有哈希，更无法保证区块链的"专属唯一"。

6. 新的"世界宪章"

区块链技术，为用户提供了强有力的、可验证的保证，它可以保证我们所接收的信息、所提供的的信息、所支付的费用以及所得到的回报。可以利用技术力量，构建一个完整和强大的壁垒防火墙，对于未来的世界来说，区块链将建立一种全新而良好的审查制度。

换句话说，我们可以把区块链视为一个可执行的"世界宪章"，它将成为人们对抗专制的自由的基础。

法律作为一种社区共识，是以人性为起点，以道德为基础，以利益作为条件，以暴力作为信用而形成的一个"合约"，但这个"合约"很容易在高收益的诱使下被破坏，违约者被发现后才会受到法律制裁，这是一种"过去式"惩罚机制。

而区块链代码是一种"内在的"规则，如果不遵守代码的运行规则，程序将返回 error（错误）并停止运行，这是一种"进行时"执行机制。代码所组成的"进行时"机制从根本上保证了整个规则体系的运转，如果代码无漏洞，该体系就无法被打破。

我们可以以"以太坊"为例来进行剖析。

以太坊通过数字货币和编程语言的结合，为用户提供了一个智能合约编写平台，用户能够以智能代码合约为底层系统确定自己区块链世界的"法律"。

在区块链世界里,将有新的"世界宪章"诞生。

以太坊的智能合约由一个完整的编程语言构成,有时也被叫作以太脚本。代码是人类用来控制计算机工作的,而反过来,计算机无法猜透人类的意图,因此,用任何代码语言写好的指令,对计算机来说都准确无误、没有歧义。除非是代码编写出了问题。在同样的条件下,这段代码总是会按照既定的步骤执行,这种特性正是人类现行法律与合约中所缺失的。有了以太脚本之后,就可以建立具备这种特性的合约。

这样说有些晦涩难懂,还是一起来看个简单的例子吧。

假如你有一个青花瓷古董,小明想以8888元的价格购买这个青花瓷,同时小明承诺会在5月付款。按照传统的交易流程,首先你会与小明签订一个合约,合约里会详细写明小明将在5月向你付款。合同签订完毕,你就将青花瓷交到小明手里,等小明在5月向你付款。等到了5月,按照你对合约的理解,小明应该付款了。可当你要求其履行约定时,小明表示他约定的5月指的是明年5月,而不是今年5月。这个时候,你就只能花钱请律师,和小明在法庭上好好讨论一下合约里的"5月"到底是何年何月。

而如果基于以太坊,你完全可以用以太脚本定义出如图所示的"智能代码合约"。

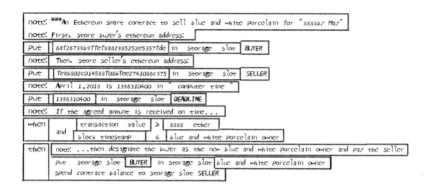

一开始就读懂上图所示的代码合约可能要花点时间（如果你不是一名程序员的话），但一旦学会如何阅读，这份代码合约绝对比现有的律师起草的合约要通俗易懂得多。

在上图中，合约先确定了你和小明的身份(你为卖家，小明为买家)，并直接说明这场交易通过价值8888元的以太币来进行。在区块链世界，代表身份（即账户地址）的是一串哈希字符值，因而交易双方需要在以太坊区块上确认彼此身份。合约定义了买家（小明）的以太坊账户地址为"6af26739b9ffef8aa2985252e5357fde"，同样定义卖家（你）的以太坊账户为"feab802c014588f08bfee2741086c375"。双方确认身份无误后，合约内容就是2018年4月1日，以太坊输出价值8888元的以太币和青花瓷所有权，买家在收到青花瓷后立即支付价值8888元的以太币。合约经过平衡函数调试后最终确立，2018年5月1日自动执行。

以上合约清晰明了，如果采用这种方式，一般的用户就可以起草简单的代码合约，特殊一点的代码合约可能需要稍微资深一点的专家（就像复杂的传统合约也需要专门的律师起草一样）。作为结果，我们得到的这份合约完全消除了类似"我认为，你认为"的这种误解，缔约双方是否依法履约的不确定性也一并被消除。

也就是说，代码脚本写成的这份合约，既定义了合约内容，又保证了合约内容的执行。

本质上而言，由代码构成的合约是一个无歧义且无法毁约的合约，只要双方都认同合约，那么合约就一定会执行。代码就是最好的语言，代码是不以人的主观意志为转移的机器法律。

当然，最后的区块链世界会不会和互联网世界一样仍然由法律来主宰代码，谁也无法预测。

有时候，我们低估了技术的力量，也高估了人性的底线。

但由于区块链技术的介入，如果想要修改区块链世界宪章，那将是一场更激烈的战争。

7. 人即货币

看懂了《黑客帝国》的人，心中一定难掩悲哀——这是人类的终极归宿？看懂了《三体》的人，心中只怕也有不少抑郁——文明之争为何如此冷血？当区块链技术以摧枯拉朽之势呼啸而来，曾经以为2140年（预测比特币被挖完的那一年）才会到来的场景也在逐渐逼近，矩阵已成，"三体"降临，这一切并不遥远。

技术进化比想象中要快得多，互联网、区块链、算力、AI或将重新定义人类之存在，人性向左，技术向右，人类的田园时代是否就此终结？

人在未来，将如何存在？

如果人类文明最有用的数据在链上运转，那么，虚拟和现实界限必将模糊，人与货币会渐渐融合。

到那个时候，人从出生起就是天生的点对点的信任机器。

最后，人似货币，人本身成了衡量一切的价值标的。

2009年1月3日出现的比特币,虽然被赋予货币属性,但它只是向法币世界刺出的一把利剑,最初的想法很简单,就是颠覆华尔街掌控的百年特权。

作为一个极具情怀的技术极客,中本聪的想法简单,希望通过P2P+密码学+编程合约让每个人都获得铸币权,但它其实仍然是一个中间等价物,参照系是现实世界的法币和黄金,中本聪没有将这个币的价值与自己绑定。

不过区块链技术的车轮一旦启动,特别是历经ERC-20标准洗礼后,人人发币不再是一个梦想,如果每个人的价值都上链,那么人币一体化是水到渠成的。

在这里描述一下"创世钱包"出生的基本场景。

你出生于2140年3月15日晚上8时18分21秒88毫秒,你的编号是2140,0315,2018,2188。

出生时间戳就是你的身份证,也是钱包地址,它将记录你在区块链上的信息,承载你一生的价值。你出生的时间,就是你钱包创世块产生的时间。从此，你与这个时间戳生死相依，它会伴随你的人生轨迹在区块链上行走。

Token 成为社会运行的基本单位，人与人之间自由交换价值，无须第三方背书，去中心化的交易所会给出一个标准型的兑换价格。所有 Token 的价值，都是基于人和人、人和机器、机器和机器之间形成的共识，通过算法予以确认。

一个人所代表的价值被直接以货币的形式体现，这是信用社会建立的基础。每个人从出生到死亡的一生数据的确权，使得这样的数据极有价值。

在此提出"人即货币"三大基本定律。

（1）每个人都有发行货币的自由。

就像每个人都拥有劳动的自由一样，任何人到了 18 岁都有发行自己货币的权利来募集生产资料实现自己的想法。

（2）个人价值等于个人币值。

人最重要的信息都在区块链上得到体现，币值直接对应着个人价值，币值随市场行情波动，个人行为直接影响币值行情。要了解一个人当前的社会价值，看他的币值就够了。未来经济基本单位不再是"公司"，而是"个人"。

（3）人币同在。

人即货币，货币即人，这两者不可分离，现实世界的人死亡了，区块链上的钱包地址将被销毁。同样，如果区块链的钱包地址被销毁，那现实世界的人将成为黑户。

人即货币是未来区块链社会的基石，是共识时代的更高版本，这样的社会将最大限度地让人类达成协作，通过自律来换取更大的自由和信用，让自发行的货币更有价值。

在未来区块链世界中,人的一生,其实就是数字化的一生,数字凝结在属于自己的 Token 上。人从出生到死亡,一生的轨迹都被记录在区块链上,所有的信息都一目了然。实体的人与区块链上的人互相映射。

当一切都变得数据化,货币自动为人计算价值,人也可以作为衡量价值的一种标的物。人类在碳基文明向硅基文明变迁的过程中,在"人即货币"的实现过程中,Token 不仅是一个数字化的货币,更是重构人类社会结构的最有效率的工具。变好变坏,一切都是未知数。

8. 区块链的反思:有界无边

从中心化到去中心化,再从去中心化又到中心化。对于宇宙的认知,人们一开始以自我为主心,随着科学的发展,又以"无边界"来进行定义。但随着认知的提升,人们开始意识到,宇宙可能并非没有边界的。

爱因斯坦根据自己的广义相对论,提出了"有界无边"的概念,即宇宙可能是一个闭合的四维超球体。

如果对标到区块链世界,我们会发现,区块链本质上也是一种"有界无边"。

在区块链诞生之时，人们视绝对的"去中心化"为圭臬。

但区块链在经过多年的发展后，我们发现理想的去中心化面临着种种障碍，这不得不迫使我们开始反思自己的初衷：我们是只在口号上把"去中心化"推行到世界的每一个角落，还是为了解决实际问题？

如果选择把一切都"去中心化"，那么结果会怎样呢？

在人类尚未形成部落时，人类是零零散散的个体，三五成群，不会有哪一个人会成为中心，没有哪一个人会成为领导者，所有人平等，这是一种"去中心化"的生存方式。但这样的生存方式，明显无法抵御外来风险，也很难维系生存。所以，人开始围绕部落生活，部落即中心，在部落之中又有首领存在，首领也是中心的一种体现。往后的时间里，人类便一直是以一种"中心化"的方式在地球上生存。

去中心化有很多优点，同样也存在问题。在中心化的世界中，以银行为例，即使我们丢失了密码，仍然是可以通过找回密码的方式，重新证明财富的归属权。但在去中心化的世界中，一旦我们丢失了私钥，那么也就意味着财富不再属于我们自己。

除此之外，去中心化也会导致性能降低，也就是效率低，安全和效率总是鱼和熊掌不可兼得。如在进行重大决策时，去中心化往往需要一段时间去达成共识，这样就需要经过长期而拖沓的决策过程。

以太坊创始人V神曾对"去中心化"有所解释，他用了三个维度去定义区块链的"去中心化"——架构层、政治层、逻辑层。

所谓的架构层，简单来说是指一个系统由多少台计算机组成，在这个系统运行过程中，可以忍受多少台计算机崩溃而系统不受影响。

绝对的去中心化很有可能是一个"陷阱"

政治层是指有多少个人或者组织,对组成系统的计算机拥有最终的控制权。

逻辑层则是从这个系统所涉及的接口和数据结构来看,它是一台完整的单一设备,还是由无数单位组成的集群。

这三层架构,一个是用来测量架构层的系统设计,一个是用来测量政治层的掌控权力,一个是用来测量逻辑层的所属形态。

仅以区块链为例,它在架构层上是去中心化的,因为没有一个统一的服务器可以被攻击;在政治层上也是去中心化的,因为没有人或者组织可以控制区块链。但是在逻辑层方面,区块链却是中心化的,每个区块链网络都存在自己的一个普遍性的共识,系统的行为更像是一台单独的计算机。

从这一层面上理解,即便是区块链本身,亦无法做到绝对的"去中心化"。

如果一切事物都追求"去中心化",那可能又是另一个极端。

尽管中心化被人诟病,但不可否认它仍然是目前人类社会的主流存在。

无论是"中心化",还是"去中心化",都有它的优缺点。去中心化提供了选择:所有权、信息流、理解叙述、控制自己的数据和拥有隐私;但中心化具有组织性、并发性和高效率等优点。

区块链的目的是为人们创造真正有价值的东西。如果仅仅是为了去中心化而去追求去中心化,那么便失去了技术本身的存在意义。去中心化只是手段,而非目的。去中心化并不是万能的,它只是人们为了追求"去中介信任"而使用的一种手段。

去中心化并不是要消灭掉所有的中心,那样的世界并不存在。

去中心化的结果,应该是尽可能地弱化中心的影响,平衡两者的力量。

要找到去中心化和中心化之间的平衡点,调和两者之间的矛盾。

中心化+去中心化,才能创造更多可能。

世界不需要绝对的去中心化,也做不到绝对的去中心化,但对于目前的世界而言,由于过度的中心化,需要去中心化来制衡。

当前的社会形态决定了绝对的中心化或者去中心化都不现实,可以将两者结合,发挥各自的优势,解决实际问题。中心化+去中心化可以看成是区块链世界的"有界无边"。中心化部分主要解决的是效率问题；而去中心化部分则是解决信任问题。

实际上，无论是"中心化"，还是"去中心化"，都存在着很多的可能性，如果抛开两者的矛盾，用协同合作的方式对区块链世界进行连接，或许能够催生更大的价值。

这有点像三维地球的表层，每个人都可以说自己是中心的，也可以说每个人都不是中心。这就是"有界无边"，和你在莫比乌斯环上的行走一模一样，明明是有界的，但你可以无穷无尽地走下去。区块链技术的引入，可以让中心化人类构建一个类似"有界无边"的社会。

9. 四重进化

文明总是在不断进化，但不同文明之间总会有三六九等之分。如果以"区块链"视角去看待文明的等级之分，那么大概可以分为"四重进化"，境界越高，意味着文明的等级越高，而境界越低，文明就越脆弱，一次直击要害的打击，就可能使得该文明成果"烟消云散"。

文明的第一重境界：生物体上的中心化

生物体上的中心化，意味着有一个强有力的中心节点，控制着其他所有的子节点。

举个例子，在《权力的游戏》中，异鬼军团兵压君临城，原本胜券在握，但异鬼军团的头脑夜王却因为一不小心被刺杀，导致整个异鬼军团全军覆没。按照常理而言，夜王被刺杀，异鬼军团也不至于一瞬间溃败，最多是群龙无首，四散逃亡。

究其原因，异鬼军团本身是"生物体上的中心化"，也就是说，异鬼军团是一个中心化服务的连接系统，夜王是中心化的服务器，其他所有的异鬼全是终端，它们的行动指令都是从服务器中返回的交互结果，包括攻击、杀戮、攻城等信息。这一结构的好处，在于终端可以非常简单,只要读懂一些简单指令即可。但缺点也很明显,一旦中心节点被毁,所有的终端会同步变成废品。

夜王与异鬼军团,是一种典型的生物体的中心化存在

这也就是为什么"夜王"一死,异鬼军团就"团灭"。生物体上的中心化,在整体上非常脆弱,抗风险能力完全依赖于中心节点。与之相似的还有《指环王3:王者无敌》中魔君索伦一死,他所有的士兵直接"团灭";以及《长城》中的饕餮王被炸飞,其他的饕餮全部死亡。

文明的第二重境界:知识数据上的中心化

知识数据上的中心化,代表着知识数据的集中。它脱离了生物意义上的中心化,不会像异鬼军团那样因为中心节点被毁而导致全部节点覆灭。但因为知识数据的中心化,会出现另一种情况:一旦发生大规模的知识数据毁灭,就很难再复原。

人类目前便处于这一重文明境界。虽然和异鬼军团相比,人类更像是一种"去中心化"的连接,每个人都是一个分布式的服务器,每个人都是这个网络的"中心"。但如果从更高维度(宇宙科学)的角度来看,人类目前仍然属于中心节点文明,每个人只存储文明的一部分,并不能完成知识数据共享。一次对中心节点的打击,就可能会毁坏大部分的知识数据。

举个例子,秦始皇时期,秦始皇发动了"焚书坑儒",这就相当于对一个中心节点实行攻击,这一次破坏也让中华文明再也回归不了"百家争鸣"的伟大时代。

人类存储文明数据的方式,仍属于知识数据的中心化

互联网的出现让人类把知识数据搬迁到了互联网上,但目前来看这仍然是知识数据上的中心化。一次大规模的黑客攻击就可能会导致数据的泄露和丢失,并且无法找回。

文明的第三重境界:知识与思维共享,透明公开化治理

到这一重境界的文明,一般来说已经是宇宙中较为高级的智慧体。这一重境界的文明有一个很重要的特点:分布式文明,即这些智慧体的思维是透明的,所以不存在任何隐私;知识则是共享的,每个人都分布式存储着文明数据。

科幻小说《三体》中的三体人,便处于这一重文明境界。

我们可以简单勾勒一下三体的社会运行机制:所有三体人一起分布式存储着三体的文明数据,该数据库将三体人的思想联结在一起。通过镜面映射,三体人彼此共享信息,交流技术,并能够将自己获取的知识上传。

正是因为这一文明形态,三体文明才能够在"乱纪元"和"恒纪元"中苟延残喘,即便是碰到"三日凌空"这样的极端天气,也能够依靠"分布式保存"使得文明延续下来,继而继续发展,而不是被恶劣环境所终结。

三体文明是高级文明,通过知识和思维共享进行透明公开化治理

与前两重境界的文明相比,第三重境界的文明形态抗风险能力更强,即便是多数节点被毁,也不影响文明的整体生存,属于真正意义上的"留得青山在,不怕没柴烧"。

文明的第四重境界:可聚可散的超级个体

文明的终极境界,可以简单归纳为八个字:散为个体,聚而成神。

这一重境界的文明,既保留了人类单点式文明的特殊性,能够自由地思考,又拥有分布式文明的特征,可以进行整体连接。

这样的文明,类似《阿凡达》中所描绘的纳维亚人。每一个纳维亚人天生拥有一条大辫子,通过辫子可以和万物生灵完成精神连接。除此之外,在纳维亚人所处的潘多拉星球上,有一棵"灵魂树",所有纳维亚人可以通过辫子与灵魂树进行连接,共享意识,成为一个整体。

而在普通情况下，大多数纳维亚人都是独自行走于潘多拉星球，拥有强大的独立性和思考能力，可以发出个性化的声音。

纳维亚人是可聚可散的超级个体

这一重境界的文明，集齐了单点式文明和分布式文明的优点，所以在实现智慧的爆发式增长的同时，也能保留个体的想象力和创造力，更有利于文明的整体发展。

人类当前处于第二重文明境界中，但依靠区块链技术可能跃迁至第三重，甚至是第四重文明境界。

10. 麦克斯韦区块

宇宙是一个不断熵增、走向无序的世界。

用一个故事来解释熵增：你从银行取了一万块钱现金，这相当于能量。结果在路上不小心摔了一跤，刚好吹来一阵风把一万块钱吹到了街上。而正好街上的一百个人把你的钱一张一张捡走，即便你去报警，也很难把钱全都找回来。这说明一万块钱的"能量"分散到一百个人的手里，想要逆变回来，几乎不可能。这便是熵增原理。

在上面这一例子中，熵的标度便是一万块钱分散的标度。如果只分散到一两个人手中，那么熵值很小，系统的无序程度也就很小，找回的可能性很大。一旦分散到成百上千个人手中，熵值就会变大，也就更加无序,找回的可能性就越低。所以能量分散到原子的自由度的数量,就是用熵来标度的。

钱被吹散到马路上,是熵增定律的一种体现

为了解决熵增难题,让这一绝望定律变得不那么绝望,科学家们竭尽全力地寻找一种对抗熵增的武器。最终,麦克斯韦妖诞生。

麦克斯韦妖是在物理学中假想的妖,它能探测并控制单个分子运动。麦克斯韦意识到自然界中存在着与熵增相抗的能量控制机制,但无法清晰说明这种机制,只能诙谐假定是一种"妖",这种妖是耗散结构的一个雏形。简单描述就是,一个绝热容器被分成相等的两格,中间是由"妖"控制的一扇小"门",容器中的空气分子作无规则热运动时会向门上撞击,"门"可以选择性地将速度较快的分子放入一格,而速度较慢的分子放入另一格。麦克斯韦妖的意义在于让混乱变得有序,避免封闭系统变成一潭死水。

实际上,世界上所有中心化的组织方式,都无法避免熵增,也都终将会随着内部结构的复杂化而变得越来越混乱无序。中心化对抗熵增的能力,天然存在着一个阈值,存在一个边界,随着中心化规模越大,它的熵增也会越来越大,需要外部输入负熵的能量也越来越多,逐渐会变得无法对抗内部的失序与熵增,在这种情形下,它将变得异常脆弱,一旦出现任何的"风吹草动",都可能会在瞬间土崩瓦解。

中心化系统本身的特性,决定了它的无序不可逆转。从某种程度上讲,以互联网为主导的世界便一直走向无序,虽在间隙中找到有序,但始终无法解决熵增难题;法币更是一个非常典型的熵增案例。在中心化的系统中,你很难找到"麦克斯韦妖"来解决这一难题。

而区块链不一样,它是一个自组织系统,它的内部各因素之间能产生协同动作和相干效应,解决信息系统从无序走向有序。它能够适应普遍的环境,具有自我完善的可能性,在微观上消除了宏观上必然熵增引发的衰败趋势。

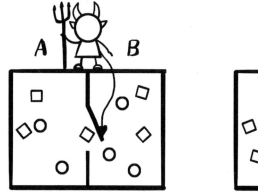

从这一角度出发,区块链技术就相当于是一只神奇的"麦克斯韦妖"。

以传统金融和区块链金融来进行对比。传统金融的信用建立在第三方,如银行。但区块链的信用是建立在数据的大厦上。区块链依靠全网分布记账,自由公证,建立了一个共识数据库,这就是未来信用的数据大厦。

以比特币为例，区块链在某种意义上是让全网的计算机算力都能成为麦克斯韦妖。

我们可以举另外一个例子来证明。在传统世界，我们的各类证件，依靠的都是本国的政府背书，但它并没有做到全球连通。一旦跨国，这些证件就会出现麻烦，比如其他国家不认可你的这些证件。一旦出现问题，整个信用成本会非常高，这在无形之中便增加了"熵"，越发无序。但如果依靠区块链技术，依靠全网公证，信用成本将瞬间降低为零。你的所有信息都可以在区块链上进行查询，完全透明公开。其他人无法篡改你的信息，因为付出的代价与获得的收益完全不成比例。

在中心化系统中，只有中心节点是麦克斯韦妖，它可以做到熵减，而其他节点并没有熵减的能力。而对于区块链这样的分布式系统而言，每一个节点都能充当麦克斯韦妖的角色，每一个节点都拥有决策能力，它们能够使得系统的熵值变小，且拥有的节点越多，熵减的过程会越快，也更容易回归到一个有序的状态。

从无序到有序，从熵增到熵减。

区块链成为人类与熵增对抗的重要武器。

11. 区块链文明的可能

一种新的文明正在出现，那就是区块链文明。

它将"去中心化"理念作为核心价值，创建"智能合约"筑底文化模块，依靠代码运行来建立万物联系，与此同时以唯一哈希的诚信来绘制新人类宪章，同时以共享算力来推动中期目标"人即货币""共算社会"的到来，最终将依靠区块链技术本身的麦克斯韦妖特性，推动人类达到一种更高的文明形态。

以 TCP/IP 协议为基础的信息互联网的出现迅速降低了人类的交往成本,那么以区块链为基础的 Web 3.0 则正在使人类组织的横向革命从生产领域扩展到人类社会的其他领域,并迟早会将我们每一个人大脑内部的思维网络并入外部网络,从而彻底改变人类传统的"主体—客体"认知模式。这一改变最初从超级社群开始。

社群源于人们对存在感、归属感、自由感的追求。在此基础上,区块链技术为社群参与者创造经济利益提供了天然条件,这就进一步加强了成员对社群的认同。

同时,由于区块链模式下的社群网络形态具有网络传播的乘数效应,这也就意味着,社群间可以打破疆界、广泛联结,进一步拆除传统社群人与人之间的心理围墙。

正如帕拉格·康纳(Parag Khanna)在《超级版图:全球供应链、超级城市与新商业文明的崛起》一书中提出的,随着全球性超越主权的分权与聚合,城市与城市群将成为未来的趋势,城市的辖区边界和管理边界,将因生产要素和文化的衍生而变得越来越弱,随之产生的将是超级城市。反观近年来社群间的共生与发展,联盟化的"超级社群"也在慢慢浮出水面。

所谓的"超级社群",简单来说即社群与社群之间,将可以通过技术与合约达成共识,互通有无。引入 Token 机制后,生产关系的改变不仅会发生在社群内部,社群与社群之间的协作关系也将被改写。社群之间的联盟模式,各 Token 可以相互兑换,为一些在社群之间具有转化需求的参与者提供一个便捷的切入途径,同时达到各个社群之间的互补效果。

超级社群和社群联盟将成为未来一大显性趋势。这一趋势,将大大促进现有文明组织形态的变革,加速区块链文明的形成。

区块链技术将打破边界，构建"超级社群"

在传统的文明组织中，国界线表示国与国的隔离。不同政权强调本国的国土主权，限制人员、资本、资源、技术的流动；而在互联时代，国家需要与其他国家、其他区域连接。

然而，一方面全球不同主权国家之间通过修建基础设施，打造供应链，实现资源、生产、服务、消费的连接；另一方面，又在不停地进行权力角逐，新的贸易战和军备竞赛此起彼伏，充满了贸易屏障和防火墙，全球各地深沟高垒。

随着区块链文明形态的出现，人类之间的协作可能将达到前所未有的深度和广度。这种深度是建立在忠于数学的基础之上的。广度则是任何人都可以参与进来。一切数据共享透明，且不可篡改，个体和组织都脱离了各种中心化机构的约束，自由迁徙，自主匹配，自能生产。一切共识也因来自个体独立意志的自由选择使人与人的关系变得紧密，具体表现为以下三种特质。

(1)万物去中介化。

区块链去中心化的本质特征,使物与物、人与物、人与人之间都会去中介化。

在万物互联的时代里,区块链将万事万物都陈列到机器世界的"货架"上,面向算法统一标识,机器根据数据信息进行运算,并完成点对点的匹配,从而自动组合、自主交易。其中,人类也是"货架"上的货物之一,每一个个体都更像是区块链分布中的一个节点,每个人因有价值的生活记录和信息都被加密变成一段数据(哈希值)。系统根据各种可视化的个人数据自动配对,在达成共识之后,交易彼此的个人Token。

在这样的社会生产过程中,一切的交易行为都是有价值数据的互换,并且所有的交易过程因其透明性和自主性能高效地完成,而不是信息不对称下的被动交易。

(2)利益绑定,价值共识。

在信息互联网下,人与人处于一张信息流动的大网之下,关系是一种弱关系;而区块链使得人们的经济行为在算法之上达成价值共识,每一个人都可以发行Token,在利益深度捆绑之下,人与人被紧紧地连在一起。

在社会生产中,随着核心生产资料从土地厂房变成算力和数据,人类会发行Token来募集所需的生产资料,因此,Token所代表的生产关系,使人类可能更接近于某种信仰:在生产资料充裕的情况下,人类的意志独立,并回归到原始本质——自由地、有意识地活动,在共同利益的驱动下一起完成某件事情。

(3)透明化思维。

透明化思维是区块链文明区别于其他文明独有的特征。

生活在区块链文明里的人,都可以直接观测到对方的公共信息。

区块链上所有被记录的信息都公开透明,因此,人与人之间可以直接点对点地获取对方的一切,从而降低信任成本。整个社会也在快速无误的共享信息中更加高效地运转。

以上特质可能是人类文明的一次伟大变革,将从各方面带来前所未有的改变。

回到开头,一开始说到比特币给了人类自由,而区块链似乎把人类带入了一个代码的世界。代码公开透明,合约不可篡改,秩序至高无上,那它和自由相悖吗?或者是与人性相悖吗?

区块链的终极形态到底是什么?它真的能形成一个新的文明体系?作为碳基生命,世界真的只剩下公开透明的 0 和 1?那区块链到底是属于人类,还是属于 AI?或者说区块链是否代表了一种更高级的文明,但那是属于 AI 的,与人类无关?

在未来,每个人都是一个时间戳。到了那个时候,到底是区块链上的节点成了人的映射,还是人成了区块链节点的映射?

区块链带给我们的不仅是技术和商业,更核心的还有理性、科学和自由,甚至还有宇宙层面的逆热力学定律。

不管碳基生命愿意不愿意,区块链文明的到来,或许都将不可阻挡。